D1749921

Schriftenreihe zur Plan- und Modellsammlung
des Deutschen Architektur-Museums in Frankfurt am Main

Band 5

Herausgegeben von Evelyn Hils-Brockhoff und Wolfgang Voigt

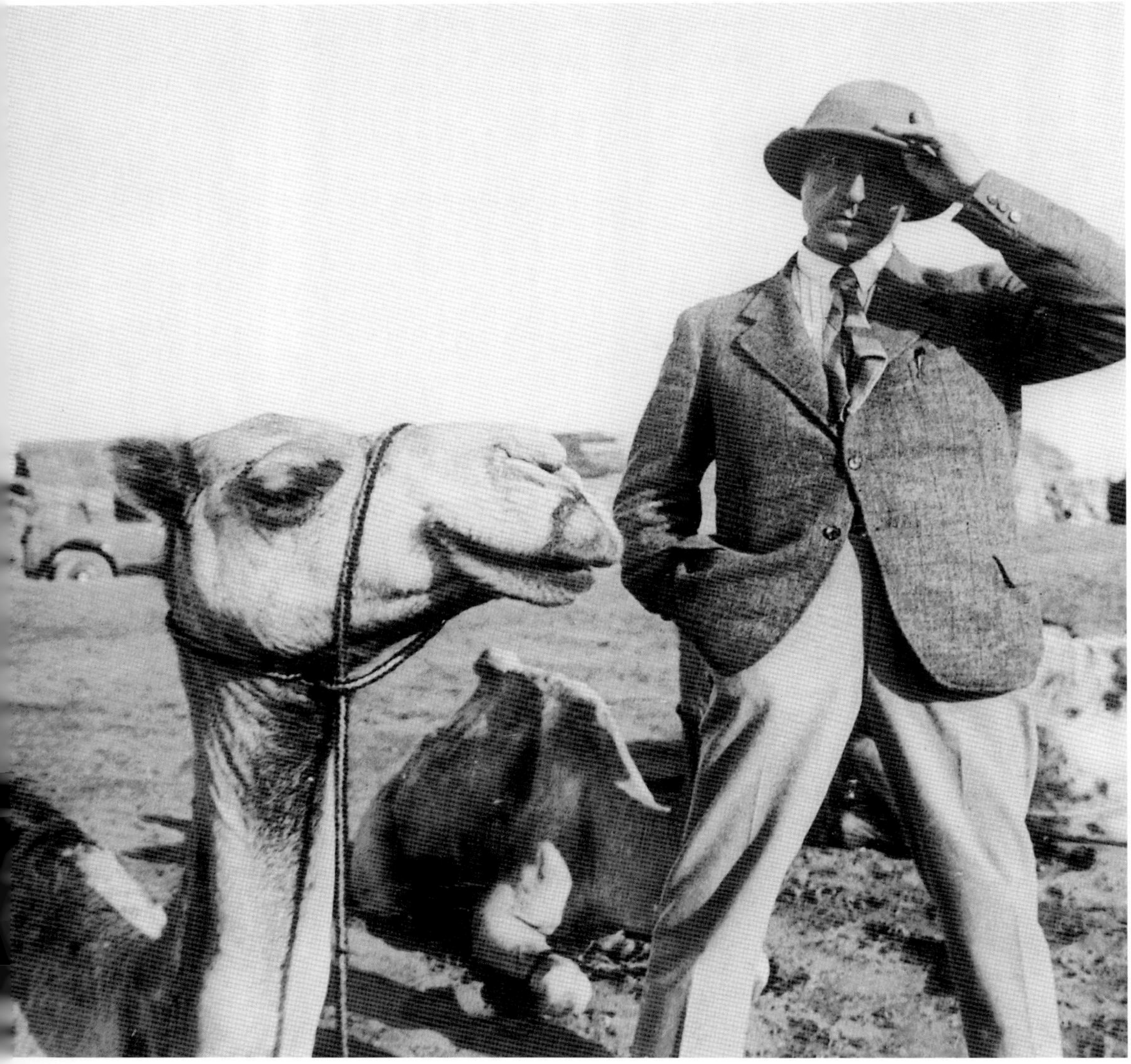

Eckhard Herrel

Ernst May
Architekt und Stadtplaner in Afrika 1934–1953

Dieses Katalogbuch erscheint anläßlich der Ausstellung „Ernst May.
Architekt und Stadtplaner in Afrika 1934–1953"
vom 9. März bis 8. Mai 2001
Veranstaltet vom Deutschen Architektur-Museum,
Dezernat Kultur und Freizeit,
Stadt Frankfurt am Main

Konzeption und Gestaltung der Ausstellung: Wolfgang Voigt

Fundraising: Evelyn Hils-Brockhoff, Marietta Andreas

Inventar: Eckhard Herrel, Roland May

Fotografien: Eckhard Herrel, Michael Schmidt, Uwe Dettmar, Ursula Seitz-Gray

Plakat und Einladungskarte: Beate Voigt

Modellbau: Institut für Entwerfen und Wohnungsbau, TU Darmstadt, Prof. Jürgen Bredow, Leitung Marcus Hille

Sekretariat und Verwaltung: Margot Quabius, Inge Klietz, Jeanette Bolz

Rahmungen: Valerian Wolenik, Christian Walter

Aufbau und Hängung: Enrico Hirsekorn, Paolo Brunino, Marina Jahncke, Eike Laeuen, Gerhard Winkler

Praktikanten: Annina Götz, Wolfgang Welker

Leihgaben: Architekturmuseum der TU München

Ausstellung und Katalogbuch wurden großzügig unterstützt durch:

Gesellschaft der Freunde des Deutschen Architektur-Museums

sowie:

Georg und Franziska Speyer'sche Hochschulstiftung

Eckhard Herrel

Stadt Frankfurt am Main, Dezernat IV: Planung unter Leitung von Stadtrat Wentz

1822-Stiftung der Frankfurter Sparkasse

Nassauische Heimstätte GmbH

Frankfurter Aufbau AG

Sparkassen-Kulturstiftung Hessen-Thüringen

SÜBA

Martin Wentz

Frankfurter Historische Kommission

Institut für Stadtgeschichte Frankfurt am Main

Dr. Bodo-Sponholz-Stiftung

Jo Franzke

6	**Vorwort der Herausgeber**
10	**Von der Sowjetunion nach Ostafrika**
18	**Farmer in Tanganjika**
19	Landerwerb am Mount Meru
22	Bau des Farmhauses
26	Erste Planungsaufträge in Tanganjika
32	Verkauf der Farm
34	**Architekt in Nairobi**
35	Ankunft in Nairobi und erste Planungsaufgaben
40	Partnerschaft Jackson and May
56	**Kriegsausbruch und Internierung**
62	**Rückkehr nach Kenia und Neubeginn**
64	Versuche und Erfolge mit Lehmbau und Vorfertigung
70	Städteplanung in Uganda
77	Gewerbliche Bauten in Nairobi
79	Appartementhäuser und Villen
83	Villen und Wohnhäuser
86	**Expansion und Höhepunkt**
87	Gründung von Dr. E. May & Partners
88	Architekt für den Aga Khan
95	Bauten für die Kaffee-Kooperative in Moshi am Kilimandscharo
100	Museums- und Hotelbauten
110	Farmhäuser für Europäer
116	Wohnhäuser für Afrikaner in Mombasa
140	**Rückkehr nach Deutschland**
141	Erste Kontakte nach Kriegsende
144	Besuche in Deutschland
145	Bewerbungen in Deutschland
147	Weitere Bewerbungen und Reisen nach Deutschland
149	Rückkehr nach Deutschland und Neuanfang in Hamburg
152	Exkurs: Die Person Ernst May im Spiegel der Meinungen
153	**Schlußbetrachtung: Ernst May zwischen Tradition und Moderne**
158	**Anmerkungen**
166	**Anhang**
181	**Verzeichnis des Ernst May-Nachlasses**

Vorwort der Herausgeber

Im März 1936 erschien in der Frankfurter Zeitung unter dem Titel „Ein Deutscher lebt in Ostafrika" der Bericht eines Auslandsdeutschen, der in der britischen Kolonie Kenia Land erworben und eine Farm errichtet hatte, den Boden kultivierte und für seine Bewässerung sorgte. Anstatt sich mit konventionellen Kulturen zufriedenzugeben, erprobte er auf allen Gebieten neue Methoden, sei es in der Zucht von Rindern und Schafen oder in der Gewinnung biologischer Pflanzenschutzmittel. Durch sorgfältige Planung, Ausdauer und Fleiß entstand eine beispielhafte Farm, die der ganzen Region Impulse gab. Was die Zeitung ihren Lesern präsentierte, war das Musterbeispiel eines Siedler-Pioniers, der seiner Familie aus eigener Kraft eine Existenz schuf. Wer den Hintergrund nicht kannte, mochte den Text als flankierende Maßnahme der deutschen Kolonialpropaganda ansehen, mit der das „Dritte Reich" Ansprüche auf die nach dem Versailler Vertrag verlorenen Territorien wachhielt.

Nur wenige Leser werden damals gewußt haben, daß sich hinter dem Autor ein prominenter Frankfurter verbarg, ein Emigrant, der Deutschland aus politischen Gründen den Rücken gekehrt und mit der 'Siedler und Scholle'-Propaganda der Nationalsozialisten nichts zu tun hatte. Der namenlose Farmer war niemand anders als der frühere Stadtbaurat Ernst May (1886–1970), die ostafrikanische Farm sein selbst ausgesuchtes Exil. Der in Frankfurt am Main geborene Architekt und Stadtplaner, dem das Deutsche Architektur-Museum (DAM) schon 1986 zum 100. Geburtstag eine Ausstellung mit Katalogbuch widmete, hat sich als Vorreiter eines sozialen Wohnungs- und Städtebaus einen festen Platz in der Architekturgeschichte erworben. Bekannt wurde Ernst May durch seine vorbildlichen Wohnsiedlungen in Frankfurt, die er zwischen 1925 und 1930 als Stadtbaurat errichten ließ. Mays umfassende Reformstrategie für die moderne Großstadt, die er modellhaft entwickelte und in der eigenen Zeitschrift „Das Neue Frankfurt" propagierte, fand früh internationale Anerkennung. Nach dem Zusammenbruch der Wohnungsbaufinanzierung am Beginn der Weltwirtschaftskrise folgte May mit zahlreichen seiner Mitarbeiter einem Ruf der sowjetischen Regierung zur Planung neuer Industriestädte nach Rußland. 1934 emigrierte er nach Ostafrika, wo er bis 1953 lebte. Farmer war er dort allerdings nur während der ersten drei Jahre, bis es ihm gelang, sich als Architekt in Nairobi zu etablieren. Erst 1954 kehrte er nach Deutschland zurück und arbeitete bis zu seinem Tod im Jahre 1970 in Hamburg.

Während das Neue Frankfurt in zahlreichen Publikationen bis ins Detail hinein untersucht worden ist und Mays dreijährige Tätigkeit in der UdSSR bisher wenigstens am Rande erwähnt wurde, gab es bis heute über seine Periode in Ostafrika – die immerhin viermal länger dauerte als sein Wirken in Frankfurt – nur wenige Informationen. Diese wissenschaftliche Lücke kann nun mit Hilfe der vorliegenden Arbeit geschlossen werden. Dem Kunsthistoriker Eckhard Herrel ist es gelungen, das afrikanische Werk Ernst Mays in Kenia, Tansania und Uganda aufzuspüren und vollständig zu dokumentieren. Bei seinen Recherchen in Afrika entdeckte er in dem heute noch in Mombasa bestehenden Büro „Dr. E. May & Partners" einen umfangreichen Bestand originaler Ernst-May-Zeichnungen.

Die Arbeit Herrels, die auf seiner Dissertation beruht[1], untersucht nicht nur erstmals die afrikanischen Bauten und Projekte, sie zeigt auch die Person Mays in einem neuen Licht. Ernst May war hier mit ganz neuen Herausforderungen konfrontiert. Es ging für ihn darum, in den britischen Kolonien Ostafrikas nicht nur als Farmer, sondern auch in seinem Beruf Boden als Architekt zu gewinnen, und dies ohne die institutionelle Macht der öffentlichen Bauverwaltung, die ihm bei seinen Engagements in Breslau, Frankfurt und in der UdSSR stets zur Verfügung gestanden hatte. Mehr als je zuvor agierte May als ein 'normaler' Privatarchitekt, der Klienten aus der kolonialen Bourgeoisie – zu der auch eine Persönlichkeit wie der Aga Khan gehörte – gewinnen und zufriedenstellen mußte. So kam es zum Bau von Villen im traditionellen englischen Landhausstil, die man aus der Hand des engagierten Protagonisten des Neuen Frankfurt und des Neuen Bauens der Weimarer Republik so nicht erwartet. Für den einst bei Raymond Unwin in London geschulten May war dies keine fremde Materie; er beherrschte sie genauso wie die Ausführung seiner in Afrika realisierten modernen Bauten.

Eckhard Herrel kann bei verschiedenen Bauten belegen, daß das Neue Frankfurt ein Repertoire nicht nur für Formzitate bildete, sondern auch für Mays Strategien im Städtebau und im 'sozialen' Wohnungsbau für die afrikanische Bevölkerung, die bereits in den 40er und 50er Jahren vom Dorf in die Städte drängte. Auch konstruktive Lösungen aus Deutschland, wie die nach dem Ersten Weltkrieg populäre Lehmbauweise oder wie der erstmals in Frankfurt mit aller Konsequenz realisierte Wohnungsbau aus vorgefertigten Elementen, werden von May in Afrika umgesetzt, jedoch nicht immer mit Erfolg. Bei der Stadterweiterung von Kampala in Uganda gelingt ihm die Verwirklichung einer Trabanten-Konzeption, die deutlich zurückverweist auf die Erfahrungen von Breslau und Frankfurt. Mays Versuch, in Mombasa eine aus Nachbarschaften zusammengesetzte „township" entsprechend den Nachkriegs-Leitbildern in Nordamerika und Europa bauen zu lassen, bleibt jedoch im Ansatz stecken. Von besonderem Interesse ist Mays Entwurfsarbeit für die Genossenschaft der selbstständigen schwarzen Kaffeepflanzer, bei welcher der Architekt aus den Bezügen der kolonialen 'society' heraustritt, um für die zukünftigen Herren des in den 60er Jahren unabhängig gewordenen Landes tätig zu sein.

Der gemeinsame Nenner im afrikanischen Werk sind die architektonischen Mittel, mit denen May seine vormals mitteleuropäische Moderne den ostafrikanischen Bedingungen anpaßte. Beeindruckend sind die in verschiedensten Formen auftretenden Sonnenblenden und die vielfältig perforierten Wände, die für stetige Ventilation im feucht-heißen Klima sorgen sollten. Es sei dahingestellt, ob May sich damit als Vertreter eines überall gültigen Internationalen Stils ausweist oder ob er hier nicht vielmehr als Regionalist einzuschätzen ist, der die Landschaft zur Prämisse seiner Architektur zu machen versteht. Als früherem Schüler des Werkbundgründers Theodor Fischer, des einflußreichen Mentors einer moderaten, am 'genius loci' orientierten Moderne, war Ernst May der regionalistische Zugang zur Architektur nicht fremd. Für eine solche Lesart sprechen seine ebenso handwerklich wie materialbewußten Bauten, wie die bis 1925 entstandenen ländlichen Siedlungen in Schlesien, das Steildach-Kinderheim aus Lehm in Nairobi oder die Naturstein-Bauten der 50er Jahre in Kenia.

Interesse weckt Ernst May schließlich als wichtiger Vertreter der Architekten-Emigration nach 1933. Sein selbst ausgesuchtes afrikanisches Exil fällt gegenüber den weit häufigeren Zielländern USA und Palästina aus dem Rahmen. Noch mehr erstaunt seine Rückkehr nach Deutschland nach über 20jähriger Abwesenheit. Die große Mehrheit der Emigrierten hat es nach 1945 vorgezogen, in ihren Gastländern zu bleiben, während die wenigen, die – wie der frühere Berliner Stadtbaurat Martin Wagner – zurückstrebten, keine ernstgemeinte Einladung erhielten. Ernst May genoß dagegen die Unterstützung früherer Mitarbeiter, die nun Einfluß besaßen – wie Werner Hebebrand als Chef der Bauverwaltung in Hamburg. May sah die Chance, in den westdeutschen Zerstörungsgebieten einen CIAM-gerechten modernen Städtebau zu betreiben, nun wieder wie vor 1933 gestützt auf eine einflußreiche Administration. Das stark aufgelockerte Neu-Altona war hier seine erste Planung, gefolgt von Siedlungen und Trabantenstädten an der Peripherie, die jedoch bald als monofunktionale Schlafstädte in die Kritik gerieten.

Das von Eckhard Herrel aufgespürte Plankonvolut aus Mombasa konnte 1993 in das DAM überführt werden. Dem jetzigen Inhaber des Büros Dr. E. May & Partners in Mombasa, Thomas W. Mackenzie, danken wir für die Überlassung der Zeichnungen. Ein besonderer Dank geht an die frühere Farmassistentin der Familie May, Lore Greulich, geb. Holz, die heute in München lebt; an den ehemaligen Büropartner Mays, Eric W. Miles, heute Portsmouth; an J. Bernard Gould und H. L. Lustmann in Nairobi, an Frank Rißmann, Daressalam, sowie an Thomas May, St. Augustin in Florida. Sie und viele Ungenannte haben durch Bereitstellung von Dokumenten sowie mit wertvollen Hinweisen einen wesentlichen Beitrag zum Gelingen des Buchs und damit auch der Ausstellung geleistet.

Ein anderer, allerdings kleinerer Teil des Plannachlasses Ernst Mays, der neben anderen Projekten auch einige der afrikanischen Bauten umfaßt, war schon in den 80er Jahren über die Erben Mays an das Architektur-Museum der TU München gelangt. Ein schriftlicher Nachlaßteil kam auf demselben Wege ins Germanische National-Museum in Nürnberg. Das bisher nicht zugängliche Archivmaterial aus Afrika ergänzt die im DAM bereits vorhandenen Unterlagen, zu denen Mays persönlicher Nachlaß gehört (Briefe, Skizzenbücher, Bibliothek, Dia- und Fotosammlung sowie weitere persönliche Dokumente), den das DAM 1993 von Klaus May, dem Sohn Ernst Mays, erwerben konnte. Weiteres Material erhielt das Museum von Klaus May im Frühjahr 2000 als Schenkung, wofür wir uns an dieser Stelle herzlich bedanken. Darüber hinaus befinden sich, als wichtige Quelle der Forschung, zahlreiche Pläne zum Wohnungsbau des Neuen Frankfurt in der Sammlung des DAM. Die AG für Kleine Wohnungen, die heutige Eigentümerin der meisten May-Siedlungen in Frankfurt, übergab das gesamte Plankonvolut 1991 dem Museum als Dauerleihgabe.

Seit 1996 erscheint eine „Schriftenreihe zur Plan- und Modellsammlung des Deutschen Architektur-Museums". In ihr wird in regelmäßigen Abständen auf die reichen Bestände des Museums hingewiesen, das seinen Sammlungsschwerpunkt in der Dokumentation der Architekturgeschichte des 20. Jahrhunderts hat. Besondere Beachtung erfahren dabei die Nachlässe von Architekten, die dem Museum seit seiner Gründung 1979 anvertraut wurden. Die Bände der Schriftenreihe stellen Bestands- und ebenso Ausstellungskataloge dar. Als Bestandskataloge präsentieren sie nicht nur das vollständige Inventar des jeweiligen Nachlasses, sondern auch dessen wissenschaftliche Erschliessung. Sie dienen gleichzeitig als Ausstellungspublikation, da das Erscheinen eines jeden Bandes an eine Ausstellung des Werkes im DAM gekoppelt ist – eine Kombination, die sich inzwischen bewährt hat. In diesem Jahr kann das DAM seine fünfte Veröffentlichung in der Schriftenreihe vorstellen. Nachdem der erste Band 1996 dem Architekten und Künstler Ernst Buchholz gewidmet war, folgte 1997 im zweiten Band der Nachlaß von Mart Stam, zwei Jahre später im dritten der von Heinz Bienefeld. Ebenfalls 1999 erschien der vierte Band „Neue Sammlung", der die wichtigsten Neuerwerbungen des Museums seit 1995 vorstellte. In diesem Jahr wendet sich die Reihe erneut dem Nachlaß eines Architekten zu. Im fünften, Ernst May gewidmeten Band präsentieren wir das Inventarverzeichnis der im DAM vorhandenen Bestände, verbunden mit Eckhard Herrels Text über die für Ostafrika 1934-53 entstandenen Bauten und Projekte.

Daß dieser Teil des vielfältigen Werks von Ernst May nun der Fachwelt und der interessierten Öffentlichkeit vorgestellt werden kann, verdanken wir den zahlreichen Förderern, die sich für dieses Projekt begeistern ließen. Unser herzlicher Dank gilt der Stiftung der Frankfurter Sparkasse von 1822, dem Dezernat Planung der Stadt Frankfurt am Main unter der Leitung von Dr. Martin Wentz, der Dr. Bodo Sponholz-Stiftung, der SÜBA, der Frankfurter Aufbau AG, der Frankfurter Historischen Kommission, der Gesellschaft der Freunde des Deutschen Architektur-Museums, der Georg und Franziska Speyer'schen Hochschulstiftung, der Sparkassenstiftung Hessen-Thüringen, der Nassauischen Heimstätte, dem Institut für Stadtgeschichte Frankfurt am Main, Dr. Eckhard Herrel und Jo Franzke. Nur mit Hilfe dieses gemeinschaftlichen Engagements konnte es gelingen, in Zeiten, in denen die Frankfurter Museen nicht mehr über Publikations- und Ausstellungsmittel verfügen, einen noch ungehobenen architektonischen Schatz der Öffentlichkeit zugänglich zu machen.

Evelyn Hils-Brockhoff, Wolfgang Voigt

---

1 „Ernst May (1886–1970) als Farmer, Architekt und Stadtplaner in Ostafrika von 1934–1953". Inauguraldissertation zur Erlangung des Grades eines Doktors der Philosophie und Kunstwissenschaften der Johann Wolfgang Goethe-Universität zu Frankfurt am Main, vorgelegt von Eckhard Herrel aus Hannover 1998. Die Arbeit wurde mit dem von der Nassauischen Heimstätte gestifteten „Ludwig-Landmann-Preis 1999" ausgezeichnet.

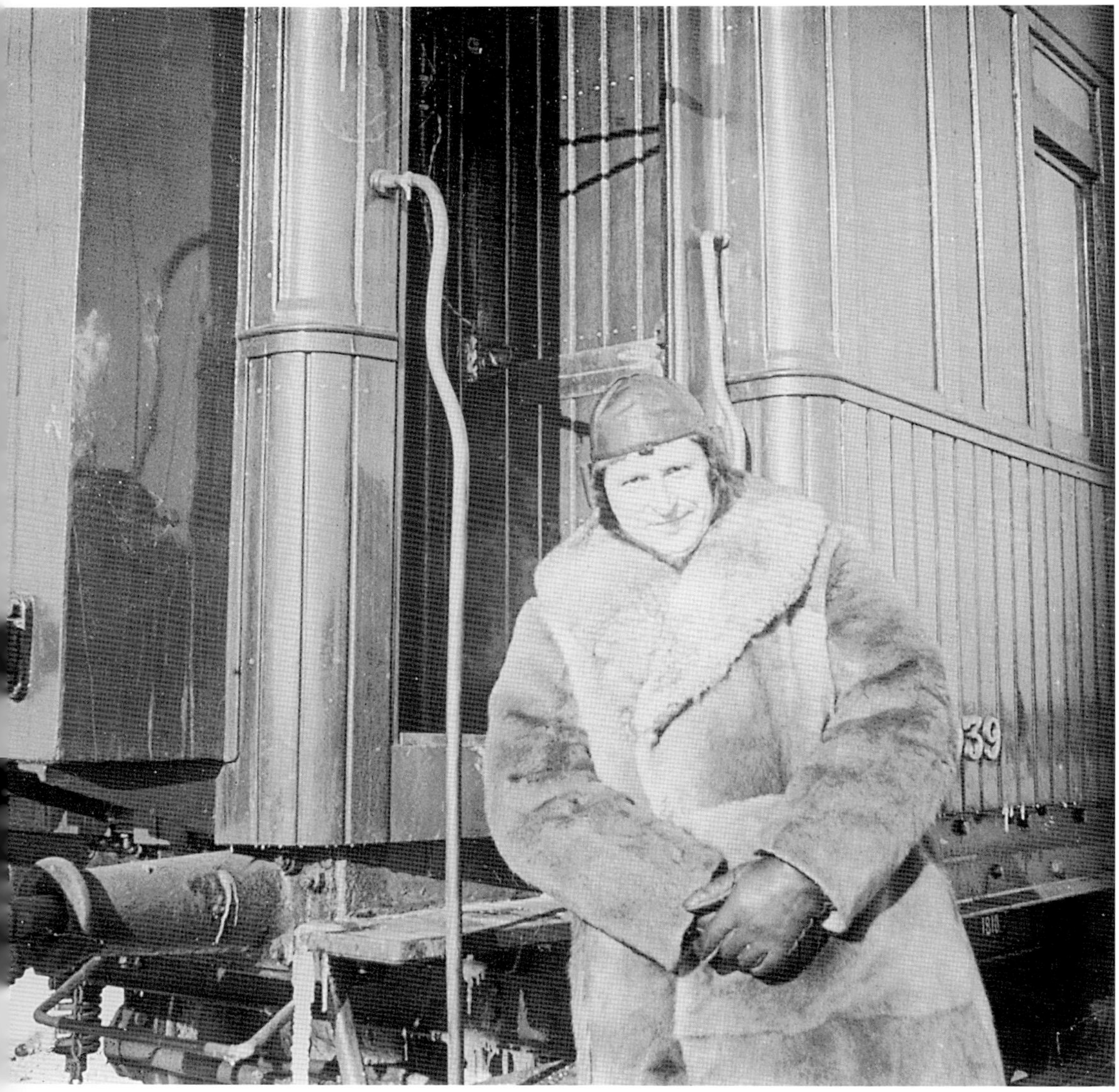

Von der Sowjetunion nach Ostafrika

Ernst May hatte sein Amt als Stadtbaurat in Frankfurt am Main im Oktober 1930 aufgegeben und war auf Einladung der Sowjetischen Regierung mit rund 20 ausgewählten Fachleuten[1] nach Moskau gereist, um bei der Planung und dem Aufbau neuer Städte in der Sowjetunion mitzuwirken.[2] Die anfängliche Begeisterung mit der die „Gruppe May", wie sie offiziell genannt wurde, an die große Aufgabe heranging, wurde schon bald durch den herrschenden Bürokratismus und die großen logistischen Schwierigkeiten, mit denen sie konfrontiert wurde, gedämpft.[3]

Mit dem Beginn der stalinistischen Säuberungsaktionen verschärfte sich die innenpolitische Lage, und gegenüber den ausländischen Experten wuchs das Mißtrauen. May, der den Titel eines Chefingenieurs führte, erhielt einen russischen Ingenieur als Vorgesetzten und rückte somit an die zweite Stelle. Etwa ab Mitte 1932 wurde die „Gruppe May" in ihrer Arbeit zunehmend behindert und im Jahr 1933 kaum noch zu Planungsaufgaben herangezogen. Da Mays Vertrag ohnehin im Februar 1934 auslief, schmiedete er frühzeitig – zusammen mit seiner Frau Ilse – neue Pläne für die Zukunft. Das zunächst Naheliegende, die Rückkehr nach Deutschland, wurde durch die am 30. Januar 1933 vollzogene Ernennung Adolf Hitlers zum Reichskanzler und das Ergebnis der Reichstagswahlen vom 5. März in Frage gestellt. Bereits im Vorfeld der Machtergreifung Hitlers hatten die Nationalsozialisten gegen den ehemaligen Frankfurter Stadtbaurat und seine Architekturauffassung öffentlich polemisiert.[4] Hinzu kam, daß Ernst May den von den Nazis bei der Besetzung von öffentlichen Ämtern geforderten Nachweis einer arischen Abstammung nicht hätte erbringen können, denn seine Großmutter mütterlicherseits war Jüdin gewesen.[5] Fast 30 Jahre später schrieb May rückblickend: „Eine Ausübung meines Berufes in Deutschland nach 1933 wäre unmöglich gewesen, und Sie würden wahrscheinlich diesen Brief heute nicht von mir erhalten, wenn ich es versucht hätte, aus Rußland zurückkehrend in Deutschland modernes Bauen zu propagandieren. Ich entsinne mich heute noch an den freundlichen Ausspruch führender Nazis, 'man werde meine Hundeställe in der Römerstadt niedertreten'."[6]

Zunächst reisten Ernst und Ilse May im Frühjahr 1933 über Basel an den Gardasee, wo sich Ilse von einer schweren Erkrankung langsam erholte. Da in ihren Pässen als Wohnort „Moskau" vermerkt war und Freunde sie vor einer Einreise nach Deutschland gewarnt hatten, beobachteten sie die weitere poli-

linke Seite
Ernst May im Winterpelz, auf der Reise nach Sibirien, um 1932

tische Entwicklung sorgsam aus ihrem Feriendomizil, dem Hotel Monte Baldo in Gardone Rivierea sul Lago di Garda.[7] Zwei Tage nach Erlaß des Ermächtigungsgesetzes, das Hitler sowohl die gesetzgebende als auch die ausführende Gewalt übertrug und damit das Ende der parlamentarischen Republik besiegelte, sandten Ilse und Ernst May ein mehrseitiges Schreiben an Ilses Mutter, in dem sie ihre Zukunftspläne darlegten. Wegen der grundlegenden Gedanken und Mays damaliger Einschätzung der politischen Situation Deutschlands, die sich in dem Brief widerspiegeln, werden die wichtigsten Passagen daraus wörtlich wiedergegeben:

Nach eingehender Befassung mit den bisherigen Erklärungen der neuen Regierung, nicht zuletzt auch nach unserem Studium des italienischen Faschismus stehen wir auf dem Standpunkt, dass für ein Volk, wie das deutsche das gänzlich unreif ist für Parlamentarismus (5 Jahre Frankfurter Stadtparlament haben mir einen eindeutigen Beweis dafür erbracht) eine freiheitliche Regierungsform noch nicht möglich ist, sondern dass die Schafherde vielleicht nur durch einen energischen Hirten nicht zuletzt durch seine scharfen Hunde zusammen gehalten werden kann. Wir stehen also im Prinzip auf dem Standpunkt, dass für das heutige Deutschland eine Diktatur die wahrscheinlich zweckmäßigste Staatsform darstellt. Das entsetzliche Parteigezänk, das einen grossen Teil der Kräfte des Volkes in Anspruch nahm, wird beseitigt und die Volkskraft zum Produktivaufbau mobil gemacht.
Wenn wir heute trotzdem nicht unerhebliche Bedenken gegen die gegenwärtige Regierung haben, so wegen der feigen Gemeinheit, mit der sie ihre früheren Gegner behandelt. Wäre Hitler nur annähernd das, was sein Vorbild Mussolini tatsächlich ist, so würde wahrscheinlich viel rein Demagogisches in den Erklärungen und Demonstrationen wegfallen und der Versuch, die früheren Gegner zu versöhnen, würde nicht mit Worten sondern mit Taten verwirklicht. Jetzt werden einfach alle Köpfe des früheren Regimes, darunter so hervorragende Menschen wie Adenauer-Köln, Asch[8] und Wagner,[9] Berlin u.s.w. herausgeworfen und vielfach durch Menschen ersetzt, die nicht wegen ihrer Fähigkeiten, sondern wegen ihrer stramm vorschriftsmäßigen Gesinnung ausgewählt wurden.
Bezeichnend dafür, wie wenig national und rein parteimäßig gerade einige der prominenten Führer der Nazis denken, ist die grundsätzliche Ablehnung und Verächtlichmachung auch der positivsten Leistungen des letzten Regimes. Z. B. des deutschen Wohnungsbaus der Nachkriegszeit.
Einverstanden sind wir mit der restlosen Unterdrückung des Kommunismus in Deutschland. Wir sind durch jahrelange Beobachtung des Landes, in dem er verwirklicht ist, zu der Überzeugung gekommen, dass er zumindest bei dem heutigen Kulturstande der Menschheit zur Vernichtung der wesentlichsten geistigen Güter einer Nation führt und nicht einmal seine grundsätzliche These, nämlich eine materiell befriedigende Versorgung der breiten Massen, hat realisieren können. In Russland herrscht Hungersnot.
(...)
2. Gänzlich unabhängig von der politischen Entwicklung haben wir uns vor etwa 5 Monaten genau überlegt, wie wir nach Ablauf meines Rußlandvertrages (Anf. 1934) unsere Zukunft erfolgreich gestalten können. Wir sind uns dabei schnell darüber klar geworden, dass in Deutschland in den nächsten

Jahren für mich Aufgaben eines Umfanges, der mich geistig ausfüllte, nicht mehr vorkommen. Unterdessen sind nun auch noch die politischen Ereignisse eingetreten, die mich als einen Vertreter des alten Regimes abstempeln, weil ich zufällig meine Arbeit nicht unter dem Malermeister Hitler sondern unter dem Sattlermeister Ebert bzw. seinem Nachfolger ausgeführt habe und weil die ganze zivilisierte Welt diese Arbeit als eindeutige Erfolge eines sozial regierten Staates ansah. Dadurch werden wir bezügl. der Richtigkeit des von uns gewählten Weges nur noch bestärkt.
Ich besitze in mir neben architektonisch organisatorischen Fähigkeiten, wie Du weisst, eine leidenschaftliche Liebe und Neigung für gärtnerisch kolonisatorische Arbeit. Ackerbau in Deutschland bietet aber auf lange hinaus wirtschaftlich keinerlei Erfolgsaussicht mehr. Anders liegen die Dinge in einigen Teilen Afrikas. Durch einen Bekannten angeregt, der die örtlichen Verhältnisse kennt, und aufbauend auf eingehend gesammelten Informationen deutscher amtlicher Stellen, des englischen Ostafrikaamtes, sowie des örtlichen deutschen Konsulates haben wir uns entschlossen, uns in Kenya, einer englischen Kolonie, unmittelbar nördlich angrenzend an das frühere Deutsch-Ost-Afrika anzukaufen und dort in erster Linie Kaffeeplantagen anzulegen, evtl. auch Zitronen und Apfelsinenzucht zu betreiben. (...) Wir haben uns bis zum Abschluß meiner Tätigkeit in Russland aus Nichts (wir verliessen Frankfurt mit einer Hypothekenschuld von M. 60000.–) einen Betrag von ca. 90000 M. gespart, den wir auf diese Weise so nutzbringend anlegen wollen, dass er für uns die Grundlage einer innerlich befriedigenden und auch materiell erfolgreichen ferneren Tätigkeit werden soll. (...)
Wir fühlen uns auf der Höhe unserer Kraft und brennen auf den Moment der Abreise.[10]

Der Bekannte, den Mays in ihrem Brief erwähnten, war ein junger Schriftsteller namens Junghanns, der zusammen mit dem berühmten Jagdflieger Ernst Udet in Ostafrika gewesen war und der Familie May bei einem Besuch in Moskau begeistert darüber berichtet hatte.[11]

Auf der Rückreise vom Gardasee nach Rußland machten Mays noch für einige Tage in Wien Station. Ernst May war in der Zwischenzeit in London gewesen und hatte weitere Informationen über die britische Kolonie eingeholt und „(...) eine Menge wertvoller persönlicher Beziehungen angeknüpft (...) und auf Grund der Vermittlung englischer Bekannter eine bestimmte [Anlauf-] Adresse [erhalten, Ergänzung d. Verf.]. Dort werden wir unter primitiven Verhältnissen systematisch lernen und erst nach klarer Übersicht über die örtlichen Verhältnisse und Möglichkeiten den entscheidenden Schritt der festen Ansiedlung unternehmen."[12] Den wohl in einem Brief von Ilses Bruder Friedel geäußerten Vorschlag, sich doch besser in Südfrankreich niederzulassen, lehnte May aus zwei Gründen ab: „1. ist mir Frankreich trotz seiner natürlichen Schönheit innerlich fremd und unsympathisch. Der französische Nationalcharakter erscheint mir verlogen und unwahrhaftig. (...) 2. bedeutete ein solcher Ankauf in Südfrankreich mehr oder weniger ein Zurruhesetzen. Und ich muss offen gestehen, dass ich an alles andere eher denke, als daran. Mich drängt es, in einer gewaltigen, meine körperlichen und geistigen Kräfte voll in Anspruch nehmenden Weise noch einmal eine grosse aufbauende Tätigkeit zu entfalten. Und das werde ich tun. (...) Es würde mich schon reizen, in Deutschland als Bauer vielleicht mit einer Anlage einiger Spezialkulturen zu arbeiten. Aber nicht in dem Deutschland Hitlers."[13] May hatte sich von früheren Mitarbeitern eingehend über die neuen Verhältnisse in Deutschland berichten lassen. Nach diesen Berichten zu urteilen, ließ „die Hass- und Rachekampagne der Nazis"[14] eine weitere Mitarbeit seiner Person in Deutschland nicht zu. Nach einer scharfsinnigen Analyse der weltpolitischen Situation kommt er zu dem Schluß: „(...) man braucht nicht Schwarzseher zu sein, um bereits neue Kriege sich deutlich am Horizont abzeichnen zu sehen."[15]

Nach ihrer Rückkehr nach Moskau im April 1933 begann Familie May mit den Vorbereitungen für einen Neubeginn in Afrika. Aus England hatte Ernst May reichhaltige Literatur über das Farmwesen in Ostafrika mitgebracht.[16] Von seinem früheren Frankfurter Schulkameraden Heinrich Stock, der inzwischen im Kaffeehandel tätig war, hatte sich May genauestens über die Rentabilität ostafrikanischer Kaffeeproduktion berichten lassen.[17] Außerdem eignete er sich die erforderlichen Kenntnisse im Vermessungswesen an, um später in der Lage zu sein, Farmgelände und Baustelle zu vermessen.[18]

Eine Einladung des deutschen Botschafters in Moskau, Herbert von Dirksen, an einer Feier zum 1. Mai teilzunehmen, lehnte May mit der Begründung ab, daß inzwischen die Dinge in Deutschland einen Verlauf genommen hätten, mit welchem er sich auch bei dem Bestreben nach weitherzigster Auffassung nicht mehr zu identifizieren vermochte. „Ich denke vor allem an die Unterdrückung der geistigen Freiheit an Universitäten und an die politischen Verfolgungen Andersdenkender bis in die Kreise der Rechten hinein. Mein Erscheinen bei der Botschaftsfeier würde so gedeutet werden, als stellte ich mich auf den Boden der jüngsten Entwicklung."[19] Mit dieser eindeutigen Stellungnahme hatte sich May selbst den Rückweg nach Deutschland versperrt.

Als er seinen Entschluß, nach Afrika auszuwandern, den Freunden und Mitarbeitern kund tat, kam die Nachricht für diese dennoch völlig unerwartet, wie Grete Schütte-Lihotzky in ihren Lebenserinnerungen schreibt. „Vielleicht ahnte er, was kommen würde und wollte deshalb europafern leben", vermutete die Österreicherin.[20]

Die Sommermonate verbrachte die Familie mit den Kindern Klaus und Thomas und dem Hauslehrer in einem Sommerhaus in einem Vorort von Moskau. Der ältere Sohn Klaus besuchte in Deutschland das Internat Salem im Markgräfler Land, verbrachte aber die Sommerferien zusammen mit der Familie in Rußland. Der jüngere Sohn Thomas wurde zusammen mit einer anderen Schülerin von dem Hauslehrer, Dr. Emil Weerts, einem etwa 30 Jahre alten „Preußen", unterrichtet.[21]

Ernst May war häufig auf Reisen und versuchte, die begonnenen Projekte zumindest voranzutreiben, wenn es ihm schon nicht möglich war, sie in der verbliebenen Zeit abzuschließen. Wenige Tage vor seiner Abreise, am 21. 12. 1933, veröffentliche die Moskauer Zeitung „Technika" ein Gespräch mit ihm, in dem er über seine dreijährige Tätigkeit berichtet: „Während meiner Arbeit in der USSR wurde mir klar, daß der Bau sozialistischer Städte für einen Baumeister eine sehr interessante und dankbare, aber gleichzeitig eine sehr schwere Aufgabe ist. (...) Die Notwendigkeit, in kürzester Zeit die maximale Wohnfläche für neue Industriezentren bereitzustellen, bedeutete für unsere kleine Gruppe von Architekten, die Generalpläne für sechs sozialistische Städ-

ernst adamowitsch may, Karikatur von Rudolf Wolters, 1933

Ernst May 1933 in der Sowjetunion

te in sieben Wochen zu entwerfen, (...) später wurden sie dann aufgrund genauerer Ortskenntnisse grundlegend überarbeitet. (...) Die großen Entfernungen zwischen den Bauplätzen und den Projektierungszentren in der USSR bereiten auch einem guten Planer stets Probleme. (...) Um qualitätvoll zu planen und zu bauen, muß man direkt dort wohnen, wo sich die Baustelle befindet. Das ist eine Grundbedingung für erfolgreiche Arbeit, weil man nur an Ort und Stelle alle Einzelheiten untersuchen kann, die bei der komplizierten Aufgabe, der Anlage von Städten und Siedlungen, zu berücksichtigen sind."[22]

Im Oktober 1933 war Ilse May mit dem zehnjährigen Thomas noch einmal nach Deutschland zu ihrer Familie gefahren, die sie drei Jahre nicht gesehen hatte und nun noch länger nicht wiedersehen sollte. Von Brake bei Lemgo, wo ihre Mutter Luise Hartmann und Schwester Lotte mit ihrem Mann Willy in einem 1928 von Ernst May entworfenen Haus[23] lebten, reiste sie direkt nach Wien, wo sie sich mit ihrem Mann und Sohn Klaus treffen wollte.

Unterdessen ließ Ernst May von einem Schreiner für den Hausrat Transportkisten anfertigen, die dann in Afrika als Schränke genutzt werden sollten. Ilse Mays Flügel, ein Steinway, wurde in einer mit Zink beschlagenen Kiste seefest verstaut. Ende November 1933 wurde das gesamte Inventar unter Aufsicht von Dr. Weerts in Odessa auf ein Frachtschiff verladen.

Am ersten Weihnachtsfeiertag 1933 verließ Ernst May mit seinem Sohn Klaus und Dr. Weerts die russische Hauptstadt Richtung Wien.[24] Seine engsten Mitarbeiter und Freunde waren zum Abschiednehmen auf dem Moskauer Bahnhof erschienen. „Lange noch winkten Mays uns aus dem Waggonfenster zu, als sich der Zug langsam in Bewegung setzte",[25] erinnerte sich Grete Schütte-Lihotzky.

Von Wien kommend, traf der Zug am 31. 12. 1933 gegen 10 Uhr im Bahnhof von Venedig ein, wo sie eine Stunde Aufenthalt hatten.[26] Am nächsten Tag erreichten sie Genua, und Ernst May begeisterte sich: „Aus 25° Kälte in den Vorfrühling! Stahlblauer Himmel".[27]

Am letzten Abend vor der Abreise hatte der russische Architektenverband zu Ehren Mays ein offizielles Bankett im Grand Hotel von Moskau gegeben und seine Arbeit in vielen Reden gewürdigt. In dem Zeugnis, das ihm ausgehändigt wurde, lautete der letzte Satz: „Die Ergebnisse seiner 3-jährigen Tätigkeit in U.S.S.R. gestatten uns, Ernst May als einen der bedeutendsten Städtebauer zu bezeichnen."[28] Trotz dieser späten Anerkennung seiner Leistungen scheint es May nicht schwer gefallen zu sein, von Rußland Abschied zu nehmen. „Der dreijährige Aufenthalt in Rußland war für uns eine Lebenserfahrung, die wir um Nichts vermissen möchten," resümierte May und fügte, im Hinblick auf die kurz bevorstehende Abreise, hinzu: „Wir sind voller Zuversicht und freuen uns mächtig."[29] Auch einige seiner Mitarbeiter kehrten bald darauf der Sowjetunion den Rücken. Andere Architekten und überzeugte Kommunisten wie Hannes Meyer wirkten auch unter den verschlechterten Rahmenbedingungen noch einige Jahre dort.[30] Grete Schütte-Lihotzki und Wilhelm Schütte verließen Rußland im August 1937; Werner Hebebrand wurde als letzter der Gruppe May im Dezember 1937 verhaftet und ausgewiesen.[31]

Vor Mays lag nun eine gründlich geplante, aber dennoch ungewisse Zukunft. In Genua trafen Sie einen Herrn Doss, der aus Berlin stammte und in Tanganjika eine Pflanzung betrieb. Bei ihm wollten Mays drei Monate lang wohnen und arbeiten, um die erforderlichen Kenntnisse für den Kaffeeanbau zu erwerben. In dieser Zeit sollte die Entscheidung fallen, ob sie eine der Pflanzungen des 56 Jahre alten Berliners übernehmen oder eine eigene Farm anlegen würden.[32]

Am 6. Januar 1934 lief die „Llandaff Castle" der Union-Castle Linie in Genua aus. Mays hatten, um Geld zu sparen, eine Kabine der dritten Klasse im Heck des Schiffes gebucht.

Sie fuhren entlang der italienischen Küste und an der Stiefelspitze durch die Straße von Messina am Ätna vorbei. „Bis hier runter war es sehr kalt und wir spazierten in dicken Wintermänteln auf dem Deck herum. Bald hinter Sizilien fing dann das Schaukeln an und wir wurden alle miteinander seekrank."[33] In der Nacht zum 10. 1. 1934 erreichten sie Port Said. Auf der Weiterfahrt bekam der zehnjährige Sohn Thomas plötzlich eine Blinddarmentzündung und mußte in Port Sudan in höchster Eile operiert werden, da der Blinddarm bereits aufgebrochen und die Bauchhöhle vereitert war. „Wir haben wieder beten gelernt, ein glücklicher Ernst," vermerkte der besorgte Vater am Rande eines Briefes seiner Frau.[34] Die Eltern blieben bis zur völligen Genesung ihres Kindes in Port Sudan, während der ältere Sohn Klaus mit dem Hauslehrer Dr. Weerts und Herrn Doss mit dem Dampfer weiterfuhr. Den Zwangsaufenthalt in Port Sudan nutzten die Mays, die Gegend zu erkunden und die Sitten und Gebräuche der Wüstenregion kennen zu lernen.[35]

Am 10. Februar 1934 konnten Mays ihre Reise fortsetzen und erreichten zehn Tage später den Hafen von Mombasa in Kenia. Von dort fuhren sie mit der Bahn in das Kilimandscharo-Gebiet nach Moshi und weiter mit dem Auto nach Usa River, einem Ort in etwa 1100 Meter Höhe, auf halbem Weg zwischen Moshi und Arusha gelegen. Hier befand sich die Pflanzung der deutschen Familie Doss, auf der sich Mays zunächst einige Grundkenntnisse aneignen wollten. Ilse schwärmte über die Gegend: „Zwischen den etwa mannshohen Kaffeebäumen sind als Schattenspender alte Urwaldbäume stehen geblieben. (...) Die Vegetation und Tierwelt ist so anders und so phantastisch und reich. (...) Zwischen hier und Moshi liegt ein Stück Land als Wildreserve.[36] Wir sind mehrmals durchgefahren und haben jedesmal anderes Wild gesehen."[37] Und Ernst May jubelte: „Wir haben richtig gehandelt! Es ist herrlich hier."[38]

Ansichtskarte der 'Llandaff Castle' mit Einzeichnung von Mays Kabine, abgeschickt auf der Fahrt nach Afrika, 1934

rechte Seite
Wolfgang Welker,
Landkarte von Ostafrika mit Standorten der Bauten und Projekte Ernst Mays

SUDAN
ÄTHIOPIEN
Weißer Nil
Albert Nil
UGANDA
KONGO
Viktoria Nil
KENIA
Jinja
Kampala
Kisumu
Molo
Nakuru
Tana
Viktoriasee
Nairobi
RUANDA
Galana
Oldonyo Sambu
Usa River
Moshi
Arusha
BURUNDI
Mombasa
Lushoto
Pangani
TANSANIA
Pemba
Sansibar
Daressalam
Great Ruaha
Rufiji
Indischer Ozean
SAMBIA
MALAWI
Ruvuma
MOSAMBIK

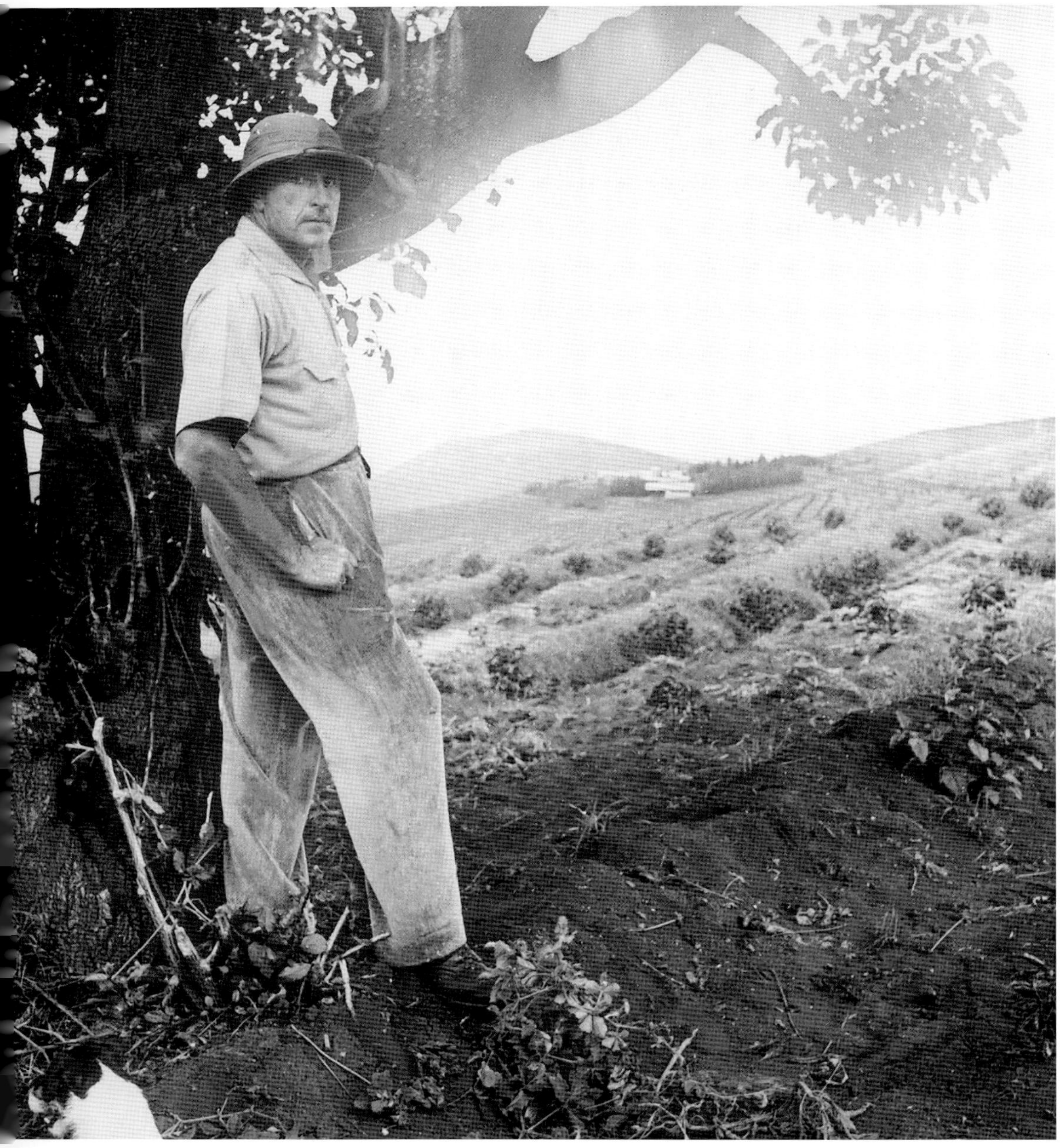

Farmer in Tanganjika

Landerwerb am Mount Meru

Es zeigte sich sehr bald, daß eine Zusammenarbeit mit Herrn Doss oder der Erwerb seiner Pflanzung für Mays nicht in Frage kam. Die Farm war sehr vernachlässigt und lag nicht hoch genug, um vor den lästigen Malaria übertragenden Anopheles-Mücken sicher zu sein. Nach wenigen Wochen erkrankte Ilse May, trotz Chinin-Prophylaxe, an Malaria und mußte zur Behandlung in die nächst größere Stadt, nach Arusha, gebracht werden. Während sie sich dort im kühleren Klima in einem Hotel von der Krankheit erholte, erkundete ihr Mann sorgfältig die Gegend auf der Suche nach geeignetem Farmland. Schließlich entschieden Mays sich für ein Stück unbebauten Landes am Fuße des Mount Meru, eines erloschenen Vulkans.

Ilse May schwärmte: „Die Gegend ist 2 000 – 2 300 m hoch, herrliches gesundes Klima und sehr guter tiefgrundiger vulkanischer Boden. Man sieht von dort nach Westen in eine unendliche Ferne, ein Hochland mit Kraterkegeln und Bergen."[39]

Von einem Engländer, Mr. Phelbs, erwarben sie circa 160 Hektar Land, kauften einen gebrauchten Ford ½ Tonner und begannen sogleich mit der Anlage der Farm. „Architektonisch arbeiten kann Ernst, wenn wir erst einmal ansässig sind und es bleibt noch Zeit übrig (…). Vorläufig ist das Andere wichtiger", befand Ilse May.[40]

Fast das ganze Land um Oldonyo Sambu am westlichen Mount Meru-Hang hatte sich ein Deutscher namens Reumuth im Zuge der Kolonialisierung von Deutsch-Ostafrika angeeignet. Nach dem verlorenen Ersten Weltkrieg wurde es ihm von den Briten aufgrund des Versailler Vertrags abgenommen und dem Engländer Phleps für eine verhältnismäßig geringe Summe übertragen. Dieser richtete sich auf einer Teilfläche eine Farm ein und verkaufte das übrige Terrain für relativ viel Geld an die deutschen Siedler Kübler und May weiter.[41]

Die in Mays Nachbarschaft lebenden Einheimischen charakterisierte Ilse May so: „Es gibt hier ganz verschiedenartige Negerstämme, die unter sich eng zusammenhalten und z. T. ganz verschiedenartige Sitten haben. Die Schönsten sind die Massai, unter denen ganz fabelhafte Typen sind. Sie tragen nur ein

linke Seite
Ernst May vor seiner Kaffeeplantage, im Hintergrund die West Meru Alp-Farm, um 1935

braunes Laken, auf einer Schulter geknüpft, machen aus ihrem Haar helmartige Frisuren, schmücken sich mit Halsringen und tragen einen langen Speer. Sie sind meistens Hirten, den Speer gebrauchen sie entweder zur Verteidigung ihrer Rinder gegen Raubtiere oder zu ihren Kriegerspielen. Sie tun keinerlei Landarbeit. Ihnen gehören die ganzen Wiesenhänge zwischen Arusha und uns und darauf weiden Herden Kühe und Schafe, Tausende von Tieren."[42]

Bau des Farmhauses

Zunächst errichtete Ernst May ein kleines Häuschen mit nur zwei Räumen, in dem er mit seiner Frau während der Bauzeit des eigentlichen Farmgebäudes lebte. Später sollte hier das Hauspersonal wohnen. „Ernst ist unbeschreiblich glücklich in seinem neuen Beruf. Ich muß nur immer bremsen, daß er nicht alles zu großartig macht, sonst ist auf einmal das Geld alle," befürchtete Ilse May.[43]

West Meru Alp-Farm bei Oldonyo Sambu, Tansania, 1934
Lageplan mit Niederschlagsdiagramm

rechte Seite
Farmhaus. Zeichnung: Ernst May

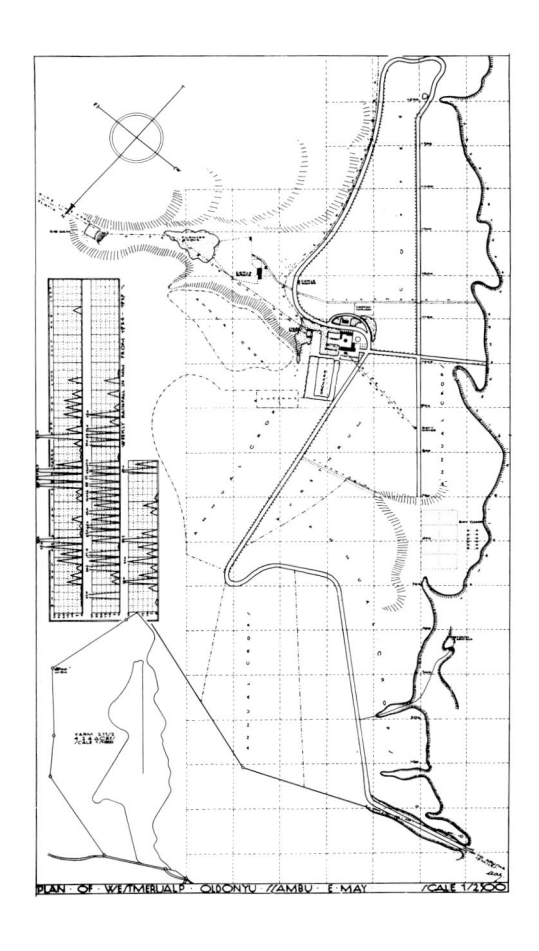

Ein großes Problem stellte die Wasserversorgung dar. Bei der zuständigen Wasserbehörde in Arusha beantragte May eine Pipeline zu einer höher gelegenen Quelle, die er Ilse-Quelle taufte, welche die Farm mit täglich 5 600 Gallonen Wasser versorgen sollte.[44]

Zwar hatte er sich im Kaufvertrag ein Recht auf 17 000 Gallonen aus dem das Nachbargrundstück durchfließenden Weiladia River gesichert, doch für die Bewässerung der geplanten Obst- und Kaffeeplantage hätte diese Menge nicht ausgereicht. Er vermaß die Gegend, fertigte Skizzen an und verlegte, teilweise unter der Erde, zwei Pipelines über mehrere Kilometer.[45]

Später, als er in Nachkriegsdeutschland wieder ein gefragter Städtebauer war und neue Stadtteile plante, erinnerte sich May an diese Pionierzeit: „Mit einer Schar von Eingeborenen, die mit Buschmessern bewaffnet einen Pfad durch den Wald hieben, entdeckte ich eine weitere Quelle, die ich ebenfalls in einem kleinen Staubecken auffing und über eine etwa 1,5 km lange Wasserleitung in Rohren bis zu meinem Haus führte."[46] Die Steine für den Hausbau sprengte er aus dem oberhalb des Farmgeländes gelegenen Flußbett und transportierte sie in Ochsenkarren zur Baustelle. Es handelt sich um relativ leicht zu bearbeitendes vulkanisches Gestein. „Das Holz beschaffte ich mir aus dem Urwald, wo ich dreißig Meter hohe Zedernbäume fällte, in deren Wipfeln noch die Colobus-Affen kletterten. Von Ochsen wurden die zersägten Stämme heruntergeschleift und von indischen Arbeitskräften in uralter Technik mit Handsägen aufgeschnitten."[47] Die tiefen Furchen, welche die schweren Ochsenkarren geformt haben, sind noch heute auf dem Farmgelände sichtbar.

Anfang August 1934 war das Wohnhaus weitgehend fertiggestellt. Ilse May war begeistert: „Das Haus wird wunderhübsch, überhaupt, wenn ich mir vorstelle, wie es hier in 3–4 Jahren aussieht, wenn alles angewachsen ist, – das muß herrlich sein. (...) In allem ist unser Ziel, in möglichst kurzer Zeit Selbstversorger zu sein. (...) Ein großer Erddamm wird eben gebaut, in dem das Wasser gestaut wird und dann nach Bedarf für Obst, Kaffee oder Mais in Gräben zum Bewässern heruntergeleitet wird."[48]

Ein Problem stellte die weitere Schulausbildung der beiden Söhne – Klaus war damals vierzehn und Thomas elf Jahre alt – dar. Der aus Rußland mitgekommene Hauslehrer Dr. Weerts war nach Abessinien, dem heutigen Äthiopien, weitergereist, um dort an einer Mission eine Arztstation aufzubauen. Zunächst besuchten die beiden Kinder eine von deutschen Siedlern betriebene Schule in Oldeani, einem etwa 150 Kilometer südwestlich von Arusha, am Rande des heutigen Ngorongoro-Wildschutzgebietes gelegenen Ort. Bei den damaligen Straßenverhältnissen dauerte die Fahrt dorthin – wenn alles gut ging – fünf bis sechs Stunden.[49] Dies war für afrikanische Verhältnisse keine große Entfernung, aber es bedeutete, daß die Kinder nur in den Ferien bei

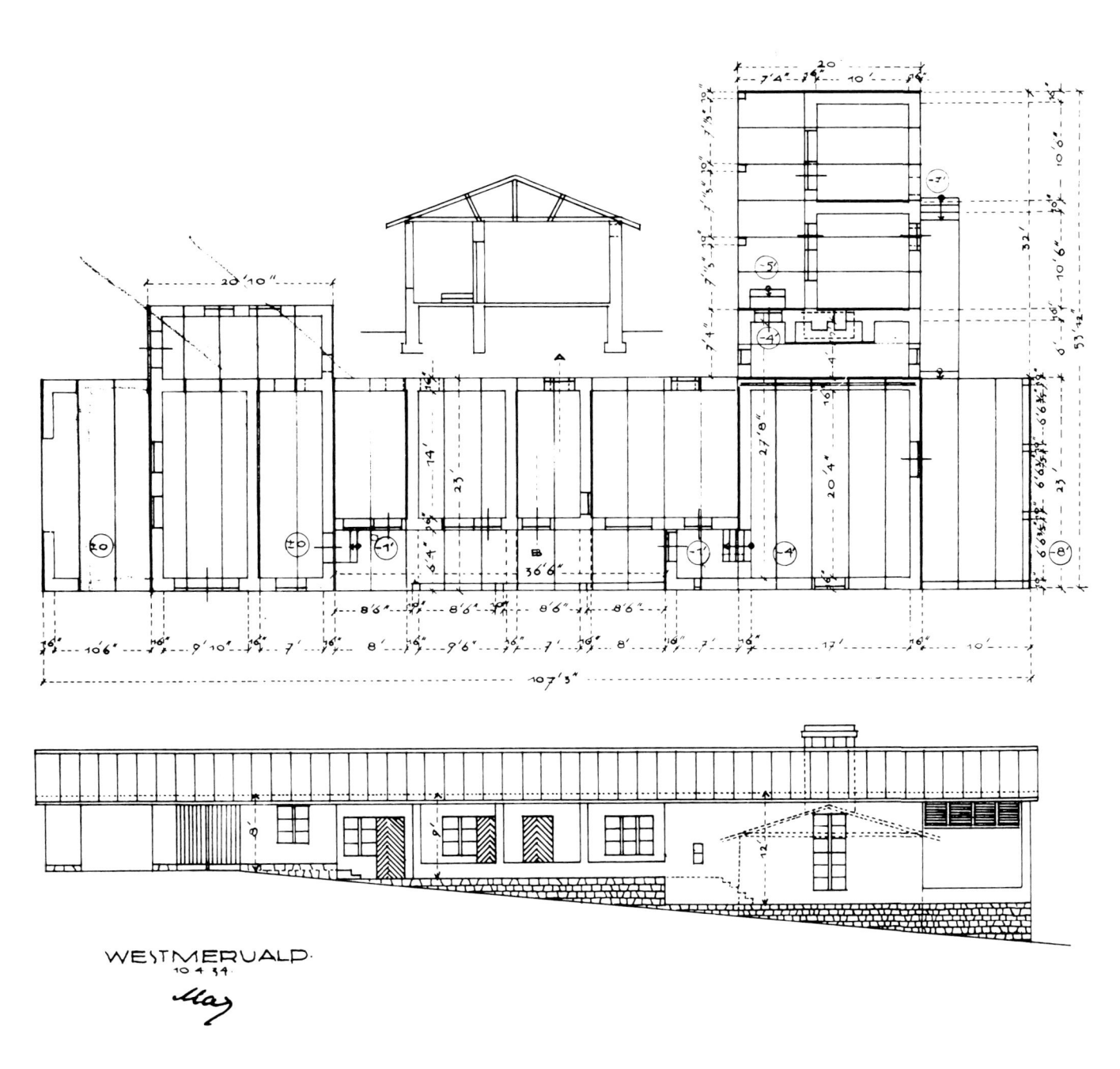

Farmer in Tanganjika

Farmhaus. Foto: Ernst May
„Klaus in Lounge". Kamin, Sessel mit verstellbarer Lehne nach Entwurf von Ernst May. Foto: Ernst May, um 1935

den Eltern auf der Farm sein konnten. Offenbar waren die hygienischen Verhältnisse an der Schule unzureichend, denn Klaus erkrankte an Typhus und mußte nach Arusha ins Krankenhaus gebracht werden. Hinzu kam, daß sich Oldeani zu einer Nazihochburg der deutschen Siedler entwickelte, was sich auch auf den Lehrstoff in der Schule auswirkte.[50] Aus all diesen Gründen beschlossen Mays, die Kinder nach den Ferien von der Schule zu nehmen und ab November 1934 auf die englische Schule in Arusha zu schicken. Das nicht geringe Schulgeld entrichteten die Eltern in Form von Naturalien. Regelmäßig belieferte Ernst May die Schulküche mit Hammelfleisch und anderen Nahrungsmitteln aus eigener Produktion.

Der Einzug in das neue Haus verzögerte sich bis in den November, aber das Weihnachtsfest 1934 konnte die Familie im geräumigen Wohnzimmer am offenen Kamin feiern.[51]

In seiner Biographie erinnerte sich Ernst May: „Bald war das Gehöft, das ich geschlossen um einen großen Innenhof gruppierte, fertiggestellt, und das Quellwasser lief durch den Hahn in das aus weißem Zement gefertigte Bad. Vor dem Hause legte ich ein Schwimmbecken an, das in den heißen Wintermonaten wohltuende Erfrischung bot."[52]

Das heute noch existierende einstöckige Farmhaus liegt etwa auf halber Höhe des nach Osten leicht ansteigenden Geländes und fügt sich harmonisch in die hügelige Landschaft ein. An der Bergseite befindet sich der Wirtschaftstrakt mit Vorratsräumen und Küche. Der Wohnflügel ist im rechten Winkel angebaut. In dessen hinterem Teil liegen die Schlafräume mit einer vorgelagerten Loggia. Daran schließt sich die Lounge mit einem großen aus Naturstein gemauerten Kamin an. Vom Kaminzimmer gelangte man auf eine Veranda, von der sich damals ein grandioser Fernblick in die weite Ebene geboten haben muß. Dieser überdachte Freisitz ist später zu einem weiteren Wohnraum umgebaut worden. Die von May angepflanzten Bäume sind heute so groß, daß

Farmhaus. Foto: Ernst May
Ernst May mit Massai, um 1936

ein Ausblick in die Landschaft nicht mehr möglich ist. Wie bei seinem Wohnhaus in Frankfurt am Main legte er auch hier ein kleines Schwimmbecken an. Dieses Bassin und die funktionalen Kücheneinbauten sind jedoch die einzigen Gemeinsamkeiten, die beide Häuser aufweisen. Ganz im Gegensatz zu der avantgardistischen Architektur seines Frankfurter Domizils, realisierte er hier in Afrika einen völlig unspektakulären Zweckbau. An seinem Farmhaus wird der Sinneswandel deutlich, den May zu jener Zeit vollzogen hatte: Abschied von der Architektur und Hinwendung zur Natur.

Ein anschauliches Bild der gesamten Anlage vermittelt eine kleine Federzeichnung, die Ilse May anfertigte und an ihre Familie nach Deutschland schickte.[53]

Um sich möglichst schnell selbst versorgen zu können, hatten Mays, parallel zum Hausbau, sogleich mit der Kultivierung des Farmgeländes und der Aufzucht von Schafen und Rindern begonnen. Sie säten Roggen und Mais, legten Gemüsebeete an, pflanzten Obstbäume, die sie aus Südafrika bezogen, und begannen mit der Kultivierung von Kaffeepflanzen. Diese gärtnerischen Arbeiten waren den Mays aus ihrer Breslauer und Frankfurter Zeit, in der sie eigene Hausgärten bewirtschaftet hatten, wohlvertraut. Bei der Planung seiner Siedlungen hatte Ernst May stets größten Wert darauf gelegt, daß den künftigen Bewohnern Schrebergärten zur Selbstversorgung bereitgestellt wurden. Als kompetente Fachberater für die Grünflächenplanung standen ihm damals die Gartenbauspezialisten Leberecht Migge und Ulrich Wolf zur Verfügung. Völliges Neuland betrat May in Afrika mit der Tierzucht. Er kreuzte einheimische Zebu-Rinder mit einem Shorthorn-Friesland-Bullen, um die Milchproduktion seiner Herde zu erhöhen. „May freute sich immer wie ein Kind, wenn das Kälbchen nur noch wenig Höcker zeigte", erinnerte sich Lore Greulich, die als junges Mädchen auf der Farm als Helferin tätig war.[54] Außerdem wurde intensiv Schafzucht betrieben, indem einheimische Tiere mit englischen Romney Rams gekreuzt wurden. Schon nach kurzer Zeit bestand die Herde aus reinweißen langwolligen Schafen. Bei der Viehzucht und der Schafschur stand ein Bure namens Laubscher aus der Nachbarschaft mit Rat und Tat zur Seite.[55] Alle Produkte wurden aufgrund der schwierigen Verkehrsverhältnisse direkt auf der Farm weiterverarbeitet. Aus der Milch wurde mit Hilfe einer Zentrifuge Butter und Käse gemacht, die Schafswolle wurde mit dem Spinnrad gesponnen und auf dem Webstuhl von Ilse May zu Stoffen verarbeitet, der Roggen gedroschen und zu Mehl zermahlen. Für diese vielfältigen Arbeiten stand Mays ab November 1935 die damals zwanzigjährige Lore Holz, die eine Ausbildung an der Kolonialen Frauenschule in Rendsburg absolviert hatte, als Hilfe zur Verfügung.[56] Mit ihrer Assistenz hat May das Land für den Kaffeeanbau terrassiert, um die Bodenerosion nach starken Regenfällen zu verhindern, denn die Hänge waren zum Teil deutlich abfallend. Anschließend wurden die unter Grasmatten herangezogenen jungen Kaffeebäumchen ausgepflanzt.[57] Als es während der großen Regenzeit zu heftigen Wolkenbrüchen kam und gewaltige Wassermassen den Berg herabstürzten, bewährte sich der Terrassenbau. Während dem Nachbarn Tausende von Kaffeebäumen davonschwammen, leiteten die Konturgräben auf Mays Plantage das Wasser weitgehend ab, und nur wenige Pflanzen gingen verloren.

West Meru Alp, Federzeichnung von Ilse May, November 1935

Neben dem Kaffee wurde vor allem Pyrethrum angepflanzt, aus dem ein Pflanzenschutz- und Abwehrmittel gegen Insekten hergestellt wird. Die margeritenartigen Pyrethrumblumen wurden künstlich getrocknet und in einer Mühle zu Pulver zermahlen. Gegen Verderbnis in leere Benzinkanister eingelötet, verkaufte May das Pflanzenschutzmittel an die Regierungsbehörden zur Bekämpfung von Kaffeepflanzenschädlingen.[58] Während die Preise für landwirtschaftliche Erzeugnisse insgesamt nachgaben, stieg die Nachfrage nach organischen Pflanzenschutzmitteln rapide an. May war einer der ersten Farmer in der Region, der dies frühzeitig erkannt hatte und durch den Pyrethrumverkauf gute Einnahmen erzielte.

Die Molkereierzeugnisse der Farm waren mit einem von May entworfenen Signet gekennzeichnet. Insbesondere der Käse, eine Art Gervais, stieß bei den Europäern auf großen Zuspruch und wurde bis in die Kilimandscharo-Region vertrieben.

Mays mußten jedoch auch einige Rückschläge verkraften. Es zeigte sich bald, daß das Farmgelände für die Kultivierung von Kaffeebäumen zu hoch gelegen war. Aufgrund des relativ kühlen Klimas gediehen die jungen Kaffeepflanzen nicht richtig. Hinzu kam ein deutlicher Rückgang der Handelspreise für Kaffee und andere Farmprodukte auf dem Weltmarkt. Ein Überschuß konnte trotz harter Arbeit in den ersten Jahren nicht erwirtschaftet werden und war auch nicht in Aussicht. May beschäftigte zeitweise bis zu 70 Arbeiter auf der Farm, baute Unterkünfte für deren Familien, versorgte sie bei Krankheiten und mußte ihre Streitigkeiten schlichten. Er selbst litt häufig unter Rheuma. Die anstrengende Arbeit ließ kaum Zeit für gesellschaftliche Abwechslung.

Auch wenn die tägliche Arbeit auf der Farm ihm wenig Zeit für andere Dinge ließ, so beschäftigte sich May zumindest in Gedanken mit der Architektur und hielt den Briefkontakt zu seinen ehemaligen Kollegen aufrecht. Von seinen Mitstreitern in Frankfurt am Main, Martin Elsässer, Franz Schuster und Leberecht Migge, erhielt er Weihnachten 1935 Post. An den früheren Oberbürgermeister von Frankfurt am Main, Dr. Ludwig Landmann,[59] hatte May am 26. 9. 1935 einen Brief geschrieben, den dieser am 1. 11. 1935 beantwortete, wobei er seine schwierige Situation nach der Machtergreifung der Nazis ausführlich schilderte.[60] Etwa zur gleichen Zeit hat May an den früheren Stadtbaurat von Berlin, Martin Wagner, geschrieben, der in die Türkei immigriert war. Über Umwege[61] war dieser Brief an die Redaktion der Frankfurter Zeitung geraten, die diesen auszugsweise unter der Überschrift „Ein Deutscher lebt in Ostafrika. Schwierigkeiten und Befriedigung" am 1. 3. 1936 veröffentlichte.[62] Auf diesen Artikel hin soll May viele Zuschriften bekommen haben.[63] Die Korrespondenz mit Martin Wagner setzte sich über mehrere Jahre hin fort, erhalten sind jedoch nur die Briefe Wagners.[64] In seinem letzten Brief aus der Türkei berichtete Wagner, daß Gropius ihn nach Cambridge an die Harvard Universität gerufen habe, um dort als Professor für Housing and Regional Planning zu wirken. Er fragte May nach dessen Amerika-Plänen. Zumindest seiner Familie gegenüber hat May solche Pläne – wenn es sie zu dieser Zeit wirklich gab – nie erwähnt.

Farmarbeiter bei der Arbeit.
Foto: Ernst May

Erste Planungsaufträge in Tanganjika

Mit der Zeit hatte es sich in der Gegend herumgesprochen, daß sich ein „Architekten-Farmer", wie Ernst May von seinen Nachbarn etwas spöttisch genannt wurde, am Mount Meru angesiedelt hatte. Da zu jener Zeit qualifizierte Fachleute auf diesem Gebiet ausgesprochen rar waren, blieb es nicht aus, daß wohlhabende Engländer mit Planungsaufträgen an ihn herantraten. May stand diesen Ansinnen aufgeschlossen gegenüber, zumal sich mit der Farm, trotz härtestem Arbeitseinsatz, kein Gewinn erzielen ließ. Nach zwei Jahren planerischer Abstinenz entwarf er in der Nacht des 1. Januars des Jahres 1936 ein Wohnhaus für den Captain Murray, den Leiter einer englischen Gesellschaft. „Heute Nacht zeichnete er es, und nach den Skizzen, die ich bis jetzt gesehen habe, wird es sehr großartig,"[65] berichtete Lore Holz begeistert. „Eine ideale Verbindung von europäischer Kultur und dem, was eben für Afrika notwendig ist."[66] Ilse May schrieb kurz darauf ihrer Familie: „Aber so allmählich scheinen doch auch hier mal ein paar Aufträge architektonischer Art zu kommen. (...) Und wenn erstmal eine Sache gemacht ist, werden auch noch andere kommen."[67] Ilse May sollte mit ihrer Vermutung recht behalten. Bereits im Mai 1935 erhielt May von der Katholischen Mission den Auftrag für die Planung einer Kirche in Arusha. „Feine Sache, und nach der Skizze, die er heute hingeworfen hat, wird es auch etwas besonderes," befand Lore Holz[68] und berichtete bald darauf: „Herr May widmet sich jetzt wieder öfter der Architektur. Er sagt, das hätte er sich ja auch nicht träumen lassen, daß er hier in Afrika eine katholische Kirche bauen würde."[69] Die Kirche sollte der heiligen Therese geweiht werden, und May, der evangelisch war, informierte sich im Brockhaus über das Wirken der Heiligen.[70]

Autopanne, Ernst May, dahinter Ilse May, um 1936

rechte Seite
Haus Murray, Usa River, Tansania, 1936/37
Südfassade. Foto: 90er Jahre

Haus Murray in Usa River

Nachdem die englische Gesellschaft dem Entwurf zugestimmt und die finanziellen Mittel bewilligt hatte, erhielt May zunächst den Auftrag zur Bauausführung des Murray-Hauses. Anfang Mai 1936 wurde mit den Bauarbeiten begonnen, nachdem das bisherige Wohnhaus abgerissen worden war.

Das Grundstück erstreckt sich oberhalb der kleinen Ortschaft Usa River am südöstlichen Berghang des Mount Meru auf etwa 2000 Meter Höhe und bietet eine phantastische Aussicht: nach Nordosten auf den schneebedeckten Gipfel des Kilimandscharo – sofern er sich nicht in Wolken hüllt – und nach Süden auf die sich am Horizont verlierende Massai-Steppe. Die alte Straße von Arusha nach Usa River, entlang des gleichnamigen Flusses, war in der Regenzeit kaum befahrbar, was den regelmäßigen Baustellenbesuch erheblich erschwerte. Dennoch gingen die Bauarbeiten zügig voran, und im Oktober 1936 war das Haus nahezu fertiggestellt.[71]

Für afrikanische Verhältnisse war das Haus nicht nur wegen der zwei Geschosse, die zu jener Zeit dort selten geplant wurden, ungewöhnlich. Der Entwurf basiert auf der Kombination von drei einfachen geometrischen Grundformen: Ein Rechteck mit angefügtem Halbkreis bildet den Wohntrakt. Ein Würfel, in dem sich die Wirtschaftsräume befinden, ist in das Hauptgebäude eingeschoben. Entlang der Gartenfront erstreckt sich eine Terrasse, deren Überdachung, zu einer Pergola aufgelöst, dem Verlauf der Fassade folgt. Alle Dächer weisen geringe Neigungswinkel auf, so daß optisch der Eindruck eines flachgedeckten Gebäudes vermittelt wird. Mit seiner halbkreisförmigen Rundung und den horizontalen Fensterbändern erinnert das Haus an die Kopfbauten der Frankfurter Römerstadt. Das flach geneigte Dach, die überdachte Veranda im Obergeschoß und die Bullaugenfenster geben ihm einen maritimen Charakter, der durch den weißen Anstrich noch verstärkt wird. Diese Vorliebe für Gestaltungsmerkmale, die dem Schiffsbau entliehen sind, teilte May mit einigen seiner Architektenkollegen, die sich dem Neuen Bauen verschrieben hatten.[72]

Kopfbau mit Pergola. Foto: 1936

Das Haus für Captain Murray entsprach nun überhaupt nicht mehr dem gängigen Bild eines Farmhauses, sondern glich vielmehr dem Typus des eleganten Landhauses. Offenbar gefiel dem Bauherrn, welcher einen aufwendigen Lebensstil pflegte, der Villencharakter seines neuen Domizils, und er beauftragte May auch mit der Innenausstattung des Hauses. Für den großen Wohnraum im Erdgeschoß entwarf May in strenger Formensprache einen Kamin, der sich über die gesamte Rückwand erstreckt. Im Gegensatz zu seinem eigenen Kamin, der aus selbstgehauenen Natursteinen bestand, ließ er hier gebrannte Ziegelsteine verarbeiten, deren rotbrauner Farbton zusammen mit dem dunklen Parkettfußboden einen willkommenen Kontrast zu den reinweißen Wänden des Hauses bildet. Schließlich erhielt May auch noch den Auftrag zur Gestaltung der ausgedehnten Freianlagen. Nach dem Vorbild eines englischen Landschaftsparks bettete er die Gartenanlagen – mit viel Rasen und üppigen Blumenrabatten – geschickt in die umgebende hügelige Landschaft mit ihren hohen Bäumen ein. Den Wirtschaftshof umgab er mit einer weißen Gartenmauer, auf der eine Steinskulptur eines stilisierten Vogels das Ensemble abrundet.

Bei nachfolgenden Auftraggebern fand May häufig sehr viel weniger Verständnis für seine schnörkellose Architektursprache. So manches spätere Projekt blieb im Entwurfsstadium stecken, weil die traditionsgeprägten Erwartungen der Bauherren – in der Regel Engländer – von May nicht erfüllt wurden.

Eßzimmer. Foto: 90er Jahre
Seitenansicht. Foto: Ernst May

Farmer in Tanganjika

Römisch-katholische Kirche,
Arusha, Tansania, um 1936/37
Foto: Ernst May

Katholische Kirche in Arusha

Während May am Murray-Haus letzte Hand anlegte, begannen bereits die Bauarbeiten an der Katholischen Kirche in Arusha. Entwurf samt Kostenberechnung hatte er Anfang Januar 1937 dem Bischof in Kilema vorgelegt.[73] Bereits einen Monat später konnte er mit der Ausführung beginnen. Drei weitere Projekte hatte er parallel dazu in der Planung, deren Ausführung allerdings noch nicht sicher war. Dazu gehörte der Entwurf einer „sehr großen Villa, wahrscheinlich mit Flachdach" für einen Herrn „Schlottmann, Besitzer des besten deutschen Geschäftes in Arusha."[74] Dieses und andere Projekte in der Arusha Region sind offenbar nicht realisiert worden. Der Kirchenbau wurde jedoch im Laufe des Jahres 1937 planmäßig fertiggestellt. Ob May bei dieser Maßnahme auch die Bauleitung übernommen hat, ist nicht nachweisbar.

Der Entwurf basiert – wie beim Haus Murray – auf einfachen geometrischen Grundmodulen, die mehrfach variiert werden: Ein langgezogenes Rechteck bildet das Kirchenschiff. Im Osten ist ein Halbkreis angefügt, der den apsidialen Chorabschluß formt. Der im Westen positionierte Glockenturm weist wiederum einen rechteckigen Grundriß auf. Er ist an der südlichen Längsseite der Hallenkirche leicht in das Schiff eingestellt. Die Eingangstür und das darüberliegende horizontale, doppelte Fensterband treten bis zum obersten Stockwerk, in dem sich das Geläut befindet, zurück. Während die doppelten Fensterreihen des Schiffes $2/5$ der Fassadenhöhe einnehmen, verlaufen die einfachen horizontalen Fensterbänder im Chorbereich über die ganze Wandhöhe. Das Satteldach des Glockenturmes und das des Kirchenschiffes weisen beide eine 45° Neigung auf. May verbindet bei diesem Bauwerk traditionelle Elemente des Sakralbaus mit dem strengen Formenvokabular des Neuen Bauens.

Verkauf der Farm

Für den 3. August 1936 war der Besuch des Gouverneurs von Tanganjika in Arusha angekündigt worden. May wollte die Gelegenheit nutzen, um sich als Stadtplaner zu empfehlen. Beim District Officer hatte er um eine Audienz gebeten, die ihm auch gewährt wurde. Lore Holz berichtete über das Treffen: „Am Montag erschien wirklich seine Exzellenz der Gouverneur in Begleitung des District Officers (...) und blieb nicht wie angesagt 20 Minuten sondern genau ¾ Stunden. Sicher stockkonservativ auch in architektonischer Hinsicht, da ihm einige Fotos mit Steildach von früheren Siedlungshäusern Mays [wahrscheinlich aus der Breslauer Zeit, 1920–24, Anm. d. Verf.] bedeutend besser gefielen, als z. B. die Römerstadt (...). Der Gouverneur riet M. eine Aufstellung über seine bisherige Tätigkeit, Zeugnisse usw. einzuschicken, so daß man ihn dann, wenn es in Mbeya soweit ist, zur Mitarbeit heranziehen kann."[75]

Der Ort, im Südwesten Tanganjikas nahe der Grenze zu Sambia gelegen, war 1927 von der Kolonialregierung gegründet worden, nachdem am nördlich verlaufenden Lupa-Fluß Gold gefunden worden war. Dies führte in den Folgejahren zu einem wahren Goldrausch.[76] Immer mehr Goldsucher zogen dorthin, so daß eine Stadtplanung dringend notwendig wurde. May war sehr optimistisch, hierfür einen Auftrag zu erhalten.[77] Offenbar blieben Mays Bemühungen, bei der Stadterweiterung von Mbeya mitzuwirken, ohne Erfolg, denn das Projekt wurde in der nachfolgenden Zeit nicht mehr erwähnt.

Da die Farm ihn tagsüber voll beanspruchte, blieben für die planerischen Arbeiten vorwiegend die Abend- und Nachtstunden. Die Zeichenarbeiten erledigte er am großen Wohnzimmertisch. Aus Deutschland ließ er sich Fachliteratur schicken, darunter zwei Bände „Bauten und Entwürfe" des von ihm hochgeschätzten Frank Lloyd Wright, den er während seiner Amerikareise im Jahr 1925 persönlich kennengelernt hatte.[78] Beim Studium der Statikbücher empfand er sich allerdings als „zu alt, um noch mal mit Statik anzufangen. Früher haben das immer Techniker gemacht, aber hier muß man das alles selbst machen bei einem Bau."[79]

Da weitere größere Aufträge in Aussicht standen, spielte May mit dem Gedanken, mit einem überregionalen Bauunternehmer zu kooperieren, um architektonisch anspruchsvolle Aufgaben übernehmen zu können. Die Zusammenarbeit mit der einheimischen Baufirma während des Murray-Projekts hatte gezeigt, daß diese für größere Aufgaben nicht geeignet war. May glaubte, daß die Verbindung von Architekt und ausführendem Unternehmen sehr gute Aussichten auf Erfolg hätte, da die wenigen Architekten, obwohl nur zweitklassig, eine Menge zu tun hatten. Besonders aussichtsreich für solche Aktivitäten hielt er Kenia, da dorthin noch immer eine große Zahl kapitalkräftiger Engländer (Beamte, pensionierte Militärs usw.) auswandere, was sich wiederum positiv auf die Auftragslage auswirke.[80]

May äußerte diese Gedanken anläßlich eines Besuchs des Barons von Stietencron auf der Farm. Letzterer hatte bereits vor dem Ersten Weltkrieg in Deutsch-Ostafrika gelebt und wohl während des Krieges zusammen mit Lettow-Vorbeck gegen die Engländer gekämpft. Nach seiner in Indien verbrachten Kriegsgefangenschaft hatte er sich wieder in Tanganjika, in der Nähe von

Mbeya, niedergelassen. Der Baron, ein weitgereister Mann, der auch Rußland kannte, zeitweise im Tessin lebte und dem die neue Architektur nicht fremd war, zeigte Interesse, sich an einer noch zu gründenden Gesellschaft zu beteiligen.

Mays Liebe zur Architektur war zu diesem Zeitpunkt wieder vollends entflammt, und er begann verstärkt nach entsprechender Betätigung zu suchen. Bereits im Juni 1936 streckte er seine Fühler nach Nairobi aus und kehrte von dort voller Optimismus zurück.[81] Anfang 1937 fuhr das Ehepaar May gemeinsam nach Kenia in die Gegend von Naiwasha, wo sie bei Bekannten, einer Familie von Vegesack, wohnten. Im Laufe des Jahres 1937 reiste May häufig allein nach Nairobi und blieb dort oft mehrere Wochen, um Kontakte zu anderen Architekten und Bauunternehmern zu knüpfen. Während dieser Zeit wurde die Farm von Klaus May, der Anfang 1937 die Schule in Arusha abgeschlossen hatte, geleitet. Unterstützt hat ihn dabei Lore Holz, die nun ein Assistentengehalt bezog.[82]

Ernst May sah der weiteren Zukunft mit zwiespältigen Gefühlen entgegen. Einerseits tat es ihm weh, die Farm nach soviel Aufbauarbeit zu verlassen,[83] andererseits wünschte er die neue Herausforderung, in Afrika als Architekt tätig werden zu können, sehnlichst herbei. May behauptete, daß ihm die Ideen nach der dreijährigen Ruhe nur so hervorsprudelten.[84]

Anfang Juni 1937 war es beschlossene Sache, daß die Farm verkauft und Mays nach Nairobi übersiedeln würden. Sofern sich bis zur Ernte im August kein Käufer finden ließ, sollte zunächst ein Verwalter eingesetzt werden.[85] Nachdem die Entscheidung einmal gefallen war, hatte May kaum noch Interesse an der Farm und lebte nur noch in der Welt der Architektur.[86] Allerdings fand sich zunächst kein Käufer für die Farm, da die Marktpreise für landwirtschaftliche Erzeugnisse in Tanganjika damals sehr niedrig und billige Arbeitskräfte knapp waren. Nachdem auch der Versuch, die Farm zu verpachten, fehlgeschlagen war, wurde das Vieh verkauft und ein Verwalter eingesetzt.[87] Am 20. Oktober 1937, gerade noch rechtzeitig vor der einsetzenden Regenzeit, welche die Wege unpassierbar gemacht hätte, verließen Ilse May und Lore Holz als letzte – Ernst May war mit den Kindern bereits seit einigen Wochen in Nairobi – endgültig die Farm und fuhren Richtung Kenia.[88]

Als May ein Vierteljahrhundert später über seine Tätigkeit als Farmer reflektierte, zog er ein ausschließlich positives Resümee: „So konnte ich in dreijähriger Tätigkeit aus wildem Land eine Farm gestalten, die von den englischen Behörden in Arusha als Musterfarm gezeigt wurde. Erstmals konnte ich eine kleine Region nicht nur auf dem Papier entwerfen, sondern bis in alle Einzelheiten organisch gestalten: eine schöpferische Tätigkeit, die zwar körperlich anstrengend war, mich aber tief befriedigte."[89] West Meru Alp-Farm konnte im April des Jahres 1938 an einen Amerikaner, „der sich mit seiner Frau in den schönen Platz verliebt" hatte, verkauft werden.[90]

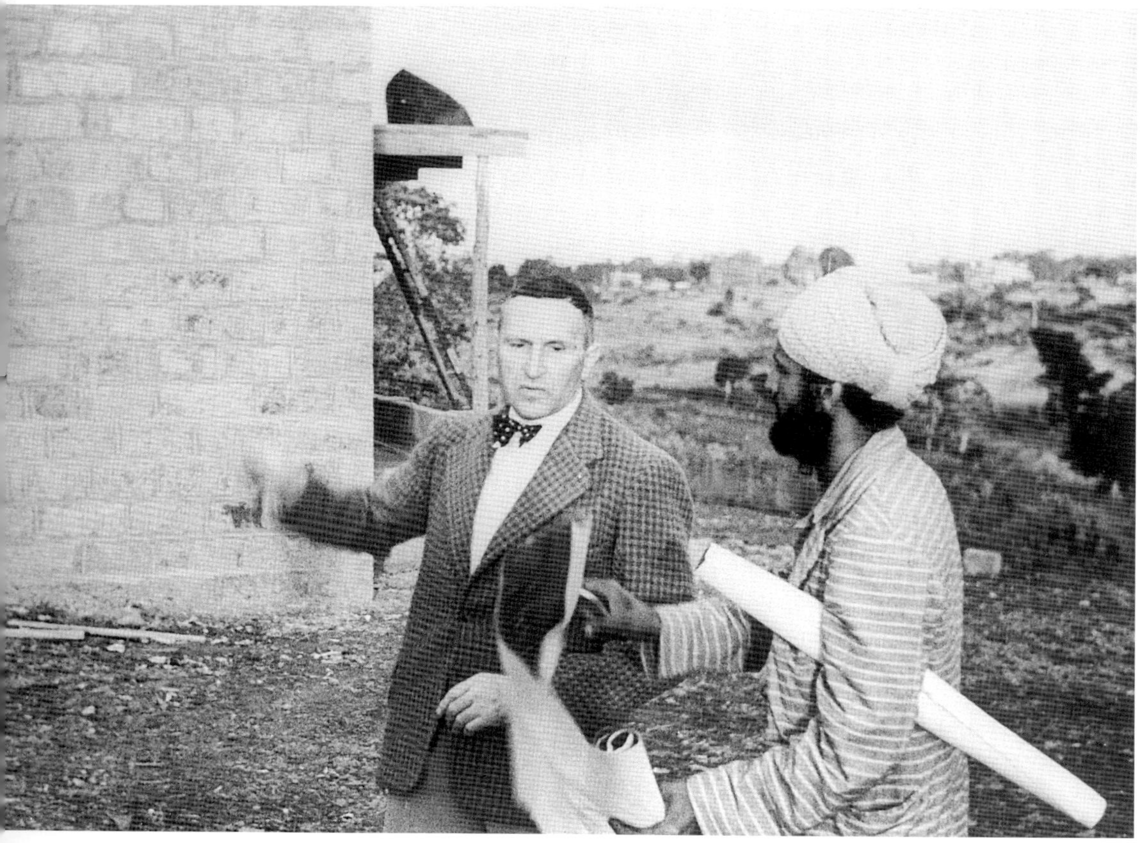

Architekt in Nairobi

Ankunft in Nairobi und erste Planungsaufgaben

Als Ernst May Mitte der dreißiger Jahre erstmals nach Nairobi kam, war die Stadt gerade 50 Jahre alt und hatte rund 100 000 Einwohner. Der Ort, den die Massai „Anfang aller Schönheit" und dessen Fluß sie „enkare nairobi" (kaltes Wasser) nannten, war aus einem 1886 hier angelegten Stützpunkt für den Bau der Uganda-Eisenbahn entstanden. Nachdem 1906 die Hauptstadt der Kolonie Kenia von Mombasa hierher verlegt worden war, hatte es einen stürmischen, ungezügelten Aufschwung gegeben, der bis heute anhält. Südöstlich des Nairobi-Flusses, zwischen Bahnhof und Museumshügel, entwickelte sich entlang einiger Hauptstraßen der Innenstadtbereich. Die Wohnviertel der Europäer entstanden hingegen in dem höher gelegenen Grüngürtel im Westen und Norden der Stadt.[91]

May wohnte während seiner zunächst sporadischen Aufenthalte in Nairobi im Salisbury Hotel am Rande der Innenstadt.[92] Dorthin ließ er im Oktober 1937 auch seine Frau und die Farmassistentin Lore Holz nachkommen, da das eigene Haus noch nicht bezugsfertig war.

Im März 1937 hatte Ernst May den in Nairobi ansässigen englischen Architekten Blackburn kennengelernt. Jener hatte gerade die neue Markthalle im Zentrum fertiggestellt und weitere interessante Aufträge in Arbeit. May und er verabredeten zunächst eine probeweise Zusammenarbeit für einen Zeitraum von zwei bis drei Monaten.[93]

linke Seite
Ernst May mit indischem Bauunternehmer, um 1938

Kennwood Haus in Nairobi

Kennwood Haus, Nairobi, Kenia, 1937/38
Schmalseite

Fotos: 90er Jahre

Mays erste – und wohl auch einzige[94] – Aufgabe in Blackburns Büro bestand in der Planung eines Wohn- und Geschäftshauses in der City von Nairobi. Das zu bebauende Grundstück zwischen Kimathi Street, Kigali Road und Jamaia Street war asymmetrisch und endete an einer Ecke mit einem spitzen Winkel. Aufgrund des ungewöhnlichen Grundstückszuschnitts war es keine leichte Aufgabe, bei optimaler Ausnutzung der Fläche eine architektonisch befriedigende Gestaltung des Baukörpers zu erreichen. May gelang es, dem mächtigen Baukörper durch eine Vielzahl von Rundungen eine gewisse Leichtigkeit zu verleihen. Die Grundstücksecke nutzte und betonte er durch einen halbkreisförmigen Vorbau, unter dem sich Schauräume befinden.

Um die Sonneneinstrahlung in den Büros und Wohnungen zu reduzieren, setzte er scheibenartige schwarzgeränderte Sonnenblenden zwischen die einzelnen Stockwerke. Durch den Wechsel von weißem Anstrich und naturfarbenem Kieselwaschputz strukturierte er die Oberfläche der Stahlbetonkonstruktion in der Horizontalen. Eine ähnlich starke Betonung der Horizontalen findet sich auch bei den Geschäftshäusern von Hans und Wassili Luckhardt.[95] Der Impetus, mit dem May hier die Fassade komponierte, läßt unweigerlich an die schwungvollen Kaufhausentwürfe Erich Mendelsohns denken.[96]

Die engste Verwandtschaft besteht zweifellos mit dem Berliner Shell Haus, das Emil Fahrenkamp 1930/31 am Landwehrkanal errichtete. Die Fassade des Kennwood Hauses steht in Dynamik und Ästhetik der wellenartigen Front des Shell Hauses in nichts nach.

Das architektonische Problem einer eleganten Eckbebauung interessierte May bereits in seiner Jugend- und Studentenzeit. Während seiner Wanderungen durch Deutschland und späteren Reisen durch Europa hat er gelegentlich

Beispiele gelungener Ecklösungen – vorwiegend an barocken Bauwerken – in seinen Skizzenbüchern festgehalten.[97] Auch auf seiner Reise nach Holland im Jahr 1924 fertigte er Zeichnungen von interessanten Ecklösungen der neuen niederländischen Architektur an.[98] Als Stadtbaurat in Frankfurt am Main hatte er erstmals Gelegenheit, dieses Lieblingsthema in die Realität umzusetzen. In der Römerstadt schließt er die bogenförmige Bebauung in der Hadrian Straße mit schwungvoll gerundeten Kopfbauten meisterhaft ab. Seine Vorliebe für die „runde Ecke" übertrug er in Afrika gelegentlich auch auf Einfamilienhäuser, wie beispielsweise das Murray-Haus in Usa River zeigt. Beim Kennwood Haus gelangt das Thema in der Auflösung der Fassade durch eine Vielzahl von Bögen zu einem Höhepunkt.

Besondere Sorgfalt widmete er der Gestaltung des Treppenhauses, das durch vertikale Bänder von Glasbausteinen ausgezeichnet belichtet wird. Die kühn geschwungene Wendeltreppe und die geschickte Kombination von dunklem und hellem Terrazzo verleihen dem Eingangsbereich einen ausgesprochen eleganten Charakter.

Vorbilder für diese Art von verglasten Treppenhäusern gab es wenige. Zweifellos kannte May Erich Mendelsohns Verwaltungsgebäude an der Alten Jacobstraße in Berlin, das dieser 1929–30 für den Deutschen Metallarbeiterverband gebaut hatte. Wie beim Kenwood House gibt es hier im spitzen Winkel des Innenhofes ein im Halbrund aus der Wand heraustretendes Treppenhaus. Nicht nur die Wendeltreppe, auch die im Treppenloch durch alle Geschosse abgehängte Lampenkette scheinen von diesem Bau angeregt zu sein.[99] Anders als Mendelsohn verwendete May ein Stahlbetonskelett, das er mit Glasbausteinen ausfüllte, wie es Bruno Taut bei seinem „Glashaus" auf der Werkbundausstellung 1914 in Köln vorgemacht hatte.[100]

Treppenlauf
Treppenauge
Treppenhaus von außen

nächste Doppelseite
Fassade
Fassadenausschnitt

Fotos: 90er Jahre

Architekt in Nairobi

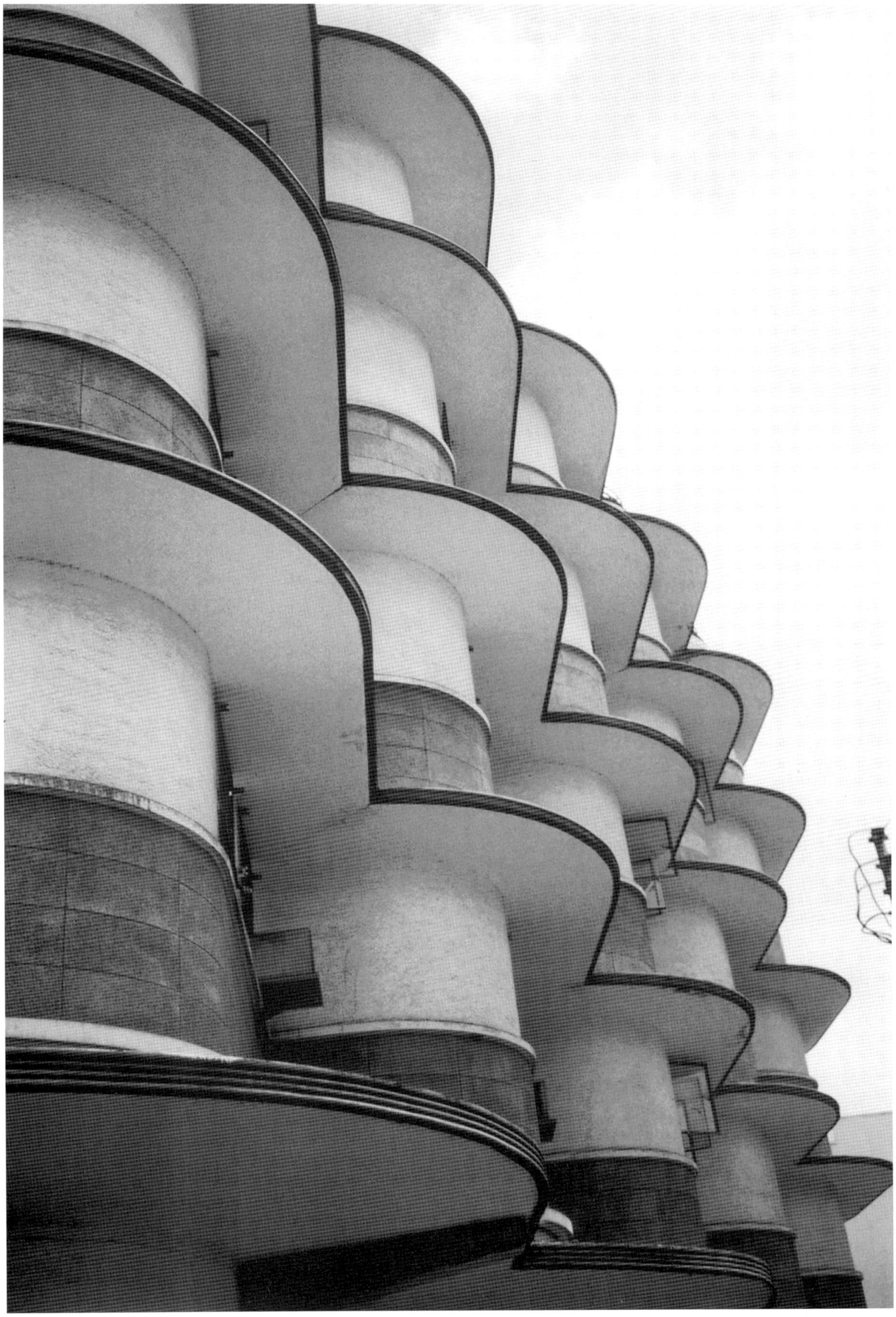

Partnerschaft Jackson and May

Englische Schule, Arusha, Tansania, 1937/38
Südansicht. Foto: 90er Jahre

rechte Seite
Nordfront mit Laubengängen.
Foto: 90er Jahre

Nachdem das Büro Blackburn Mays Entwurf für das Kennwood Haus, wohl entgegen den Abmachungen, als den seinigen ausgegeben hatte,[101] löste Ernst May Ende Mai 1937 kurz entschlossen die Verbindung und tat sich statt dessen mit dem englischen Architekten L.(Lesslie) G.(Geoffrey) Jackson zusammen, der ihm auch persönlich sympathischer war.[102] Sowohl Jackson als auch May konnten eine Reihe interessanter Aufträge in die Partnerschaft, die künftig als Jackson and May firmierte, einbringen.

Das Büro Jackson and May verfügte offenbar über gut gefüllte Auftragsbücher, denn schon bald suchten sie nach personeller Verstärkung, insbesondere für die Besetzung der neueröffneten Zweigbüros in Daressalam und Kampala. May schrieb an Heinrich Tessenow, den er von früher gut kannte, und bat ihn um Vermittlung eines jungen tüchtigen Ingenieurs, der bereit sei, in Ostafrika tätig zu werden.

Mit Baron von Stietencron, der Interesse an einer Zusammenarbeit bekundet hatte und gute Kontakte zu Geschäftsleuten besaß, unternahm May 1936 mehrere Geschäftsreisen nach Tanga, Daressalam und Sansibar,[103] von denen sie eine Reihe von Aufträgen mitbrachten. Zur Abwicklung dieser Aufträge in der Küstenregion wurde im gleichen Jahr in Daressalam ein Büro eröffnet, das der Baron leitete.[104] Zu seiner fachlichen Unterstützung war der deutsche Bauingenieur Peter Bräuning vorgesehen, den Tessenow an May vermittelt hatte.[105] Bräuning war Halbjude[106] und daher sicherlich froh, dem Naziterror in Deutschland entkommen zu sein. Er arbeitete zunächst mit noch drei weiteren Angestellten im Büro von Jackson and May in Nairobi, war aber für die Filiale in Daressalam vorgesehen.[107]

Thomas May beschreibt die Arbeitsweise seines Vaters so: „In der Regel richtete er es so ein, daß er bei den potentiellen Bauherren übernachtete. Zunächst besuchte er zusammen mit ihnen den vorgesehenen Bauplatz und ließ sich ihre Wünsche und Vorstellungen erläutern. Abends zog er sich zurück, um bis in die Nacht hinein zu skizzieren. Am nächsten Morgen präsentierte er dann eine handkolorierte Ansicht. Meistens seien die Bauinteressenten davon so angetan gewesen, daß sie ihm sogleich den Auftrag erteilt hätten."[108] Die weitere Ausarbeitung der skizzierten Entwürfe erledigte ein Bauingenieur.[109] Die Ausführung der Bauten übernahmen in der Regel indische Bauunternehmen, die jedoch vom Architekten intensiv überwacht werden mußten.

Ernst May war des öfteren mit dem Flugzeug auf mehrwöchigen Inspektionsreisen nach Tanga, Daressalam und Arusha unterwegs. Über die Projekte in Tanga[110] und Daressalam[111] ist nichts näheres bekannt. In Arusha entwarf er ein Wohnhaus für einen Griechen[112] und bekam den interessanten Planungsauftrag für einen Erweiterungsbau der englischen Schule in Arusha, die auch Klaus und Thomas May besucht hatten. Die Kapazität der Schule sollte von 75 auf 100 Schüler erweitert werden.[113]

Mit dem Schulbau betrat May kein Neuland. In Deutschland hatte er sich bereits durch die Errichtung der Reformschule am Bornheimer Hang in Frankfurt am Main auch auf diesem Gebiet als innovativ ausgewiesen.[114] Hier in Afrika mußte er den besonderen klimatischen Bedingungen Rechnung tragen. Da die Sonne südlich des Äquators morgens im Osten aufgeht und mittags im Norden steht, richtete May die relativ schmalen Fensterbänder der Klassenzimmer nach Süden aus und legte im Norden tief eingeschnittene Laubengänge davor, um so die direkte Sonneneinstrahlung zu vermeiden. Eine natürliche Zwangslüftung sorgte zusätzlich für erträgliche Temperaturen in den Räumen. Das zweistöckige langgestreckte Gebäude entspricht ganz dem Typus rationaler Architektur. May verwendete hier ein ähnlich flach geneigtes Dach wie beim Haus Murray. Der Verzicht auf ein echtes Flachdach war sicherlich eine Konzession an die tropischen Verhältnisse mit ihren sehr heftigen Regenschauern. Eine entsprechend aufwendige Abdichtungstechnik stand damals in Afrika nicht zur Verfügung.

Das Schulhaus weist nur wenige architektonische Besonderheiten auf. Dazu zählen die zierlichen Rundsäulen in den Laubengängen und die formvollendeten Wasserspender in den Treppenaufgängen. Zu dem dominierenden Weiß der Fassaden und Wände bilden die dunkelblau gefaßten Rundsäulen und das pompejanisch rote Treppenhausgeländer einen wohltuenden Kontrast. Damit Lehrer und Schüler trockenen Fußes vom alten Schulgebäude in den neuen Erweiterungstrakt gelangen konnten, verband May beide durch einen im Bogen geführten, überdachten und mit Kletterpflanzen berankten Laufsteg.

Obgleich eine ganze Reihe von Geschäftsleuten, insbesondere wohlhabende Inder und Griechen, Absichtserklärungen über zu erwartende Bauaufträge abgaben[115] – ein Landhaus in Lushoto,[116] Geschäftshäuser in Tanga und Daressalam, eine indische Schule auf Sansibar –, erscheint es sehr fraglich, ob diese Projekte realisiert wurden.[117]

Auch in Mays früherer Nachbarschaft, in Arusha, blieben manche Vorhaben, wie der geplante Erweiterungsbau des englischen Hotels,[118] bereits im Konzeptionsstadium stecken.

Architekt in Nairobi

Wohnhaus May in Karen bei Nairobi

Haus Karen bei Nairobi, Kenia, 1937/38
Rundhäuser aus Lehm für die männlichen Hausangestellten. Foto: Ernst May

rechte Seite
Wirtschaftsräume, Garage und Gästezimmer. Foto: Lore Holz
Grundrisse Erdgeschoß und Obergeschoß

Neben seiner täglichen Arbeit im Büro befaßte sich May in den Abend- und Nachtstunden mit der Planung eines eigenen neuen Wohnhauses. In der Umgebung von Nairobi hatte er ein schön gelegenes Grundstück ausfindig gemacht,[119] welches er Anfang Mai 1937 seiner Frau zeigte. Nach deren Zustimmung erwarb er das neun Hektar große Gelände und begann sogleich mit den Planungen.

Das Grundstück befindet sich etwa 20 Kilometer südwestlich von Nairobi und südlich der Straße, die zu den Ngong-Bergen führt. Das gesamte Gebiet gehörte ursprünglich der dänischen Baronin Tania Blixen (eigentlich Karen Christence von Blixen-Finecke), die dort von 1914 bis 1931 eine Kaffeefarm betrieb.[120] Nach dem Konkurs der Farm wurde das riesige Gelände aufgeteilt und von einem Mr. Martin parzellenweise weiterverkauft. Von ihm erwarb auch Ernst May sein Grundstück.[121] Der heutige Villenvorort trägt zur Erinnerung an die einstige Besitzerin den Namen „Karen".

May plante das Wohnhaus im oberen Bereich eines Westhanges mit Blick auf die bis zu 3000 Meter hohe Bergkette der Ngong Hills. Unterhalb des Grundstücks befindet sich ein kleiner Fluß und urwaldartiger Pflanzenwuchs. Der alte Baumbestand blieb weitgehend erhalten, nur vor dem Haus wurden eine Wiese gärtnerisch angelegt und die Grundstückszufahrt mit Jacaranda-Bäumen gesäumt.

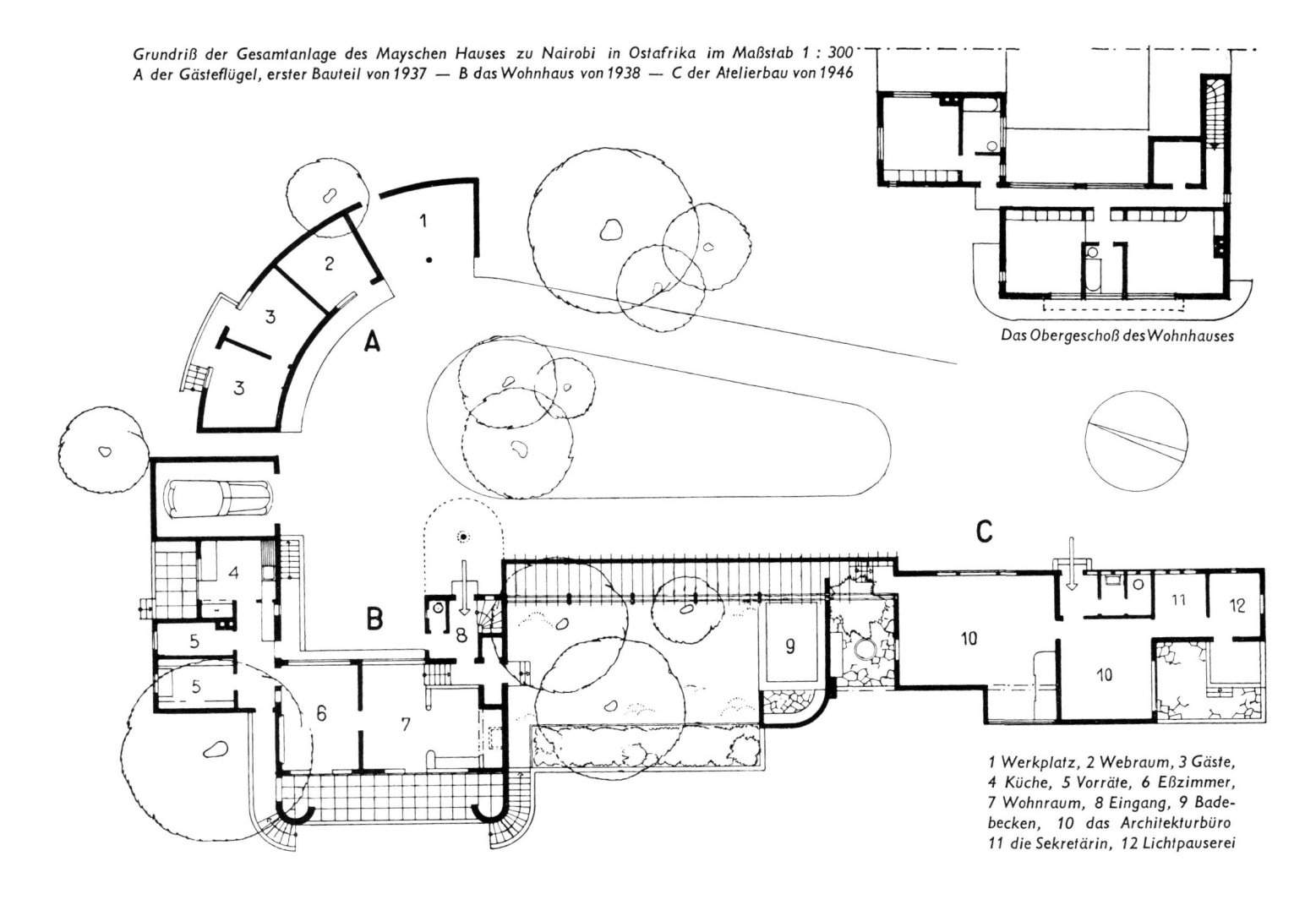

Grundriß der Gesamtanlage des Mayschen Hauses zu Nairobi in Ostafrika im Maßstab 1 : 300
A der Gästeflügel, erster Bauteil von 1937 — B das Wohnhaus von 1938 — C der Atelierbau von 1946

Das Obergeschoß des Wohnhauses

1 Werkplatz, 2 Webraum, 3 Gäste,
4 Küche, 5 Vorräte, 6 Eßzimmer,
7 Wohnraum, 8 Eingang, 9 Badebecken, 10 das Architekturbüro
11 die Sekretärin, 12 Lichtpauserei

43

Zunächst ließ May auf dem Grundstück zwei einfache runde Lehmhäuser mit Strohdächern errichten, in denen später das Hauspersonal wohnen sollte. Anfangs diente es den beiden Söhnen Klaus und Thomas, die ab Oktober 1937 in Kabete, einem westlichen Vorort von Nairobi, eine weiterführende Schule besuchten, als Behausung.[122]

Als nächstes wurden die Wirtschaftsräume, Garage und Gästezimmer gebaut, die May in einem viertelkreisförmigen Gebäudetrakt anordnete. Anfang November 1937 war der Gästeflügel soweit fertiggestellt, daß Ernst und Ilse May sowie Lore Holz dort einziehen konnten.[123] Ilse May schwärmte: „Es ist ganz wunderschön hier, und zum erstenmal habe ich eigentlich das, was immer meine Sehnsucht war, ein Haus direkt am Wald gelegen. Morgens wecken uns die wunderlichsten Vogeltöne, die hohen Urwaldbäume sind voller Vögel und Getier."[124]

Nachdem im April 1938 das Geld aus dem Verkauf der Farm zur Verfügung stand, vergab May sogleich den Auftrag zum Bau des Haupthauses an einen Unternehmer, der die Baumaßnahme innerhalb von sechs Monaten abschliessen sollte.[125] Mitte Juni 1938 berichtete Ilse May: „Das Haus geht schnell voran, es ist Ende dieser Woche das Erdgeschoß fertig. Ernst hat die halben Nächte gearbeitet, um alle Zeichnungen fertig zu machen. (...) Nun in zwei Monaten soll das Haus fertig sein. Diesmal ist es kein Farmerhaus, sondern die Visitenkarte für einen Architekten und wird entsprechend!"[126]

Den bereits vorhandenen ebenerdigen Wirtschaftstrakt stockte May auf und fügte einen großen Kubus an, dessen Ecken er im Erdgeschoß abrundete. Im Parterre befanden sich das Eß- und Wohnzimmer, im Obergeschoß Schlafräume und Arbeitszimmer. Hier waren auch Ilse Mays Webstuhl und in Schaukästen die Gesteinssammlung untergebracht. Die beiden Geschosse wurden optisch durch eine weit vorkragende Betonscheibe, die der darunter liegenden Loggia als Sonnenschutz diente, getrennt. Dieses Element hatte May in ähnlicher Form bereits am Kennwood Haus erfolgreich eingesetzt.

Mit Mays früherem Wohnhaus in Frankfurt am Main-Ginnheim hat sein afrikanisches Heim die strenge Formensprache gemein.[127] Während das Frankfurter

Ansicht von Süden. Stereoaufnahme: Ernst May

rechte Seite
Ansicht von Südwesten. Foto: Ernst May

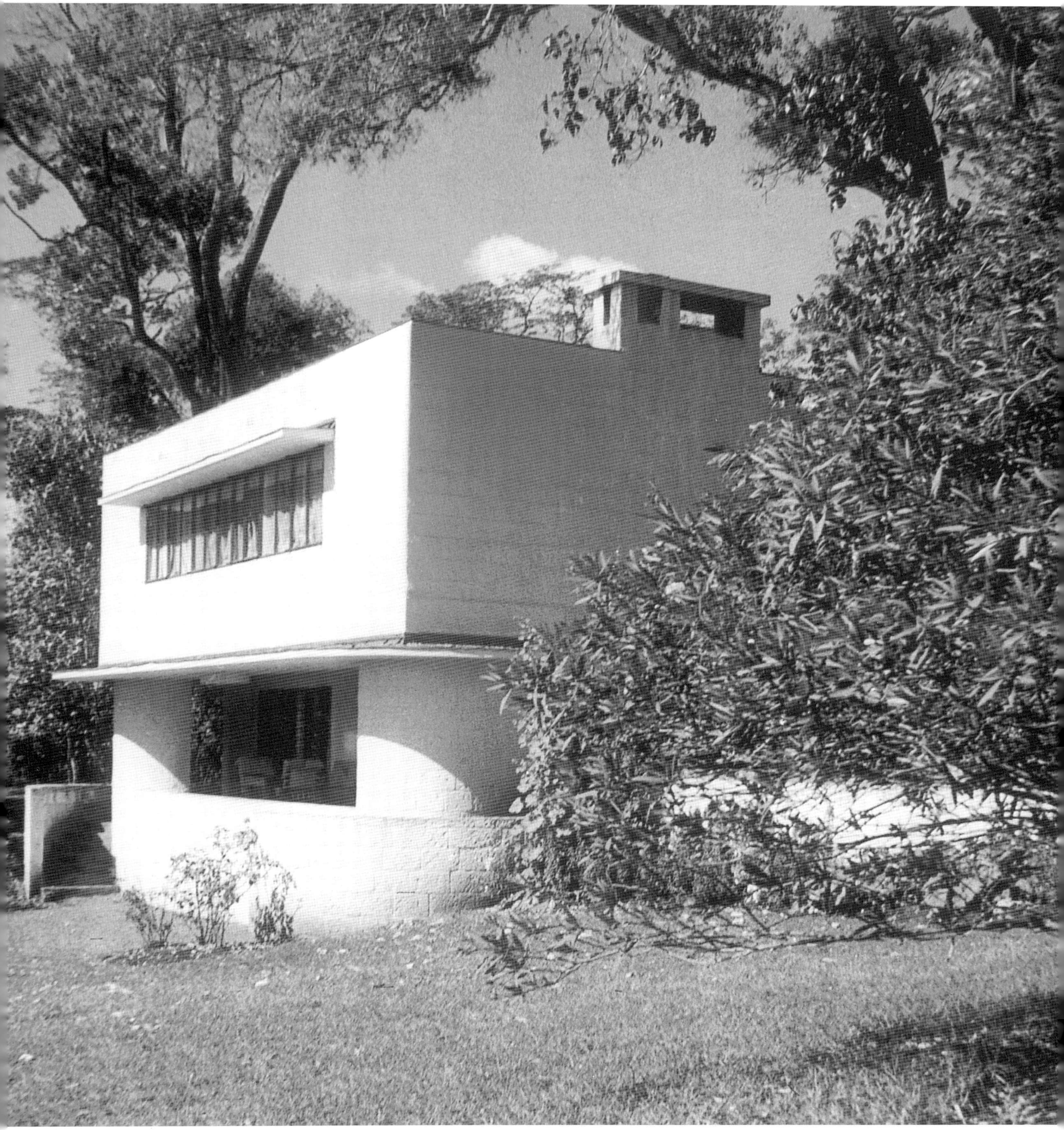

Hauseingang bei Nacht. Foto: Ernst May
Kaminzimmer. Foto: Ernst May
Schaukästen der Steinsammlung. Foto: Ernst May
Hauspersonal der Familie May. Foto: Ernst May

Haus aus einer Kombination von unterschiedlich großen Kuben besteht, beschränkte May sich hier auf einen einzigen Kubus, dessen Strenge jedoch durch die weichen Rundungen gemildert wird. Insgesamt besticht das Haus durch seine skulpturale Einfachheit. May greift hier Architekturelemente auf, die sich auch bei Le Corbusier und Scharoun[128] finden. Obgleich das Gebäude in seinen Dimensionen eher bescheiden ist, besteht dennoch eine gewisse Ähnlichkeit mit der 1931 fertiggestellten Villa Savoye in Poissy von Le Corbusier.[129] Die Rundungen im Erdgeschoß lassen an Pilotis denken, auf denen der darüber liegende scharfgeschnittene Kubus mit dem symmetrisch angeordneten Fensterband zu ruhen scheint.

Schlicht, aber eindrucksvoll gestaltete May den Eingangsbereich, indem er eine halbrunde flache Betonscheibe auf einen Rundpfeiler auflegte und diesen rundum beleuchtete. Auch im Inneren verwendete er Rundpfeiler mit indirekter Beleuchtung. Der offene Kamin und die Wände waren zum Teil mit reinweißem Stuccolustro veredelt.

Haus Gould in Nairobi

Einen völlig anderen Charakter hat das kleine Wohnhaus, welches May – zeitgleich zu seinem eigenen – für das englische Ehepaar Gould ebenfalls im Ortsteil Karen errichtete.

Das junge Ehepaar hatte ein großes Grundstück nahe der Ngong Road preiswert erworben, aber wenig Geld für den Hausbau. May, der sich mit den Goulds gut verstand, versprach ihnen, ein Heim zu entwerfen, das sich mit ihren begrenzten finanziellen Mitteln realisieren ließe.[130]

Ganz im Gegensatz zu den sonst von ihm bevorzugten flachgedeckten Gebäuden wird dieses Haus geradezu von seinem Steildach dominiert. Vorbild waren May dabei die typischen englischen Cottages, die er auf seinen Reisen durch England im Jahre 1910 ausgiebig studiert und gezeichnet hatte.[131] May überließ J. B. Gould eine Mappe mit Architekturskizzen aus England, die er nach seinem dortigen Aufenthalt 1911 veröffentlicht hatte.[132] Im Vorwort zu den 80 Tafeln empfiehlt May seinen Fachgenossen „(...) mit dem Stifte in der Hand selbst einmal nach England, dem Lande so vieler verborgener architektonischer Schönheiten zu pilgern, um auf romantische Entdeckungsreisen zu ziehen."[133] Diese Worte und die Zeichnungen offenbaren den Romantiker in May, der sich hinter dem sonst eher sachlich nüchternen Pragmatiker verbarg.

Haus Gould, Karen bei Nairobi, Kenia, 1938/39
Skizze: Ernst May

Architekt in Nairobi

Zu Ernst Mays Lehrern an der Technischen Universität München gehörte neben Theodor Fischer auch der Architekt Hans Eduard von Berlepsch-Valendas. Er war nach 1900 nicht nur als Reformer im Sinne der Arts and Crafts-Bewegung hervorgetreten, sondern auch als engagierter Pionier des deutschen Flügels der Gartenstadtbewegung. Wahrscheinlich war es von Berlepsch-Valendas, der dem jungen May 1910 ein Praktikum im renommierten Londoner Planungsbüro von Raymond Unwin vermittelte. Unwin hatte sich durch den zusammen mit B. Parker 1902 aufgestellten und später preisgekrönten Bebauungsplan für die erste Gartenstadt der Welt – Letchworth – einen hervorragenden Ruf als fortschrittlicher Stadtplaner erworben. Unwins Architektursprache war jedoch eher traditionell und durch die romantisierende Arts and Crafts-Bewegung geprägt. Die Arbeit bei Raymond Unwin und die auf den Reisen durch Südengland gewonnenen Eindrücke haben Ernst May aber offensichtlich nachhaltig beeinflußt. „Was wir lernen können von englischer Architektur ist Schönheit in der Einfachheit und Zweckmäßigkeit der Formen," vermerkt May im Vorwort seiner Skizzenmappe.[134]

Möglicherweise hatte May beim Entwurf des Hauses Gould aber auch das Werk seines großen Vorbilds Frank Lloyd Wright im Sinn, denn es weist erstaunliche Parallelen zu dem 1895 von Wright errichteten Haus Moore auf.[135]

Ernst May hat das Häuschen auf die Bedürfnisse eines Ehepaars mit maximal zwei Kindern zugeschnitten. In einem kleinen Anbau ist die Küche mit separatem Eingang untergebracht, daran schließt sich ein winziges Eßzimmer und ein Wohnraum mit vorgelagerter kleiner Terrasse an. Über eine schmale Treppe im Flur erreicht man das ausgebaute Dachgeschoß, in dem sich die Schlafräume und ein Bad befinden.

Die Ausführung oblag der indischen Baufirma Changleh Singh, berichtete J. Bernhard Gould und erinnerte sich genau: „May came every evening on his way home. He was very critical in controlling the work."[136]

Bei der Ausführung der Freianlagen zeigt sich erneut Mays Talent als Gartengestalter und die große Bedeutung, die er der Natur bei seinen Planungen einräumte.[137] Vorbild war ihm der englische Landschaftsgarten mit seinen Wiesen, Büschen und Baumgruppen in scheinbar natürlicher Anordnung. Es gelang ihm stets, den optimalen Standort für Haus und Terrasse zu finden, um interessante Blickachsen zu entwickeln.

Zahlreiche Objekte der Innenausstattung des Hauses, wie Einbauküche, Kamin, Barschrank, Stehlampe, Eßzimmermöbel und Einbauschränke, wurden ebenfalls nach Mays Entwürfen ausgeführt.[138] Im Stil und in der Beschaffenheit des Materials – Messing, wertvolle Edelhölzer – sowie in ihrer sorgfältigen handwerklichen Herstellung stehen auch diese Gegenstände der Arts and Crafts-Bewegung sehr nahe.

Zweifellos ist es May beim Haus Gould gelungen, ein kleines Gesamtkunstwerk zu realisieren. Dabei stand jedoch nicht der Geist der Neuen Sachlichkeit Pate, sondern eher die von ihm in der Jugendzeit verehrten Jugendstilkünstler wie Peter Behrens und Joseph Maria Olbrich. Vielleicht hat er sich mit dem Haus Gould tatsächlich einen Jugendtraum erfüllen wollen. Dies würde auch erklären, weshalb er gerade bei diesem Projekt, entgegen seinen sonstigen Gepflogenheiten, ein sehr niedriges Honorar berechnet hat.[139]

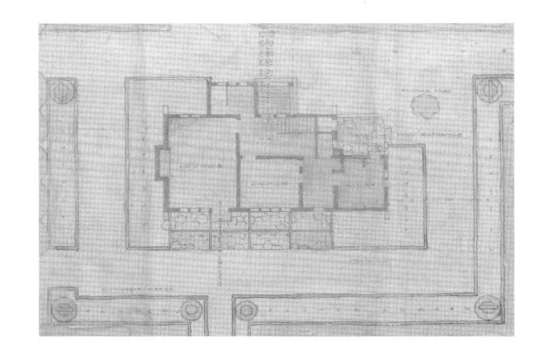

Grundriß des Erdgeschosses

Wohn- und Geschäftshaus Dorman in Nairobi

Für den deutschstämmigen jüdischen Kaffeehändler Charles Dorman (eigentlich Karl Deutschmann), mit dem Familie May in Nairobi befreundet war,[140] hat Ernst May ein Wohnhaus mit Büro auf dem Eckgrundstück Milimani Road / Ralf Bunch Road im Stadtteil Nairobi Hill entworfen.[141] Es handelt sich um einen einstöckigen Winkelbau, in dessen längerem Flügel die Geschäftsräume untergebracht sind. Das Gebäude ist in traditioneller Steinbauweise errichtet und mit einem Walmdach gedeckt. Das Gesamterscheinungsbild entspricht dem eines englischen Landhauses. Doch die strenge Fassadenabwicklung und einige Details wie die großen, mehrfach unterteilten Fenster aus dünnen Stahlprofilen sowie die kastenförmigen Regenrinnen und Fallrohre sind typische Erkennungsmerkmale für May-Bauten dieser Zeit.

Haus Dorman, Nairobi, Kenia, 1938/39
Foto: 90er Jahre

Wohnhaus Bally in Nairobi

Haus Bally, Nairobi, Kenia, 1938/39
Foto: vermutlich Ernst May

Zu dem Freundeskreis der Familie May gehörte auch der aus der Schweiz stammende Peter Bally. Er war als Botaniker am Museum in Nairobi angestellt. Zusammen mit ihm und seiner österreichischen Frau Joy[142] unternahmen die Mays gelegentlich Ausflüge in die Umgebung.[143] Für das Ehepaar Bally entwarf May 1938[144] ein kleines flachgedecktes Haus in kompromißlos strenger Formensprache. An den rechteckigen Kubus fügte May an der Gartenseite einen ebenfalls rechteckigen Terrassenvorbau an, von dem eine Treppe direkt in den Garten führte. In Deutschland hatte May bereits vielfache Erfahrungen mit der Herstellung von Flachdächern gesammelt.[145] Erstmals in Afrika unternahm er hier den Versuch, das Flachdach zu begrünen, wie es Le Corbusier und Piere Jeanneret 1927 in einem ihrer „Fünf Punkte für eine neue Architektur" gefordert hatten.[146]

Wohnhaus Erskine in Nairobi

Ein sehr großes stattliches Wohnhaus entwarf May für die englische Familie Erskine. Sir Derrek und Lady Elisabeth Mary Erskine waren 1927 nach Nairobi gekommen und hatten zunächst eine Kaffeepflanzung auf dem ausgedehnten Gelände westlich der Chiromo Road betrieben. Später unterhielten sie ein großes Handelsgeschäft für Lebensmittel im Stadtzentrum von Nairobi. Das Areal der ehemaligen Kaffeepflanzung wurde Mitte der 1930er Jahre parzelliert und als Bauland weiterverkauft. Sir Erskine behielt ein großes Grundstück für sich selbst und beauftragte Ende 1939 Ernst May mit der Planung einer repräsentativen Villa.[147]

Haus Erskine, Nairobi, Kenia, 1939/40
Fotos: 90er Jahre

Das zweistöckige Gebäude ist im Winkel errichtet. Der Eingangsbereich mit einer Autovorfahrt befindet sich im Parterre des kürzeren Flügels. Ein repräsentativer Treppenaufgang führt in das Hochparterre mit den Gesellschaftsräumen. Von dort gelangt man über eine breite gerundete Freitreppe direkt in den Park. Seitlich angelagert ist ein halbrunder Vorbau, dessen Flachdach zugleich als Terrasse für das Obergeschoß genutzt wird. Die strenge Rückfront wird durch einen herausgeschobenen Treppenturm mit eingesetzten Glasbausteinen belebt, in dem sich der Personalaufgang befindet. Die großen rechteckigen Fenster sind durch feine Stahlprofile untergliedert. Auf der Rückseite finden sich drei der von May zur Belichtung von Nebenräumen gern eingesetzten Bullaugenfenster.

In seiner formalen Strenge und durch die Verwendung von dunklem Naturstein wirkt das Gebäude etwas martialisch. Trotz seiner Großzügigkeit entbehrt es der Leichtigkeit und Eleganz, die beispielsweise das Haus Murray auszeichnen. Inwieweit das heutige Aussehen des Gebäudes Mays ursprünglicher Planung entspricht, muß offen bleiben, da er das Projekt aufgrund seiner Internierung nicht mehr selbst zu Ende führen konnte. – Auch eine von May bereits geplante Wohnanlage mit Mehrfamilienhäusern, die Delamare Flats, für die er zusammen mit Sir Erskine ein Finanzierungsmodell entwickelt hatte, konnte erst nach dem Krieg realisiert werden.

Das ehemalige Wohnhaus Erskine dient heute dem japanischen Botschafter und seiner Familie als Residenz.[148]

Residence Elverston bei Gilgil

Residence Elverston bei Gilgil, Kenia, ca. 1938/39
Skizze: Ernst May

Ende 1939 hatte May den Planungsauftrag für ein sehr großes Anwesen nördlich von Nairobi in der Bearbeitung.[149] Klaus May nannte es ein „halbes Schloß" und berichtete: „Das Grundstück ist landschaftlich mit der schönste Platz, an den ich mich erinnern kann und liegt am Rande des Riffs in 3000 m Höhe. Vom Haus hat man den unbeschreiblich schönen Ausblick auf das 1000 m tiefer gelegene Rifftal mit dem Nakuru See, dessen Rand von Flamingos völlig rosa gefärbt ist. Das Haus selbst wird zwischen 30–40 m hohen Zedern gebaut."[150] Möglicherweise handelt es sich bei diesem Haus, das eine eher traditionelle Architektur aufweisen soll, um die Verwirklichung einer im Nachlaß vorhandenen Skizze Ernst Mays, die mit „Residence Elverston" überschrieben ist und ein großes zweigeschossiges Landhaus in der Manier von Arts and Crafts darstellt. Das Haupthaus ist durch eine Mauer mit dem U-förmigen niedrigen Torflügel verbunden. Die Lage des Tors markiert ein den Dachfirst überragendes Uhrtürmchen. Asymmetrische Seitenflügel, flächige Wände mit großen und kleinen Fensteröffnungen, verglaste Erker und hoch aufragende Kamine erinnern stark an die um 1900 entstandenen Landhäuser von Lutyens, Shaw, Unwin und Parker und machen deutlich, daß sich die Auftraggeber des Entwurfs ein nach Afrika verpflanztes Stück England wünschten. Ob er auf diesem Grundstück realisiert wurde, konnte nicht verifiziert werden, weil das Anwesen heute im Besitz eines kenianischen Ministers und nicht zu besichtigen ist. Wohl aufgrund des Kriegsausbruchs und der Internierung von May ist das Haus von einem anderen Architekten, George Vamos, fertiggestellt worden.[151]

Zigarettenfabrik in Kampala

Jackson and May bekamen von der East African Tobacco Company den Auftrag, im Industriegebiet von Kampala an der Ausfallstraße nach Jinja ein Fabrikgebäude zu errichten.[152] Im Laufe des Jahres 1938 entstand dort nach Plänen von Jackson and May die erste Zigarettenfabrik in Ostafrika.[153]

Die gesamte Fabrikanlage ist eine Stahlbetonkonstruktion mit einer Ausdehnung von etwa 80 Metern Länge und 40 Metern Breite. Der vordere dreistöckige Gebäudeteil, in dem sich die Verwaltung befindet, ist flachgedeckt und wird durch großflächige Fenster belichtet. Dem Schutz gegen direkte Sonneneinstrahlung dienen etwa ein Meter vorkragende Betonblenden zwischen den Stockwerken. Mit diesen Betonscheiben, die May bereits am Kennwood Haus in Nairobi und an seinem eigenen Wohnhaus in Karen eingesetzt hatte, gelingt es ihm, funktionale mit ästhetischen Aspekten zu verknüpfen und die schlichte Fassade zu beleben. Der hintere Gebäudeteil besteht aus mehreren aneinandergereihten Hallen mit Sheddächern und großen Toren. Dort stehen die Maschinen für die einzelnen Produktionsschritte.

Zigarettenfabrik, Kampala, Uganda, 1937/38
Verwaltungsgebäude. Foto: 90er Jahre

City House in Kampala

City House, Kampala, Uganda, 1938/39
Eckausbildung. Foto: 90er Jahre
City House, Westfront. Foto: 90er Jahre

Direkt im Zentrum Kampalas zwischer dem Karree William Street, Dastur Street und Luwum Street befindet sich das sogenannte City House, ein größerer Gebäudekomplex, der von Jackson and May für Norman Godinho Ende 1938 geplant und bald danach erstellt wurde.

Die Erdgeschoßzone des dreistöckigen Stahlbetonbaus ist großflächig verglast und für Ladengeschäfte vorgesehen. Im darüber liegenden Stockwerk befinden sich ausschließlich Büroräume und im Dachgeschoß Wohnungen. Da das Gelände nach Süden hin abfällt, wurde die Ladenzeile in der Dastur Street treppenartig angelegt und zwischen dieser und der Büroetage ein unterschiedlich hohes Mezzaningeschoß eingefügt.

Wenn auch die Ausführungspläne[154] nicht den Entwurfsverfasser nennen, lassen die umlaufenden Fensterbänder[155] und der halbkreisförmige Gebäudeabschluß der oberen Stockwerke die Handschrift Mays und die Verwandtschaft zu den Kopfbauten der Frankfurter Römerstadt deutlich erkennen.

Im Oktober 1940 wurde eine Umwandlung der im unteren Gebäudekomplex vorhandenen Passagen in zusätzliche Geschäftsräume beantragt. Die Genehmigung dazu scheint aber – wohl aufgrund des Kriegszustandes – erst Anfang 1945 erteilt worden zu sein.

Für den gleichen Auftraggeber, Norman Godinho, soll May auch ein Hotel entworfen haben.[156] Zu diesem Projekt gibt es jedoch keine weiteren Anhaltspunkte.

Projekt für die Uganda Company in Kampala

Ein großes Projekt für die Uganda Company Ltd., Kampala, gelangte nicht zur Ausführung. Erhalten geblieben sind lediglich Großfotografien von zwei perspektivischen Entwurfszeichnungen Ernst Mays, welche die Ausmaße des geplanten Gebäudekomplexes erkennen lassen. Sie zeigen vier unterschiedlich hohe Gebäudeflügel, die einen Innenhof umschließen. Die niedrigen Bauteile überragt ein siebengeschossiger flachgedeckter Riegelbau mit charakteristischen Ausformungen, die eine besondere Gestaltungsabsicht verraten. Die Dachlinie ist jeweils an den Ecken angehoben, so daß sich das Gebäude mit vier flachen Spitzen gegen den Himmel abhebt. Spitz zulaufende Erker an den Schmalseiten des Riegelbaus und eine im Zickzack gestaffelte Fassade am niedrigen Seitenbau unterstreichen die 'expressionistisch' anmutende Linie dieses Entwurfs, die darauf abzielte, dem aus funktional bestimmten heterogenen Bauteilen zusammengesetzten Komplex ein einprägsames Gesicht zu geben.

Der Riegelbau verweist aber ebenso auf Mays Frankfurter Vergangenheit, denn er zeigt Übereinstimmungen mit Details an Martin Elsässers Großmarkthalle aus den Jahren 1926–28, die von zwei ähnlichen Riegelbauten eingefaßt ist. Das Vorbild der Großmarkthalle hat May auch später noch beschäftigt, als er um 1950 das Kulturzentrum in Moshi plante. Auch dort gibt es in den Entwurfszeichnungen Pultdächer mit zu den Ecken hin ansteigenden Dachkanten, die allerdings nicht ausgeführt worden sind.

Projekt für die Uganda Company Ltd., Kampala, Uganda, vermutlich 1947
Blick auf das Verwaltungsgebäude. Zeichnung: Ernst May
Fabrikhallen. Zeichnung: Ernst May

SPECIAL THE EAST

African Standard

NAIROBI, FRIDAY, SEPTEMBER 1, 1939.

German Invasion of Poland

London, Friday.

THE GERMAN ARMY HAS LAUNCHED AN ATTACK ON ALL POLISH FRONTIERS. BESIDES THE LAND ATTACK THE GERMAN AIR FORCE HAS BEEN BOMBING SOME OF THE MOST IMPORTANT TOWNS OF POLAND, INCLUDING WARSAW, CRACOW, LOTZ, KRAKOVITCHY AND VILNA.

THERE ARE NO INDICATIONS OF CASUALTIES BUT A REPORT FROM FINLAND STATES THAT 50 AEROPLANES TOOK PART IN THE ATTACK ON KRAKOVITCHY.

THE POLISH AMBASSADOR SAW LORD HALIFAX THIS MORNING AND DECLARED THAT THE GERMAN ACTION WAS A CLEAR CASE OF AGGRESSION SUCH AS WAS COVERED BY THE ANGLO-POLISH AGREEMENT. THE AMBASSADOR HAS ACCORDINGLY INVOKED THE TREATY.

EARLY THIS MORNING HERR HITLER ISSUED A PROCLAMATION TO THE GERMAN ARMY DECLARING THAT IN ORDER TO END THE LUNACY OF THE POLES HE HAD NO OTHER CHOICE THAN TO MEET FORCE WITH FORCE.

IN A SPEECH TO THE REICHSTAG HE CLAIMED THAT THE GERMAN GOVERNMENT HAD PUT FORWARD PROPOSALS FOR NEGOTIATIONS WHICH HAD BEEN REJECTED BY POLAND.

HE TOLD THE ARMED FORCES THAT THEY ARE FIGHTING FOR GERMANY AND HE INFORMED THE REICHSTAG THAT GERMANY WOULD NOT EXPECT ITALIAN HELP.—(Reuter.)

Kriegsausbruch und Internierung

Seit Mitte der 1930er Jahre nahm der Einwanderungsstrom aus ganz Europa in das britische Protektorat ständig zu. Viele suchten dem seit längerer Zeit drohenden Krieg zu entgehen, in dem sie sich in den englischen Kolonien ansiedelten. Darunter waren auch zahlreiche Deutsche und Österreicher, vielfach jüdischer Abstammung, die sich der einsetzenden Judenverfolgung noch rechtzeitig entziehen konnten.

Die Einschätzung der Verhältnisse in Nazideutschland war für die im außereuropäischen Ausland lebenden Deutschen nicht einfach. Auch Mays verkannten die innenpolitische Lage in Deutschland völlig. Denn Anfang des Jahres 1939 fragte Ilse May bei Freunden und Bekannten an, wie sie die Chancen für ihren Sohn Klaus, ein Studium der Architektur in Deutschland aufzunehmen, einschätzen würden. Außerdem erkundigte sie sich nach der Möglichkeit, einen deutschen Bürgerbrief für ihren Sohn zu erhalten. Eine dieser Anfragen muß vom britischen Geheimdienst abgefangen worden sein, was fatale Folgen für die Familie May haben sollte.

Die Antworten auf Ilses Briefe fielen vage aus, da die Angeschriebenen Angst vor Repressalien hatten.[157] Allein die ehemalige Haushälterin von Mays Vater äußerte ihre Bedenken offen:

Was das Studium von Klaus anbetrifft, ist es kaum ratsam, daß er dasselbe nicht ohne Arbeitsdienst u. 2 Jahre Dienstzeit absolvieren kann. Und ob ihm das nicht rein arische durch seine Großmamma väterlicherseits auch noch hinderlich sein wird, ist vorauszusetzen. Großmamma May war getaufte Jüdin u. zwar ließ sie sich vor der Geburt der 2ten Kinder taufen, das genügte vor der Machtübernahme nun nicht als Jüdin zu gelten, aber im 3. Reich liegt die Sache ungünstiger (...). Herr Ernst May wird ab und zu noch im Frft. Volksblatt, dem amtlichen Organ der N.S.D.A.P. angefeindet und mit Jude betitelt, was sehr unrecht ist.[158]

Insgesamt muß der Tenor der Rückäußerungen warnend gewesen sein. Mays verzichteten daher auf ihr ursprüngliches Vorhaben und versuchten statt dessen, in England einen Studienplatz für ihren Sohn zu erhalten. Der Kriegsausbruch machte jedoch alle Pläne obsolet.

linke Seite
Extrablatt des East African Standard vom 1. September 1939

Kriegsausbruch und Internierung

Der Einmarsch der deutschen Truppen in Polen am 1. September 1939 löste zwei Tage später die Kriegserklärung Großbritanniens und Frankreichs gegenüber Deutschland aus. In Kenia war von den dramatischen Ereignissen in Europa zunächst wenig zu spüren. Das änderte sich schlagartig, als Italien im Juni 1940 auf Seiten Deutschlands in den Krieg eintrat. In Abessinien, dem heutigen Äthiopien, das erst 1935/36 von italienischen Truppen besetzt worden war, fand nun eine militärische Auseinandersetzung mit den Briten statt. Damit war der Krieg auch in Ostafrika.

Noch im April 1940 wurde Ernst May mit dem älteren Sohn Klaus in Kabete bei Nairobi interniert. Da es sich um ein offenes, unbewachtes Lager handelte, konnte er noch seine persönlichen Angelegenheiten regeln und Besuch empfangen. Im Juni 1940 wurden auch Ilse May und ihr Sohn Thomas – in einem anderen Camp – interniert. Ernst May versuchte in zahlreichen Briefen, seiner Frau Mut zu machen: „This Internment will only strengthen our characters."[159] Und bestärkte sie: „I do not believe that Hitler will be successful because this fight will be quite different from what he had to face before."[160] Ilse May wurde im November 1940 in ein Lager in Molo verlegt.

„Bereits kurze Zeit nach dem Italienischen Kriegseintritt im Juni 1940 begannen die britischen Behörden in Afrika mit dem Abtransport deutscher Zivilpersonen aus den Gebieten, in denen dies 'aus Sicherheitsgründen geboten erschien'. Die deutschen Männer aus Ostafrika wurden als Internierte nach Südafrika überführt."[161] So wurden auch Ernst May und seine Söhne am 12. August 1940 nach Mombasa transportiert. May war trotz aller Ungewißheiten „voll Zuversicht und sah auch dieser Reise wie einem schönen neuen Erlebnis entgegen."[162] In dem Segregation Camp Baviaanspoort, in welches sie eingewiesen wurden, waren rund 1 500 Internierte untergebracht, davon stammten 300 aus Ostafrika.[163]

Bei der Verteilung der Internierten auf die einzelnen Lager wurde streng unterschieden zwischen Nazis und Antinazis, denn Thomas May berichtete: „(…) daß alle diejenigen, die wir jüdisches Blut in uns haben, glücklicherweise nicht mit in das Nazi-Lager kamen," und über das Leben im Camp schrieb er: „Wir haben uns jetzt endlich etwas mehr an unseren Käfig gewöhnt."[164] Die rund 80 Lagerinsassen kamen zunächst, bis die Baracken errichtet waren, in Zelten unter. Im September 1940 wurde Ernst May von den Internierten zum stellvertretenden Lagerführer gewählt.[165] Sein Vorgänger war abgesetzt worden, „weil er sich nicht genug für die Ausbesserung und Verschönerung des Lagers interessierte."[166] Ernst May hingegen machte sich sogleich an die Ausarbeitung von Plänen für die Anlage von Sportplätzen, Schwimmbad, Gärten und Pergolen für die Wohnbaracken.[167]

Ernst May war nicht der Typ von Mensch, der sich mit seinem Schicksal, auf unbestimmte Zeit eingesperrt zu sein, ohne weiteres abfand. Den in Nairobi ansässigen Rechtsanwalt Kaplan beauftragte er, die Entlassung zu beantragen.[168] Seine Hoffnung auf eine baldige Freilassung wurde insbesondere durch die Aktivitäten von Jane Unwin, der Tochter des 1940 in den USA verstorbenen Stadtplaners Sir Raymond Unwin, genährt. May hatte nach seinem Studium in München und London seine städtebauliche Schulung im Atelier des englischen Städtebauers erhalten. Jane Unwin schickte May eine Kopie ihres Schreibens an die britischen Behörden mit folgendem Inhalt:[169] „(…)

Ernst May (...) was a pupil of Sir Raymond Unwin and was regarded by Sir Raymond almost as a son. (...) I have no hesitation in saying he had every ablovences of the regime in Germany and I am convinced of his loyalty and integrity of the British Empire."

Auch mit Martin Wagner, dem ehemaligen Stadtbaurat von Berlin, der zunächst in die Türkei emigriert und später einem Ruf von Walter Gropius an die Havard Universität gefolgt war, hielt May Briefkontakt.[170] Wagner hatte in den USA ein System von vorfabrizierten Wohnhäusern entworfen, von welchem May jedoch nicht sehr überzeugt schien, denn er urteilte: „I believe more in the sheme I had started in Nairobi before being interned (...)."[171]

Zweifellos litt er unter dem Zustand, selbst untätig sein zu müssen. May setzte seine ganze Hoffnung auf die Zeit nach Kriegsende und wünschte, eine Gelegenheit zu bekommen, seinen Beitrag an der Neuplanung einiger Teile Europas leisten zu können.[172] „I feel very clearly that I will have some very important work to do after this war (...)."[173] Um sich auf diese große Aufgabe vorzubereiten, bestellte er sich aus der Bibliothek der Universität Witwatersrand Fachliteratur und schrieb dem mit ihm befreundeten amerikanischen Stadtplaner Lewis Mumford.[174] May war sehr angetan, als er in dem 1938 erschienenen Buch „The Culture of Cities" von Mumford seine Städteplanung als „the best since 1926" bezeichnet fand.[175]

Anfang November 1940 waren die Mays in das Lager Ganspan in die Nähe von Kimberly verlegt worden. Was den Ausgang des Krieges anbelangte, war May von Englands Sieg überzeugt, glaubte aber, daß dies noch Zeit brauchen würde. Er wünschte sich, alle Nazis an Laternenpfosten 'Unter den Linden' hängen sehen zu können.[176] Er unternahm verschiedene Versuche, nachzuweisen, daß er und seine Familie keine Nazis gewesen seien, und benannte mehrere Personen in Ostafrika, die dies bestätigen könnten.[177] May tröstete sich und seine Frau damit, daß ihre Situation geradezu ideal sei im Vergleich zu den Barbareien der Nazis an Tausenden von Juden in Deutschland.[178] Für den Fall, daß die Nazis den Krieg gewinnen würden, schloß er eine Rückkehr nach Deutschland kategorisch aus.[179] Er schrieb Mumford einen Brief und bat ihn, einen Job für ihn im Amerika zu finden für den Fall, daß die kenianischen Behörden der Familie eine Rückkehr dorthin nicht erlauben würden.[180] Wagner und Gropius hatten sofort, nachdem sie von Mays Internierung gehört hatten, Schritte unternommen, um ihm eine durch die Carnegie Stiftung finanzierte Professur anbieten zu können.[181] May zögerte jedoch noch, er wollte das Ergebnis der Bemühungen des Royal Institute in London und der Unwins abwarten. Er hatte gegenüber Amerika und dessen Kultur erhebliche Vorbehalte,[182] seit er das Land im Jahr 1925 besucht hatte, und zweifelte daran, daß sie sich dort jemals wohl fühlen könnten.[183] Viel lieber wäre er beim Wiederaufbau in England tätig geworden. In Anbetracht der schweren Schäden, welche die deutschen Bomben in der dichten Bebauung Londons angerichtet hatten, war er davon überzeugt, daß die Stadt nach gänzlich anderem System wiederaufgebaut werden müßte, und bot der britischen Regierung an, einen modernen Städteplan auszuarbeiten.[184] Die Auswanderung nach Amerika betrachtete er lediglich als letzte Möglichkeit.[185]

Im April 1941 wurde Ilse May entlassen und nahm eine Stelle als Haushaltshilfe auf der Farm der baltischen Familie von Vegesack am Kinangop bei Nai-

Lageplan des Internierungslagers Baviaanspoort bei Pretoria, Südafrika

vasha an. Ernst May hoffte nun auf eine baldige ähnliche Entscheidung zu seinen Gunsten. Aus London hatte er die Nachricht von Jane Unwin erhalten, daß das R.I.B.A. (Royal Institute of British Architects) ihn als hervorragenden Architekten anerkannt und sich für seine Entlassung eingesetzt habe.[186]

Die Entscheidungen über eine Rückkehr nach Kenia oder eine Auswanderungsgenehmigung nach Amerika ließen weiter auf sich warten. Das Leben ging im Lager seinen geregelten Gang. Die meiste Zeit des Tages verbrachten Mays mit dem Lesen von Büchern unterschiedlichster Fachgebiete.[187] Ernst May bevorzugte russische und französische Literatur[188] sowie Biographien über Künstler wie Gauguin und Van Gogh.[189] Er bekannte, niemals in seinem Leben soviel gelesen zu haben wie während der Internierung.[190] Um etwas für die Bildung der Internierten zu tun, wurden regelmäßig Seminare veranstaltet. May selbst hielt Vorträge über „Modern Architecture and Townplanning"[191] und „Standardisierung".[192]

Definitive Nachrichten aus Amerika über eine Professur blieben lange aus. Im Mai 1941 erhielt May einen Brief von Lewis Mumford aus Amerika, in dem sich dieser sehr pessimistisch zu den Aussichten auf eine Anstellung für May äußerte. Er erwähnte, daß Wagner momentan nur zwei Schüler in Havard hätte und eine Professur für Stadtplanung noch nicht eingerichtet sei.[193]

Zu diesem Zeitpunkt rechnete May damit, daß der Krieg noch drei bis vier Jahre dauern,[194] aber Amerika sich bald auf Seiten der Gegner Deutschlands daran beteiligen würde. Eine Rückkehr nach Kenia schien während des Krieges ausgeschlossen, aber auch eine Entlassung nach Südafrika, wie May sie beantragt hatte, kam nicht in Frage. May war sich sicher, „es werden noch schwere Zeiten für uns alle kommen." Er betrachtete es jedoch unter seiner Würde, „weiter (…) zu betteln."[195] Gelegentlich flüchtete er sich in Sarkasmus: „Ich brauche noch ein Jahr Internierung, um die 30–40 Bücher in Ruhe zu lesen und zu verdauen, die ich für mein Nachkriegsfundament brauche. Man wird mir den Gefallen tun."[196] Über Deutschland nach dem Krieg stellte er verschiedene Spekulationen an: „Wenn erst die Nazis mit Stumpf und Stil ausgerottet sind, wird Deutschland ja wieder schön."[197] Und im übernächsten Brief: „Unglaublich, dass ein solches Vieh wie Hitler solches Elend über die Menschheit bringen konnte! Millionen junger Menschen werden noch fallen bis zum Ende der Naziherrschaft. Was kommt dann in Deutschland? Ich nehme an etwas wie sozialistische Planwirtschaft – fast an der Grenze des Kommunismus."[198] Mit der ersten Vermutung sollte er leider recht behalten, und die zweite Voraussage sollte zumindest für einen Teil Deutschlands eintreffen.

Anfang Dezember 1941 wurden May und seine Söhne in ein anderes Camp verlegt. „Das verlorene Paradies", so begann er seinen ersten Brief aus dem neuen Lager und klagte: „Wir haben unsere schönen individuellen Häuser eingetauscht gegen Wellblechbaracken."[199]

Während Ernst May in der Internierung dennoch neue Kraft für große Aufgaben sammelte, litt seine Frau, obgleich in Kenia in Freiheit lebend, unter der Trennung von ihrem Mann und den Kindern sehr. In dieser Zeit erkrankte sie schwer und erholte sich nur langsam. May andererseits benutzte die Zwangspause immer mehr dazu, sich auch über sich selbst klar zu werden. Dabei gelangte er zu wichtigen Einsichten: „Ich merke dabei deutlich, wie ich, der in seinem bisherigen Leben der Politik aus dem Wege ging, wo er nur

„Unser Haus im Internierungslager Ganspan", Südafrika.
Zeichnung: Klaus May, 1941

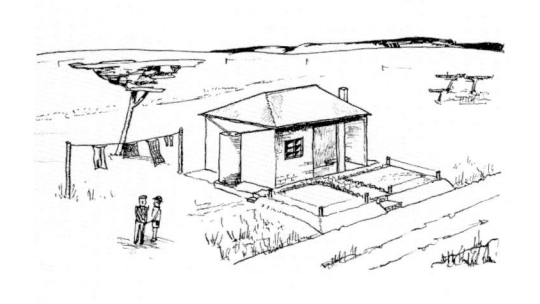

konnte, mehr und mehr einsehen lerne, daß Architektur und Städtebau mit all den komplexen Fragen ohne eine klare politische Linie gar nicht zu lösen sind. So werde ich voraussichtlich nach dem Kriege in dieser Hinsicht einen späten Wandel durchmachen."[200] Ein wesentlicher Punkt hatte sich für ihn bereits geklärt: „Bei der Wahl, das Leben später entweder als Individualist im Sinne des größten persönlichen Vorteilziehens einzurichten oder aber den Dienst an der Allgemeinheit seinem eigenen Wohlbefinden vorzuziehen, habe ich mich klar und eindeutig für den letzten Weg entschieden."[201] Es sollte ihm zwar nicht vergönnt sein, gleich nach Kriegsende öffentliche Aufgaben wahrzunehmen, aber nach seiner Rückkehr nach Deutschland trat er der Sozialdemokratischen Partei bei und hatte als Berater der Neuen Heimat maßgeblichen Anteil an der Linderung der Wohnungsnot in Nachkriegsdeutschland.

Ende Januar 1942 wurden Ernst May und seine beiden Söhne erneut in ein anderes Camp, eine ehemalige Diamantenmine, verlegt. Aus Amerika äußerten sich Wagner und Gropius sehr pessimistisch, was eine Professur für May anbelange. May schrieb zurück, daß sie sich nicht mehr bemühen sollten, da er auf keinen Fall nach Amerika zu gehen beabsichtige.[202] Seine instinktive Abneigung gegen dieses Land wurde durch die verschiedenen Bücher, die er las, nur bestätigt: „Geld, Geld, Geld, das ist immer wieder das Leitmotiv! Ich glaube wir würden uns in diesem Lande todunglücklich fühlen."[203]

Seine Theorie, „daß die Degeneration der westlichen Kulturen durch keinen wie immer gearteten Ausgang des Krieges aufgehalten werden kann, und daß es offenbar den östlichen Kulturen vorbehalten ist, die Nachfolge anzutreten", fand er von dem Philosophen Oswald Spengler verfochten,[204] dessen 1933 erschienenes Werk „Jahre der Entscheidung" er mit sehr gemischten Gefühlen studierte.[205]

Mitte März 1942 wurde Ernst May über die Anklagen gegen ihn aufgeklärt. Offenbar hatten einige der jüdischen Internierten noch im ersten Lager in Kabete bei Nairobi May des Antisemitismus' bezichtigt und ihn der Spionage für die Nazis in Rußland verdächtigt. May hatte damals bemerkt, daß er sich das Mißtrauen bestimmter Kreise zugezogen hatte, weil er als sogenannter Halbarier und Angehöriger der christlichen Kirche sehr wenig Kontakt mit den volljüdischen Internierten hatte und diese sich dadurch von ihm zurückgesetzt fühlten.[206] Ernst May legte sofort schriftlich Widerspruch beim C.I.D. gegen diese Behauptungen ein.

Im Frühjahr 1942 verdichteten sich die Gerüchte über eine mögliche Entlassung. Anfang Juni wurde May vom Lagerdirektor mitgeteilt, daß sie für ihn und seine Söhne beschlossene Sache sei.[207] Offenbar gab es zunächst ein Transportproblem, weil die Schiffskapazitäten der Engländer durch die Kämpfe gegen Rommel in Nordafrika für Nachschubzwecke gebunden waren.

Den 99. Brief an seine Frau schloß May mit den Worten: „Nach Brief Hundert werde ich wieder mit 1 beginnen."[208] Dazu kam es dann doch nicht mehr. Ende August 1942 wurden sie mit der Bahn nach Durban und dann über den Seeweg nach Mombasa gebracht. Von dort fuhren sie per Eisenbahn nach Nairobi, wo sie zunächst noch rund zwei Wochen im Lager Kabete, dem Ausgangspunkt ihrer Odyssee, ausharren mußten, bevor sie nach zweieinhalb Jahren Internierung endgültig in die Freiheit entlassen wurden.[209]

Auszug aus einem zensierten Brief von Ernst May aus dem Internierungslager Ganspan an seine Frau Ilse, 1941

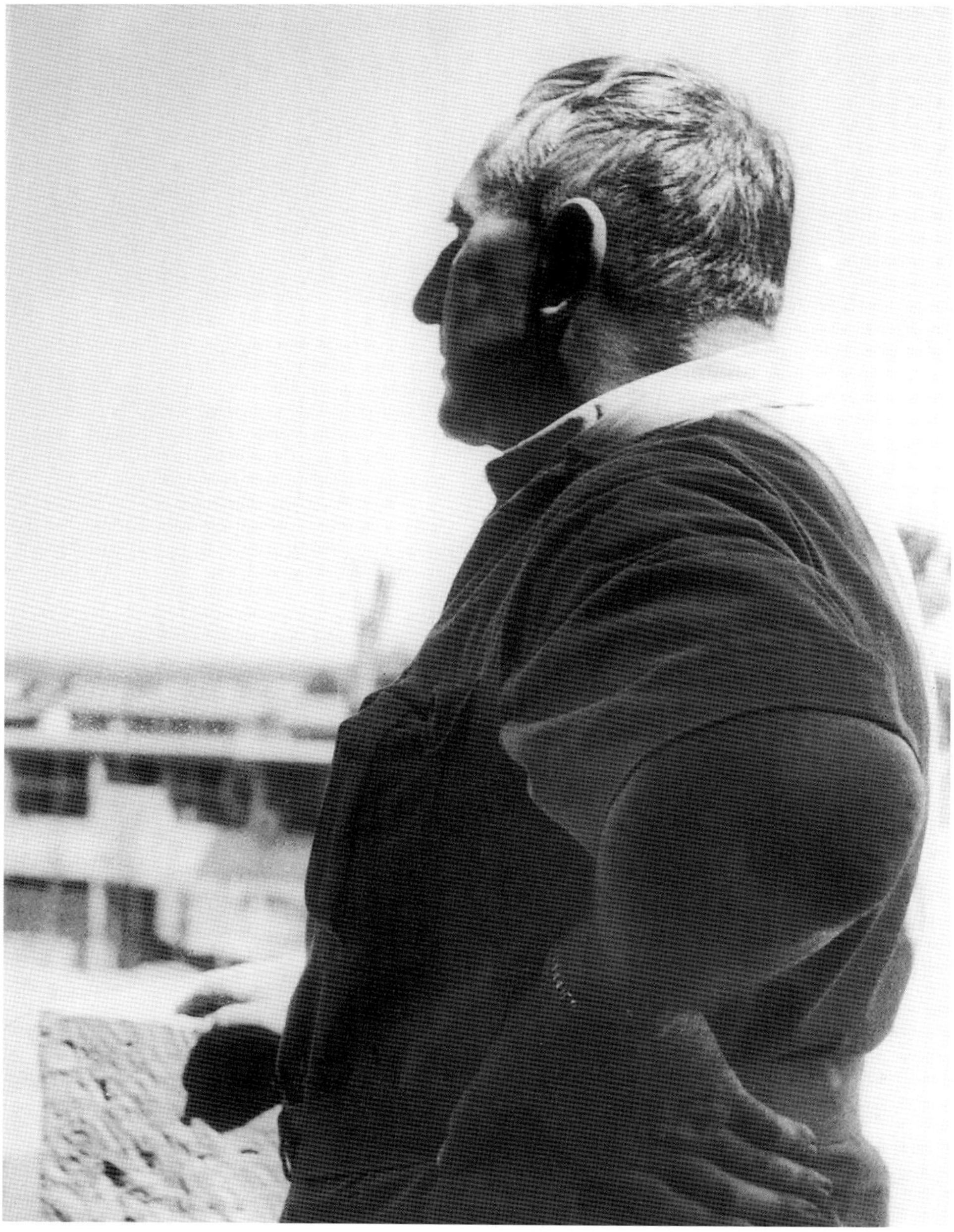

Rückkehr nach Kenia und Neubeginn

Nach der Entlassung aus dem Lager Kabete bei Nairobi wohnte die Familie May mehrere Monate bei der aus Schottland stammenden Familie Hodgekiss an der Langata Road in Karen bei Nairobi.[210] Ihr eigenes, ganz in der Nähe gelegenes Haus war vermietet, und ihr Vermögen stand noch unter der Zwangsverwaltung eines Kustoden. Die erhofften großen Aufgaben blieben für Ernst May zunächst aus. Eine Bewerbung für die Planung von Militärunterkünften, die er noch aus dem Internierungslager in Südafrika abgesandt hatte,[211] war erfolglos verlaufen – wahrscheinlich aufgrund seiner deutschen Staatsangehörigkeit. Gegen Ende des Jahres 1942 nahm er deshalb eine Anstellung als Entwerfer und Konstrukteur bei dem englischen Bauunternehmer G. Blowers in Nairobi an.[212]

linke Seite
Ernst May auf afrikanischer Baustelle.
Foto: 1944

Rückkehr nach Kenia und Neubeginn

Versuche und Erfolge mit Lehmbau und Vorfertigung

Stampflehmbau in Schlesien, Versuch zur Überprüfung auf Feuerfestigkeit, frühe 20er Jahre

rechte Seite (von links nach rechts)
Stampfen von Lehmbauziegeln, Nairobi, um 1942
Ausschalen von Lehmbauziegeln, Nairobi, um 1942
Auffüllen der Schalung einer Lehmbauwand, Nairobi, um 1942
Lehmbauwand nach Entfernen der Schalung, Nairobi

Fotos: Ernst May

Aufgrund der Kriegssituation herrschte großer Mangel an Baumaterialien. Beton und Stahl waren nur für kriegswichtige Projekte verfügbar. Aus dieser Notlage heraus besann man sich auf die herkömmliche afrikanische Lehmbauweise und die Dachdeckung mit Schilf. May setzte seinen ganzen Ehrgeiz daran, diese Technik zu perfektionieren. Dabei konnte er auf seine Erfahrungen mit Stampflehmbautechniken, die er nach dem Ersten Weltkrieg beim Bau von Flüchtlingsheimen in Schlesien erprobt hatte, zurückgreifen.[213] Er entwickelte in kürzester Zeit ein Schal- und Stampfverfahren, durch das der Lehm eine betonähnliche Festigkeit erhielt und für den Bau von Wohngebäuden geeignet war. Auf einem Versuchsfeld wurde das Lehmbetonverfahren auf seine Festigkeit und Feuerresistenz erprobt. Die circa 20 Zentimeter dicken Lehmbetonwände erwiesen sich als sehr widerstandsfähig. Im Dezember 1942 entwarf May zunächst kleinere Haustypen für die einheimische Bevölkerung und entwickelte eine Dachdeckung aus Holzschindeln, die mit Lehm verschmiert wurden. Zu seinen diversen Konstruktionen zählten auch traditionelle Rundbauten, wie er sie schon vor dem Krieg auf seinem Grundstück in Karen für das Hauspersonal errichten lassen hatte. Nun fand er auch dafür eine technisch perfekte Herstellungsmethode.

Nachdem das Bauunternehmen Blowers erste Erfahrungen mit der Lehmbetonbauweise gesammelt hatte, konnte Anfang 1943 mit der Realisierung eines größeren Projekts begonnen werden. Im Nordwesten Nairobis war in unmittelbarer Nachbarschaft zum Aboretum der Bau eines Ferienheims für

65

Rückkehr nach Kenia und Neubeginn

Kinder vorgesehen. May plante die Gesamtanlage und entwarf für die Familie des Verwalters sowie die Bediensteten Wohnhäuser. Das langgestreckte Hauptgebäude ist in seiner Mitte im stumpfen Winkel geknickt und schirmt das Anwesen von der Straße ab.

Im Knickpunkt befindet sich der Eingangsbereich, von dem die beiden Flügel erschlossen werden, und gleichzeitig der Durchgang auf das parkähnliche Gelände. Die Lehmbetonmauern sind weiß verputzt und die Giebelseiten zusätzlich mit Holz verschalt. Das tief heruntergezogene schattenspendende Dach ist mit Holzschindeln gedeckt, die mit Lehm verschmiert wurden.

Obgleich die Bauten mit einfachsten Mitteln unter ausschließlicher Verwendung von Naturmaterialien ausgeführt wurden, ist der ästhetische Anspruch des Entwerfers durchaus erkennbar. Die Handschrift Mays wird an bestimmten gestalterischen Details wie den bogenförmigen Mauern am Eingang, der halbkreisförmigen Anlage der Freitreppe sowie der Form und Reihung der Fenster deutlich.

Die im hinteren Teil des Grundstücks liegenden Wohnhäuser entsprechen im Typ und in der Bauausführung dem Hauptgebäude. An der Nordseite, der Sonnenseite, ist das Dach tief heruntergezogen und über der Terrasse auf Holzständer aufgelegt. Das Wohnhaus weist eine gewisse Verwandtschaft, insbesondere im Eingangsbereich, mit dem Haus Gould auf, das May 1938 entworfen hatte.

Seine Erkenntnisse über die Lehmbetonbauweise und deren Anwendungsmöglichkeiten beim Bau von Farmhäusern veröffentlichte May 1948 in „East African Field, Farm and Garden", einer Fachzeitschrift für Farmer in Ostafrika.[214] Dieses Verfahren hat sich als erstaunlich dauerhaft erwiesen. Das Ferienheim für Kinder befindet sich auch heute noch in relativ gutem Zustand, obwohl seit seiner Eröffnung vor über 50 Jahren so gut wie keine Bauunterhaltungsmaßnahmen vorgenommen wurden.

Ferienheim für Kinder, Nairobi, Kenia, 1943/44
Freitreppe zum Park. Foto: Ernst May
Parkseite. Foto: Ernst May

Typenhäuser für Afrikaner aus Betonfertigteilen

Mit der Beendigung der Kriegshandlungen auf dem afrikanischen Kontinent verbesserte sich gegen Ende 1944 die Versorgungslage in den britischen Kolonien deutlich. Zement, Stahl und andere modernen Baustoffe waren keine Mangelware mehr, so daß die Bauwirtschaft in Kenia einen gewaltigen Aufschwung nahm. May hatte sich mittlerweile wieder als selbständiger Architekt in Nairobi etabliert. In Zusammenarbeit mit dem Bauunternehmer G. Blowers entwickelte er ein System aus vorfabrizierten Betonelementen zum Bau von schlichten Einfamilienwohnhäusern für die einheimische Bevölkerung, die gerade in Nairobi häufig in menschenunwürdigen Behausungen lebte.

Grundlegende Erfahrungen auf dem Gebiet des vorfabrizierten Wohnungsbaus hatte May in Frankfurt am Main gesammelt und sein Ziel folgendermaßen formuliert: „Technische Vollendung bei größter Wirtschaftlichkeit (...), damit auch der Minderbemittelte in den Besitz einer gesunden und für ihn erschwinglichen Wohnung gelangt."[215] Mit vorfabrizierten Elementen der Montagebauweise „System Stadtrat Ernst May" waren zwischen 1926 und 1930 ca. 1 000 Wohnungen in den Stadtteilen Praunheim und Westhausen errichtet worden. Das System beruhte auf tragenden Wandblöcken, die zwecks Gewichtsreduzierung aus einzelnen Brüstungs-, Fenster- und Sturzelementen zusammengesetzt waren. Über die Wände wurden Decken aus hohlen Bimsbetonbalken verlegt. Das Stampfen der Wandblöcke erfolgte aus sozialpolitischen Gründen nicht durch Einsatz von Maschinen, sondern durch Erwerbslose, die auf diesem Wege eine Beschäftigung erhielten. Die Vorfertigung erfolgte ganzjährig und damit witterungsunabhängig in der Frankfurter „Häuserfabrik", die May zunächst in einer leerstehenden Messehalle und später im Frankfurter Osthafen einrichten ließ, wo die Baustoffe direkt vom Schiff in die Produktionshalle geladen werden konnten.[216]

Traditionelle Grashütte, Kenia.
Foto: 90er Jahre

Hook-on-Slab. Typenhäuser für Afrikaner aus Betonfertigteilen, 1945.
Grundriß und Ansicht

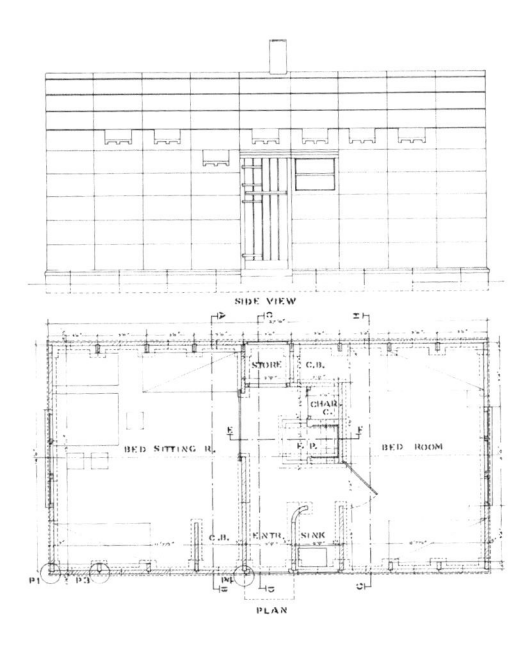

Rückkehr nach Kenia und Neubeginn

Bei seinem Entwurf für Kenia ließ May sich von der Form traditioneller Grashütten inspirieren und entwickelte ein Nur-Dach-Haus, das er später wie folgt beschrieb: „Das System, für das ich in zahlreichen Ländern Patente nahm, basiert auf parabolischen Bindern, die aus zwei Hälften gegeneinander gelehnt die Tragkonstruktion ausmachen und die Nuten enthalten, in die Betonplatten mit vorspringenden Nasen eingehängt werden, wobei sie sich gegenseitig leicht überdecken und so einen natürlichen Abfluß der atmosphärischen Wässer gewährleisten."[217]

Das Grundmodul bildete die stets drei Fuß lange Außenwandplatte mit innenliegender Bewehrung. Anders als in Mays Frankfurter „Plattenbauten", bei denen der Außenputz das Fugenraster zwischen den Wandblöcken verdeckte, blieb hier die industrielle Konstruktion in allen Teilen sichtbar. Aus den einzelnen Elementen ließen sich Bauten von beliebiger Ausdehnung zusammenstellen. Zur Darstellung der Möglichkeiten entwickelte May zehn Haustypen, die vom Einraumhaus auf kleinstem Grundriß ohne Nebenräume über Einzel- und Doppelhäuser für Familien bis zu einem Kantinenbau mit Küche und Eßsaal reichten. Für Familien war an drei Größenklassen gedacht, wobei der kleinste, fünf Platten lange Typ aus einen Wohnraum mit Veranda und außenliegender Kochstelle bestehen sollte, der größte von neun Platten Länge aus zwei Räumen mit dazwischenliegender Kleinstküche.

Zwei Prototypen wurden gebaut, einer mit parabolischem Querschnitt und ein zweiter mit vertikalen Wänden und flachem Satteldach. Als „Hook-on-Slab" – frei übersetzt „Platte mit Haken" – publizierte Ernst May sein System 1946 in einer britischen Architekturzeitschrift.[218] May legte dabei Wert auf die Feststellung, daß es zum Bau seiner Häuser keiner besonderen Fähigkeiten bedurfte. Die Prototypen waren von ungelernten Arbeitern unter der Aufsicht eines indischen Handwerkers errichtet worden. Afrikaner, denen die Bauten zur Begutachtung vorgeführt wurden, zeigten sich von der Technik beeindruckt, doch die Form erinnerte sie wohl zu stark an ihre Grashütten. Sie erklärten – wie May selbst berichtet hat –, lieber in Häusern wohnen zu wollen, die denen der Europäer glichen.[219]

Hook-on-Slab. Variationen des Haustyps und Kombinationsmöglichkeiten.
Modell: Jochen Bechthold

rechte Seite
Titelseite aus The Architects' Journal vom 13. Juni 1946. Fotos: Ernst May

Reprinted from THE ARCHITECTS' JOURNAL for June 13, 1946

Left, a concrete hook-on slab being held in position on a curved standard. Below, a prototype hut with curved sides incorporating the ventilating slabs; joints were left open in this demonstration house.

HOOK-ON SLAB
REINFORCED CONCRETE SYSTEM

DESIGNED BY E. MAY

GENERAL.—This is a system of precast concrete slab construction invented and patented by a Nairobi architect and town-planner. Hook-on slabs may be used as external wall coverings to any type of building, regardless of height, provided that the supporting structure is designed accordingly and that standards along the outer walls are spaced at 3 ft. 0 in. centres.

Two prototype houses have been built to demonstrate the system—one having a pitched roof and the other, illustrated here, having curved sides.

FRAMEWORK.—This consists of precast reinforced concrete standards, 3 in. by 6 in., at 3 ft. 0 in. centres. These rest in precast

Rückkehr nach Kenia und Neubeginn

Städteplanung in Uganda

Stadterweiterungsplanung für Kampala

Noch während des Krieges im Januar 1945 fragte die Regierung des britischen Protektorats Uganda bei Ernst May an, ob er in der Position eines Beamten als Stadtplaner in Kampala tätig werden wolle.[220] Nach längeren Verhandlungen lehnte May die Ernennung zum Beamten ab und übernahm statt dessen im Juni 1945 als Privatarchitekt die Aufgabe, einen Generalplan für die Stadterweiterung von Kampala zu erstellen.[221]

Uganda, das westliche Nachbarland von Kenia, war seit 1894 britisches Protektorat. Die Regierung hatte ihren Sitz in Entebbe am Viktoriasee, doch zur wirtschaftlichen Hauptstadt entwickelte sich das etwa 30 Kilometer nördlich gelegene Kampala. Die Stadt war 1893 von Captain F. D. Lugard durch Errichtung eines Forts gegründet worden. Durch den Anschluß an die Uganda Mail, die Eisenbahnverbindung über Nairobi zur Hafenstadt Mombasa, nahm Kampala einen raschen wirtschaftlichen, aber auch kulturellen Aufschwung und dehnte sich auf die benachbarten Rundhügel aus. Auf dem Makerere Hill entstand 1922 ein Technikum, das 1950 den Universitätsstatus erhielt und damit die erste und lange Zeit einzige Universität Ostafrikas für Afrikaner war.

Erste systematische Stadtentwicklungsplanungen stammen von 1929 und betrafen vorwiegend das alte Viertel rund um das Fort und das angrenzende Geschäftszentrum Nakasero. Die topographische Struktur des erweiterten Stadtgebietes ähnelt der von Rom; sie liegt auf oder richtiger an den Hängen von sieben Hügeln. Mays Erweiterungsplanungen betrafen im wesentlichen zwei weitere Hügel, den Kololo Hill und den Naguru Hill, die in den Organismus der Stadt einbezogen werden sollten.

Old Fort ist die Keimzelle der Stadt. Westlich davon entstand das Geschäftszentrum Nakasero. Auf dem Mengo Hill war der Sitz des Königs. Auf Rabaka und Namirembe Hill thronen die Kirchen der katholischen und reformierten Missionen. An den Hängen des Mulago Hills befinden sich Kliniken. Die Makerere Universität dehnt sich auf dem gleichnamigen Bergrücken aus. An den Hängen des Kololo Hills plante May das Wohnzentrum für Europäer und am Naguru Hill das der Afrikaner.

linke Seite
Stadtentwicklungsplan für Kampala, Uganda, 1945–47
Reliefmodell vom Kololo Hill und dem Naguru Hill, 1947. Foto: Ernst May

Schemaplan
Titelseite des gedruckten Berichts „Kampala, Report on the Kampala Extension Scheme, Kololo-Naguru" von Ernst May, September 1947. Grafik: Ilse May

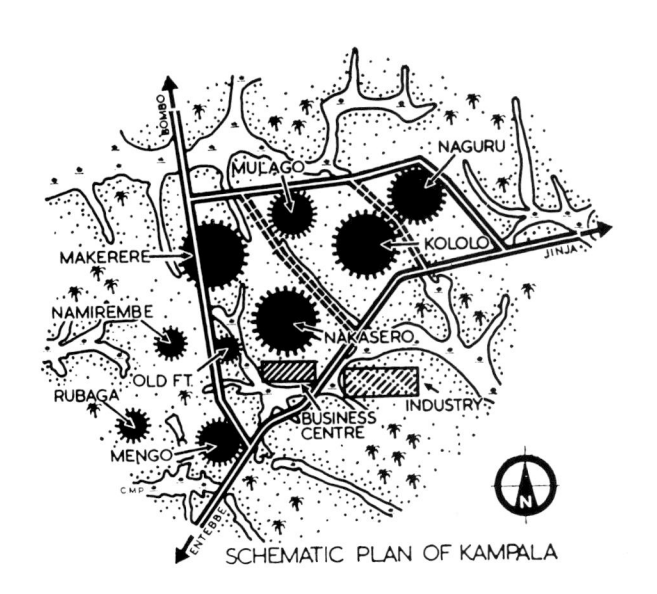

Rückkehr nach Kenia und Neubeginn

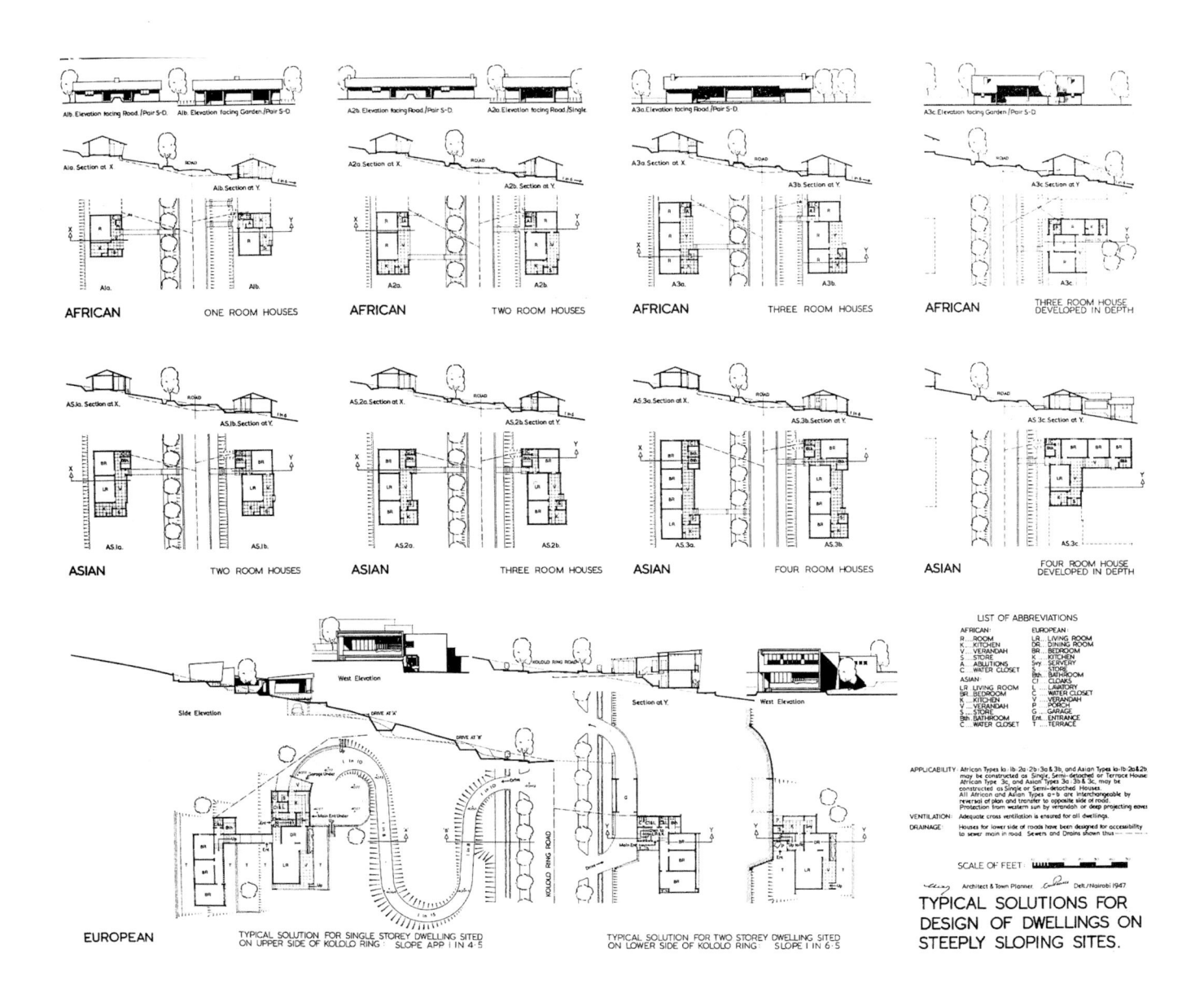

Aufgrund der damaligen Bevölkerungsstruktur – Afrikaner, Inder, Europäer – und deren sehr unterschiedlichen Gewohnheiten und Bedürfnisse waren an die Planung besonders vielschichtige Anforderungen gestellt. May sah die komplexe Aufgabe als willkommene Herausforderung an, seine städtebaulichen Fähigkeiten erneut unter Beweis zu stellen. Bei der Bewältigung der umfangreichen Zeichenarbeit assistierte ihm der englische Architekt Christopher Maynard Wilson Pearce.

Die neuen Wohngebiete Kololo und Naguru sind auf dem Bebauungsplan als reine Wohngebiete der in den Industriegebieten und Geschäftszentren arbeitenden Bevölkerung ausgewiesen.

Da viele der zukünftigen Bewohner aus rein ländlich strukturierten Gebieten kommen und hier zum ersten Mal mit dem Organismus einer Stadt konfrontiert würden, sorgte May dafür, daß ihnen durch eine klare Gliederung der Bebauung ein kleines Stück „Dorf" erhalten bliebe. Ausgehend von der Familie als Zelle baute er die soziale Struktur folgendermaßen auf:

Familiengruppe:	100 Familien, verwaltet durch drei gewählte Vertreter Ausstattung: Versammlungsraum, Lesesaal, Kindergarten, Kinderspielplätze, Schrebergärten.
Nachbarschaft:	Vier Familiengruppen, Komitee bestehend aus den Vertretern der Familiengruppen Ausstattung: Versammlungszentrum, Primärschule, Sportfelder, Klinik, Einkaufszentrum.
Gemeinde:	Bestehend aus den Nachbarschaften eines genau begrenzten Gebietes. Kololo hat vier, Naguru sechs Nachbarschaften. Komitee bestehend aus Vertretern der Nachbarschaften und einem Vertreter der Stadt Ausstattung: Versammlungshalle, Polizeistation, Feuerwache, Sekundärschule, Sportanlagen, Bibliotheken, Clubs, Kirchen, Moscheen, Kliniken, Marktzentrum, Hotels.
Stadt:	bestehend aus Gemeinden.

linke Seite
Haustypen für Afrikaner, Asiaten und Europäer
realisierte Reihenhäuser am Naguru Hill, Foto: 90er Jahre

Einfamilienhaus für Europäer. Foto: 1951

Die von der Natur gegebenen günstigen Voraussetzungen für Grünflächen wurden von May voll ausgeschöpft. Grünstreifen, in denen Schrebergärten angelegt wurden, unterteilen und ordnen das bebaute Land in Familiengruppen, Nachbarschaften und Gemeinden. Die Schulen sind in den grünen 'Lungen' situiert. Ein Kultur- und Vergnügungspark, ausgebaut mit Stadion, Sportfeldern, Kino etc., sollte ganz Kampala zu Freizeit- und Erholungszwecken dienen.

May erarbeitete für das Entwicklungsgebiet weitere Pläne für die Verkehrsführung, die Kanalisation und Entwässerung sowie für die Elektrifizierung und Wasserversorgung. Von seinem Mitarbeiter Pearce ließ er ein großes Reliefmodel des gesamten Gebiets anfertigen.

Die Aufteilung des bebaubaren Geländes in Kololo und Naguru war zu 50 % für Einfamilienhäuser, 30 % für Zweifamilienhäuser und 20 % für dichtere Bebauung wie Reihenhäuser und Mehrfamilienhäuser vorgesehen.

Für bestimmte Flächen, die für besondere Nutzungen wie Gemeinbedarfseinrichtungen vorgesehen waren, entwarf er detaillierte Bebauungspläne und machte Entwurfsvorschläge für Wohn- und Geschäftszentren. Für die Bebauung des abfallenden Geländes mit Wohnhäusern plante er verschiedene Bautypen, die auf die unterschiedlichen Wohnbedürfnisse und Einkommensverhältnisse der drei anzusiedelnden Bevölkerungsgruppen – Afrikaner, Asiaten, Europäer – abgestimmt waren. Das Ergebnis seiner zweijährigen Arbeit faßte er im September 1947 in einem detaillierten Bericht für die Regierung von Uganda zusammen.[222]

Die Planungen stießen offenbar auf sehr positive Resonanz bei der Protektoratsregierung und der interessierten Öffentlichkeit in Uganda.[223] Im Ausland wurden Mays Planungen zunächst in London[224] und der Schweiz,[225] später auch in Deutschland[226] gewürdigt.

Wie bei seiner Planung der Römerstadt in Frankfurt am Main gelang es May auch in Kampala, die vorgefundenen topographischen Gegebenheiten in das Gesamtkonzept sinnvoll einzubeziehen. Ähnlich wie in der Römerstadt folgt die Straßen- und Wegeführung den natürlichen Höhenlinien, und die Hangbebauung fügt sich harmonisch in die Hügellandschaft ein.

May wurde von der Regierung mit der Überwachung der Durchführung beauftragt, die er bis 1952 wahrnahm. Realisiert wurden zunächst nur die Infrastruktureinrichtungen in Kololo, dem Wohnviertel der Europäer. Die Anlage der Siedlungen für Afrikaner am teilweise recht steilen Naguru Hill vollzog sich aus technischen und wirtschaftlichen Gründen nur langsam. Nachdem Uganda 1962 seine Unabhängigkeit erlangt hatte, stagnierte die Wirtschaft und kam während des Bürgerkriegs völlig zum Erliegen. Während der Schreckensherrschaft von Idi Amin wurde die indische Bevölkerungsgruppe aus Uganda vertrieben. Da deren freigewordene Häuser von Afrikanern übernommen wurden, bestand zunächst kein dringender Bedarf an neuen Wohnsiedlungen.

Nach dem Ende des Bürgerkrieges im Jahre 1986 erholte sich die Wirtschaft des Landes nur sehr langsam. Doch bereits 1990 entstanden am Naguru Hill wieder neue Wohnungsbauten, offensichtlich immer noch auf der Grundlage des Mayschen Entwicklungsplans. Das heutige Straßennetz und die Lage der kommunalen Einrichtungen in den beiden Wohnvierteln Kololo und Naguru entsprechen ebenfalls noch weitestgehend den Planungen von May.

Modellprojekt Arbeitersiedlung

Der Generalplan von May umfaßte auch die Anlage einer Siedlung für rund 3 000 Wanderarbeiter zwischen Jinja Road, Port Bell Road und der Eisenbahnlinie, nahe des Industriegebiets. Das „Nakawa African Housing Estate" war ein Modellprojekt der Protektoratsregierung. Bisher hatten die Wanderarbeiter, die zu den ärmsten Bevölkerungsschichten zählten, unter primitivsten Verhältnissen in Grashütten entlang der Bahnstrecke gehaust. Im September 1948 wurde mit dem Bau der Nakawa-Siedlung begonnen, und schon im März 1949 konnte May dem Gouverneur und dem König von Uganda die ersten fünf von 400 geplanten Hauseinheiten vorstellen.[227] Der Plan für die Nakawa-Siedlung sah Häusergruppen zu beiden Seiten eines zentralen Grünstreifens vor, der auf einen Hügel zuführt. Auf dieser Erhebung waren ein Gemeinschaftszentrum mit Versammlungshalle, Speiseräumen, Sportplätzen, medizinischer Versorgungseinrichtung und einer Schule vorgesehen. Jede Hausgruppe bildet eine soziale Einheit, zu der mehrere eingeschossige Häuserzeilen mit zwei Schlafräumen für jeweils vier Arbeiter gehören. Jede Hauseinheit hat einen Gemeinschaftsraum, der als Wohn- und Eßzimmer dient. Die Häuser bestehen aus leichten vorgefertigten Betonelementen, die Böden aus Stampflehm und die Pultdächer ursprünglich aus Tonschindeln, inzwischen überwiegend aus Wellblech.

Die ehemalige Mustersiedlung macht heute einen eher heruntergekommenen Eindruck; was jedoch nicht überrascht in einem Land, das sich gerade erst von den Wirren eines jahrzehntelangen Bürgerkriegs erholt hat.

Wohnhaus aus Betonfertigteilen, Nakawa-Arbeitersiedlung, Kampala, Uganda, Planung 1945–47, Ausführung ab 1948. Foto: 90er Jahre

Modellprojekt Nakawa-Arbeitersiedlung, Ausschnitt aus dem Bebauungsplan

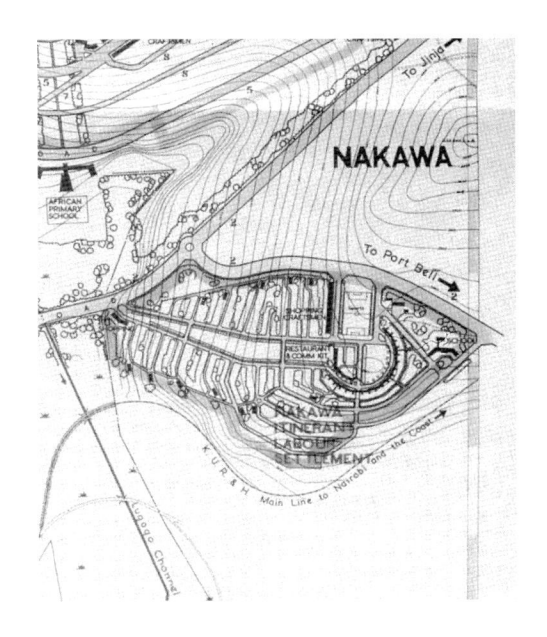

Generalplan für Jinja am Viktoriasee

Die positiven Erfahrungen in der Zusammenarbeit führten wohl dazu, daß Ernst May von der Protekoratsregierung von Uganda mit weiteren Planungsleistungen beauftragt wurde. May projektierte 1947 die am nördlichen Ufer des Viktoriasees gelegene Industriestadt Jinja.[228] Hier, am Ausfluß des Weißen Nils aus dem Viktoriasee, wurde der 1956 fertiggestellte Owen Falls-Staudamm zur Nutzung der Wasserkraft errichtet. Durch den Bau eines Kraftwerks und industrieller Folgeeinrichtungen entwickelte sich der kleine Ort Jinja zur zweitgrößten Stadt Ugandas. Erforderlich waren Wohnungen für 100 000 Beschäftigte.[229] Ein Generalplan sollte die stürmische Entwicklung der Stadt in geordnete Bahnen lenken.

Mays Planungen für Jinja sind weder veröffentlicht noch in irgendeiner Form dokumentiert worden.[230] May selbst erwähnte später in seinem Lebenslauf lediglich eine „Generalplanskizze."[231] Aber auch diese war in seinem Nachlaß nicht enthalten. Inwieweit die schachbrettartige Anlage der Stadt tatsächlich auf Mays Planungen zurückgeht, kann daher nicht überprüft werden.

Da es sich in Jinja um strategisch wichtige Infrastruktureinrichtungen handelt, die zu fotografieren auch heute strengstens verboten ist, gab es möglicherweise bereits damals Geheimhaltungsauflagen der Regierung, die eine öffentliche Bekanntmachung der Planungen strikt untersagten.

Gewerbliche Bauten in Nairobi

In den Jahren 1945 und 1946 bearbeitete Ernst May neben den Stadtplanungsaufgaben in Uganda eine Reihe von Hochbauprojekten für private Auftraggeber. Er hatte sich ein Büro im Mackinnon's Building in der Delamere Avenue 5 (heute Kenyatta Avenue) in der City von Nairobi gemietet. Sein Sohn Klaus unterstützte ihn in dieser Zeit als Bauzeichner und bei der Überwachung der Baustellen, bevor er Ende 1946 nach Zürich ging, um an der Eidgenössischen Technischen Hochschule ein Architekturstudium zu absolvieren.

Industrie und Gewerbe nahmen nach Kriegsende in der britischen Kolonie einen raschen Aufschwung. Besonders in der Hauptstadt Nairobi entstanden in dieser Zeit zahlreiche gewerbliche Bauten. Für den griechischen Unternehmer Avis L. Grammaticas errichtete May z. B. in Nairobi eine Fabrik zur Herstellung von Knöpfen.[232]

Autowerkstatt

Südlich des Eisenbahngeländes wurde unmittelbar nach Kriegsende ein Industriegebiet ausgewiesen, das in kurzer Zeit vollständig bebaut war.[233] May plante und baute an der Lusaka Road eine Autowerkstatt für die OMT – Overseas Motor Transport Corporation.[234] Die auf einem Eckgrundstück gelegenen Werkstatthallen wurden ursprünglich durch ein großes Tor erschlossen und durch großflächige Metallfenster belichtet. Eher ungewöhnlich für einen reinen Zweckbau ist der aufwendige Natursteinsockel, der durch farbig abgesetzte Eisentüren unterbrochen wird.

linke Seite
Ernst May auf einer Baustelle mit griechischem Bauunternehmer, 1946

**Ehemalige Autowerkstatt
OMT, Nairobi, Kenia, um 1946**
Foto: 90er Jahre

Rückkehr nach Kenia und Neubeginn

Atelierneubau als Erweiterung des May-Wohnhauses

Atelieranbau als Erweiterung von Haus Karen bei Nairobi, Kenia, 1946
Foto: Ernst May
Ernst Mays Arbeitstisch. Foto: Ernst May

Drei Jahre nach seiner Entlassung aus der Internierung war Ernst May bereits wieder so gut im Geschäft, daß er sich auf seinem weitläufigen Grundstück in Karen bei Nairobi ein großzügiges Bürogebäude im Anschluß an das 1937/38 errichtete Wohnhaus bauen konnte.[235]

Wie schon beim Wohnhaus wurde für den Atelierneubau Trayit, ein in der Gegend vorkommendes Vulkangestein, verwandt. Die 30 Zentimeter starken Fassaden wurden nur ausgefugt und weiß getüncht, die Innenwände jedoch glatt verputzt. Aus dem Bürotrakt hebt sich das eigentliche Atelier als Kubus von den Nebenräumen ab. Ein großes Fenster mit feingliedrigen Stahlprofilen unterstreicht die Funktion dieses Raums. Die übrigen Zimmer werden durch eine Fensterreihe ebenfalls optimal belichtet.

Der Atelierneubau schließt an die Gartenterrasse mit Wasserbecken und Pergola an und bildet so optisch eine Einheit mit der stark aufgelockerten Gesamtanlage. Die einzelnen Funktionen des Gebäudekomplexes – Gast-, Wohn- und Arbeitsräume – sind jedoch deutlich voneinander getrennt.

Appartementhäuser und Villen

Wohnanlage Delamere Flats in Nairobi

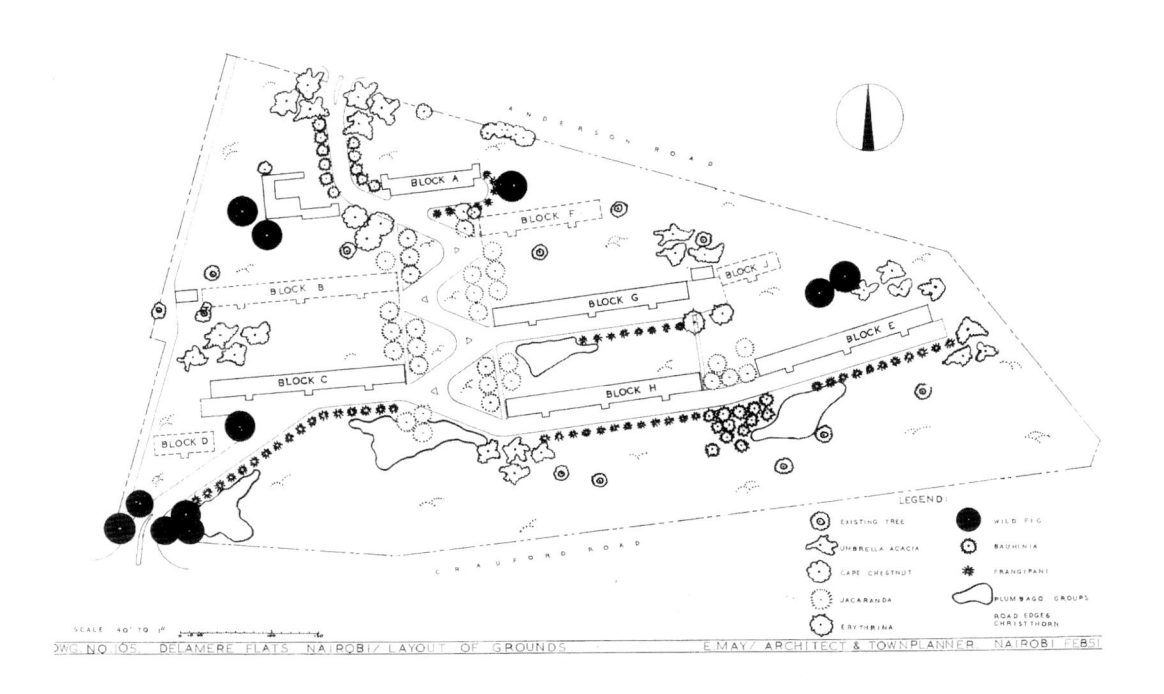

Bereits vor dem Krieg hatte Ernst May zusammen mit dem befreundeten englischen Geschäftsmann Sir Derrik Erskine als Bauträger den Bau einer Wohnanlage mit Mehrfamilienhäusern in Nairobi geplant (vgl. S. 51). Infolge des Kriegsausbruchs konnte das Projekt damals nicht mehr realisiert werden. Aber auch nach dem Krieg herrschte in Nairobi großer Mangel an gut ausgestatteten Wohnungen für Europäer der Mittelschicht. Das von May und Erskine entwickelte Finanzierungsmodell sah vor, daß die Mietzahlungen auf den Kaufpreis angerechnet und die Appartements schließlich zu Eigentum werden sollten (Miet-Kauf-Modell). Die Delamere Flats sind die ersten Eigentumswohnungen in Nairobi und wahrscheinlich auch in ganz Ostafrika. Das Grundstück befindet sich westlich des Uhuru Parks zwischen Kenyatta Avenue (früher Delamere Avenue) und State House Avenue an einem leicht ansteigenden Hang.

Die zehn unterschiedlich großen Wohnblöcke sind in ostwestlicher Richtung parallel zur Geländeneigung angeordnet. Dadurch wird eine direkte Bestrahlung durch die niedrig stehende Morgen- und Abendsonne vermieden, und

Wohnanlage Delamere Flats, Nairobi, Kenia, Planung 1938–39, Ausführung 1947–51

Schaubild der Gesamtanlage mit Angabe der Baumbepflanzung

Modellbau: Jenny Kunk, Johanna Flittner
Schaubild Frankfurter Küche, aus Ernst Neuferts Bauentwurfslehre, 1938
'Frankfurter Küche', Version Nairobi. Foto: Ernst May

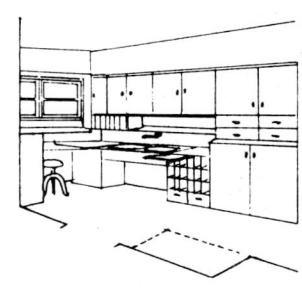

11 „Frankfurter" Küche, standardisierte Kleinstküche mit vollständiger Einrichtung Arch.: Schütte-Lihotzky

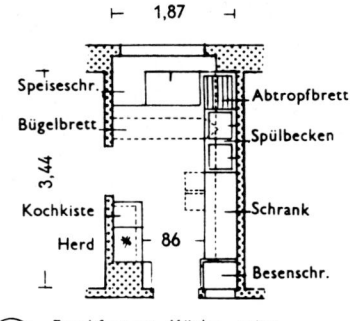

12 „Frankfurter" Küche, reine Arbeitsküche, für Hausfrau ohne Dienstmädchen

die hauptsächlich von Nordosten wehenden Winde können ungehindert zwischen den Baureihen hindurch wehen. Ebenfalls aus klimatischen Gründen wurde das Treppenhaus mit offenem Betongitterwerk abgeschlossen.

May hat vier verschiedene Grundrißtypen entwickelt, die alle von funktionalen Kriterien bestimmt wurden. Er war davon ausgegangen, daß die einkommensschwächeren Bewohner ohne die in Afrika sonst üblichen Bediensteten auskommen müssen, und hatte die Wohnungen mit praktischen Einbauküchen und Müllschluckern auf den Küchenbalkonen ausgestattet. Bei der Planung der Einbauküchen stand offensichtlich die „Frankfurter Küche" Pate.[236] Die detaillierten Ausführungspläne zeigen drei unterschiedlich große Küchentypen, die jeweils mit klappbarem Bügelbrett ausgestattet sind.

Die Hanglage wurde geschickt genutzt, um im Sockelgeschoß der Wohnblöcke Autoabstellplätze einzurichten. Eine Milderung der Straßenlärmbelästigung, wie von May behauptet[237] und in der Literatur[238] teilweise kritiklos wiederholt, wurde durch diese Maßnahme mit Sicherheit nicht erreicht, denn

ELEVATION OF WALL "A" ELEVATION OF WALL "B"

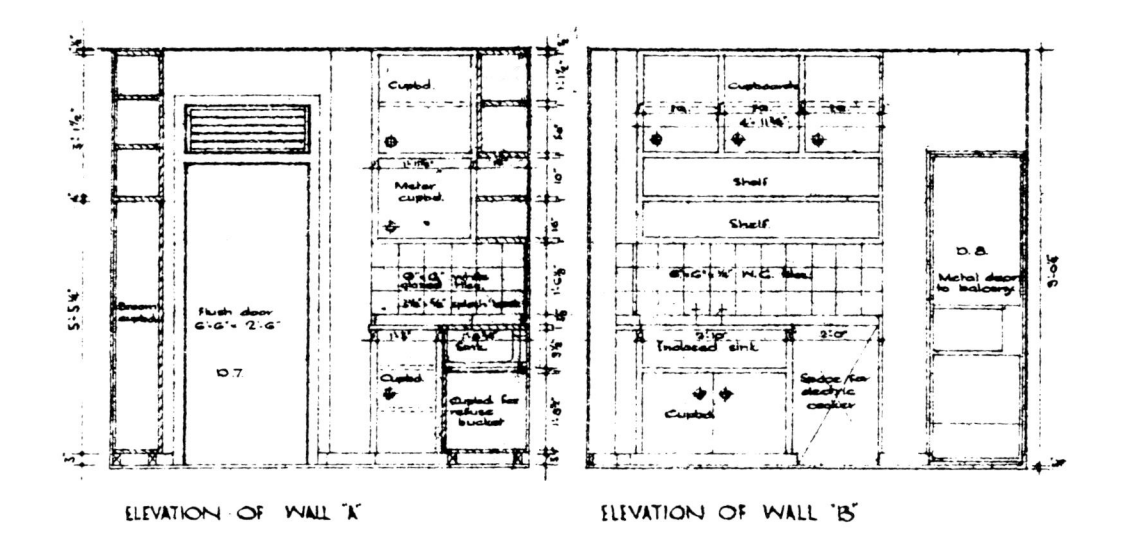

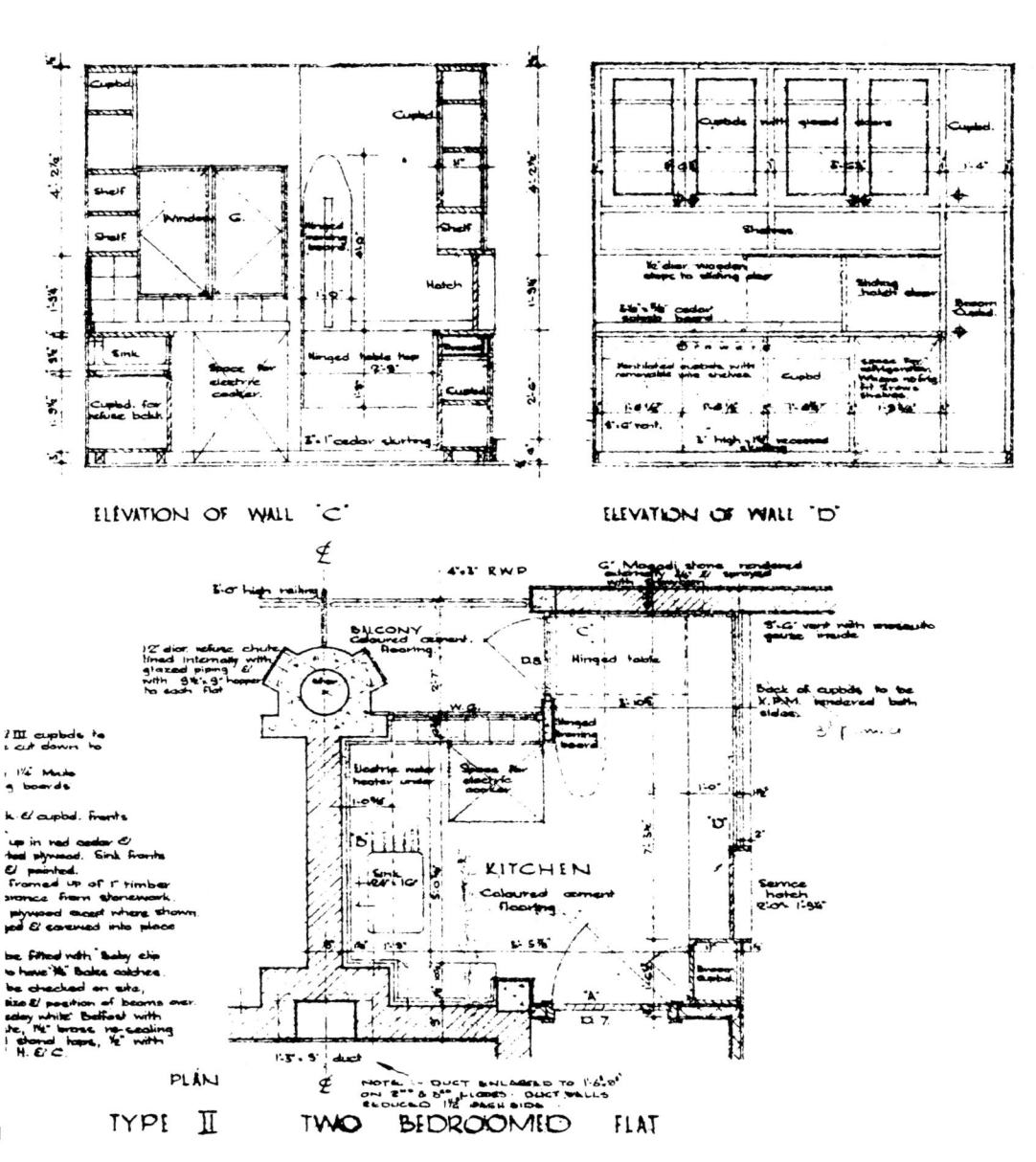

ELEVATION OF WALL "C" ELEVATION OF WALL "D"

PLAN
TYPE II   TWO BEDROOMED FLAT

Block F, Küchenplanung Typ II

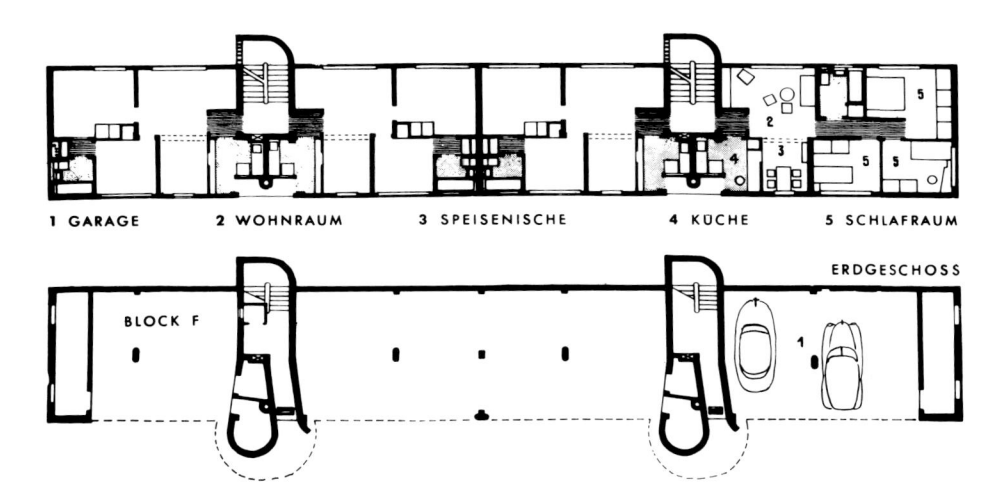

Block F, Erdgeschoß, 1., 2. und
3. Obergeschoß
Südansicht einer Zeile mit Autostellplätzen
im Sockelgeschoß. Foto: Ernst May
Blick in die Siedlung. Foto: Ernst May

die Verbreitung von Geräuschen vollzieht sich – physikalisch gesehen – in einer überproportional ansteigenden Kurve von unten nach oben. Die gesamte Anlage wurde als Stahlbetonskelettbau ausgeführt und mit Flachdächern versehen, die allerdings inzwischen gegen Pultdächer ausgetauscht wurden. Die Wohnanlage bietet ein homogenes, aber nicht eintöniges Bild, da May diverse Varianten bei Fenstereinteilungen, Balkonen und Hauseingängen einsetzte. Die Fassaden trugen ursprünglich einen leicht rötlichen Anstrich, zu dem die Hauseingänge in hellgrauem Haustein oder pompejanisch-rotem Glattputz einen kräftigen Farbkontrast bildeten.[239]

Im Typus und in der Ausstattung sind die Delamere Flats eng verwandt mit Mays Frankfurter Siedlungsbauten der 1920er Jahre. Insbesondere der Block A mit seinen Laubengängen erinnert stark an die Mehrfamilienhäuser an der Ludwig-Landmann-Straße in Frankfurt am Main-Praunheim. Auch die dynamischen Hauseingänge sind ein typisches Kennzeichen Mayscher Vorkriegsarchitektur. Dieser vermeintliche Rückgriff erklärt sich durch den langen Zeitraum, der zwischen Planung und Ausführung des Projekts lag. Die Delamere Flats stellen somit die letzten Vertreter einer an sich bereits vergangenen Epoche dar.

Villen und Wohnhäuser

Villa Gladwell in Karen bei Nairobi

Im vornehmen Villenvorort von Nairobi, in Karen an der Miotoni Road, plante und baute Ernst May 1947/48 ein repräsentatives Wohnhaus für den Engländer Norman Gladwell. Der Grundriß des Hauses offenbart einmal mehr Mays Vorliebe für einfache geometrische Konstruktionen: er ist L-förmig angelegt, wobei der Scheitelpunkt der Winkelgeraden gleichzeitig das gemeinsame Zentrum zweier darüber gelegter Kreise mit unterschiedlichen Radien darstellt. Im aufgehenden Mauerwerk bilden die beiden Kreise einen zentralen Rundbau mit innenliegender Wendeltreppe, der die zweistöckigen Wohnflügel miteinander verbindet. An den längeren Flügel schließt sich ein einstöckiges Nebengebäude mit Garagen und Werkstätten, an den kürzeren der ebenfalls einstöckige Wirtschaftstrakt an. Im Innenhof befindet sich ein Sukkulentengarten mit nierenförmigem Wasserbecken. Zum rückwärtigen Park öffnet sich der zentrale Rundbau im Obergeschoß zu einer viertelkreisförmigen Veranda mit schönem Fernblick.

Nach außen wirkt das ganz in Naturstein errichtete und von hohen Mauern umgebene Haus durch seine kleinen Fenster und den Treppenturm wehrhaft und abweisend. Ein freundlicher und die strenge Fassade belebender Akzent wird durch die Verwendung von türkisfarbigen Glasbausteinen im Eingangsbereich gesetzt. Diese Details, wie auch das nierenförmige Wasserbassin, verströmen bereits den neuen Geist der 1950er-Jahre-Architektur, während das Gebäude selbst mit seinem flachgeneigten Satteldach und den Zentralbauformen an frühchristliche Sakralbauten anzuknüpfen scheint.

Das Haus Gladwell ist später stark erweitert und vollständig mit hellen Steinplatten verkleidet worden, so daß sich sein Erscheinungsbild völlig verändert hat. Heute gehört es dem Präsidenten der Kenya Commercial Bank und seiner Frau Christine Kenyatta, der Tochter des ersten Präsidenten von Kenia.[240]

Villa Gladwell, Karen bei Nairobi, Kenia, 1947/48
Foto: Ernst May

Wohnhaus Kaplan bei Nairobi

Haus Kaplan, Nairobi, Kenia, 1949/50
Parkfront. Foto: 90er Jahre

Nördlich von Nairobi an der Straße nach Limuru hatte Mays Rechtsanwalt, Louis Kaplan, ein Grundstück erworben, 1949 beauftragte er May dort mit dem Bau eines Wohnhauses. Fertiggestellt wurde es 1950, wie ein schmiedeeisernes Türgitter verrät.

Das schlichte zweistöckige Haus spiegelt den Geist der 1950er Jahre. Besonders markant ist der pavillonartige Eingangsbereich mit einem Wandraster aus großformatigen Glasbausteinen. Der eingeschobene tonnenförmige Treppenturm wird ebenfalls durch Glasbausteine belichtet. Ein typisches Element der Architektur jener Zeit stellt der kleine Balkonaustritt im Obergeschoß dar. Im großzügigen Wohnzimmer sind Kamin und Fußboden mit ungleichmäßigen Natursteinplatten verkleidet. Durch Schiebetüren gelangt man über eine ebenerdige Terrasse direkt in den Garten. Den Schlafräumen im Obergeschoß ist auf der Gartenseite eine schmale Veranda vorgelagert. Auffallend ist die Abkehr von der horizontalen Fensteranordnung und Hinwendung zu vertikalen, bis auf den Boden reichenden Öffnungen.

Das Haus wurde durch einen Anbau nur leicht verändert. 1974 wurde es von einem afrikanischen Arzt erworben und befindet sich in sehr gutem Zustand.[241]

Haus Tame in Irente bei Lushoto

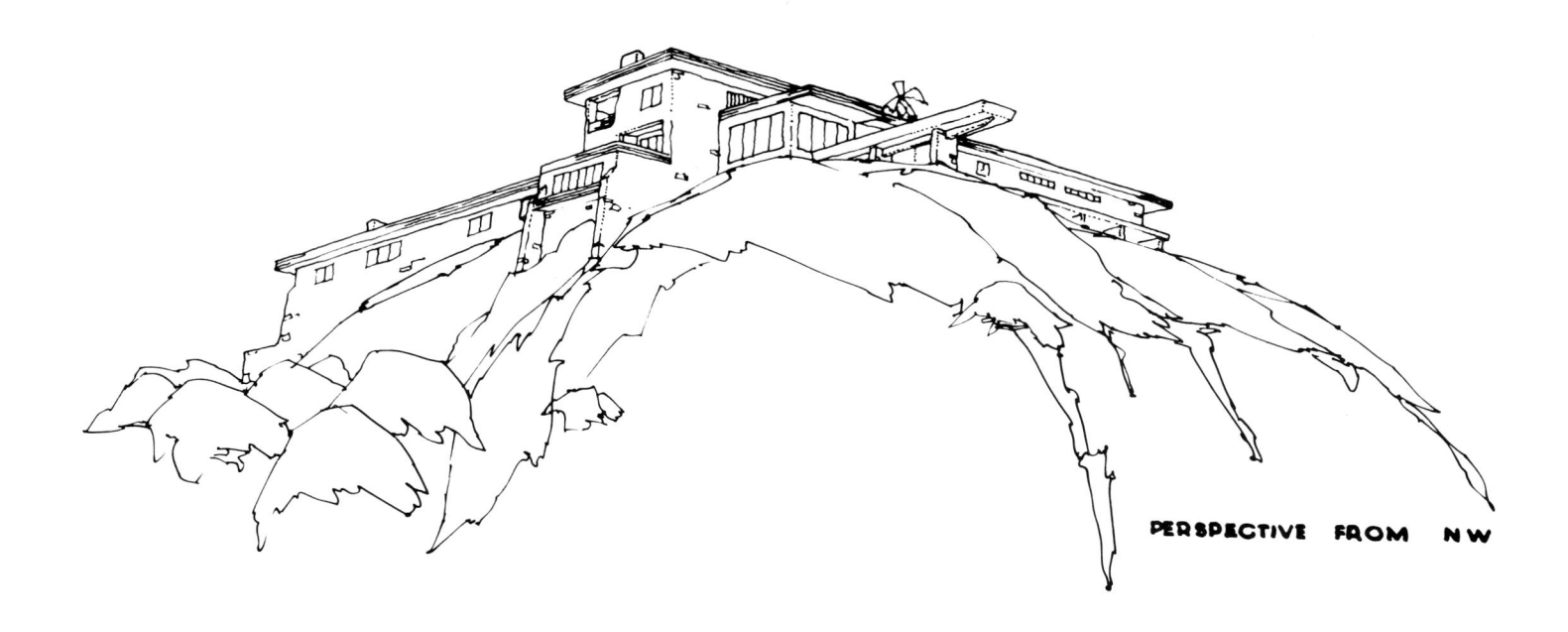

PERSPECTIVE FROM NW

In den Usambara Bergen im Nordosten Tansanias befindet sich in der Nähe des Ortes Lushoto der Irente Aussichtspunkt.[242] Auf diesem Felsvorsprung sollte ein luxuriöses Wohnhaus mit mehreren Gästezimmern entstehen. Wahrscheinlich hatte es bereits 1937 erste Vorgespräche mit Ernst May über das Vorhaben gegeben, die dann infolge des Kriegsausbruchs längere Zeit unterbrochen waren. Jedenfalls lieferte May seinem Auftraggeber J. F. Tame im Februar 1950 den ersten konkreten Plan mit Grundriß und perspektivischen Ansichten aus verschiedenen Himmelsrichtungen.[243] Der Entwurf sah eine Hangbebauung mit einem langgestreckten zweistöckigen Hauptgebäude vor, an das sich rechtwinklig ein niedriger Wirtschaftstrakt anschließt. Der Grundriß, die Raumanordnung und die Erschließung weisen Parallelen zu Mays eigenem Wohnhaus in Karen bei Nairobi auf (siehe S. 42 ff.). In seinen Dimensionen ist das Haus Tame jedoch sehr viel raumgreifender angelegt und läßt an die Landhäuser Frank Lloyd Wrights denken. Der exponierten Lage wird durch nahezu raumhohe Fensterbänder und großzügige Terrassen Rechnung getragen. Hervorstechendes Merkmal der Westfassade ist die sprungbrettartige Aussichtsplattform, die weit über den Bergabhang hinausragt. Die kühne Konstruktion ist vergleichbar mit dem über die Meeresklippen vorkragenden Raucherzimmer der Aga Khan-Residenz in Daressalam (siehe S. 93 ff.).

Aus unbekannten Gründen gelangte dieses außergewöhnliche Projekt nicht über das Planungsstadium hinaus. Im Gegensatz zur Aga Khan-Villa hat May den nicht minder eindrucksvollen Entwurf für das Haus Tame weder publiziert noch in seinen Diavorträgen gezeigt.

Projekt eines Hauses für J. F. Tame, Irente in den Usambara-Bergen, 1950
Nordwest-Perspektive

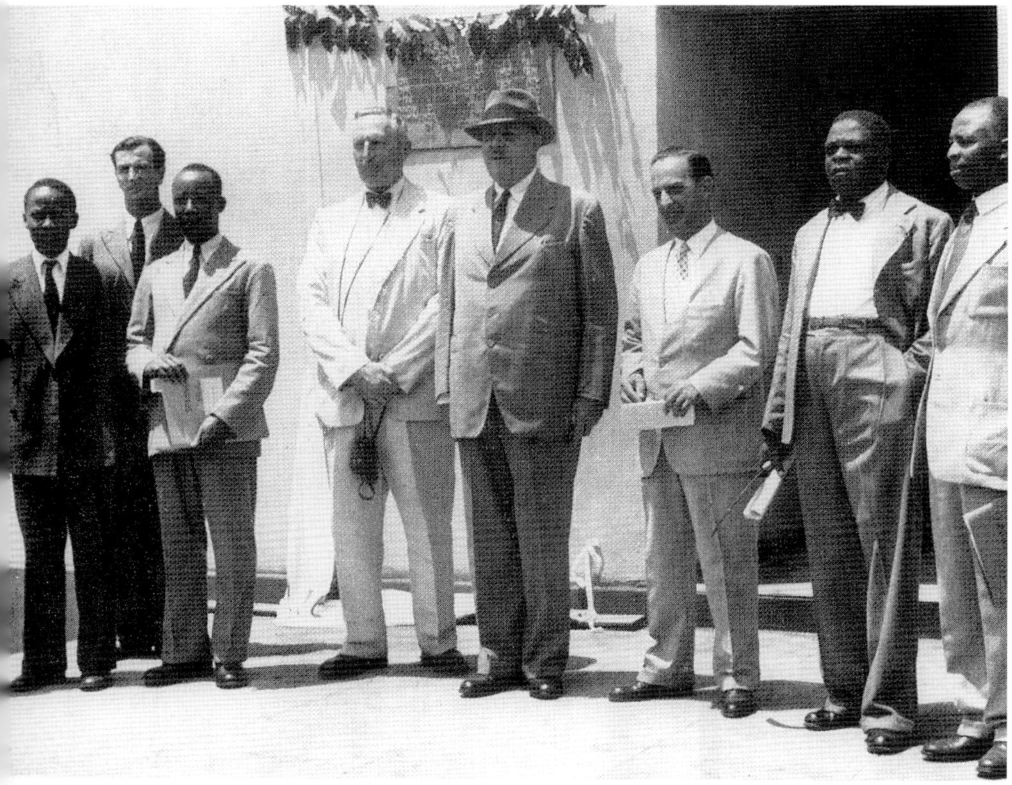

Expansion und Höhepunkt

In Ostafrika hatte sich Ernst May mittlerweile einen hohen Bekanntheitsgrad erworben. Doch auch in Deutschland erinnerte man sich an ihn.[244] Im Sommer 1950 unternahm er eine Vortragsreise durch Deutschland und berichtete über seine Aktivitäten in Afrika.[245] Anschließend reiste May nach London und informierte sich dort über die Nachkriegsarchitektur.[246] Am 9. Februar 1951 verlieh ihm die Fakultät für Bauwesen der Technischen Hochschule Hannover die Ehrendoktorwürde als „(...) dem Bahnbrecher einer neuen sozialen Auffassung des Städtebaues und Organisator seiner Durchführung (...)".[247]

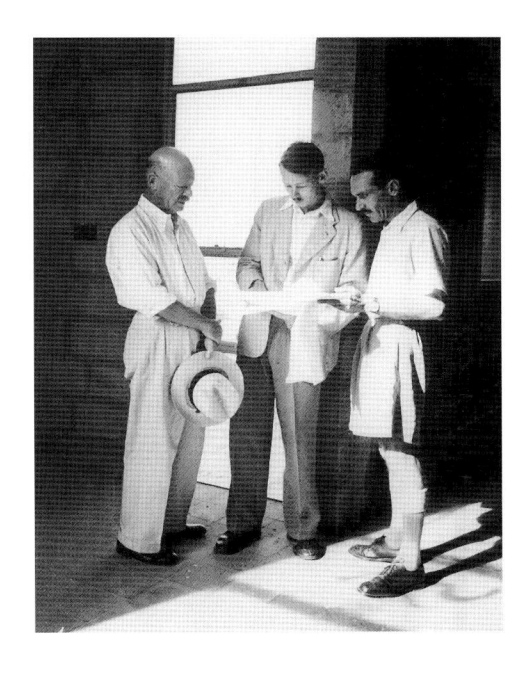

Gründung von Dr. E. May & Partners

In seinem Büro beschäftigte Ernst May durchschnittlich fünf bis sechs Assistenten. Dazu gehörten bis etwa 1950 die englischen Architekten Christopher Henry Mason Bompas A.R.I.B.A., Frederick Archibald Hodgson A.R.I.B.A., Freda Hodgson A.R.I.B.A. und Christopher Maynard Wilson Pearse sowie der deutsche Regierungsbaumeister a. D. Dr. T. Raschow.[248] Die Architekten Miller, Ernest Mac Connach sowie die technischen Zeichner William Harold Saunders und David Coupland kamen später hinzu.

Die gute Auftragslage und die großen Entfernungen zu den einzelnen Projekten machten eine Verteilung der Aufgaben auf mehrere Personen erforderlich. May, inzwischen fast 65 Jahre alt, entschloß sich daher, eine Partnerschaft mit anderen, jüngeren Architekten einzugehen.

Im Oktober 1950 war der 29jährige Ernest William Miles, genannt Eric, nach Kenia gekommen. Er hatte in London zwischen 1936 und 1948, mit sieben Jahren Kriegsdienstunterbrechung, Architektur studiert und praktische Erfahrungen als Projektleiter bei Farmer & Dark, London, erworben.[249] Miles, dem Ernst May durch seine Vorkriegsarbeiten wohl bekannt war, hatte von dessen

Einweihung des Kulturzentrums Moshi im Beisein des britischen Gouverneurs

Bauleiter Parks, Architekt Miles und der Vertreter eines Bauherrn. Foto: Ernst May

Expansion und Höhepunkt

neuen Projekten in Ostafrika gehört und sich um eine Mitarbeit beworben. Nach kurzer Einarbeitungszeit bot May ihm und dem einige Jahre älteren englischen Architekten Bertram William Harold Bousted eine Partnerschaft an. Ende 1951 wurde die Dr. E. May & Partners in Nairobi gegründet. Das Hauptbüro befand sich im Anbau von Mays Wohnhaus in Karen. Dort arbeiteten – neben Miles und Bousted – die Architekten Miller und Mac Connach. Miller bearbeitete die Delamere Flats und Mac Connach das Aga Khan-Projekt in Kisumu. Als letzterer plötzlich starb, übernahm Miles die Fertigstellung des Projekts.[250]

Architekt für den Aga Khan

Von der moslemischen Religionsgemeinschaft der Ismaeliten, deren Oberhaupt und geistiger Führer der jeweilige Aga Khan ist, erhielt May in den Jahren 1949 bis 1955 mehrere Aufträge für bedeutende Neubauprojekte. Zu den von May geplanten und ausgeführten Bauten zählen eine Schule und eine Geburtenklinik in Kisumu, außerdem eine Villa für den dritten Aga Khan (1877–1957) selbst in Daressalam. Den Planungsauftrag für den Bau eines Hospitals in Daressalam, um den May sich ebenfalls intensiv beworben und für den er einen Vorentwurf gefertigt hatte, erhielt schließlich sein Konkurrent, der englische Architekt Amyas Connel.[251]

Die Zusammenarbeit mit den Mitgliedern der Aga Khan-Gemeinschaft muß nicht ganz einfach gewesen sein. May berichtete: „Anfangs hatte ich große Mühe, den Aga Khan für meine – ich gebe zu, avantguardistischen [sic!] Projekte – zu erwärmen. Seit ich aber in persönlichen Unterhaltungen mit Prinz Ali Khan die ganzen Fragen durchgesprochen hatte, kommen wir ausgezeichnet miteinander zurecht."[252] Diese für die Öffentlichkeit bestimmte Äußerung entsprach wohl nicht ganz den Tatsachen, denn in einem Brief an seine Frau schrieb May: „Das Haus für den Aga Khan soll in einer beinahe unmöglichen Weise umgeplant werden. Unsere gesamten Beziehungen mit der Aga Khan Community, die unsere besten Kunden waren, erscheinen gefährdet, da wir ja nicht jeden Dreck zeichnen können."[253]

Ernst May mit Prinz Ali Khan auf den Eröffnungsfeierlichkeiten der Aga Khan-Mädchenschule in Kisumu am 26. Februar 1951

rechte Seite
Aga Khan-Mädchenschule, Kisumu, Kenia, 1949–51
Fassadenausschnitt mit Betonblenden.
Foto: Ernst May
Perspektive: Ernst May und Eric Miles

Aga Khan-Mädchenschule in Kisumu am Viktoriasee

Die Gemeinde der Ismaeliten besaß in der am Viktoriasee gelegenen Stadt Kisumu an der Ecke Mosque Road und Market Street ein großes Grundstück, auf dem Gemeinschaftseinrichtungen Platz finden sollten. Bereits 1949 hatte Ernst May mit den Planungen für eine Schule begonnen. Er konnte auf seine in Frankfurt gewonnenen Erfahrungen im Schulbau zurückgreifen,[254] mußte aber das hier herrschende tropische Klima bei seinem Entwurf berücksichtigen.

May konzipierte einen funktionalen, aber dennoch architektonisch reizvollen Zweckbau: einen dreigeschossigen langgestreckten Block mit Klassenräumen, an welchen sich rechtwinklig ein flacher Verwaltungsflügel anschließt. Das Hauptgebäude steht fast vollständig auf Stützen, wodurch eine seitlich offene schattige Wandelhalle entstanden ist. Die darüber liegenden Schulräume sind zurückgesetzt und werden zusätzlich durch senkrechte Betonscheiben vor der Sonnenblendung geschützt. Die Außenwände der Flure wurden mittels eines Betongitterwerks aufgelöst. „Beide Maßnahmen haben sich vollauf bewährt und den Beweis erbracht, daß in den Tropen, wenn Mittel für künstliche Belüftung nicht vorhanden sind, mit systematischer Ventilation, die auf die Hauptwinde abgestellt sein muß, befriedigende Resultate zu erzielen sind", berichtete Ernst May.[255] In das Gitterwerk sind verglaste Schaukästen eingefügt, in denen Gegenstände wie zum Beispiel Mineralien oder Handwerkserzeugnisse ausgestellt werden können. Die Giebelseiten der Stahlbetonkonstruktion wurden mit Haustein und Teile des Erdgeschosses mit Naturstein verkleidet.

Expansion und Höhepunkt

Aga Khan-Geburtenklinik in Kisumu am Viktoriasee

Aga Khan-Geburtenklinik, Kisumu, Kenia, 1950/51
Eingangbereich.
Perspektive: Ernst May und Eric Miles

rechte Seite
Grundriß Obergeschoß
Aufgeständerter Westflügel.
Foto: Ernst May

In unmittelbarer Nachbarschaft zur Mädchenschule baute May eine Geburtenklinik mit integrierter Apotheke. Ebenso wie die Schule wurde das Gebäude teilweise auf Stützpfählen errichtet und das Obergeschoß auf der Korridorseite in Betongitterwerk ausgeführt. Den Bettenräumen sind schattige Loggien vorgelagert.

Die Schule und die Klinik wurden am 26. Februar 1951 vom Sohn des Aga Khan, Prinz Ali Khan, eingeweiht und ihren Bestimmungen übergeben.[256] Die Geburtenklinik ist später mehrfach erweitert worden. Beide Gebäude befinden sich noch heute in einem guten Erhaltungszustand.

Im Auftrag der Aga Khan-Gemeinde plante das Büro Dr. E. May & Partners 1952 auch in Kampala eine Schule mit angeschlossenem Hostel für Internatsschüler. Erhalten sind sechs Pläne, die eine nahezu identische Grundrißlösung und Raumverteilung wie bei der Schule in Kisumu zeigen.[257] Es ist allerdings zweifelhaft, ob das Schulprojekt in Kampala realisiert worden ist, da sich weder schriftliche Hinweise darauf noch Fotografien des Objekts im Nachlaß Ernst Mays befanden.

FIRST FLOOR PLAN

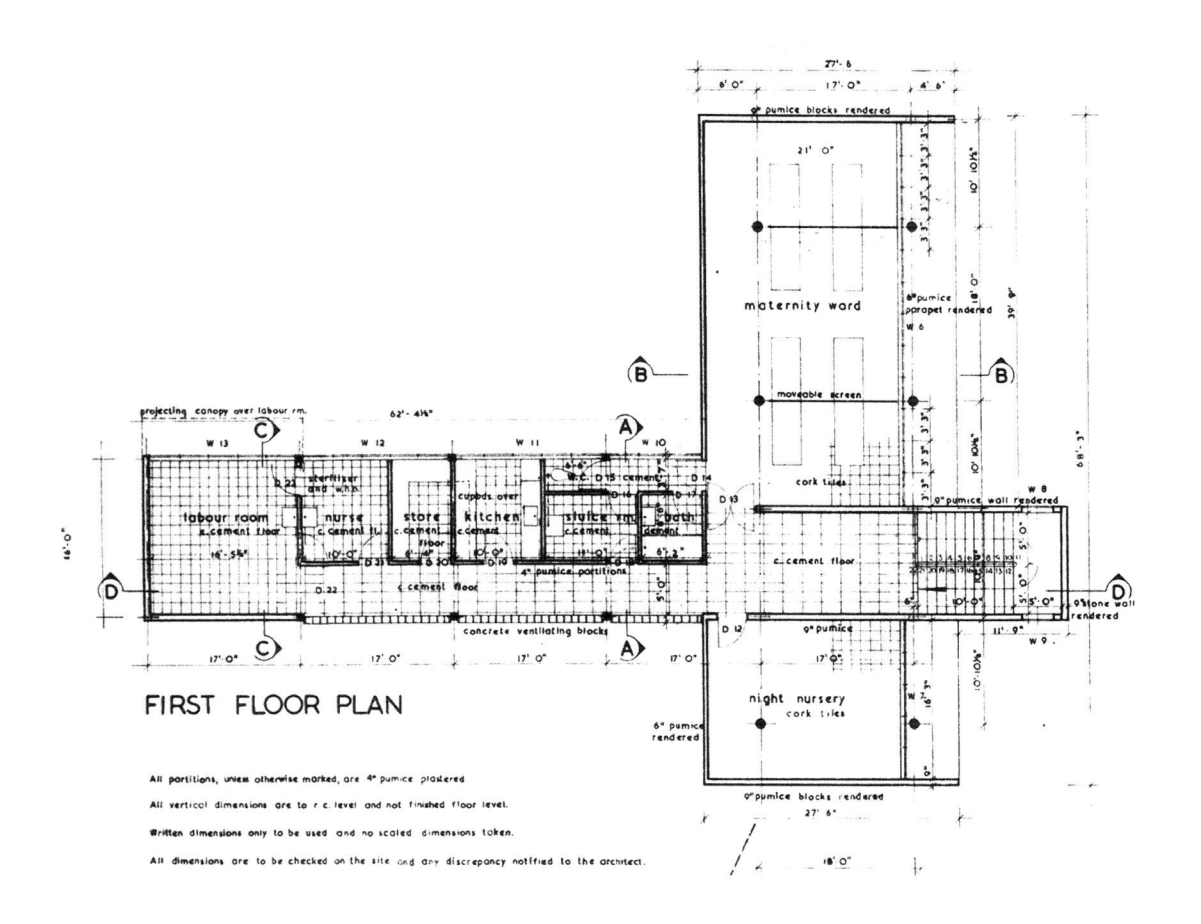

All partitions, unless otherwise marked, are 4" pumice plastered

All vertical dimensions are to r.c. level and not finished floor level.

Written dimensions only to be used and no scaled dimensions taken.

All dimensions are to be checked on the site and any discrepancy notified to the architect.

Expansion und Höhepunkt

Geburtenklinik, Fassadenausschnitt mit
Wohnhaus. Foto: Ernst May

Wohnhaus. Foto: Ernst May

Belüftete Gitterwand im Korridor des
Westflügels. Foto: Ernst May

Residenz für den Aga Khan in Daressalam

Die großzügige Villa für den dritten Aga Khan und dessen Ehefrau, Begum Khan, wurde von May für einen Vorsprung des Festlands an der Ocean Bay nördlich der City von Daressalam geplant und sollte den treppenartig ansteigenden Felsriff beherrschen. „Die interessante Topographie bot der baulichen Gestaltung reichliche Möglichkeiten,"[258] befand Ernst May und ließ beim Modell einige Räume über den Klippenrand vorspringen. Unterhalb des Wohnflügels plante er, ein Süßwasserbadebecken in die Klippenstufen einzufügen und die Umkleidekabinen in die Korallenwand einzulassen.[259] Die Privatgemächer des Aga Khan und der Begum sollten im ersten Stock des Nordflügels angeordnet und zur Landseite hin durch eine Betongitterwand gegen Einblick und Sonnenstrahlung geschützt werden. Über die volle Länge des Flügels wurde an der Seefront eine Veranda mit Ausblick auf den Indischen Ozean vorgesehen.

Der ursprüngliche Entwurf zeichnet sich durch außergewöhnliche Eleganz und Kühnheit aus. In seiner Großzügigkeit und Weiträumigkeit erinnert er an die Landhäuser Frank Lloyd Wrights und mit seiner frei auskragenden Betontreppe besonders an das Gästehaus von Falling Water.[260]

Auf Wunsch des Bauherrn mußte der erste Entwurf mit dem Ziel einer deutlichen Reduzierung der Größe überarbeitet werden. Der Projektarchitekt für den zweiten Entwurf, der dann ausgeführt wurde, war zunächst Roger Kirk Hayes Johnson und nach dessen Weggang Eric Miles, der das Werk fertigstellte.[261] May hat immer nur Pläne und Modelle des ersten Entwurfs gezeigt und in seinen Vorträgen stets den Eindruck erweckt, diese seien auch so realisiert worden. Fotos von der tatsächlich gebauten Version wurden weder von May noch in seinem Auftrag angefertigt. Es existieren lediglich einige Aufnahmen von Eric Miles, die jedoch kein vollständiges Bild der Anlage vermitteln können. Da eine Inaugenscheinnahme des Hauses nicht möglich war, bleibt die Frage nach dem Grad der Planrealisierung offen. Sicher ist zumindest, daß Betongitterwände mit eingelassenen Schaukästen – wie in der Aga Khan-Schule in Kisumu – auch hier Verwendung fanden.

Projekt einer Residenz für den Aga Khan, Daressalam, Tansania, 1951/52
Modell der Gesamtanlage am Meer.
Foto: Ernst May

Expansion und Höhepunkt

Wandgitter aus Betonelementen
Personaleingang
Modell, Detail. Foto: Ernst May

94

Bauten für die Kaffee-Kooperative in Moshi am Kilimandscharo

Die Stadt Moshi liegt im Norden des heutigen Staates Tansania auf 800 bis 1 000 Meter Höhe am Fuß des 5 895 Meter hohen Vulkanbergmassivs Kilimandscharo und ist seit 1920 Verwaltungszentrum der Region. Der hier lebende Volksstamm der Chagga zählt zu den fortschrittlichsten und geschäftstüchtigsten Ostafrikas. An den Süd- und Osthängen des Kilimandscharo betreiben die Chagga ausgedehnte Kaffeepflanzungen, deren Ernten sie über eine Zentralgenossenschaft vermarkten.[262]

Dem Projekt eines Kulturzentrums für sie kam eine besondere Bedeutung zu, weil es das erste ausschließlich von Afrikanern finanzierte größere Bauvorhaben in Ostafrika war. Auftraggeber war die seit 1925 bestehende Zentralgenossenschaft der afrikanischen Kaffeepflanzer.[263]

Das für die Hauptverwaltung der Kilimanjaro Native Cooperative Union Ltd. (K.N.C.U.) bereitgestellte Grundstück befindet sich in der Nähe des Bahnhofs zwischen Old Moschi Road und Kibo Road. Die Genossenschaft wollte kein reines Verwaltungsgebäude, sondern darüber hinaus ein Ausbildungs- und Versammlungszentrum für ihre Mitglieder schaffen.

Ernst May begann mit den Planungen für das Kulturzentrum etwa Mitte 1949. Unterstützt wurde er zunächst von dem schottischen Architekten I. W. Patterson, der die technischen Zeichnungen anfertigte. Im März 1951 wurde Eric Miles Projektarchitekt in Moshi.

Kulturzentrum für die K.N.C.U., Moshi, Tansania, 1949–52
Fotografie einer Perspektivzeichnung: Ernst May

Expansion und Höhepunkt

Korridor mit Sonnenblenden.
Foto: 90er Jahre
Blick in den Innenhof.
Modellbau: Patrik Schnell, Jean Kempf, Martin Hess

rechte Seite
Fassadenausschnitt

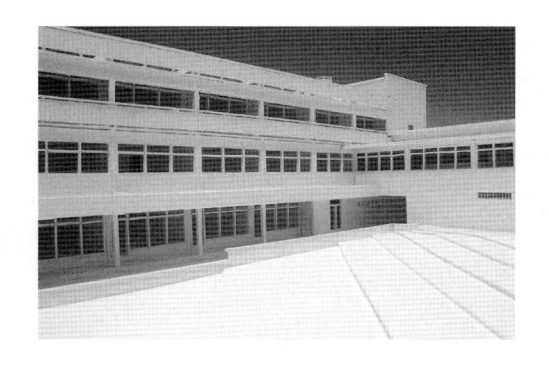

Von May selbst existieren zwei Entwurfsskizzen, die den Gebäudekomplex aus unterschiedlichen Perspektiven zeigen.[264] May entwarf einen mehrstöckigen Block und zwei niedrigere Zeilenbauten, die einen Innenhof umschließen, in dem sich eine Tankstelle befindet. Das Raumprogramm beschrieb er folgendermaßen: „Der Bau hat im Erdgeschoß Läden, im ersten Obergeschoß Büroräume und darüber im Hauptbau im endgültigen Zustande drei Geschosse mit Hotelzimmern, deren Veranden Aussicht auf die Schneekuppe des Kibo [Gipfel des Kilimandscharo, Anm. d. Verf.] haben."[265]

Der erste Bauabschnitt, der am 17. März 1952 durch den Gouverneur von Tanganjika eröffnet wurde,[266] umfaßte zwei ebenerdige Ladenzeilen und im ersten Stock Büroräume und eine Bücherei. Im zweiten Obergeschoß befinden sich Hotelräume und darüber ein Dachgarten. Ernst May hatte auch den Ledersessel für den K.N.C.U-Präsidenten und die Stahlrohrmöbel für den Dachgarten entworfen.[267] Die Tische und Stühle stehen in der Tradition des 1920er-Jahre-Designs. Sie sind funktional, schlicht und trotzdem von einer gewissen Eleganz durch die geschwungenen Bögen, die einerseits die Lehne, andererseits die Stuhlbeine bilden.

Für die Unterbringung der afrikanischen Genossenschaftsmitglieder bei Tagungen oder Fortbildungsveranstaltungen war ein Hostel Block vorgesehen. Die Ausstattung der Zimmer mit Sanitärraum und eingebautem Garderoben-

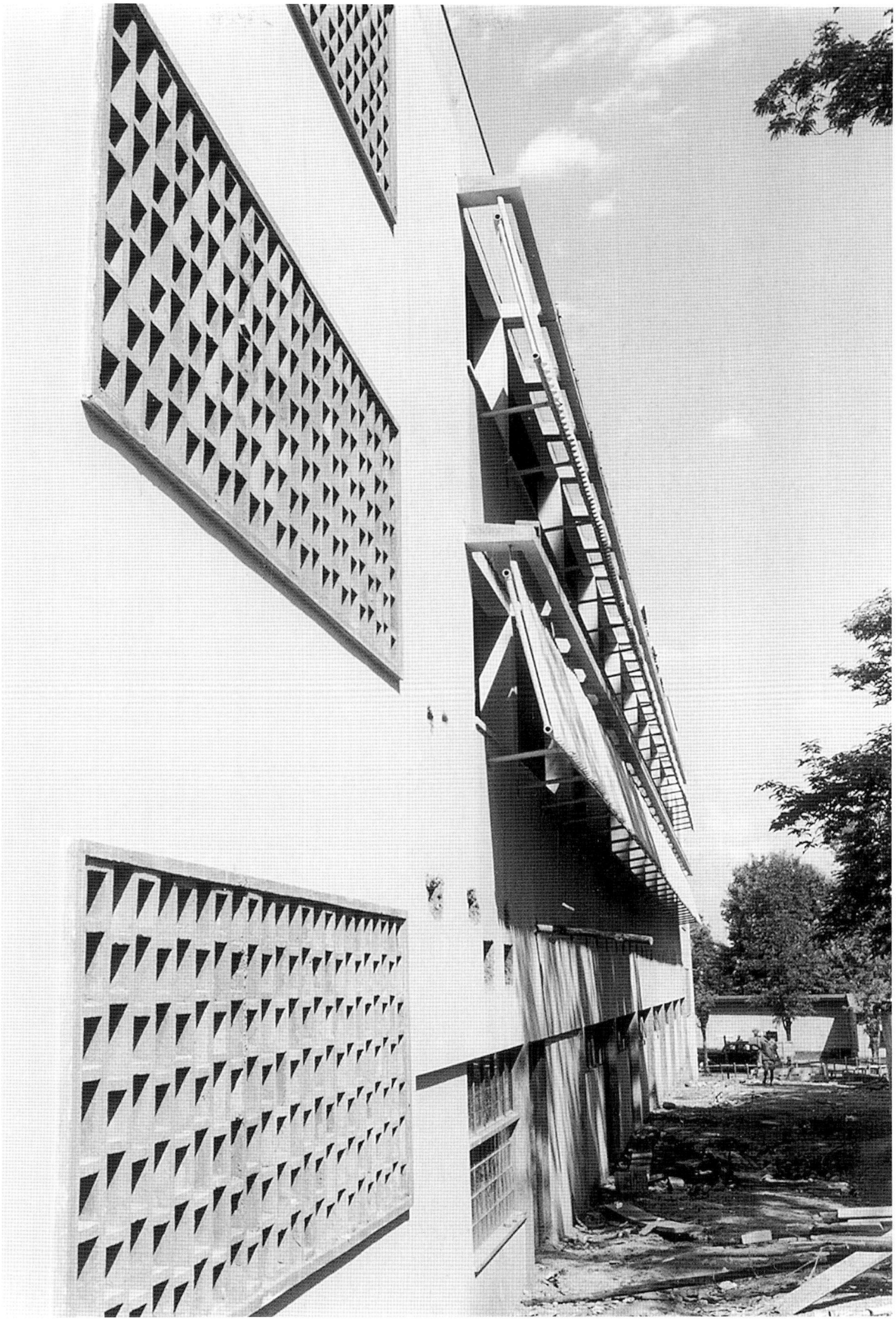

Sessel des Präsidenten, Foto: Ernst May
Dachterrasse mit Stahlrohrstühlen nach einem Entwurf von Ernst May

schrank entsprach dem europäischen Standart für Hotelzimmer. Bei der Einrichtung der Hotelräume bediente sich May der Formensprache der frühen 1950er Jahre. So weist der kombinierte Arbeits- und Schminktisch eine asymmetrische Tischplatte mit schräg gestelltem Bein und einem konisch zulaufenden Fuß auf.

Wie bei den Bauten in Kisumu werden die schlichten Fassaden durch Elemente des Sonnenschutzes wie Sonnenblenden und vorkragende Dächer belebt. Durch abwechselnd längere und schmalere, horizontal vorkragende Dächer über den Fenstern sowie senkrecht stehende zierlich wirkende Betonstreifen, die das breite Fensterband unterteilen, wird eine rhythmische Gliederung erzielt. Der konisch geformte Schornsteinabschluß auf dem Dachgarten weckt wiederum Assoziationen an Schiffsarchitekturen.

Der zweite Bauabschnitt umfaßte die geplante Aufstockung des Hauptgebäudes um zwei weitere Stockwerke. Der dritte Bauabschnitt, der eine Versammlungshalle für 600 Personen vorsah, die May bereits 1951 geplant hatte,[268] wurde nach seiner Abreise revidiert. Die Auftraggeber wünschten nun ein Studentenwohnheim, ein kleines Theater, ein Restaurant und einen Bankettsaal. Auf Wunsch des Bauherrn reiste Eric Miles nach Deutschland, um Ernst May die Pläne vorzulegen, die seine volle Zustimmung erhielten.[269] 1956 richtete Eric Miles im ersten Obergeschoß des Gebäudes ein Zweigbüro von Dr. E. May & Partners ein und betreute zusammen mit dem Technischen Zeichner William H. Saunders die weiteren Baumaßnahmen.[270] Für einen späteren Bauabschnitt war ein großes überdachtes Stadion vorgesehen, das aber nicht zur Ausführung kam.[271]

Ebenfalls in Moshi, unweit vom Bahnhof, befindet sich die zentrale Kaffee-Curing-Fabrik der Region. Hier erfolgt die Weiterverarbeitung des Rohkaffees für den Export. Ernst May und später sein Partner Eric Miles planten zahlreiche Erweiterungen und neue Lagerhallen für das ausgedehnte Fabrikgelände.[272] Es handelte sich um reine Funktionsgebäude, die aber dennoch eines gewissen ästhetischen Reizes nicht entbehren. Die Lagerhalle besticht durch ihre sichtbare Dachkonstruktion, aber auch durch die Asymmetrie, die sich in der unterschiedlichen Wandabwicklung, der Positionierung der Lüftungsöffnung in der Stirnwand und der Anordnung der Beleuchtungskörper offenbart.

Perspektive der geplanten Assembly Hall und des Restaurants

Community Centre for the K.N.C.U. Projekt von Dr. E. May & Partners nach dem Weggang Mays, 1963

Inschrift des Grundsteins

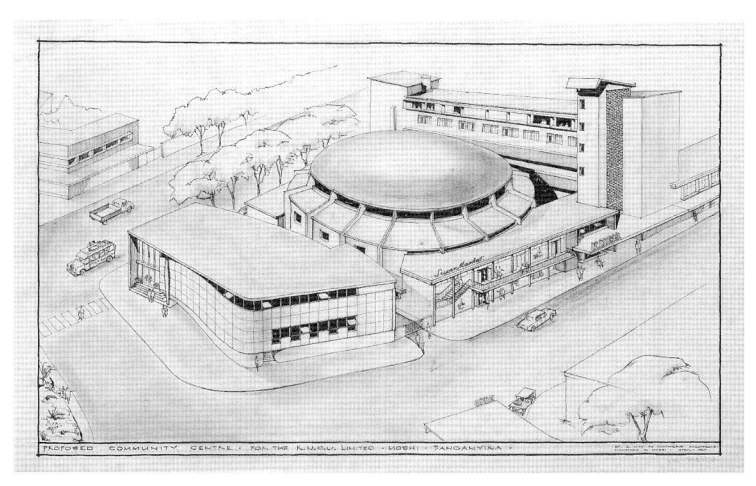

This stone was laid on 1st Sept. 1950 by the Honourable Sir Charles C. F. Dundas, K.C.M.G., O.B.E., Order of St. John, Wasahuye O-Wachagga, to commemorate the founding of the new headquarters for the Kilimanjaro Native Co-operative Union, bearing witness to the industry and co-operation of the Wachagga farmers on the slopes of Kilimanjaro.

Expansion und Höhepunkt

Museums- und Hotelbauten

Anfang der 1950er Jahre vollzog sich in Ostafrika ein wirtschaftlicher Aufschwung und ein erster (Individual-)Tourismus – zunächst überwiegend von wohlhabenden Amerikanern – setzte ein. Die dafür erforderliche Infrastruktur wie ausreichende Hotelkapazitäten, aber auch kulturelle Einrichtungen, mußte allerdings erst geschaffen werden. Für die wenigen qualifizierten Architekten im Land ergaben sich vielfältige Aufgaben. Ernst May nutzte die Chance und erhielt aufgrund seines hohen Bekanntheitsgrades und seiner guten Beziehungen interessante Aufträge.

Uganda Museum in Kampala

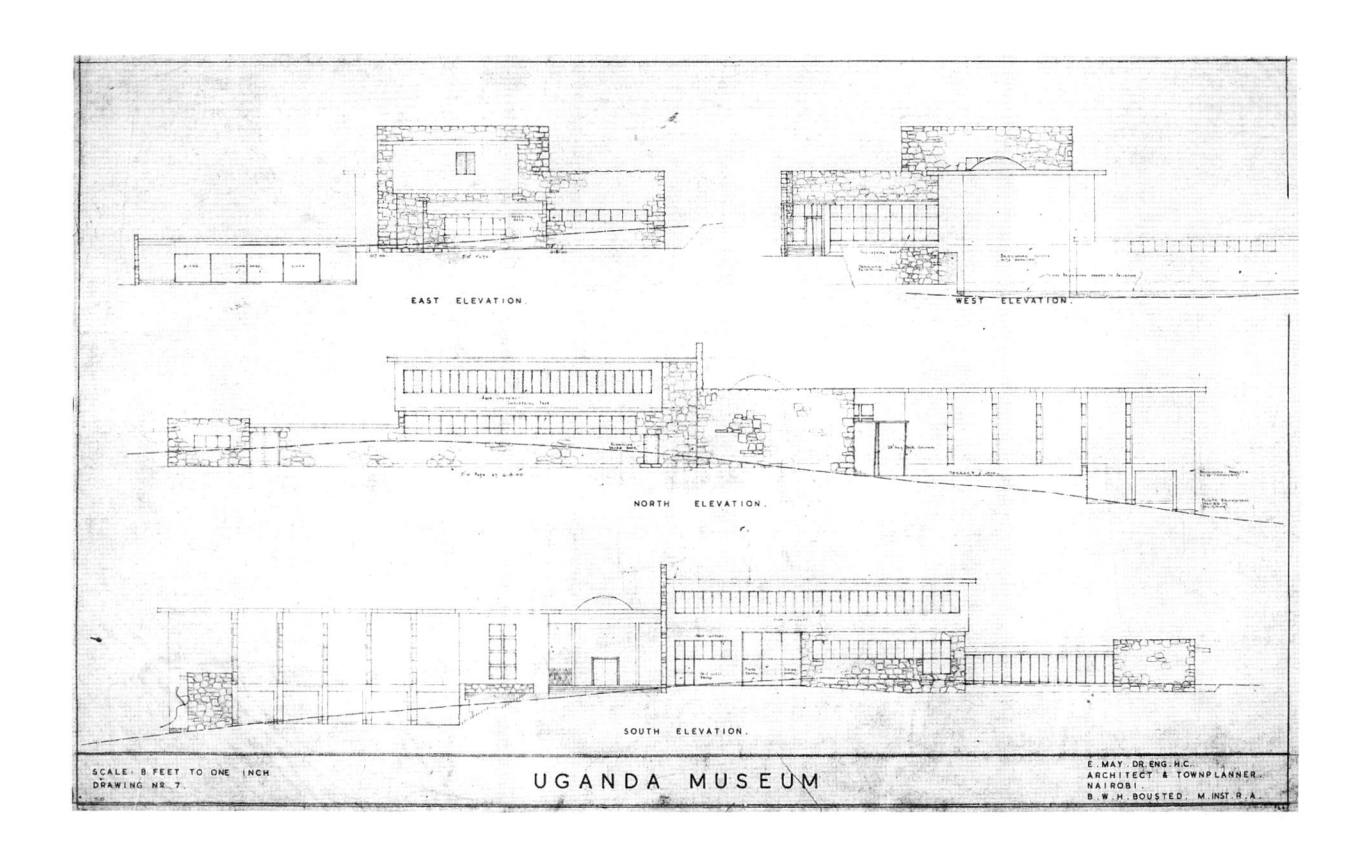

Das britische Protektorat Uganda, das als 'Zwischenstromreich' auf eine lange kulturelle Tradition zurückblicken konnte, wollte die Geschichte und Entwicklung des Landes in einem Museum darstellen. Vorbild für das Projekt war wahrscheinlich das Corydon Memorial Museum in Nairobi (heute National Museum), das von dem britischen Archäologen und Anthropologen Louis S. B. Leakey (1903–1972) geleitet wurde, mit dem die Mays sehr gut bekannt waren. Der Standort des künftigen Uganda Museums in Kampala sollte zwischen dem Nakasero- und Kololohügel in der von May geplanten Parklandschaft im Kitantetal an der Kira Road sein.

Der Board of Trustees des Uganda Museums beauftragte May Anfang 1950 mit dem Bau des Museums[273] und eines Wohnhauses für den Museumskurator. Letzteres sollte zuerst realisiert werden. Die endgültigen Pläne für das Wohnhaus, die vom Januar 1951 datieren, reichte er am 1. Februar 1951 zusammen mit dem Bauantrag beim „Kampala Town Planning Committee" ein.[274] Nach einer geringfügigen Änderung, die den Belag des Pultdaches betraf,[275] wurden die Pläne Mitte April genehmigt, und May konnte mit der Ausführung beginnen, die bis Ende Juli 1951 abgeschlossen sein sollte.[276]

May hatte auf rechteckigem Grundriß ein relativ schlichtes zweistöckiges Einfamilienhaus mit großer überdachter Veranda geplant. Der Sockelbereich und die Garage wurden in Naturstein, die übrigen Fassaden in Backstein mit einem weißen Verputz ausgeführt. Das Gebäude erhielt ein Pultdach mit 3 % Neigung.

Noch während der Bauzeit des Wohnhauses begann May mit den Planungen für das Museum. Dabei wurde er von seinem neuen Partner William Bousted unterstützt. Die Pläne für das Uganda Museum tragen das Datum „7/51" und wurden den Genehmigungsbehörden wahrscheinlich noch vor Jahresende 1951 eingereicht.[277]

Bei seinem Entwurf wählte May ein klassisches Erschließungskonzept. Von der zentralen Eingangshalle, die durch eine große Milchglaskuppel in diffuses Licht getaucht wird, zweigen nach beiden Seiten die Ausstellungsräume ab. Der Westflügel, an den sich im Süden noch eine Galerie anschließt, wird in seiner ganzen Raumhöhe durch vertikale Fensterbänder, die in die sägeblattartigen Außenwände eingelassen sind, belichtet. Im zweistöckigen Ostflügel sorgen zwei, über die ganze Fassadenlänge gezogene, horizontale Fensterbänder für Tageslicht in den Ausstellungsräumen. Die starke Durchfensterung der Fassaden läßt darauf schließen, daß auf eine künstliche Beleuchtung der Ausstellungsobjekte, wohl aufgrund der unsicheren Stromversorgung, bewußt verzichtet werden sollte. Offensichtlich hatte May jedoch die Wirkung der äquatorialen Sonneneinstrahlung unterschätzt, denn mittlerweile sind viele Glasflächen mit Folien bedeckt worden. An den zweistöckigen Ostflügel schließt sich noch ein niedriger Werkstatt- und Verwaltungstrakt an. Das Stahlbetongerippe des Gebäudes wurde mit Ziegelsteinen ausgemauert und die Fassaden teilweise mit Natursteinen verkleidet. Durch den Farbkontrast und die unterschiedliche Oberflächenstruktur der verarbeiteten Materialien werden die schlichten Fassaden wirkungsvoll belebt. Die Kombination von weißgeschlämmten Backsteinen mit Natursteinmauerwerk findet sich etwa ab 1949/50 häufig bei Mays afrikanischen Bauten. Einen farblichen Akzent setzen auch die rot gestrichenen V-förmigen Stahlstützen der geschwungenen Eingangsüberdachung.

linke Seite
Uganda Museum, Kampala, Uganda, Entwurf 1950/51, Ausführung 1952–54
Ansichten

Nordansicht

Expansion und Höhepunkt

In welchem Zeitraum das Museum errichtet wurde, läßt sich wegen fehlender Unterlagen nicht genau sagen. Wahrscheinlich wurde der Bau im Frühjahr 1952 begonnen und mit der Gestaltung der Außenanlagen spätestens Mitte 1954 abgeschlossen. Der Kurator K. P. Wachsmann hatte Anfang Oktober 1953 an May geschrieben und um eine Unterredung im November gebeten „(…), because there are a great number of problems which I will have to discuss with you."[278] Vor ihrer endgültigen Abreise nach Deutschland weilten Ernst und Ilse May noch Anfang Dezember 1953 in Uganda „(…), um dort mein Museum und andere Bauten zu übergeben."[279] Demnach muß der Museumsbau zu diesem Zeitpunkt bereits weitgehend fertiggestellt gewesen sein.[280] William Bousted führte das Zweigbüro von Dr. E. May & Partners in Kampala noch einige Jahre weiter, mußte es aber 1959 aufgrund fehlender Aufträge schließen und ging, nach einem Zwischenaufenthalt in Mombasa, 1960 zurück nach England.[281]

Das Museum wurde Mitte der 1960er Jahre durch zwei Flügelbauten erweitert. Von der zentralen Halle aus erstrecken sich die neueren Anbauten nach Norden und Süden, wodurch der Gebäudekomplex nun den Grundriß eines Kreuzes angenommen hat. Anfang 1970 wurde an den Galerietrakt im Südwesten noch ein achteckiger Pavillon angefügt. Ein etwas unproportioniertes flachgeneigtes Satteldach hat das wahrscheinlich undicht gewordene ehemalige Flachdach auf dem Ostflügel ersetzt. Während der Bürgerkriegswirren in den 1970er Jahren wurde das Museum, das nach der Unabhängigkeit Ugandas in „National Museum" umbenannt worden war, mehrfach geplündert und war danach lange Zeit geschlossen.[282]

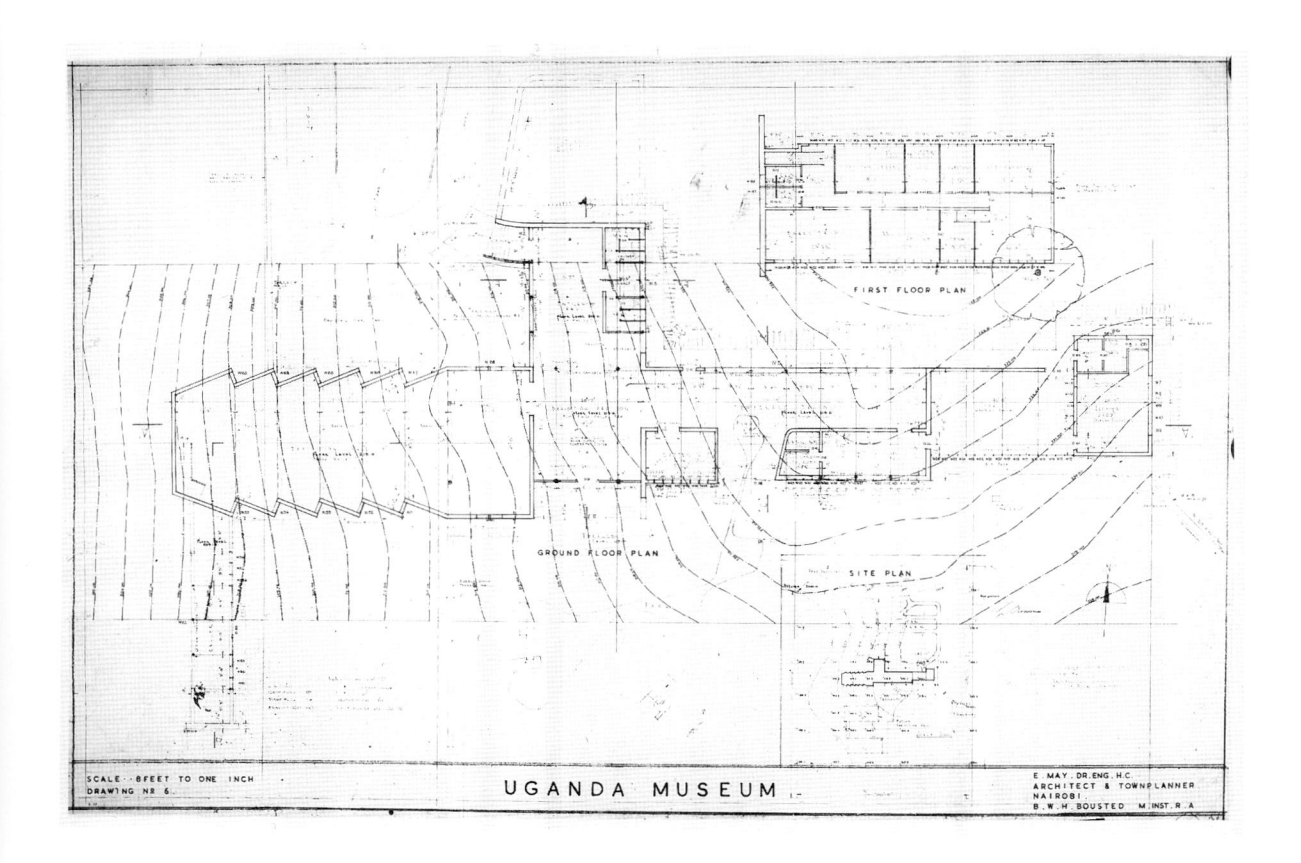

Deckenausschnitt. Foto: 90er Jahre
Erdgeschoß, erstes Obergeschoß und Lageplan

Hotelprojekt in Kampala

Der Hotelkomplex ist für ein leicht ansteigendes Gelände an einer Straßenkreuzung im Zentrum von Kampala konzipiert worden. Der Entwurf bezieht seine Spannung aus dem Wechselspiel von horizontalen und vertikalen Linien und Körpern. Der siebenstöckige Hoteltrakt wird von einem Dachrestaurant gekrönt, das sich einseitig an den Fahrstuhlschacht anlehnt und zur anderen Seite in einem auskragenden gerundeten Vordach endet. An das Hochhaus schließen sich, jeweils im rechten Winkel, eine flache Ladenzeile und ein halbhoher Block an. Aus diesem Anbau, in dem wahrscheinlich die Festsäle vorgesehen waren, ist die fast vollständig durchfensterte Fassade herausgeschoben. Eine breite Freitreppe führt auf die großzügig verglaste Eingangshalle, die aus dem Baukörper vorschwingt.

Dieser Entwurf unterscheidet sich grundlegend von dem des K.N.C.U.-Kulturzentrums in Moshi, welches May wenige Jahre früher geplant hatte. Letzteres ist noch dem strengen Stil des Neuen Bauens verhaftet, während hier die Architektursprache der 1950er Jahre in ihrer typischen Ausprägung praktiziert wird. Realisiert wurde Mays Entwurf jedoch nicht.

Hotel für Kampala, Uganda, Projekt, um 1951
Foto: Ernst May

Expansion und Höhepunkt

Projekt Lugard Hotel in Nairobi

Lugard Hotel, Nairobi, Projekt, 1951
Westansicht mit Tanzsaal. Foto: Ernst May
Nordansicht. Foto: Ernst May

Dieses Luxushotel, das nach Lord Frederick Lugard, der beim Aufbau der britischen Kolonialmacht in Afrika eine wesentliche Rolle gespielt hatte, benannt werden sollte, wurde von Ernst May 1951 für einen zentralen Platz in Nairobi konzipiert. Das Projekt wurde jedoch nicht realisiert, und das Modell ist verschollen. Wir sind somit auf Mays eigene Beschreibung des Bauvorhabens angewiesen:

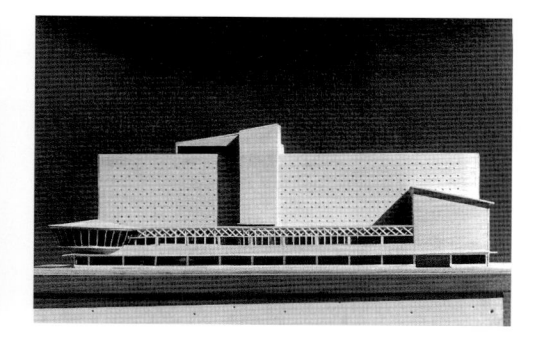

Der Hauptbaukörper ist siebengeschossig; sämtliche Hotelzimmer sind nach Süden gerichtet, die Korridore verlaufen längs der Nordfront und werden durch eine Reihe von Rundfenstern belichtet und belüftet. Das Erdgeschoß ist an drei Seiten von Läden eingerahmt, während der Innenhof als Wagenpark für Hotelgäste vorgesehen ist. Rampen führen zu einer Untergrundgarage für einige hundert Wagen, die die Parknot im Zentrum der Stadt lindern soll. Im ersten Stock längs eines der Hauptplätze Nairobis ist ein Dachrestaurant geplant, das in einen runden Tanzsaal endigt. Alle Gemeinschaftsräume des Hotels sind in diesen Geschossen untergebracht und haben Zugang zu den von Blumenanlagen belebten Terrassen. Ein zweigeschossiger Bankettsaal schließt den Bau nach Osten ab. Glasflügeltüren öffnen sich auf eine höher gelegene Terrasse über dem Speisesaal. Konstruktion und Baustoffe ähneln den bei den Delamere Flats verwendeten, die Fassaden sollen mit Kunststein verkleidet werden.[283]

Oceanic Hotel in Mombasa

Von einem Geschäftsmann aus dem Umkreis des Aga Khan bekam Ernst May 1950/51 den Planungsauftrag für ein großes Touristenhotel in Mombasa. Die alte, von den Portugiesen gegründete Hafenstadt hatte sich nach dem Zweiten Weltkrieg rasant entwickelt und zählte 1950 bereits rund 100 000 Einwohner.[284] Das vom Auftraggeber zur Verfügung gestellte Grundstück liegt auf der Insel Mombasa außerhalb des Stadtzentrums auf einem Plateau oberhalb der Mama Ngina Drive und bietet über die Hafeneinfahrt hinweg einen weiten Blick auf den Indischen Ozean.

May fertigte zu diesem Projekt diverse Skizzen aus den verschiedensten Perspektiven an, von denen einige, zumindest als Kopien, erhalten geblieben sind. Ursprünglich waren zwei Bauabschnitte geplant: eine langgestreckte mehrstöckige Zeile, an die später ein Hochhaus angebaut werden sollte. Im Verlauf der weiteren Planung beschränkte man sich auf den ersten Bauabschnitt mit einem fünfstöckigen Hotelblock und vorgelagertem überdachten Schwimmbad.

Mays besonderes Interesse galt der Gestaltung des Treppenhauses, obgleich diesem eigentlich nur eine untergeordnete Bedeutung zukam, da das Haus mit elektrischen Fahrstühlen ausgestattet werden sollte. Vielleicht traute er dem störungsfreien Betrieb der Fahrstuhlanlage nicht, andererseits zählten Treppenhäuser zu seinen gestalterischen Lieblingsthemen, denen er sich gerne widmete; jedenfalls entstanden mehrere Entwürfe für einen Treppenturm.[285] Durch

Oceanic Hotel, Mombasa, Kenia,
Entwurf 1950/51, Ausführung 1956–58
Erster Bauabschnitt.
Fotokopie einer Skizze von Ernst May
Postkarte mit Südfront

Expansion und Höhepunkt

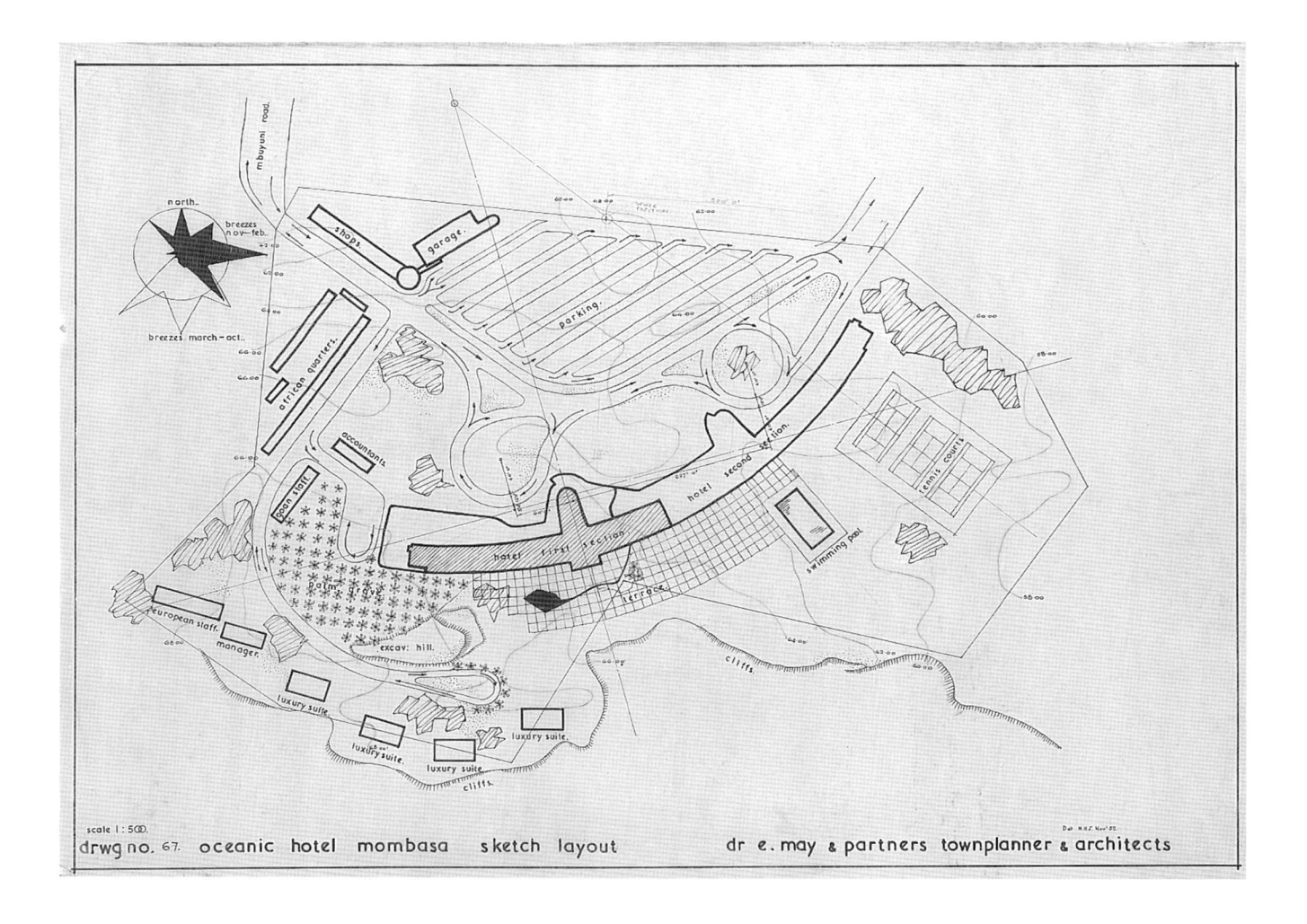

Lageplan 1952

rechte Seite
Ansicht von Nordwesten mit
Belüftungsöffnungen in der Fassade.
Foto: 90er Jahre

die Verwendung von Glasbausteinen an der Außenwand sollte die elegante spindelförmige Treppenführung nach außen sichtbar werden. May hatte dieses Gestaltungsmittel bereits 1938 am Kennwood Haus in Nairobi eingesetzt (siehe S. 36 ff.). Während dort jedoch der Treppenturm im Hof stand, dominiert er hier die straßenseitige Fassade und den Eingangsbereich des Hotels.

Eric Miles, der das Hotelprojekt in Mombasa ab 1951 begleitete, beschreibt Mays Arbeitsweise so: „Ernst May restricted himself mainly to freehand design and perspective sketches."[286] „He fixed his charcoal sketches with fixativ that nobody could change it."[287]

Im Fall des Oceanic Hotels hat es dann aber doch eine wesentliche Änderung von Mays ursprünglichem Entwurf gegeben. Eric Miles kolportierte, daß in einer der Besprechungen mit dem Plan Officer of Kenya, Thony Dyer, dieser den Vorschlag machte, dem Bau eine leichte Bogenform zu geben. May fand die Idee so gut, daß er sofort alle Pläne ändern ließ.[288] Durch diese Biegung wirkt der verhältnismäßig kompakte Block bedeutend leichter und eleganter. Ein zusätzlicher positiver Effekt war, daß die Hotelzimmer einen noch besseren Ausblick auf das Meer erhielten.

May hatte das Hotel so geplant, daß alle Zimmer zum Meer ausgerichtet waren und über die vorgelagerten Loggien der frische Seewind durch Lüftungsschlitze

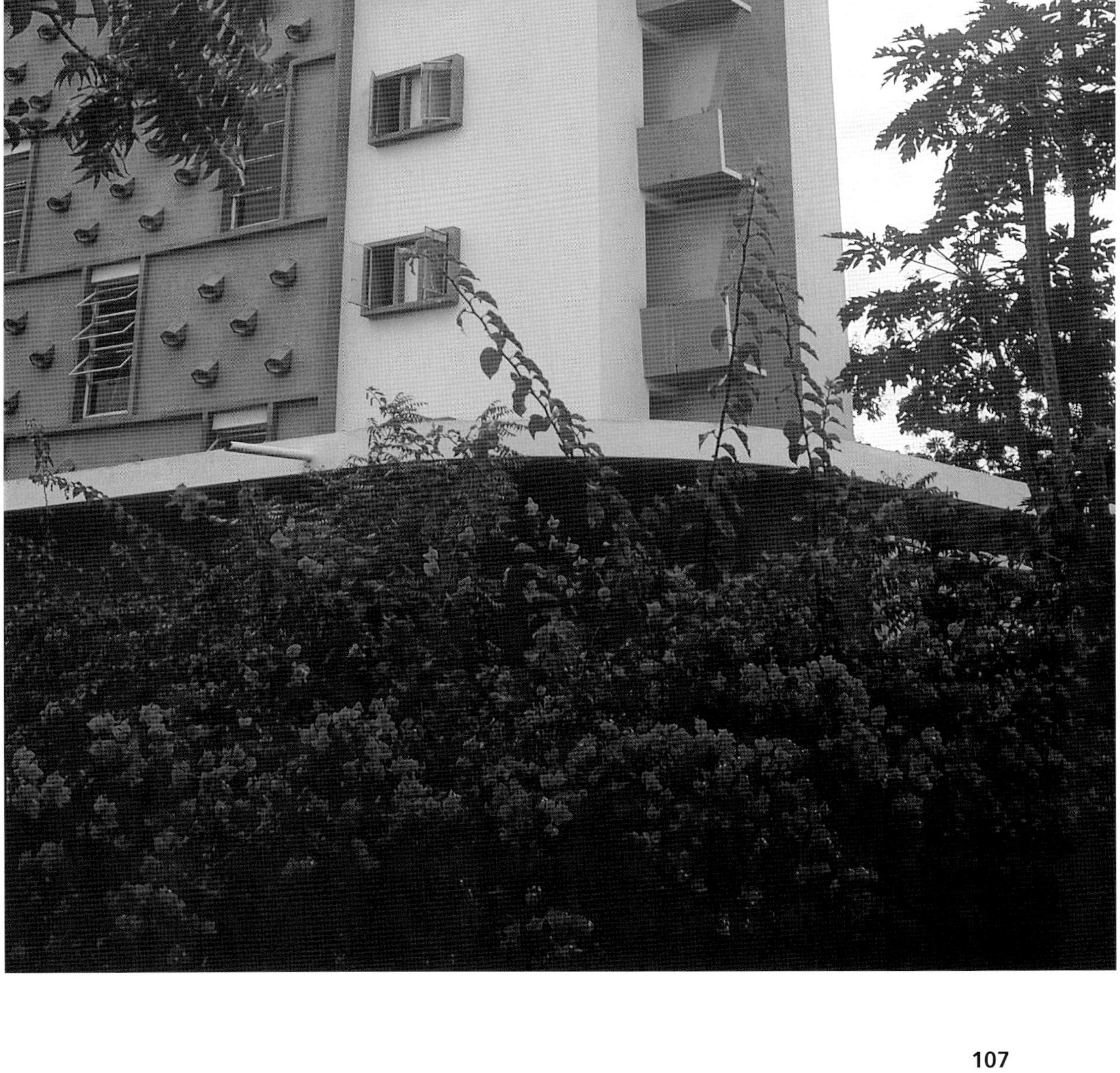

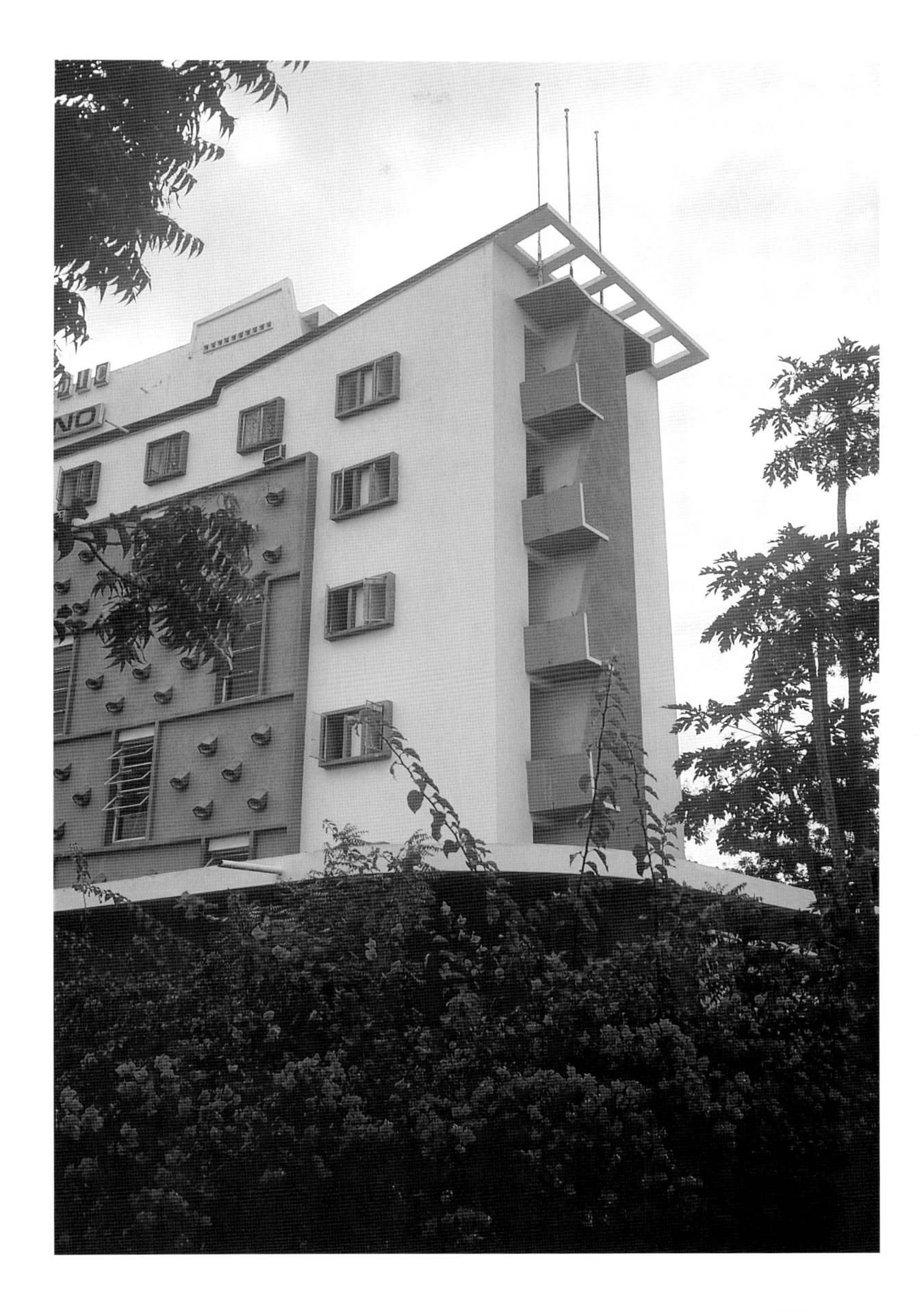

Expansion und Höhepunkt

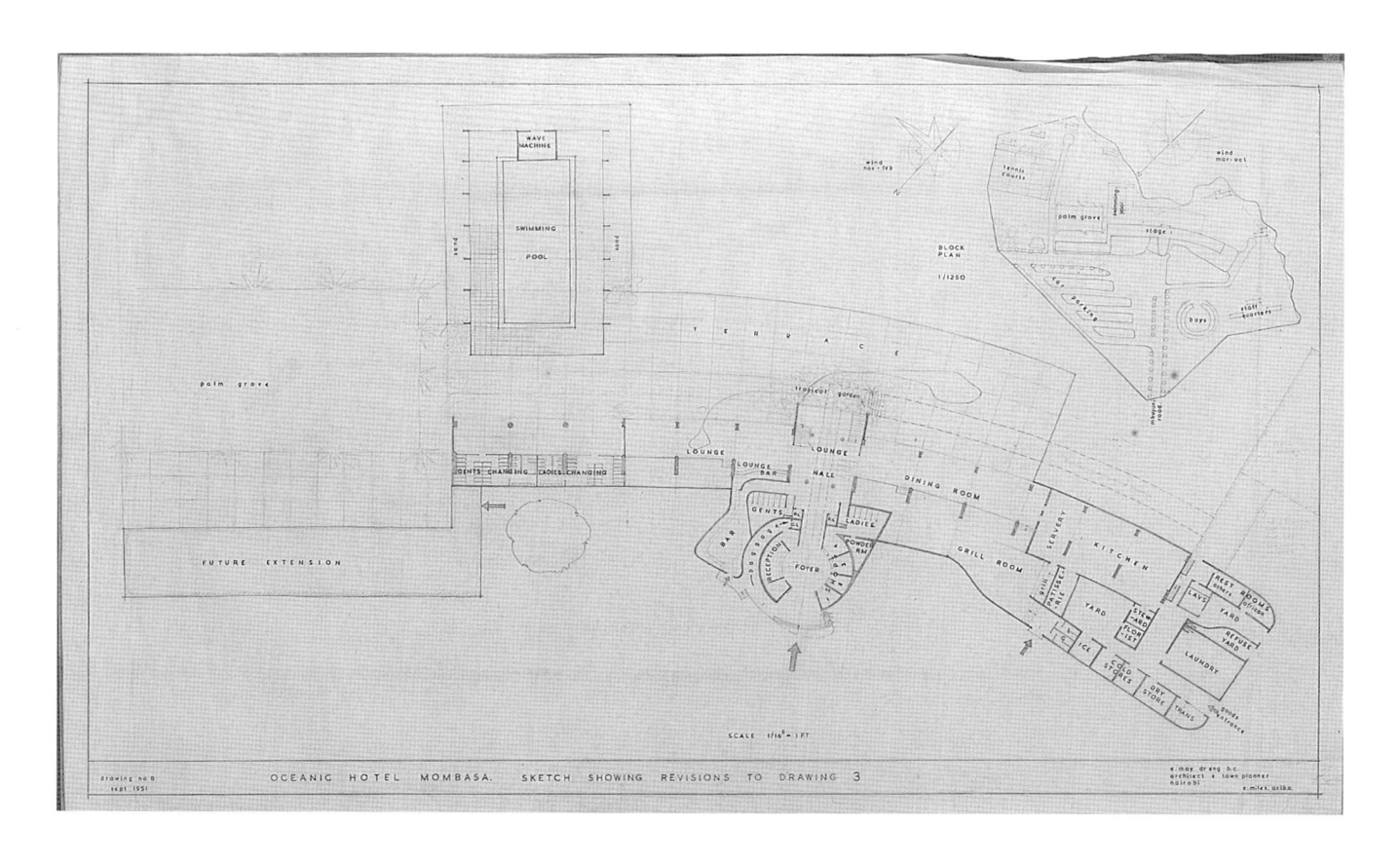

das Zimmer durchströmen und durch weitere Schlitze zum Korridor hin wieder verlassen konnte. Durch diese natürliche Lüftung wurde eine aufwendige und störanfällige Klimaanlage vermieden. Ein Nachteil dieses Konzepts ist, daß Geräusche vom Korridor durch die Lüftungsöffnungen fast ungemildert in die Räume übertragen werden. Auf dem Lageplan[289] vom November 1952 informiert eine Windrose über die Hauptwindrichtungen in den Monaten November bis Februar und Oktober bis März.

Als 1956 mit dem Bau des Oceanic Hotels begonnen wurde, weilte Ernst May schon nicht mehr in Afrika. Sein Partner Eric Miles hatte bereits 1952 im Zentrum Mombasas, neben dem Manor Hotel im Obergeschoß des Rally House, ein Zweigbüro eingerichtet, von dem aus er das Projekt bis 1955/56 planerisch betreute, von W. H. Saunders assistiert. Nach dem Einstieg von Thomas W. Mackenzie im Jahr 1955 in die Partnerschaft übertrug er diesem die Verantwortung für die Realisierung des Projekts.[290] Am 1. Oktober 1958 wurde das Hotel in Anwesenheit der Gouverneure von Kenia und Tanganjika eröffnet.[291] Es war damals das erste Luxushotel für wohlhabende Touristen an der ostafrikanischen Küste und ein Vorzeichen für den in den 1960er Jahren einsetzenden Bauboom an Kenias Küste. Dennis Sharp nannte es 1986 rückblickend „(...) an unusal and impressive hotel" und – in Anbetracht der mittlerweile an der Küste entstandenen zahlreichen „package holiday hotels" – „(...) a bold and consistent example of continental Modernist architecture plannend by the Indian Ocean."[292]

Einen guten Eindruck von dem dynamischen Design des Baukörpers, das an einen Ozeandampfer denken läßt, vermittelt die große, 1956 von Saunders angefertigte Freihandzeichnung aus der Vogelperspektive.[293]

linke Seite
Modellbau: Saidah Bojens, Felix Wellnitz, Alexandra Anderhub
Erdgeschoß, Lageplan

nicht realisierte Südfassade.
Zeichnung: 1952

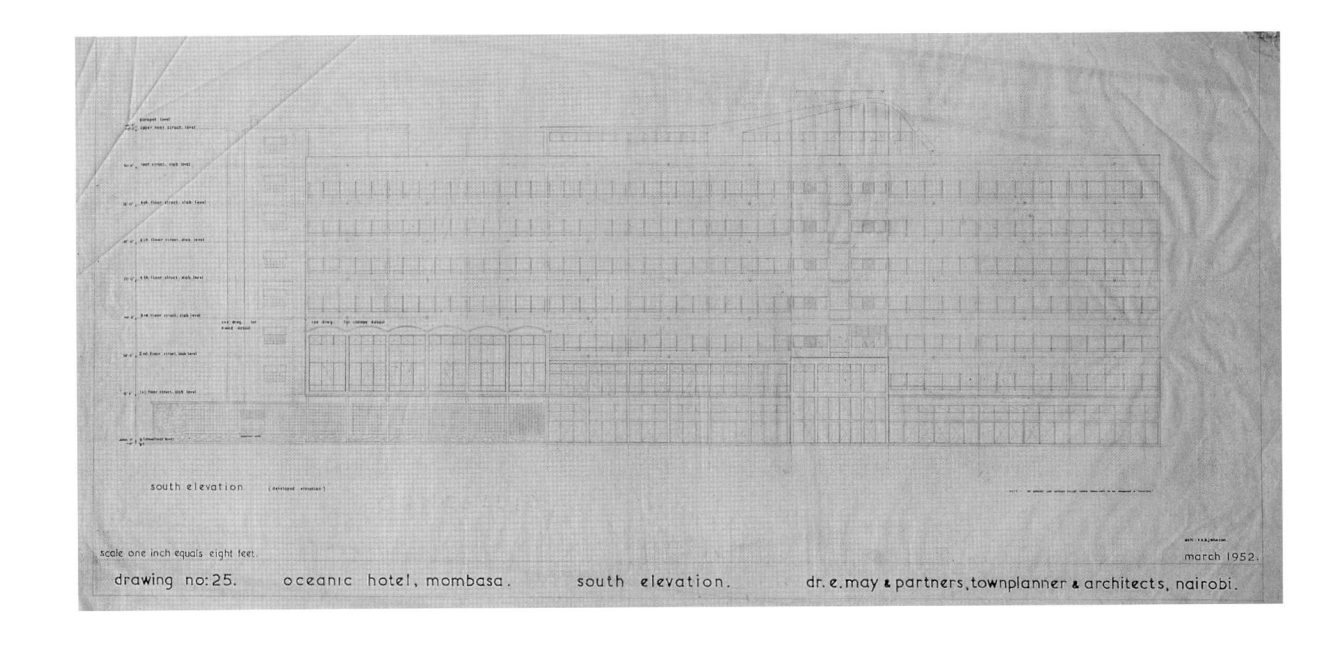

Expansion und Höhepunkt

Farmhäuser für Europäer

Haus Samuel bei Molo

Im westlichen Hochland von Kenia, den „white highlands", errichtete Ernst May in den Jahren 1950–52 für den Engländer C. Samuel unweit von Molo ein für Afrika eher untypisches Farmhaus. Das großzügige Einfamilienhaus entspricht vielmehr dem Typ des eleganten Bungalows und besticht durch seine exponierte Lage am Berghang. Das Grundstück, das auf etwa 2 500 Meter Höhe liegt, bietet einen weiten Ausblick in die hügelige Landschaft.

Aus dem winkelförmigen Grundriß ist der Wohnraum weit herausgeschoben und zur vorgelagerten Terrasse vollständig verglast. Da es in dieser Höhenlage abends recht kühl wird, hat May den Kamin entsprechend groß dimensioniert und zentral mit Öffnungen zu Wohn- und Eßzimmer positioniert.

Das Außenmauerwerk besteht, abgesehen von den Betonfundamenten, vollständig aus Natursteinen. Der hier vorkommende farbige Syenit wurde auf dem Farmgelände gebrochen.[294] Alle Dächer wurden als Pultdächer ausgeführt und mit Aluminiumfolie auf Bretterverschalung gedeckt.[295]

Ob die Entwürfe für die Innenraumgestaltung, die ganz dem zeittypischen Stil der frühen 1950er Jahre entsprechen, in dieser Form realisiert wurden, ist nicht bekannt.

Der Bauherr verkaufte das Haus bereits nach wenigen Jahren wieder, weil diese Gegend durch die Aktivitäten der Mau Mau-Bewegung besonders unsicher geworden war. 1970 wechselte das Anwesen abermals den Besitzer.[296] Es gehört jetzt einem afrikanischen Farmer und befindet sich in einem sehr schlechten baulichen Zustand.

linke Seite
Haus Samuel bei Molo, Kenia, 1950/51
Blick von Westen. Foto: Ernst May

Blick von Nordwesten. Druck nach Skizze von Ernst May
Blick von Südosten. Foto: Ernst May

Expansion und Höhepunkt

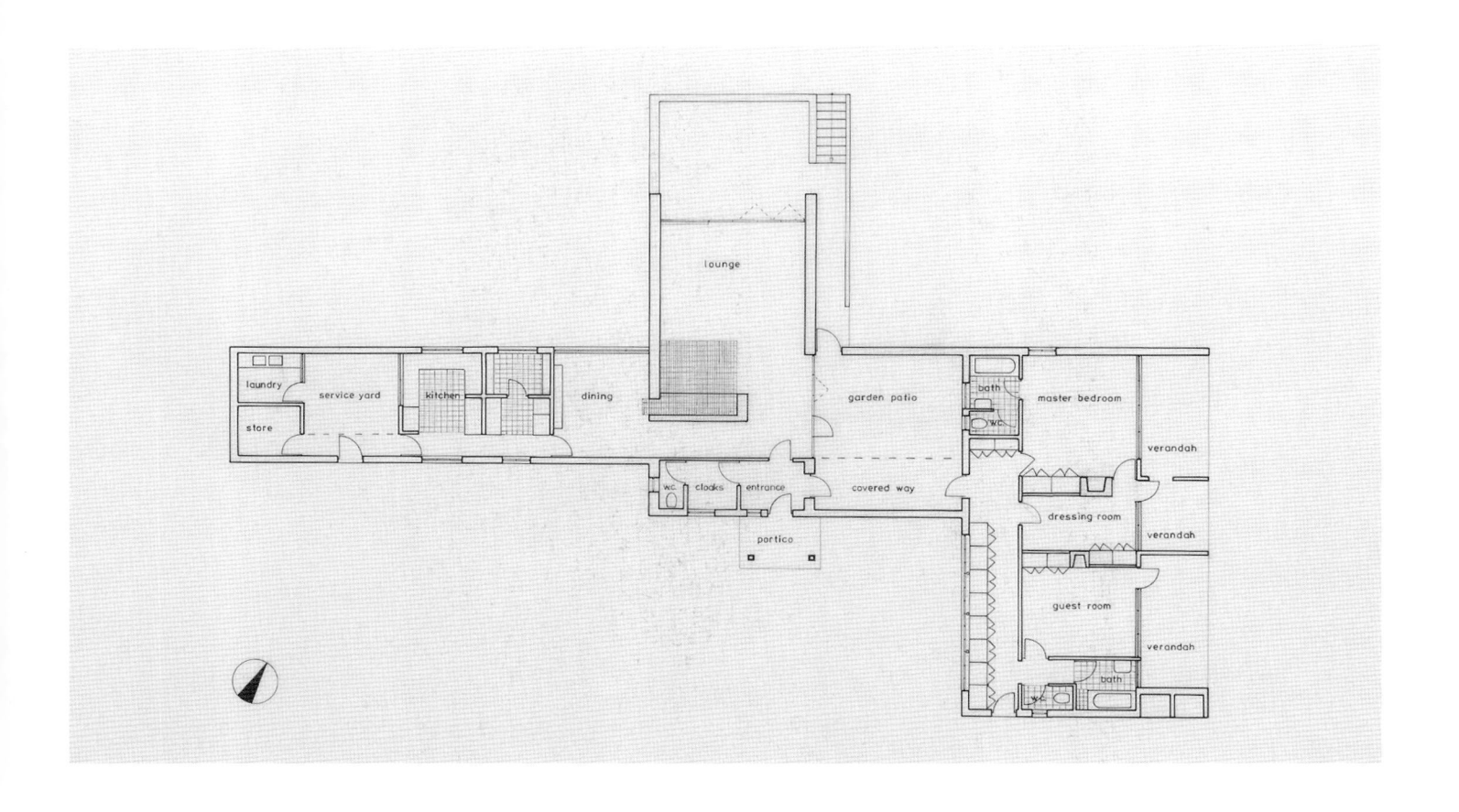

Grundriß. Zeichnung: Marina Hetmann, Melanie Fritz
Blick von Norden. Foto: Ernst May

rechte Seite
Wohnzimmer mit Blick auf den Kamin. Foto: Ernst May

Wohnzimmer mit Blick auf die Terrasse, Innenraumperspektive

Wohnzimmer mit Blick auf den Kamin, Innenraumperspektive

113

Expansion und Höhepunkt

Haus Nubiggin bei Gilgil

Haus Nubiggin bei Gilgil, Kenia, um 1952/53
Foto: Ernst May

An der Fernstraße von Nairobi, zwischen Naivasha und Nakuru, liegt der kleine Ort Gilgil. Etwa sieben Meilen vom Ortszentrum und in anderthalb Meilen Entfernung von der nächsten Straße baute May ein Farmhaus für Mr. Nubiggin, über dessen Nationalität nichts bekannt ist.[297] Das vollständig aus Naturstein errichtete weitläufige Anwesen besteht aus zwei rechtwinklig angeordneten Wohnhäusern, die durch eine Terrasse miteinander verbunden sind, und mehreren Nebengebäuden. Das größere der beiden im traditionellen Stil konzipierten Wohnhäuser hat im Erdgeschoß mehrere Garagen. Es wird von einem steilen Satteldach dominiert, in das ein Erker aus Werkstein mit beidseitigen Gauben harmonisch eingefügt ist.

Das Haus gehört heute, nach mehrfachem Besitzerwechsel, einem Minister der kenianischen Regierung und ist nicht zu besichtigen.[298]

Haus in Limuru bei Nairobi

Ein weiteres Farmhaus errichtete Ernst May 1952 für einen britischen Farmer in Limuru nördlich von Nairobi.[299] Das ebenfalls ganz in Naturstein ausgeführte Gebäude besteht aus einem traditionellen zweistöckigen Wohnhaus mit Satteldach und einem flachgedeckten Anbau im Bungalowstil. Das Haupthaus wird von einer im Bogen geführten Veranda teilweise umfangen und von zwei großen Kaminen flankiert.

Wohnhaus, Limuru, Kenia, 1952
Foto: Ernst May

Wohnhäuser für Afrikaner in Mombasa

Ernst May hatte bereits 1944/45 schlichte Einfamilienwohnhäuser für die ärmere, einheimische Bevölkerungsschicht, die noch vorwiegend in Lehmbauten lebte, konzipiert (siehe S. 67 ff.). Diese aus vorgefertigten Betonelementen hergestellten Häuser waren bei den Afrikanern jedoch auf wenig Gegenliebe gestoßen, weil sie diese – von der Form her – zu sehr an ihre Grashütten erinnerten.

Anfang der 1950er Jahre bot sich für May in Mombasa und Nairobi die Gelegenheit, dieses Thema, das ihm ganz besonders am Herzen lag, wieder aufzugreifen: „Eines der ungelösten Probleme Ostafrikas ist die Unterbringung derjenigen Teile der Bevölkerung, die ihre Stammesbindung aufgaben, um sich in den Siedlungszentren als Haus- und Büroangestellte oder Industriearbeiter zu betätigen. (...) Die Bewältigung dieses Problems wird auf die Dauer nur durch mehrstöckige Wohnblöcke möglich sein, (...) Nachbarschaften, die nicht nur die Wohnbedürfnisse befriedigen, sondern auch die speziellen und materiellen Belange der eingeborenen Bevölkerung wahrnehmen, müssen organisiert werden, um dem Afrikaner Ersatz für die verlorene Stammesbindung zu bieten."[300]

In der schnell wachsenden Hafenstadt Mombasa stellte die Unterbringung von zugewanderten Arbeitern ein besonderes Problem dar. Ende 1952 legte May der Stadtverwaltung seine ersten Pläne für städtische Mehrfamilienhäuser für Afrikaner vor.[301] Es handelte sich um dreistöckige Zeilenbauten mit jeweils zehn Wohnungen pro Stockwerk und gemeinschaftlichen Sanitäranlagen an den Stirnseiten des Hauses. Ein unüberwindbares Hindernis für die Realisierung eines „sozialen Wohnungsbaus für Afrikaner" stellte die Finanzierung eines solchen Projekts dar. Weder die Regierung noch die künftigen Bewohner waren in der Lage, die erforderlichen Finanzmittel aufzubringen. Dieses Problem ließ sich in Mombasa durch das Engagement eines finanzkräftigen internationalen Konzerns lösen. Die dort tätige Ölgesellschaft Shell übernahm die Rolle des Investors und beauftragte das Büro Dr. E. May & Partners mit der Planung einer Siedlung für rund 5000 einheimische Arbeiter und deren Familienangehörige. Das dafür vorgesehene Areal liegt im Westen der Insel Mombasa gegenüber der Bucht Port Tudor, nach welcher das neue Wohnquartier benannt wurde.

Bei dieser Planungsaufgabe bediente sich Ernst May des dezentralisierten, aus Siedlungseinheiten zusammengesetzten Städtebaus, der das Ziel hatte, den Gegensatz von Stadt und Land aufzuheben. In den dreißiger und vierziger Jahren wurde er zum weltweit akzeptierten Leitbild der Städtebaulehre, um

Wohnsiedlung Port Tudor, Mombasa, Kenia, 1952–56
Fotos: Ernst May

Expansion und Höhepunkt

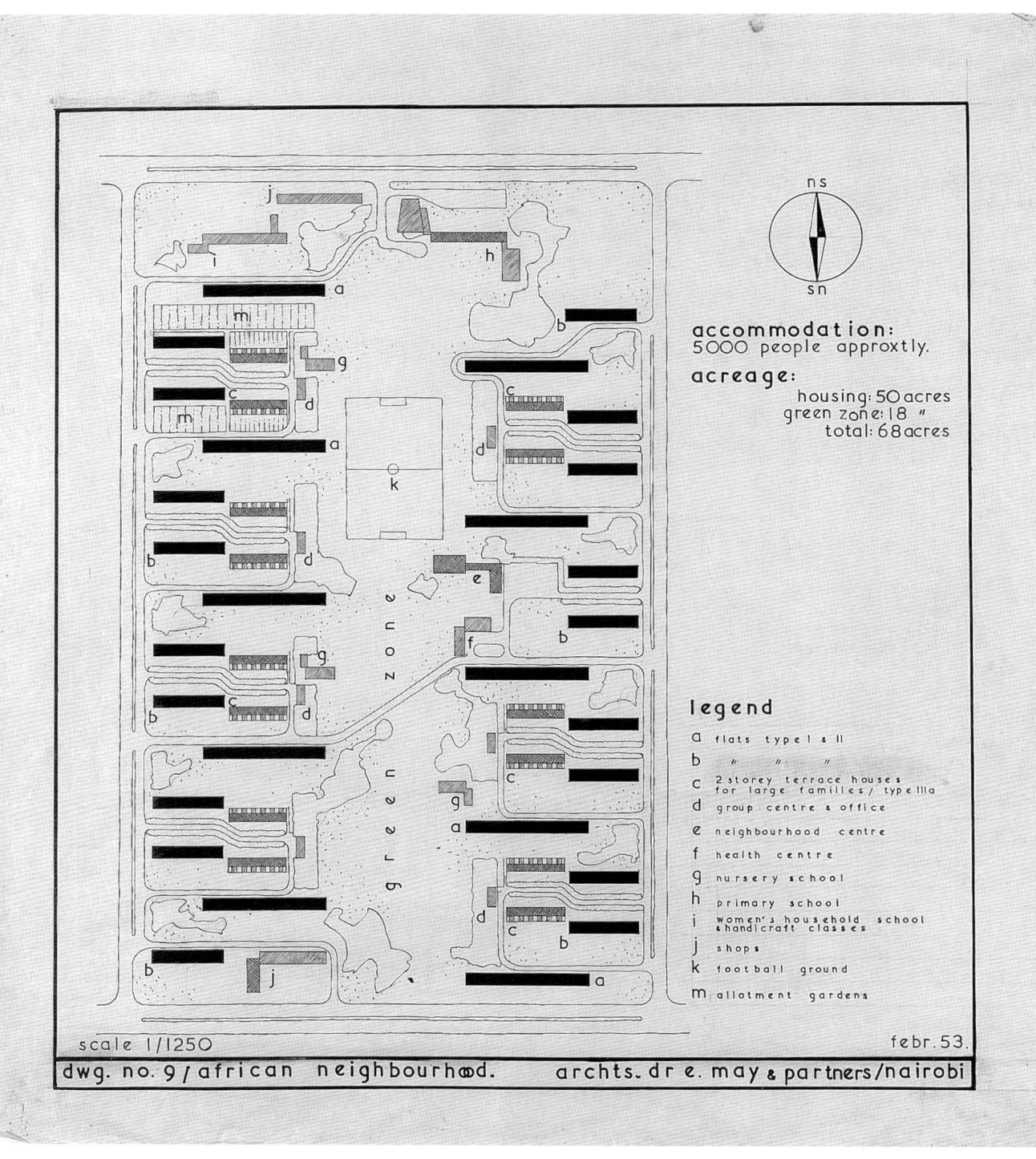

accommodation:
5000 people approxtly.

acreage:
housing: 50 acres
green zone: 18 "
total: 68 acres

legend

a flats type I & II
b " " " "
c 2 storey terrace houses for large families / type IIIa
d group centre & office
e neighbourhood centre
f health centre
g nursery school
h primary school
i women's household school & handicraft classes
j shops
k football ground
m allotment gardens

scale 1/1250   febr. 53.
dwg. no. 9 / african neighbourhood.   archts. dr e. may & partners / nairobi

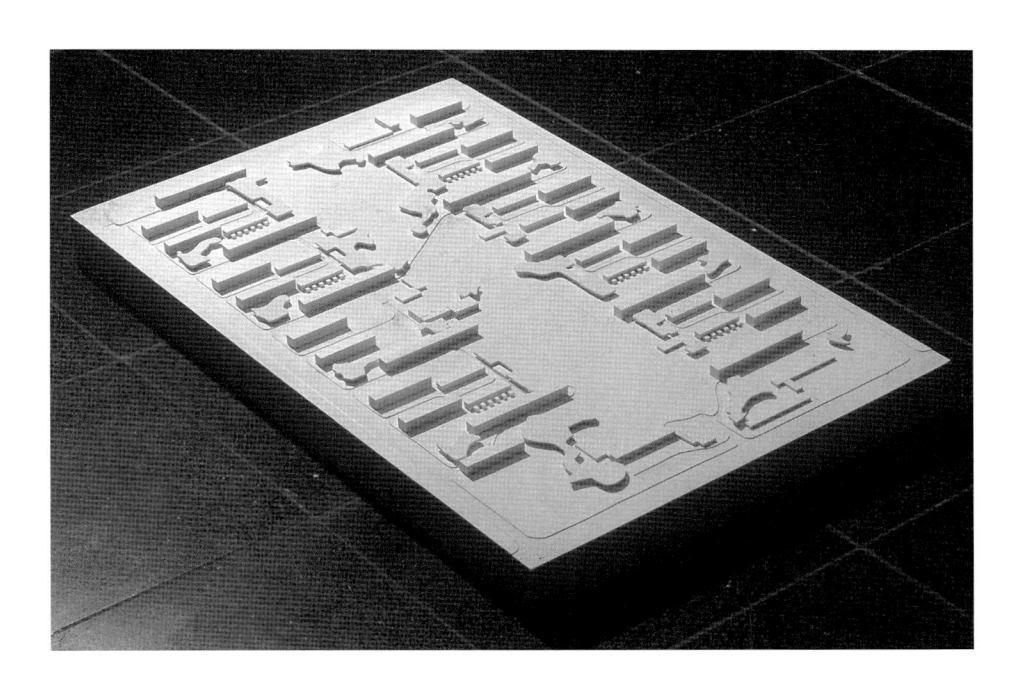

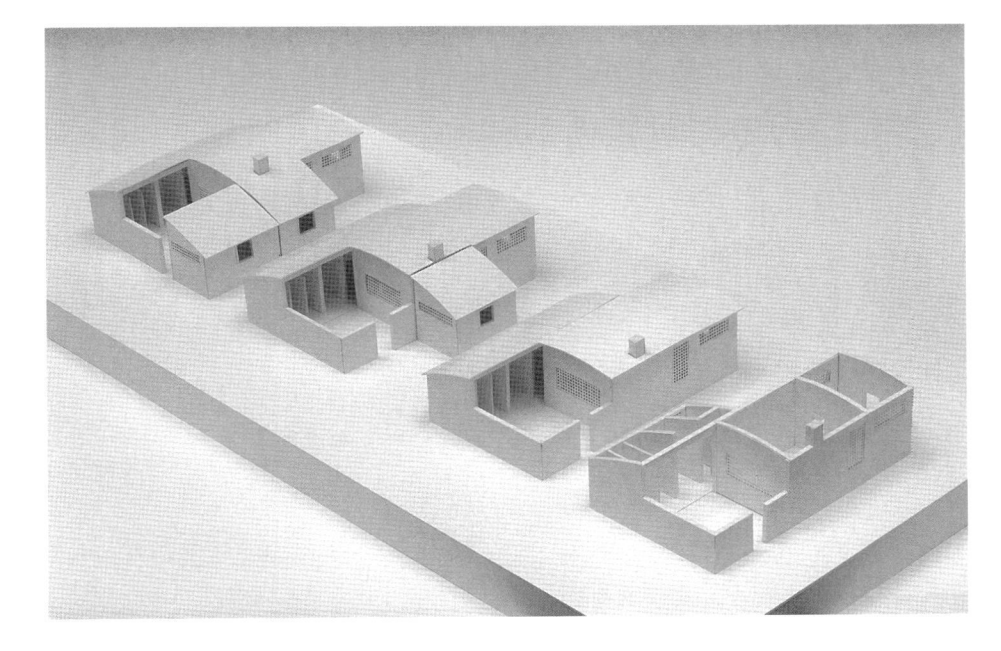

linke Seite
Lageplan, Projekt, 1953

Projekt. Modellbau: Gerd Bartoschik
Wohnzeilen.
Modellbau: Martin Brübach und Rainer Huff
Housing type VI 'the growing house.'
Modellbau: Natalie Eßig, Björn Gabriel

Expansion und Höhepunkt

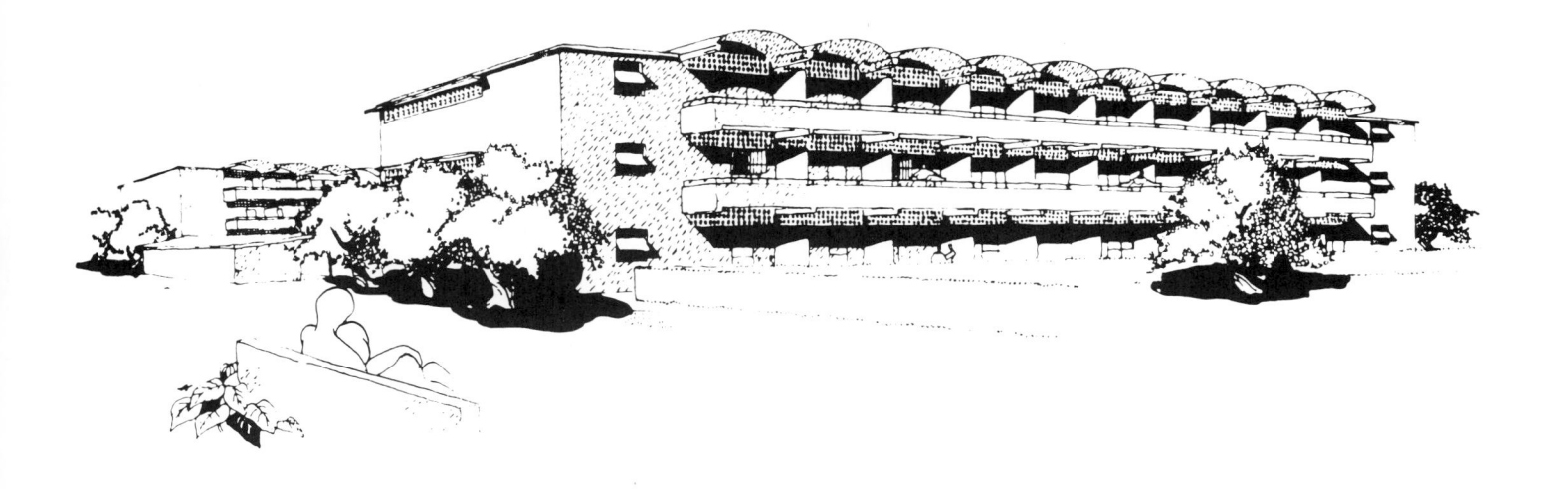

Perspektivische Ansicht einer Zeile. Skizze
Siedlungsplanung,
Wohnquartale Magnitogorsk.
Gruppe Ernst May, 1932

anschließend vor allem im europäischen Wiederaufbau eine wichtige Rolle zu spielen. Am Zustandekommen dieses Leitbilds war May selbst beteiligt gewesen, denn in seiner Tätigkeit bei der Schlesischen Heimstätte hatte er, aufbauend auf Ebenezer Howard, Raymond Unwin, Gustav Langen und anderen Theoretikern der Gartenstadt, für die Stadt Breslau das Konzept einer um die vorhandene Stadt gelegten „Trabantenstadt" formuliert, die nachher auch die Formung der neuen Stadtviertel des Neuen Frankfurt und der neuen Städte bestimmte, die May in der Sowjetunion konzipierte.

Die seit der Jahrhundertwende geführte Debatte über den zeitgemäßen Aufbau der Großstadt war nach Mays Weggang aus der Sowjetunion weitergegangen und hatte während des Krieges in Nazideutschland, in England und in den USA politisch divergierende Modelle hervorgebracht, die sich im technokratisch perfektionierten Siedlungsbild jedoch immer ähnlicher wurden. Während in Deutschland das Moment der politischen Kontrolle vorherrschte („Ortsgruppe als Siedlungszelle"),[302] setzte sich in den angelsächsischen Ländern die Lehre von der „neighbourhood unit" durch, die als demokratisch organisierte kleinste Einheit das Rückgrat der zukünftigen Stadtlandschaft bilden sollte. In Harvard hatten Walter Gropius und Martin Wagner, mit dem May weiterhin in Briefkontakt stand, 1941/42 den Gedanken von in die Landschaft eingebetteten „townships" mit maximal 5 000 Einwohnern und kompletter Infrastruktur von Gemeinschaftseinrichtungen entwickelt, die wiederum aus einzelnen „Nachbarschaften" zusammengesetzt sein sollten.[303]

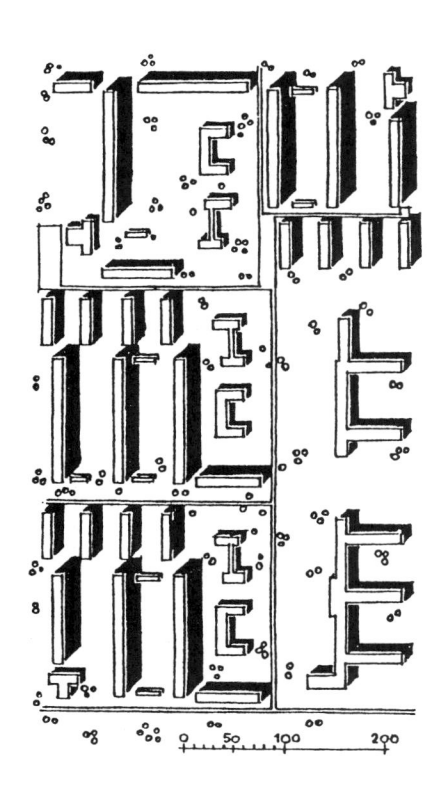

Auf der Grundlage seiner eigenen Erfahrungen und in Kenntnis der angelsächsischen Modelle gestaltete May seine „african neighbourhood" von Port Tudor,[304] von der man annehmen darf, daß er sie als Modell für die in Afrika bevorstehenden Urbanisierungsprozesse aufgefaßt sehen wollte. Mays Siedlung für 5 000 Personen sollte sich auf einem rechteckigen, von Randstraßen erschlossenen Gelände ausbreiten. Zu beiden Seiten einer breiten Grünzone, die das Rechteck in Längsrichtung durchzieht, findet man acht Wohnhausgruppen, die die kleinste Siedlungseinheit darstellen. Diese bestehen aus rhythmisch versetzten dreistöckigen Wohnzeilen (a und b) sowie zweistöckigen Terrassenhäusern (c). Zu jeder dieser Einheiten gehört außerdem ein Gruppenzentrum mit Büro (d). Ein großes Nachbarschaftszentrum (e) befindet sich etwa in der Mitte der Anlage nahe dem Fußballplatz. An beiden Seiten der Grünfläche sind die Gemeinschaftseinrichtungen wie Geschäfte (j), Gesundheitszentrum (f) sowie jeweils eine Grundschule (h), Haushalts- (i) und Krankenschwesternschule (g) angeordnet. Die Freiflächen zwischen den Wohnblocks sind zur Nutzung als Schrebergärten (m) ausgewiesen und können der Selbstversorgung der Bewohner dienen. Die Gesamtplanung der Siedlung erfüllt alle Voraussetzungen für das von May stets geforderte „gesunde Wohnklima".

May und seine Mitarbeiter im Zweigbüro Mombasa entwickelten auf der Grundlage der ursprünglichen Planung für „Municipal African Housing" drei leicht unterschiedliche Typen – I,[305] Ia[306] und II[307] – von Mehrfamilienwohnhäusern. Die schlichten Wohnungen waren für kleinere Familien oder für jeweils vier Junggesellen vorgesehen. Die Ausstattung war einfach, entsprach aber den von Ernst May und anderen fortschrittlichen Architekten postulierten Grundsätzen der Hygiene.[308] So waren zum Beispiel die Speisekammern mit einer Belüftung versehen und die Lagerorte für die zum Kochen notwendigen Flüssiggasbehälter aus Sicherheitsgründen nur vom Laubengang zugänglich. Die Sanitäreinrichtungen waren getrennt von den Wohnungen jeweils an den Stirnseiten der Hausblöcke angeordnet. Pro Wohnung war ein WC und für jeweils zwei Familien eine Dusche vorgesehen. Zusätzlich gab es auf jedem Stockwerk zwei Gemeinschaftswaschküchen.

Grundriß, Ansicht und Schnitt einer Zeile vom Typ II für 30 Familien oder 120 Junggesellen

nächste Doppelseite
Grundriß, Ansicht, Schnitt einer Zeile vom Typ I für afrikanische Familien oder je vier Junggesellen
Grundriß, Ansicht, Schnitt einer Reihenhauszeile vom Typ III und IIIa für Großfamilien
Grundriß, Schnitt vom Haustyp VI, 'the growing house'
Ansichten vom Haustyp VI, 'the growing house'

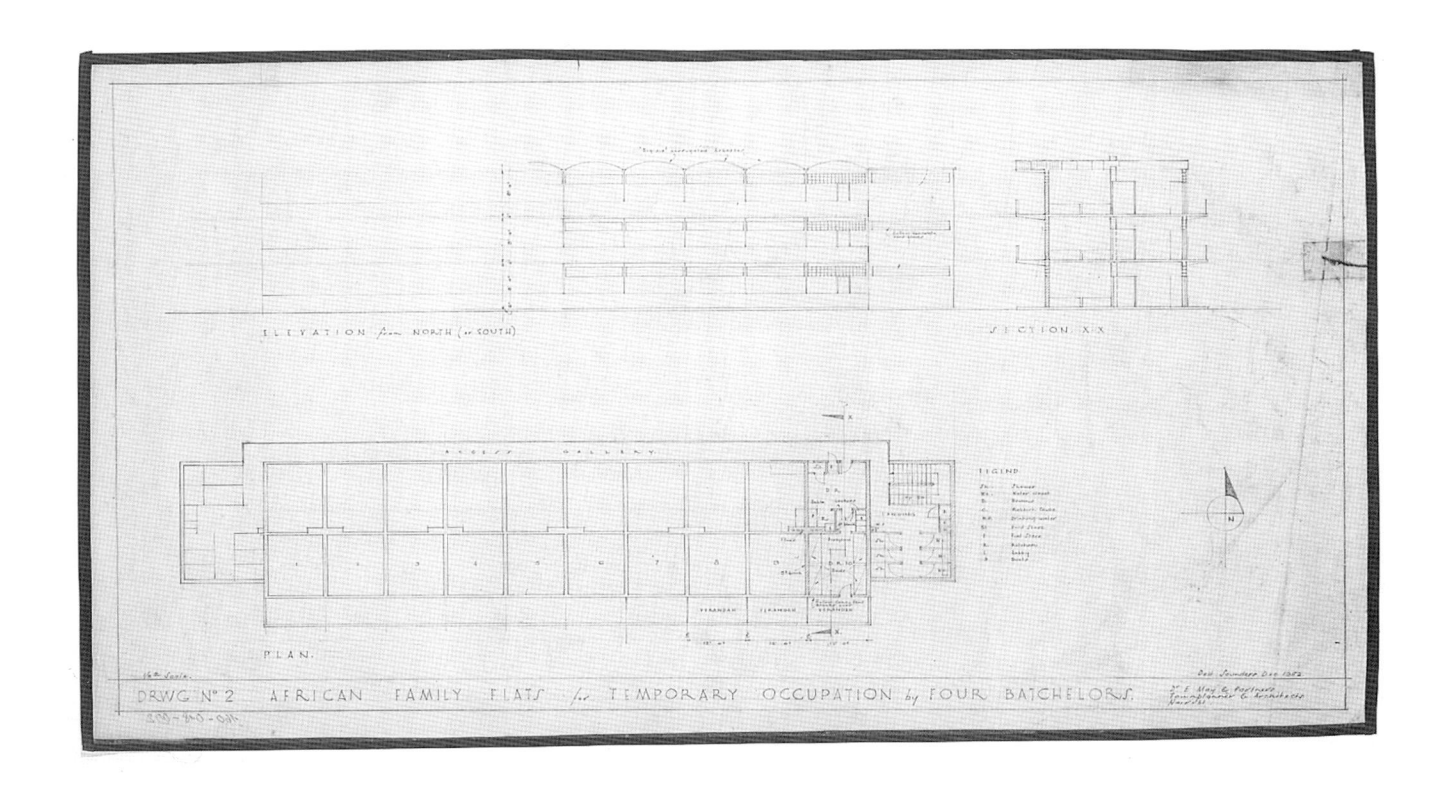

Expansion und Höhepunkt

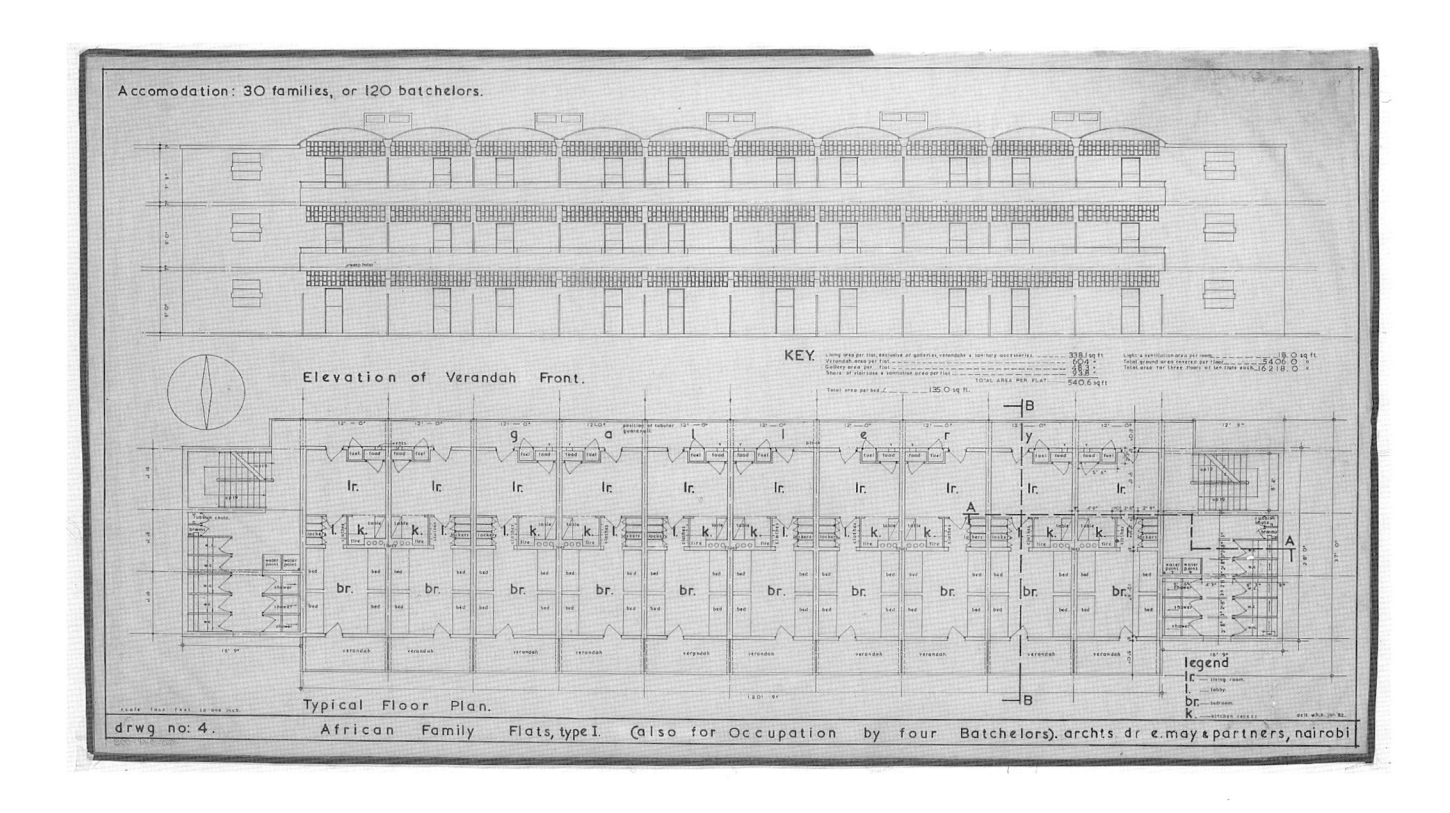

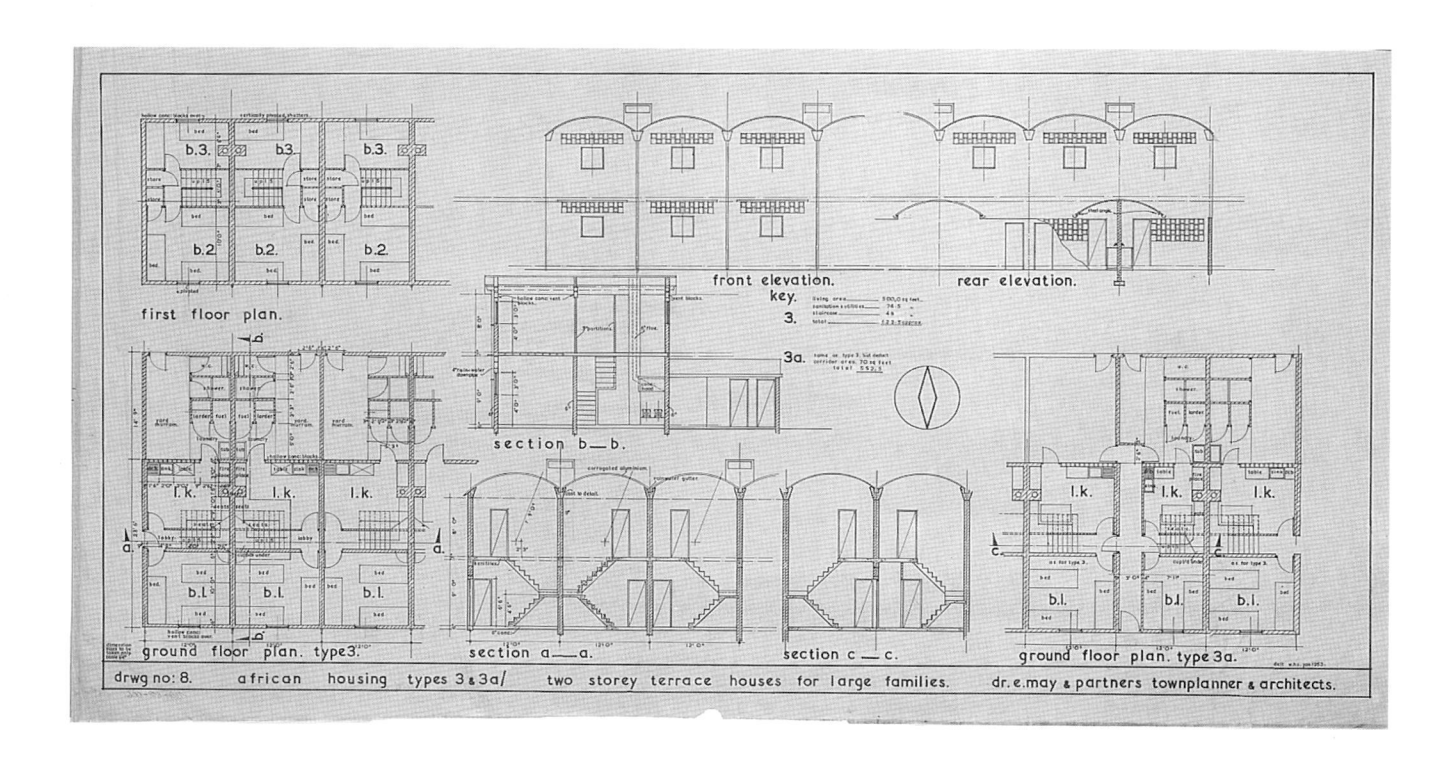

123

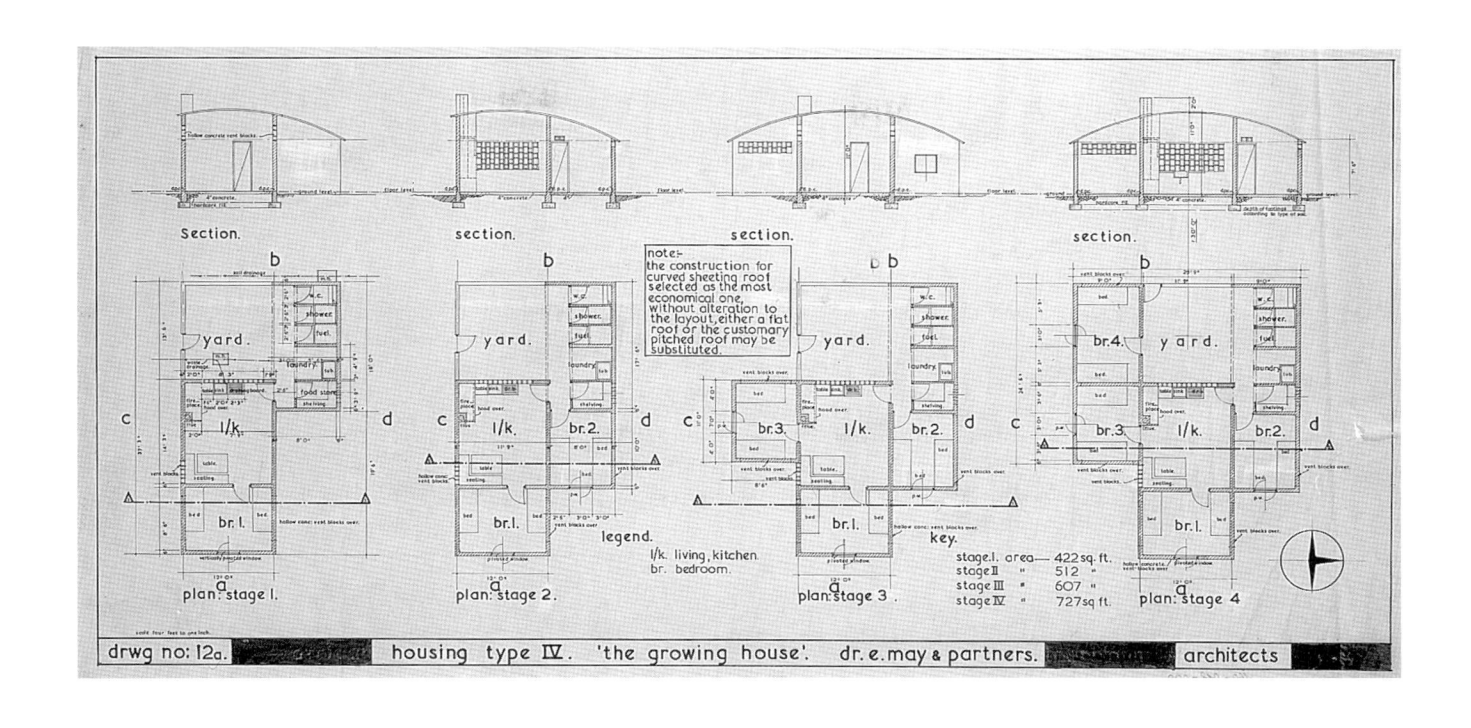

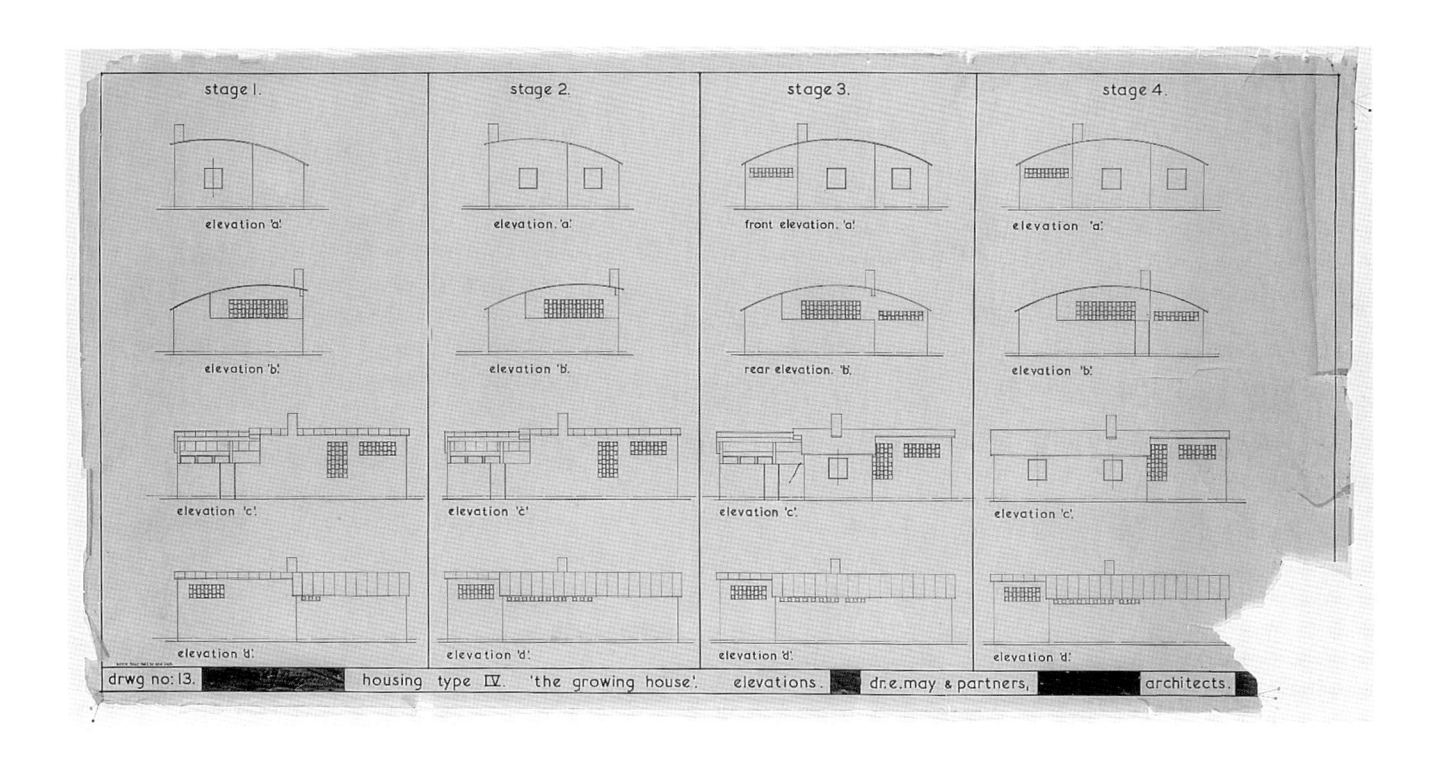

Für große Familien waren zweistöckige Häuser der Typen III und IIIa[309] geplant. Diese Einfamilienreihenhäuser haben ihre Vorbilder in England[310] und in Ernst Mays Frankfurter Siedlungen.[311] Während in Frankfurt-Praunheim die Hausbreite noch fünf Meter beträgt, sind es hier nur noch rund vier Meter. Mit der Bereitstellung einer Wohnküche wird das streng funktional bestimmte Prinzip der Raumaufteilung zugunsten eines größeren Wohnbereichs aufgegeben. Zur raumsparenden Ausstattung der Maisonette-Wohnungen gehören unter anderem Einbauschränke unter der Treppe. Insgesamt wurde das Raumprogramm auf das notwendige Minimum reduziert. Die von May 1929 in Frankfurt am Main auf dem 2. Internationalen Kongreß für Neues Bauen propagierte „Wohnung für das Existenzminimum"[312] findet hier in Afrika ihre extremste Ausprägung.

Schließlich griff May für Port Tudor die Idee des „wachsenden Hauses" auf, das Martin Wagner während Mays Aufenthalt in der Sowjetunion in die Debatte geworfen hatte, um den erwerbs- und häufig auch wohnungslosen Geschädigten der Weltwirtschaftskrise in Deutschland das Konzept eines sparsamen Hausbaus in Etappen anzubieten, das mit der Idee der Lebensmittel-Selbstversorgung auf Gartenparzellen verbunden war.[313] Was in der Weltwirtschaftskrise angemessen war, schien auch auf die mittellosen Zuwanderer anwendbar zu sein, die vom Land in die afrikanischen Großstädte strömten. Mit dem Typ IV von Port Tudor[314] entwarf May ein einstöckiges, um einen Vorhof gruppiertes Einfamilienhaus mit bogenförmiger Dachschale, dessen Bau mit einer einzigen Raumzelle beginnen sollte. Im ersten Stadium sieht es für das noch kinderlose Ehepaar Wohn- und Schlafzimmer sowie in einem Anbau Küche, WC, Dusche, Waschküche und Lagerraum vor. Im zweiten und dritten Ausbaustadium werden Anbauten mit Schlafzimmern für jeweils zwei Personen hinzugefügt. Im vierten, dem Endstadium, umschließen die Gebäudeteile den Hof von drei Seiten und bieten Wohnraum für acht Personen.

Wie so oft bei städtebaulichen Planungen wurde auch in Mombasa nur ein Teil des Gesamtkonzepts realisiert. Von den geplanten acht Nachbarschaften mit jeweils fünf Zeilenbauten entstand nur eine Einheit mit sechs dreistöckigen Mehrfamilienhäusern für je 30 Familien und einige zweistöckige Reihenhäuser. Die breite Grünzone mit Fußballfeld und die Gemeinschaftseinrichtungen wurden nicht ausgeführt. Die nach Mays Weggang errichteten Bauten weichen lediglich in einigen Ausführungsdetails von seinen Entwürfen ab.[315]

Die vom Büro Dr. E. May & Partners für die Port Tudor-Siedlung in Mombasa konzipierten Wohnhaustypen fanden in ähnlicher Form auch bei einem Städtischen Wohnungsbauprojekt in Nairobi Verwendung. Die in Nairobi ansässige Baufirma Betts & Merett übernahm die Entwürfe für eine östlich des Stadtteils Shauri Moyo geplante Wohnanlage.[316]

Haus Gould, Karen bei Nairobi, Kenia, 1938/39
Foto: 90er Jahre

Haus Erskine, Nairobi, Kenia, 1939/40
Ansicht von der Gartenseite.
Foto: 90er Jahre

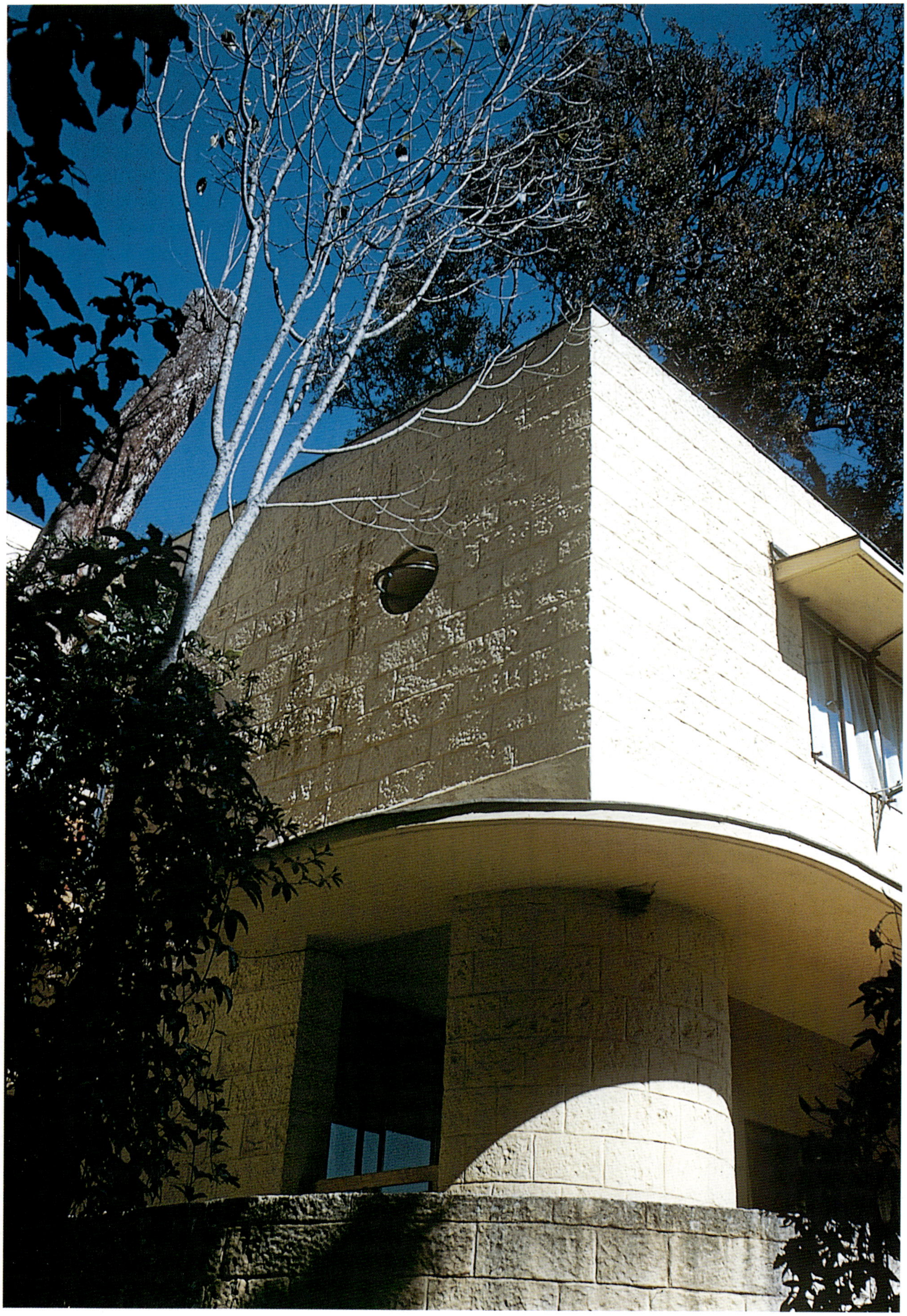

Haus Karen bei Nairobi, Kenia, 1937/38
Ernst Mays Wohnhaus. Detail

Blick auf die Gartenfront
Kaminzimmer, Pfeiler mit Lichtkapitell
Eingang

Fotos: Ernst May

Ferienheim für Kinder, Nairobi, Kenia, 1943/44

Wohnhaus des Verwalters, Eingang.
Foto: 90er Jahre

Wohnhaus des Verwalters, Perspektive, Schnitt und Grundriß, aquarelliert, 1943

rechte Seite
Hook-on-Slab. Typenhäuser für Afrikaner aus Betonfertigteilen, 1945

Modell Haustyp 7.
Modellbau: Volker Ritter, Helman Djaja

Konstruktionsplan, Ansicht der Giebelseite und Details. Lichtpause: 1945

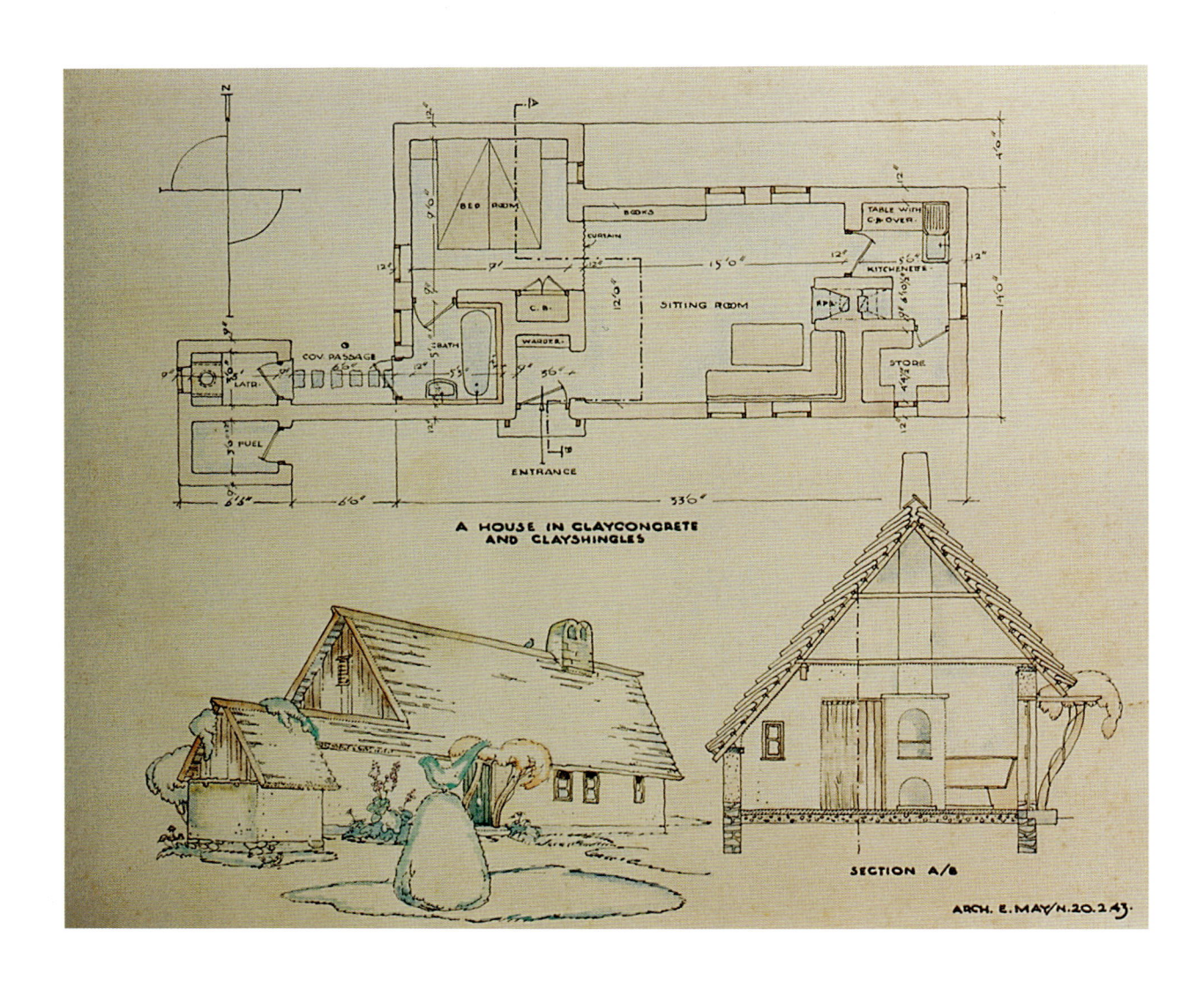

129

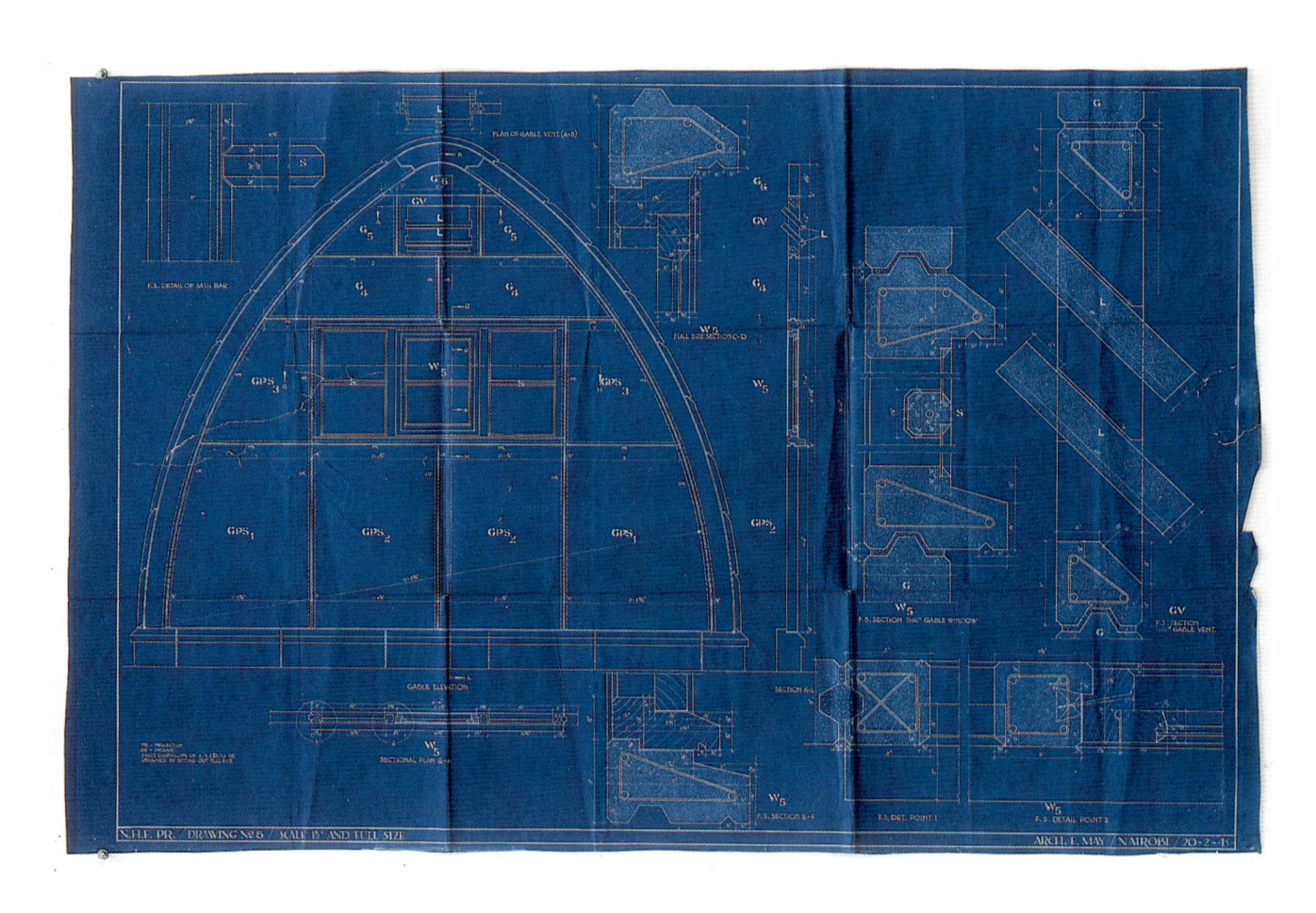

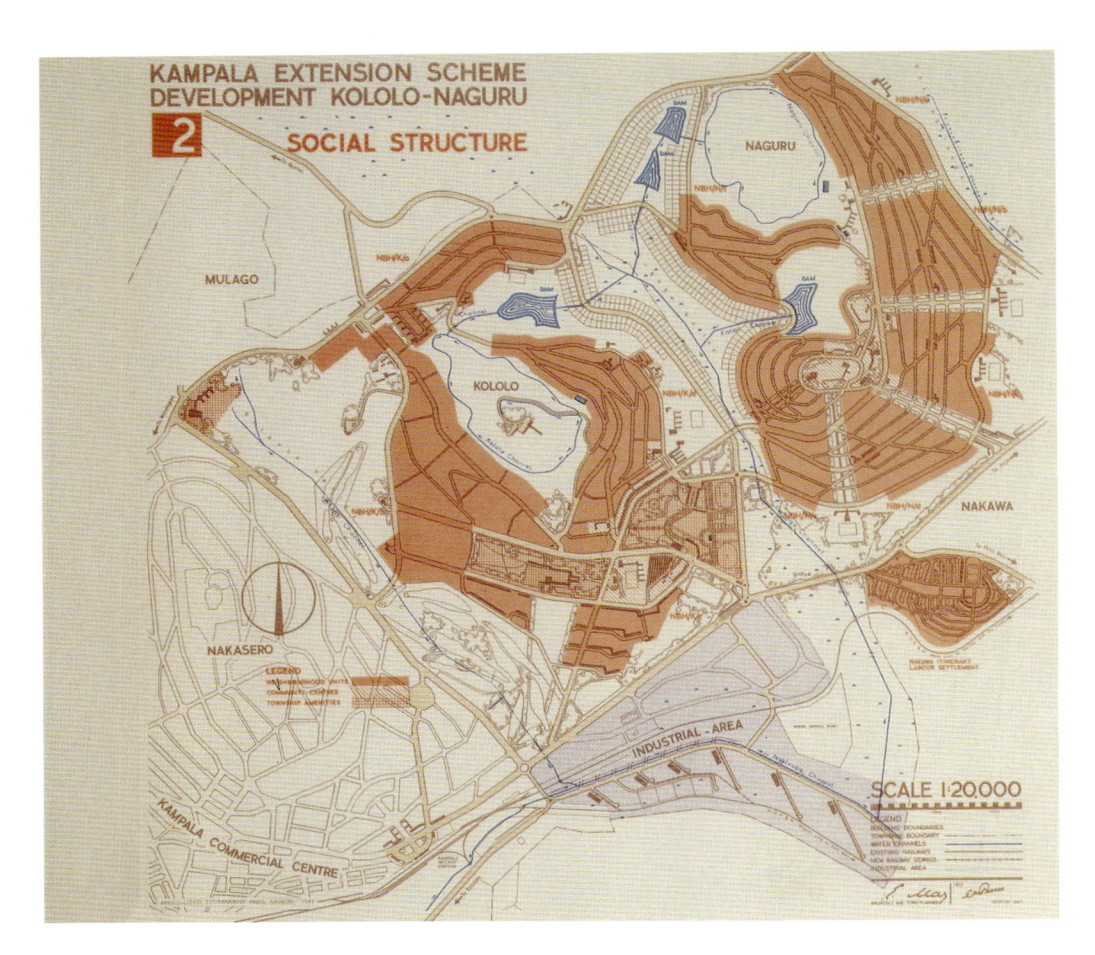

Stadtentwicklungsplan für Kampala, Uganda, 1945–47
Sozialstruktur
Grünflächen

rechte Seite
Wohnanlage Delamere Flats, Nairobi, Kenia, Planung 1938/39. Ausführung 1947–51
Foto: Ernst May
Hauseingang mit Autostellplätzen.
Foto: Ernst May

131

Kulturzentrum Moshi, Tansania, 1949–52
Modell Tankstelle.
Modellbau: Bunkyung Kim, Dunja Naumann
Südfassade. Foto: Ernst May
Blick in den Innenhof. Foto: Ernst May

rechte Seite
Einladung zur Eröffnung, 1952.
Titelgraphik: Ilse May

KILIMANJARO NATIVE COOP. UNION, MOSHI

Aga Khan-Mädchenschule, Kisumu, Kenia, 1949–51
Südseite. Foto: Ernst May
Östliche Giebelseite. Foto: Ernst May

rechte Seite
Uganda Museum, Kampala, Entwurf 1950/51, Ausführung 1952–54
Blick auf den Westflügel. Foto: Ernst May
Ostflügel und Erweiterungsbau der 60er Jahre (rechts). Foto: 90er Jahre

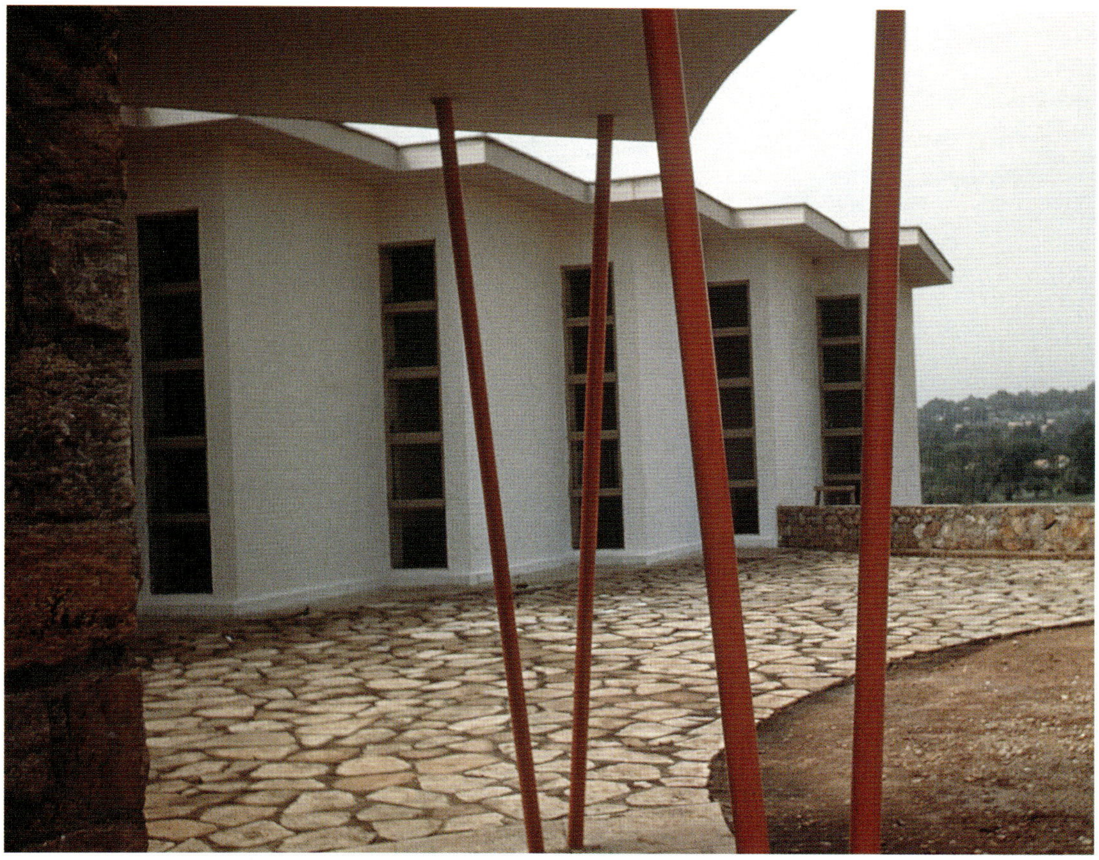

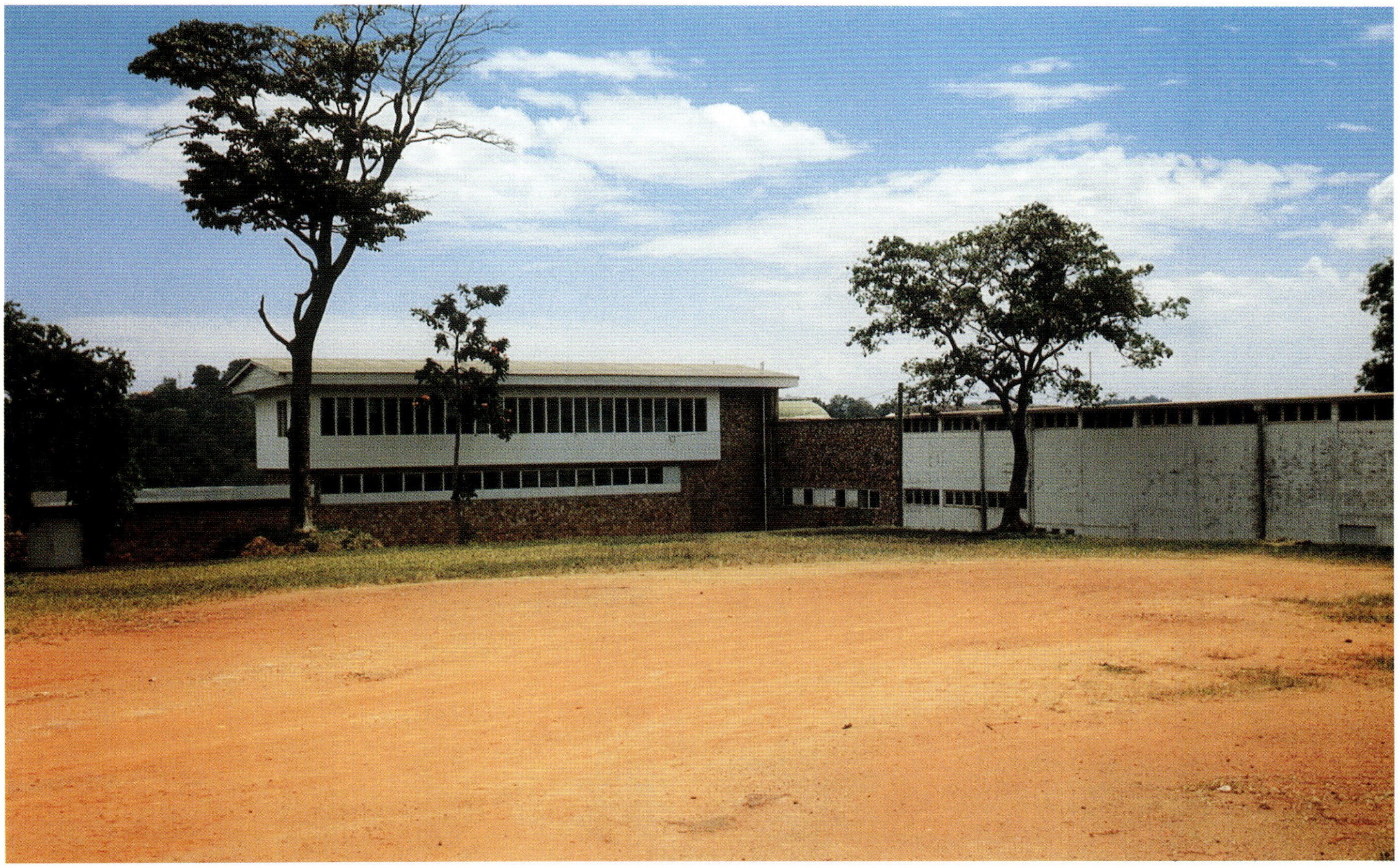

136

**Oceanic Hotel, Mombasa, Kenia,
Entwurf 1950/51, Ausführung 1956–58**
linke Seite
Vogelperspektive.
Zeichnung: Saunders, 1956
Nordansicht. Postkarte

Hotelflur mit Belüftungslöchern.
Foto: 90er Jahre
Südfassade mit später ausgeführtem
zweiten Bauabschnitt. Foto: 90er Jahre

Haus Samuel bei Molo, Kenia, 1950/51
Modell. Modellbau: Marina Hetmann, Melanie Fritz
Blick von Norden. Foto: Ernst May

rechte Seite
Wohnsiedlung Port Tudor, Mombasa, 1952–56
Perspektivzeichnungen „View from green zone looking towards primary school" (oben),
„View inside neighbourhood unit" (unten)

view from green zone looking towards primary school.   drwg. no. 10.

view inside neighbourhood unit.   drwg. no. 11.

Rückkehr nach Deutschland

108] THE ARCHITECTS' JOURNAL for August 3, 1950

ERNST MAY VISITS LONDON

Ernst May, who was one of the leading German architects of pre-Nazi days and who now practises in East Africa, visited London last week with the intention of inspecting buildings erected since he was last in this country. He is seen above looking at the Powell and Moya flats at Pimlico, where he was taken by a JOURNAL representative. He was impressed by this example of British post-war housing, in spite of his aversion to one of the colours used—grass green. But it was not only the post-war buildings that he looked at, for he had not been in Britain since 1926, and was particularly interested in such well-established schemes as Wells Coates's flats in Palace Gate, Sir Owen Williams's health centre at Peckham and Tecton's flats at Highpoint. He spoke with great enthusiasm about his own work in East Africa, where he has five English assistants. Among the schemes on which he is working is a town plan for Ginja, on the Nile. This town should provide employment for 100,000 people when the hydro-electric power station in the area has been completed. Ernst May is also working on the extension plan of Kampala, capital of Uganda, and, on a more domestic scale, on nine blocks of four-storey flats (180 in all) at Nairobi, which are to be raised from the ground as a means of preventing large quantities of dust from entering the buildings. During his visit, which terminated at the beginning of this week, when he left for his native Frankfurt-am-Main, Ernst May gave a talk at the AA arranged by the Mars Group.

Rückkehr nach Deutschland

Bereits während seiner Internierung in Südafrika hatte sich Ernst May damit befaßt, wie er sein Leben nach dem Krieg gestalten sollte (vgl. S. 59 ff.). Gerade weil er im Lager zur Untätigkeit gezwungen war, wurde der Wunsch immer stärker, nach Kriegsende noch einmal „an großen bedeutenden Aufgaben" mitzuarbeiten.[317] Der Versuch direkt nach der Entlassung aus der Internierung im September 1942, die Engländer beim Bau von Militärunterkünften zu unterstützen und seinen „so lange gehegten Wunsch nach produktiver Mitarbeit für die Sache der Anti-Nazis zu verwirklichen (...)",[318] mußte – aufgrund seiner deutschen Nationalität – fehlschlagen (vgl. S. 63).

Erste Kontakte nach Kriegsende

Erstaunlicherweise wurde May noch im Januar 1945, während in Europa der Krieg in die Endphase eintrat, von der britischen Kolonialregierung mit der Erarbeitung eines Generalplans für Kampala beauftragt (vgl. S. 70 ff.). Diese städteplanerische Aufgabe – auch wenn sie in Afrika und nicht in Europa zu erledigen war – entsprach exakt seinen Intentionen. May war in der unmittelbaren Nachkriegszeit durch diese ihm wichtige Arbeit zunächst bis Ende 1947 in Afrika gebunden. Dennoch erwog er offenbar nach der deutschen Kapitulation im Mai 1945 eine sofortige Rückkehr nach Deutschland. Es benötigte jedoch einige Zeit, bis die völlig abgerissenen Verbindungen nach Deutschland wieder geknüpft werden konnten. May berichtete darüber im Juli 1946:

Meine erste Reaktion auf den furchtbaren Zusammenbruch war, dass ich sofort Schritte unternahm, um nach Deutschland zurückzukehren, um nach bestem Bestreben wiederaufbauen zu helfen. Nach großen Schwierigkeiten gelang es mir, mit dem Oberbürgermeister von Frankfurt am Main in Verbindung zu treten. Er riet mir ab zurückzukehren. Englische und amerikanische Freunde warnten mich ebenfalls vor dem beabsichtigten Schritt und waren übereinstimmend der Meinung, dass ich unter den obwaltenden Umständen nur nutzlos Energie verschwende ohne etwas Positives helfen zu kön-

linke Seite
Ernst May besucht London.
The Architects' Journal vom 3. August 1950

nen. Aus Zeitungen und immer häufiger eintreffenden direkten Nachrichten aus der Heimat entnahm ich dann deutlich, dass die gegenwärtige Zeit nicht reif ist für ein Schaffen im Großen. So haben wir denn beschlossen, die Entwicklung der Dinge hier abzuwarten.[319]

Zunächst einmal sorgten Mays dafür, daß ihre beiden Söhne im Ausland studieren konnten. Klaus May, der bisher im Büro seines Vaters als Technischer Zeichner mitgearbeitet hatte, war von der Eidgenössischen Technischen Hochschule in Zürich zum Architekturstudium angenommen worden, welches er im Oktober 1946 beginnen wollte. „Trotz der verhältnismäßig guten Arbeitsbedingungen in Kenya", schrieb er, „fällt es einem doch etwas schwer, sich ganz zu Hause zu fühlen. Man hat es als Ausländer und besonders als Deutscher ja begreiflicher Weise in vielen Beziehungen nicht ganz leicht und so bin ich nicht unglücklich darüber, mal für einige Zeit ganz aus Kenya herauszukommen."[320]

Thomas May, der an der Küste in Tanga gearbeitet hatte, war von der Universität in Syracuse, New York State, zum Studium angenommen worden und trat im Mai 1947 von Mombasa aus die Schiffsreise nach New York an.

Zum Jahreswechsel 1946/47 schrieb Ernst May an seine Schwiegermutter einen ausführlichen Brief, welcher seine Auffassung über das Naziregime und seine Einschätzung der Lage in Deutschland wiedergibt:[321]

Ich habe nie daran gezweifelt, dass die unmenschliche Barbarei des Naziregimes bald zusammenbrechen würde. Traurig ist aber, wie nun unsäglich viele Unschuldige wahllos mit den Schuldigen leiden müssen. (...) Da wir aber den Grundsatz haben, nicht zurück, sondern nach vorwärts zu schauen, vergessen wir diese Zeit bald und sind jetzt wieder in vollstem Schaffen. Ich bin so beschäftigt, dass ich schon seit zwei Jahren meine Arbeiten nicht mehr bewältigen kann. (...) Nun ich habe nach allem meinen Glauben an Deutschland nie verloren. Nur wird die Wiedergeburt dieses Mal lange, lange dauern.[322]

Aus Frankfurt am Main erreichten Mays vorwiegend erschütternde Berichte über die Situation in der Nachkriegszeit,[323] jedoch auch positive Meldungen, die besagten, daß der frühere „Stadtbaumeister" nicht in Vergessenheit geraten war. Ria Drevermann, die Mutter eines früheren Mitarbeiters von May, schrieb von einem Erlebnis, das sie in dem von May errichteten Stadtteil Westhausen-Praunheim hatte: „(...) dort steht nämlich noch alles. Nun wäre einem richtigen Bombenteppich ja auch diese Siedlung zum Opfer gefallen, indessen sie scheinen widerstandsfähiger als Stadthäuser zu sein. Jedenfalls sagte mir ein dortiger Anwohner: 'unser Dächer, iwwer die man so viel geredt' hat, stehe als noch, die von dene Stpitzdachidiote [sic!] sinn all hie!' Ja, es ist seltsam um das vielgeschmähte flache Dach (...)!"[324]

Die politischen Umwälzungen, die sich nach Kriegsende in der Welt vollzogen und sich zu einem Ost-West-Konflikt zugespitzt hatten, führten schließlich zur Spaltung Europas und Aufteilung Deutschlands in eine West- und Ostzone. May beobachtete diese Entwicklung mit großer Sorge:

Die Weltlage ist ja leider unglaublich elend und man muss all seinen Optimismus zusammenkratzen, um an ein Überleben unserer westlichen Kultur noch zu glauben. Nun, die Dinge scheinen sich immerhin verhältnismäßig schnell abzuspielen, sodass man wohl im Herbst [1947, Anm. d. Verf.] wird übersehen können, ob ein Friede oder ein neuer und noch ein viel furchtbarerer Krieg bevorstehen. Dann werden wir uns auch entscheiden, ob wir dieses materielle Paradies und diese geistige Verbannung gegen die Heimat eintauschen werden.[325]

Familie May entschied sich dann doch für das freie und sorglose Leben in Afrika. „Ernst hat sehr viel zu tun und wir haben uns nun eigentlich entschieden, hier zu bleiben und nicht – wie wir zeitweise beabsichtigten – nach Deutschl. zurückzukehren", schrieb Ilse May im April 1948 an ihre Familie und fügte hinzu: „Noch vor kurzem wurde Ernst gefragt, ob er evtl. den Posten des Direktors des Rhein-Main-Siedlungskonzerns annehmen würde – aber Ernst ist jetzt hier so an seine Arbeit gebunden, daß ihn auch das nicht lockt."[326] Doch gegen Ende des Jahres 1948 schien sich Mays Auffassung schon wieder grundlegend gewandelt zu haben, wie aus dem Briefwechsel mit seinem Sohn Klaus hervorgeht. „Ich finde es einfach schade", schrieb Klaus May seinem Vater, „dass Du auf die Dauer Deine Energie an Leuten verschwendest, die Deine Arbeit nicht zu würdigen verstehen."[327]

Anfang Januar 1949 beantragte Ilse May beim Schweizer Konsulat ein Visum für einen Besuch bei ihrem Sohn in Zürich.[328] Bei den britischen Behörden bat sie um eine Einreiseerlaubnis in die britisch besetzte Zone Deutschlands, um ihre 85jährige Mutter in Brake bei Lemgo besuchen zu können. Während das Visum für die Schweiz relativ kurzfristig erteilt wurde, ließ die Einreisegenehmigung nach Deutschland auf sich warten.[329] Ende April konnte sie schließlich zunächst in die Schweiz und von dort nach Deutschland fahren. Ernst May blieb wegen starker beruflicher Beanspruchung in Nairobi.[330]

Im Februar 1949 ließ sich Ernst May dort für die Frankfurter Rundschau zum Wiederaufbau in Frankfurt am Main befragen. Er hatte sich nur zögernd zu diesem Interview bereit erklärt und führte ins Treffen, daß er zwar von befreundeter Seite ziemlich genau über das Ausmaß der Zerstörungen der Stadt unterrichtet worden sei und sich in seinen Gedanken oft mit dem Problem des Wiederaufbaus von Frankfurt beschäftigt habe, es anderseits jedoch willkürlich erscheinen müsse, unter den zahlreichen gangbaren Wegen EINEN herauszugreifen und als Richtlinie zu empfehlen. Schließlich nahm er dann aber doch recht pointiert Stellung:

Was die Frage einer eventuellen Wiederherstellung des früheren Charakters der Altstadt betrifft, mit ihren mittelalterlichen Gassen und ihren Giebelhäusern, so scheint es mir nahezu unfaßbar, wie eine solche Frage überhaupt gestellt werden kann. Gibt es wirklich in unserer Generation noch Menschen, die glauben, man könne abgestorbene Kulturperioden wieder heraufbeschwören? Vergessen wir alles sentimentale Rückwärtsschauen. Ziehen wir einen klaren Strich unter die Vergangenheit und ihr unrühmliches Ende. Schauen wir vorwärts auf das neue Deutschland und die Bedeutung, die ihm im Rahmen einer von Grund auf veränderten Welt zukommen wird. (...)

Da wir auf lange Zeit ein armes Volk sein werden, so haben wir auf alle städtebaulichen Utopien zu verzichten. Nur mit beiden Füßen auf dem Boden vermögen wir die gigantische Aufgabe, die vor uns liegt, zu lösen. Nein – diejenigen tun unserem Land keinen Dienst, die die bisherigen Stadtpläne radikal vergessen möchten, um gewissermaßen aus dem Nichts neue Städte aus der Erde zu zaubern. (...)
Dies bedeutet aber nicht sklavisches Festhalten an allen Zufälligkeiten vergangener Stadtgestaltung. Die weitgehenden Zerstörungen sollten ausgenutzt werden, um Mängel der früheren Planung auszumerzen und vorausschauend Verbesserungen für die Zukunft zu planen, selbst wenn unsere Finanzlage uns die Verwirklichung solcher Pläne noch verbietet.[331]

Mays anfängliches Zögern, sich öffentlich zum Wiederaufbau Frankfurts zu äußern, erklärt sich sicherlich daraus, daß sein früherer Mitarbeiter Böhm inzwischen zum Oberbaurat in Frankfurt avanciert war und somit für den Wiederaufbau mitverantwortlich zeichnete. Beider Ansichten über den richtigen Weg zum neuen Frankfurt unterschieden sich nämlich durchaus, wie May später zugab.[332]

Besuche in Deutschland

Im Sommer 1950 besuchte Ernst May erstmals nach 20 Jahren wieder Deutschland. In Frankfurt am Main wurde er durch einen Empfang des Magistrats, zu dem frühere Mitarbeiter und befreundete Architekten geladen waren, besonders herzlich begrüßt.[333] In Vertretung des verreisten Oberbürgermeisters Walter Kolb würdigte Stadtrat Dr. Reiners „die Verdienste Mays um das städtebauliche Gesicht Frankfurts. Damals, 1925, habe May vor einer gigantischen Aufgabe gestanden, die er mit Elan und Hingabe und beispielhaft für Europa gelöst [habe]." Der Stadtrat meinte: „sein Geist sei auch im Rathaus lebendig geblieben." Er schloß seine Rede, in Anspielung an den früheren Spottvers der Frankfurter über den Stadtbaurat May, mit den Worten „der May ist gekommen" und der Ergänzung „der May soll bleiben."[334]

Außer Frankfurt am Main besuchte May noch das Rheinland, das Ruhrgebiet, Aachen, Hamburg und Berlin, wo er jeweils Lichtbildervorträge hielt, die auch in der Presse große Resonanz fanden.[335]

Auf die Frage, warum er nach Deutschland gekommen sei, antwortete May, vorläufig handele es sich nur um einen kurzen Besuch; er wolle aber nicht ein Leben lang in Nairobi bleiben. „Wenn ich auch erst seit drei Tagen hier bin, so sehe ich doch schon, daß manches im Argen liegt. Es wird in Deutschland zwar viel gebaut, aber man erkennt keine großzügige Planung, keine einheitliche Leitung."[336] Zum umstrittenen Wiederaufbau der zerstörten Innenstädte äußerte May sich sehr eindeutig. Bedenklich erschienen ihm alle Versuche, die Altstädte wieder zu sanieren oder sogar einen historisch getreuen Neubau zu wagen. „Solche Rekonstruktionen sind ein Rückfall in die Romantik, die wir uns nicht leisten können, ganz abgesehen davon, daß es darauf ankommt, aus unserem Baudenken heraus schöpferische Leistungen (als Spiegel der Gegenwart) zu erzielen."[337]

Ende Juli 1950 reiste May von Berlin aus nach London und besuchte Jane Unwin in Hampstead. Die Tochter seines verehrten Städtebaulehrers Raymond Unwin hatte sich während des Kriegs intensiv für eine Freilassung Mays aus der Internierung eingesetzt (siehe S. 59). Außerdem ließ er sich, da er seit 1926 nicht mehr in England gewesen war, von Fachkollegen Wohnanlagen und Gesundheitseinrichtungen aus der Vor- und Nachkriegszeit zeigen.[338]

Von London fuhr er über Frankfurt am Main nach Zürich, wo er seinen dort studierenden Sohn Klaus besuchte und sich von den Strapazen der Reise erholte, bevor er mit dem Schiff „Cloudmaster" die Rückreise über's Meer nach Mombasa antrat.[339]

Bewerbungen in Deutschland

Ernst May hatte auf seiner Rundreise nicht nur Vorträge gehalten, sondern auch diverse Gespräche über eine Arbeitsmöglichkeit in Deutschland geführt. Ilse May berichtete ihrem Sohn Thomas: „(...) so kann es doch sein, daß wir noch einmal zurückkehren. Papa hat zwei Sachen in Aussicht. Entweder in Bonn im Ministerium als Leiter des Wohnungsbaus. Das klingt sehr großartig, ist aber ³/₄ Verwaltungsarbeit, was Papa gar nicht so liegt. Oder eine Art Bürgermeister für Wiederaufbau in Frankfurt, eine Stelle, die speziell geschaffen würde, da man Papa gern nach Frankfurt holen will."[340]

Offenbar hatte May sich auch auf eine ausgeschriebene Stelle im Ruhrgebiet beworben, was aber „trotz meiner und vieler anderer Bemühungen", wie Werner Hebebrand es nannte, „daneben gegangen" war.[341] Hebebrand informierte May darüber, daß der Stadtstaat Hamburg einen Oberbaudirektor sucht. „Auch mir ist diese Sache angetragen worden, das würde aber für mich bedeuten, dass ich alles an den Nagel hängen müßte, und selbst dann weiß ich nicht, ob ich das Zeug dazu hätte. Aber ich habe nun wiederum Sie in die Debatte geworfen und möchte Sie nun fragen, ob Sie (...) auch wirklich bereit wären, das zu tun." Hebebrand schloß seinen Brief mit der Versicherung: „Dass nicht nur ich, sondern ein großer Kreis von Leuten Ihr come back in Deutschland unterstützen würden, ist gar keine Frage."[342]

May war sich indessen der Unterstützung seines Rückkehrwunsches offenbar nicht in allen Kreisen sicher, wie aus seinem Antwortschreiben an Hebebrand vom 1. 7. 1951 hervorgeht:

Ich habe mich sehr gefreut über die Ehrung seitens der Technischen Hochschule, Hannover, und nicht zuletzt über die künstlerisch feine Aufmachung der Promotionsurkunde. Ist es nicht verrückt, dass man auf der einen Seite meine frühere Arbeit ehrend anerkennt, auf der anderen Seite aber offenbar nichts mehr fürchtet als meine Rückkehr. Vielleicht haben die Leute einen ganz guten Riecher, denn ich kann Ihnen verraten, dass ich für zeitgemäßes Bauen auf allen Gebieten wie ein Löwe kämpfen werde, wobei ich auf die mutige Unterstützung meiner engeren früheren Mitarbeiter rechne. Ich bin auch überzeugt, dass, einmal nach Deutschland zurückgekehrt, es mir gelingen würde, alle die Barrikaden in kurzer Zeit zu überrennen, vorausgesetzt, dass ich eine Ausgangsstellung sehe, von der ich losschlagen könnte. (...)[343]

Seine Zusage für eine Bewerbung um den Posten als Oberbaudirektor machte May von einigen Voraussetzungen abhängig, um deren Klärung er Hebebrand bat. Ein Hauptproblem war, daß er sich mit 65 Jahren bereits im Pensionsalter befand. „Wenn also die entscheidenden Stellen so idiotisch eingestellt sind, nicht einsehen zu wollen, dass die Zahl der Jahre absolut nichts mit der Schaffensfähigkeit eines Menschen zu tun haben muß, dann ist die Sache ja hoffnungslos", befürchtete May.[344]

Die Klärung dieser Fragen nahm einige Zeit in Anspruch, und May wurde langsam ungeduldig. Im Oktober 1951 richtete er eine weitere Anfrage an den Stadtbaurat von Hannover, Rudolf Hillebrecht, dessen Bekanntschaft er bei seinem letzten Deutschlandaufenthalt gemacht hatte:

(...) So habe ich mich entschlossen, wieder einmal an ein paar von mir geschätzte Menschen zu schreiben, ob sie irgendwelche Möglichkeit sehen, die mir, trotz meiner 65 Jahre einen Arbeitsbereich in der Heimat eröffnen. (...) ich habe mich auch mit 30 Jahren nicht rüstiger gefühlt und arbeite auch heute noch spielend meine 12 Stunden. Können sie mir vielleicht einen Wink geben. (...) Trotz aller äußeren Vorteile – und es sind deren begreiflicherweise viele – fühlen wir uns hier unter den Engländern fremd.[345]

Auch Hillebrechts Antwort ließ auf sich warten, weil dieser zusammen mit Hebebrand und dem Hamburger Bürgermeister Dr. Nevermann nach einer Lösung suchte, May zu helfen. Sein ausführlicher Brief,[346] in dem Hillebrecht seine Bemühungen schilderte, erreichte May zu Weihnachten 1951, gleichzeitig mit dem Schreiben Dr. Nevermanns, das mit den Worten „Es kommt ein Ruf aus Deutschland!" beginnt und im folgenden May die Bewerbung um eine Kandidatur für den Posten des Oberbaudirektors in Hamburg nahelegt.[347]

Bereits zwei Tage später übermittelte May dem Bürgermeister Dr. Nevermann seine Absage, die er wie folgt begründete:

(...) Als ich dann nach 2 Monaten noch nichts von Deutschland gehört hatte, sah ich mich genötigt, zwecks Bewältigung mehrerer Millionen-Aufträge zwei meiner älteren Assistenten als Partner aufzunehmen, da ich nur auf diese Weise die in den drei ostafrikanischen Territorien liegenden Baustellen kontrollieren kann. Daher unterzeichnete ich vor fünf Tagen einen Partnerschaftsvertrag, der mich unter anderem verpflichtet, für die Dauer von 3 Jahren persönlich an der Spitze meines Architekturbüros zu bleiben. (...) So bleibt mir nur übrig, die Entwicklung der Dinge als schicksalsbestimmt hinzunehmen, und meinen Wunsch, noch einmal in Deutschland an richtungsgebender Stelle wirken zu dürfen, zu begraben.[348]

An Stadtbaurat Hillebrecht schrieb May am 29. 12. 1951 ebenfalls einen Brief, in dem er seine Absage noch ausführlicher begründete.[349] Die Position des Baudirektors in Hamburg erhielt schließlich doch Mays früherer Mitarbeiter Werner Hebebrand.[350]

Weitere Bewerbungen und Reisen nach Deutschland

Im Sommer 1952 fuhr Ilse May nach Deutschland und besuchte ihre Mutter Luise Hartmann und ihre Schwester Lotte in Brake bei Lemgo. Ernst May schrieb ihr dorthin, nachdem er aus der Umgebung des Aga Khan gerade die Nachricht bekommen hatte, „daß man eine ganz herkömmliche Architektur wünscht (...) für die geplante Residenz als auch für das Hospital. (...) Da wir sonst keine größeren Aufträge in der Hand haben, bin ich wieder einmal auf dem Punkt angekommen, ob es nicht doch nach allem das Richtige ist hier Schluß zu machen. (...) Du musst Dir überlegen, ob es Zweck hat, den Hamburger Bürgermeister Nevermann, mit dem ich korrespondierte, aufzusuchen und mit ihm darüber zu sprechen, ob ich vielleicht in anderer Stellung dort gebraucht werde."[351]

Offensichtlich waren die Bemühungen seiner Frau nicht erfolgreich gewesen, denn im Januar 1953 wandte sich May direkt an den Bundespräsidenten Theodor Heuss:

(...) Ich bin vollauf beschäftigt, leider aber nicht mit den Arbeiten, die mir besonders am Herzen liegen, d. h. Städtebau und sozialem Wohnungsbau. Trotz nahezu 20jährigem Aufenthalt in Ostafrika haben wir uns nicht seelisch zu akklimatisieren vermocht, sondern fühlen unsere Wurzeln noch fest in Deutschland verankert. Ich habe daher den festen Willen, nach der Heimat zurückzukehren, wenn man mich in Deutschland braucht. (...) Nunmehr bin ich aber in der Lage, mich frei zu machen, falls ich in der Heimat ein geeignetes Arbeitsfeld finde. Mein Herz ist in der Organisation von Wohnungsbau für die Massen, obwohl mich auch jede andere städtebauliche oder architektonische Arbeit größeren Stiles interessiert. (...) Ich bin 66 Jahre alt, verfüge aber sowohl was meine Schöpferkraft betrifft wie auch die erforderliche Energie, Dinge unter schwierigen Verhältnissen durchzusetzen, über die gleiche ungebrochene Kraft, die hinter meiner Frankfurter Tätigkeit stand.[352]

Theodor Heuss antwortete May persönlich und sehr freundlich, machte ihm aber keine Hoffnungen, daß er „irgendwelche Arbeitsmöglichkeiten" im Auge haben könnte. Derlei sei nämlich nicht der Fall, da er qua Bundespräsident mit den Dingen, die mit Städtebau zu tun haben, gar nicht befaßt sei. Natürlich interessiere es ihn, „wenn da oder dort Planungen größerer und wichtigerer Art unternommen werden." Er habe es aber abgelehnt, in Streit-

Rückkehr nach Deutschland

fällen über Städtekerngestaltung einzugreifen, „weil ich von den paar architektonischen Wettbewerben, bei denen man mich als Preisrichter herangeholt hatte, weiss, dass hier ein Sachurteil sehr davon abhängt, dass man sich in die Plangestaltung nach ihren soziologischen und nicht bloss ihren ästhetischen Voraussetzungen wirklich einarbeitet. Dieses aber kann ich schlechterdings nicht anfangen, da meine Arbeitskraft dauernd überfordert wird und es ein Gesetz der Redlichkeit und der Arbeitsökonomie ist, mich nicht in Dinge hereinzumengen, bei denen eine eigene Verantwortung dann doch nicht vorliegt. Wir sind nun eben in Deutschland aus dem Zustand des Diktatorischen herausgekommen. Wenn wir das für das Politische bejahen, müssen wir es auch für das Ästhetische und Ökonomische mit akzeptieren."[353]

In seiner Replik vertrat May die Meinung, daß starke Führung in einer Demokratie ebenso wichtig sei wie in jeder anderen Staatsform, „solange gesetzliche Vorsorge getroffen ist, daß solche Führung auf demokratischer Grundlage arbeitet und nicht in irgendeine Form von Diktatur auszuarten vermag." May schloß seinen Brief an den Bundespräsidenten mit den Worten: „Mein Bestreben ist, ein Arbeitsgebiet zu übernehmen, das mir ermöglicht, meine langjährigen Kenntnisse auf dem Gebiete des sozialen Wohnungsbaus noch einmal in den Dienst meines Vaterlandes zu stellen."[354]

Ernst May beim Fotografieren im
Amboseli Nationalpark, Kenia, um 1953

Rückkehr nach Deutschland und Neuanfang in Hamburg

Der Wunsch, nach Deutschland zurückzukehren, wurde durch die zunehmenden Unruhen in Kenia verstärkt, den sogenannten Mau Mau-Aufstand.[355] May selbst war ständig mit einer Pistole bewaffnet und führte eine Patrouille an, welche die Sicherheit der am Fuß der Ngong Hills lebenden Europäer gewährleisten sollte. Dennoch kam es auch dort zu Zwischenfällen. Das niedergebrannte Dorf Lari und die Opfer des nächtlichen Massakers hielt May mit seiner Leica fotografisch fest.[356]

Ernst May, der den Fotoapparat nicht nur zur Dokumentation seiner Bauten einsetzte, sondern auch ein begeisterter Natur- und Tierfotograf war, hatte auf seinen Reisen stets zwei Leica-Kameras dabei: eine für Schwarzweißaufnahmen und eine für Farbdias, die er für Lichtbildervorträge benötigte.[357]

Nachdem May sich endgültig entschieden hatte, nach Deutschland zurückzugehen, bereitete er seine Rückkehr nach Europa ebenso gründlich vor wie vor 19 Jahren seine Ausreise nach Afrika. Von seinem Sohn Klaus, der mittlerweile in Hamburg Arbeit gefunden hatte, ließ er sich die Redaktionsadressen deutschsprachiger Architekturzeitschriften geben, um ihnen Berichte über seine Tätigkeit in Ostafrika anzubieten.[358] In der „Innendekoration" und der „Bauwelt" erschienen Anfang 1953 ausführliche Werkberichte über Mays Bauten in Afrika.[359] Auch die englische Fachpresse versorgte May mit Bild- und Textbeiträgen über seine neuesten Projekte.[360]

Anfang Juni 1953 flog Ernst May nach London, um anschließend in Deutschland und in der Schweiz Lichtbildervorträge zu halten. Neben fachspezifischen Themen, wie „Städtebau, eine Angelegenheit des Volkes",[361] umfaßte sein Vortragsrepertoire auch allgemein interessierende Bereiche, wie „Wirtschaftliche und politische Gegenwartsfragen Britisch Ostafrikas, insbesondere Kenias" und „Sonne und Finsternis in Ostafrika – Mit besonderer Berücksichtigung des Mau Mau-Aufstandes."[362] Angeschrieben hatte er auch das von Sigfried Giedion geleitete Sekretariat des CIAM (Les Congrès Internationaux d'Architecture Moderne) in Zürich.[363] Giedion bereitete gerade den 9. Internationalen Kongreß für Neues Bauen in Aix-en-Provence vor und lud May als einen der CIAM-Gründer mit dem Hinweis, auch Gropius würde teilnehmen, dorthin ein.[364]

Die Vortragsreise scheint für May sehr erfolgreich verlaufen zu sein. Die Resonanz in den Medien war groß. Die Stuttgarter Zeitung schrieb über Mays Vortrag in der Technischen Hochschule: „(…) die Bilder aus Afrika und von seinen eigenen Leistungen dort, die uns Ernst May zum Schluß zeigte, beweisen eines: er hat das beneidenswerte Glück der Vorurteilslosigkeit, in einem Lande ohne Vergangenheit zu bauen. Köln und Ulm oder Würzburg aber sind kein Nairobi. (…) Der Vortrag von Ernst May stimmte wehmütig. Hier sprach einer aus der Zeit, als Deutschland – mit ihm und Gropius und Mies van der Rohe und vielen anderen – die besten Ideen und Kräfte im Bauen und Wohnen hatte."[365] Ein „Land ohne Vergangenheit" war Afrika natürlich keineswegs, nur war es damals nicht üblich, die historischen Kulturleistungen vor der Kolonialzeit wahrzunehmen.

Lari-Hinterbliebene eines
Mau Mau-Massakers, frühe 50er Jahre.
Foto: Ernst May

Während Mays Deutschlandaufenthalt im Sommer 1953 entstand auch der Kontakt zur „Neuen Heimat" in Hamburg. Geknüpft hatte die Verbindung Werner Hebebrand, der in seiner Eigenschaft als Oberbaudirektor von Hamburg eng mit der gemeinnützigen Wohnungs- und Siedlungsgesellschaft zusammenarbeitete. Geschäftsführer des gewerkschaftseigenen Unternehmens war zu dieser Zeit der Volkswirt Heinrich Plett, mit dem May über eine Anstellung als Leiter der Planungsabteilung verhandelte.[366]

Gleich nach seiner Rückkehr nach Kenia betrieb May energisch den Verkauf des Wohnhauses in Karen und die Abwicklung seiner Geschäfte. Für das schön gelegene Grundstück fand sich schnell ein Interessent. Ein Amerikaner namens A. J. Millar kaufte das Anwesen mit allem, was Mays darin zurücklassen wollten.[367]

Für die Geschäftspartner von Dr. E. May & Partners kam Mays Entschluß, nach Deutschland zurückzukehren, überraschend. Besonders seine Auftraggeber in Uganda, wo unter anderem der Bau des Landesmuseums kurz vor der Vollendung stand, bedauerten seinen Weggang sehr.[368] Ihm zu Ehren gaben sie Anfang Dezember 1953 ein großes Abschiedsfest in Kampala.[369]

Am 17. Dezember 1953 fuhren Ilse und Ernst May mit dem Schiff von Mombasa nach Venedig. Von dort nahmen sie den Zug und trafen am Abend des 1. Januar 1954 in Hamburg ein.[370] Damit war für May die afrikanische Episode, die immerhin fast 20 Jahre seines Lebens umfaßt hatte, abgeschlossen. Ohne Wehmut über das Zurückgelassene richtete der 66jährige seinen Blick konsequent nach vorn und stürzte sich gleich am nächsten Tag in seine neue Arbeit.

Seinem alten Bekannten Richard Döcker[371] schrieb er über seine neue Tätigkeit in der „Neuen Heimat": „Es gefällt mir bis jetzt ausgezeichnet und ich bin froh, wieder in Deutschland mitarbeiten zu können. Rund 20 Jahre Afrika – obwohl es dort herrlich war – sind genug."[372]

Zum bisherigen Wiederaufbau Deutschlands vertrat May eine differenzierte Auffassung. Dem Frankfurter Baudirektor Herbert Böhm schrieb er anläßlich der Herausgabe der Schrift „Frankfurt baut auf": „Ich bewundere die mengenmäßige Leistung des Wiederaufbaus Frankfurts sowie anderer Städte, beanstande aber den Mangel an baulicher Harmonie beim Neuaufbau." Er selbst sei eben dabei, „die Fundamente für eine Qualitätsarbeit [zu] leisten, wo bisher Quantität dominierte."[373]

Seine Vorstellungen über den Wiederaufbau der im Krieg zerstörten Städte legte May in einer ausführlichen Stellungnahme zu einer englischen Veröffentlichung dar:[374]

Ich habe mit großem Interesse die Abhandlung von Prof. Geoffrey Barraclough „The New Babylon" in „The Listener" gelesen. Der Inhalt fesselte mich deshalb in besonderem Maße, weil mich seit geraumer Zeit tiefgehende Bedenken erfassen, wenn ich die zusammenhanglos und unorganisch in den Räumen deutscher Städte entstehenden Neubauten betrachte.
Ich bin nicht der Auffassung von Prof. Barraclough, daß Tradition darin besteht, daß man Stilarten vergangener Zeiten aus m. E. falsch verstandenen tra-

ditionellen Betrachtungen nachahmt. Ich halte z. B. jeden Versuch, heute – sei es in Dresden oder anderswo – Aufgaben unserer Tage in Barock auszudrücken, von vornherein für verfehlt (...).

Ich gehe auch so weit zu sagen, daß die Rekonstruktion von Warschauer Adelspalästen in ihrer ursprünglichen Form deshalb von vornherein nicht mehr sein kann als Theater – Attrappe, als sich die soziale Struktur des polnischen Lebens vollständig gewandelt hat, und es unwahr ist, hinter Fassaden, die in typischer Weise das gesellschaftliche Leben gewisser bevorzugter Gesellschaftsschichten spiegelten, heute kleine Wohnungen und Büros zur Ausgabe von Nahrungsmittelkarten und dergl. zu etablieren.

Ich bin durchaus davon überzeugt, daß unsere Zeit wie eine jede frühere ihren eigenen Stil entwickeln muß, und daß dieser Stil die vorwiegenden Tendenzen unseres geistigen, sozialen und wirtschaftlichen Lebens spiegeln muß, soll er ehrlich sein. (...)

Was mich jedoch bedenklich macht ist der Mangel an Harmonie in unseren Straßenbildern, (...) Harmonie im Straßenraum ist in Deutschland nur noch dort vorhanden, wo in Großsiedlungen die Gestaltung einem einzelnen Architekten oder einer zusammenarbeitenden Architektengruppe vorbehalten ist. M. E. muß es das Ziel aller sich in diesem Bauen auswirkenden Kräfte sein, die Harmonie des Straßenraums wieder zu der ihr zukommenden Bedeutung zu bringen und den Individualbau zurückzudrängen hinter das Gesamtbild von Straßen und Plätzen.

Bei seinen eigenen Planungen für Siedlungen der „Neuen Heimat" in Bremerhaven, Lübeck und Bremen knüpfte May zunächst an sein früheres städtebauliches Konzept der Gartenstadt und den Nachbarschaften an. Die Vorgabe, möglichst vielen Menschen den dringend nötigen Wohnraum zu verschaffen, und das Streben nach städtebaulichen 'Dominanten' veranlaßten ihn, zusätzliche Wohnhochhäuser in die Siedlungen zu integrieren. So werden die „Grünhöfe" in Bremerhafen von zwei zwölfstöckigen Hochhäusern dominiert. Die Wohnanlage „Lübeck – St. Lorenz" erhielt ein elfgeschossiges Laubenganghaus auf asymmetrisch angelegtem Grundriß als architektonischen Mittelpunkt. Für die „Gartenstadt Vahr" in Bremen (heute „Alte Vahr" genannt), die in Zusammenarbeit mit den Architekten Säume und Havemann entstand, entwarf May für den zentralen Platz drei achtstöckige Hochhäuser.[375] Für die später geplante Großsiedlung „Neue Vahr" in Bremen gewann May den finnischen Architekten Alvar Aalto für den Entwurf eines Hochhauses.

Das bedeutendste Projekt während seiner Zeit bei der „Neuen Heimat" war die grundlegende Neuplanung des im Krieg nahezu völlig zerstörten Hamburger Stadtteils Altona, von May programmatisch „Neu Altona" genannt.[376]

Nach Querelen mit dem Vorstand der „Neuen Heimat" trat May bereits 1956 von seinem Posten als Planungsleiter der Gemeinnützigen Wohnungs- und Siedlungsgesellschaft zurück. Als selbständiger Architekt und städtebaulicher Berater blieb er der Gesellschaft jedoch verbunden. Mit einem seiner Mitarbeiter, Jürgen Baumbach, ging er später eine Partnerschaft ein. Sein Sohn Klaus und dessen Ehefrau Hertha arbeiteten anfangs ebenfalls für die „Neue Heimat". Später war ihr Büro häufig an der Durchführung von städtebaulichen Planungen Ernst Mays beteiligt.

Porträt von Ernst May.
Zeichnung von Karl Kluth, um 1958

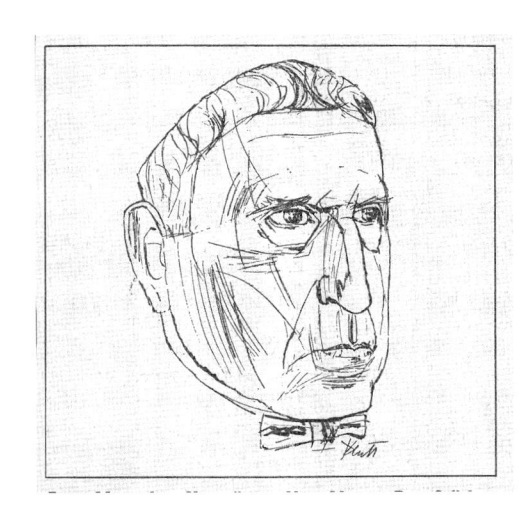

Exkurs: Die Person Ernst May im Spiegel der Meinungen

Zu den herausragenden Charaktereigenschaften von Ernst May gehörten zweifellos Zielstrebigkeit, Durchsetzungsvermögen und ausgeprägte Führungsqualitäten. Von seinen früheren Mitarbeitern und Partnern werden diese Eigenschaften immer wieder hervorgehoben. Hans von Herwarth, der als Angehöriger der Deutschen Botschaft in Moskau May bei verschiedenen Anlässen getroffen hatte, erinnerte sich: „Neben seinem großen Können war sein Idealismus beeindruckend. (…) Sein Idealismus machte ihn blind gegenüber den Schwierigkeiten, (…)."[377] Er bezeichnet May als „verschlossen und von seinem Wert überzeugt."[378] Lore Greulich, die als junges Mädchen auf der May-Farm gearbeitet hatte, kann zumindest die „Verschlossenheit" nicht bestätigen: „Ich fand ihn immer sehr offenherzig – sowohl in seiner Begeisterung als auch in seiner Kritik."[379] Sie bezeichnet ihn als „starke Persönlichkeit mit genialischen Zügen" und war beeindruckt, „mit welcher Energie und Effizienz er sich für die gerade anstehende Aufgabe einsetzte. Einerlei, ob es sich um einen architektonischen Entwurf, (…) oder um die Terrassierung des z. T. steilen Geländes [seiner Farm, Anm. d. Verf.] handelte."[380]

Thomas May hält die Persönlichkeit seines Vaters „ausschlaggebend für seine Erfolge". Er nennt ihn eine „Führerpersönlichkeit, die genau wußte, wie man mit Menschen umgeht; er verbreitete Optimismus und konnte gut organisieren."[381] Lore Greulich ergänzte ihre Charakterisierung: „Wie alle ausgeprägten Persönlichkeiten hatte er auch seine Schwächen: Er erwartete von allen seinen Mitarbeitern und vor allem von seiner Familie den selben Einsatz für die Sache und konnte da auch recht diktatorisch und herrisch sein."[382]

May behauptete zwar von sich selbst, kein Diktator zu sein,[383] was ihn jedoch nicht daran hinderte, seine Überzeugungen gegen alle Widerstände durchzusetzen. Ein Mitarbeiter aus den späten 1930er Jahren, H. L. Lustmann, bezeichnete ihn als „uncompromising person",[384] und Eric Miles, sein Partner in den frühen 1950er Jahren, bestätigte: „He never changed his mind."[385] Sein späterer Partner in Hamburg, Jürgen Baumbach, beschrieb Mays Verhandlungstaktik so: „May hielt an seiner Linie eisern fest und nach vier Stunden stimmten die Anderen zu."[386]

Als „Plan-Athlet" titulierte Der Spiegel den 77jährigen May in einer ihm gewidmeten Titelgeschichte und bezeichnete den „1,91 Meter großen Koloß mit dem Schädel eines römischen Feldherrn, der Frisur eines Dandys, den Händen eines Athleten und dem naiven Eigensinn eines Kindes als menschlichen Bulldozer (…)."[387]

Erst im sehr hohen Alter scheint auch bei May eine gewisse Resignation spürbar geworden zu sein. Aber noch in seinem letzten Lebensjahr (1970) gab er sich gelegentlich kämpferisch: „Das Ankämpfen gegen Neid und Mißgunst und die Intrigen, besonders der lieben Kollegen, dürfen uns nicht abhalten unser Ziel geradlinig weiter zu verfolgen."[388] Schließlich räumte er aber ein: „Sonst trete ich leise, und die Zeit der Wettbewerbe und dergleichen ist vorbei, da man doch nicht mehr die Spannkraft besitzt sein Äußerstes zu geben, und mittelmäßige Leistungen schon in genügender Menge auf dem Markt sind."[389]

Schlußbetrachtung:
Ernst May zwischen Tradition und Moderne

Die afrikanische Periode ist der längste zusammenhängende Abschnitt in Mays aktivem Berufsleben gewesen. In Breslau war er fünf Jahre tätig, in Frankfurt am Main ebenfalls fünf, in Rußland drei, dann folgte die afrikanische 20jährige Zeitspanne, und seine letzten 17 Lebens- und Schaffensjahre verbrachte er in Hamburg. Die afrikanische Periode nimmt somit rein quantitativ den größten Raum in Mays Gesamtschaffen ein. Es galt zu untersuchen, welche Bedeutung den afrikanischen Projekten in qualitativer Hinsicht zukommt.

In Ostafrika war May in drei Berufssparten tätig, als Farmer, Architekt und Stadtplaner. Anders als in Deutschland und Rußland, wo Mays Schwerpunkt immer die Stadtplanung war und Architekturentwürfe eher 'nebenbei' erledigt oder delegiert wurden, standen in Afrika die architektonischen Aufgaben im Vordergrund.

In den ersten beiden Jahren betätigte er sich jedoch ausschließlich als Farmer – abgesehen vom Bau des eigenen Farmhauses. Mit der Entscheidung, Farmer zu werden, erfüllte er sich wahrscheinlich einen Jugendtraum. Es reizte ihn, als Selbstversorger völlig autark zu sein, was ihm mit seiner Gemischtfarm wohl auch weitgehend gelungen ist. Mays Interesse war jedoch nicht allein privaten Ursprungs, es speiste sich auch aus den Erfahrungen mit der Siedlungspolitik der Weimarer Republik. Die Forderung nach Nahrungsselbstversorgung der städtischen Bevölkerung war ein z.B. von dem Landschaftsplaner Leberecht Migge – der die öffentlichen und privaten Grünflächen in der Römerstadt und in Praunheim konzipiert hatte – propagiertes Stichwort, das unmittelbar nach dem Ersten Weltkrieg und dann wieder in der Weltwirtschaftskrise eine wichtige Rolle spielte.[390] Sozusagen im Selbstversuch erprobt Ernst May in Afrika eine Siedlungs- und Lebensform, die auf dem Höhepunkt der Wirtschaftsdepression den öffentlich geförderten Stadtrandsiedlern in Deutschland zugedacht gewesen war.

In der sich anschließenden Schaffenszeit in seinem eigentlichen Beruf als Architekt und Stadtplaner sind drei von einander deutlich zu unterscheidende Werkphasen herauszukristallisieren:

Der erste Abschnitt umfaßt die Zeitspanne von 1936 bis zum Ausbruch des Zweiten Weltkriegs und der darauf folgenden Internierung Mays im April 1940. Während der Internierung hat May sich ausschließlich theoretisch mit

Schlußbetrachtung

Problemen der Architektur und des Städtebaus auseinandersetzen können. Die zweite Werkphase beginnt somit nach seiner Entlassung aus der Internierung im Herbst 1942 und endet etwa 1949/50. Daran schließt die dritte und letzte Schaffensphase in Afrika an, die bis zu seiner Rückkehr nach Deutschland Ende 1953 währte.

In der ERSTEN WERKPHASE (1936–1940) besteht bei einigen Projekten eine starke Verwandtschaft zum Neuen Frankfurt und zu seinen Frankfurter Bauten. Das Haus Murray in Usa River, das Kennwood Haus in Nairobi, das City House in Kampala, das eigene Wohnhaus in Karen bei Nairobi und – mit Abstrichen – das kleine Wohnhaus Bally in Nairobi weisen mit ihren Rundungen, horizontalen Fensterbändern und Bullaugenöffnungen ganz ähnliche Architekturelemente wie beispielsweise die Kopfbauten der Römerstadt in Frankfurt am Main auf. Diese Werke lassen sich unschwer seinem allgemein bekannten Œuvre zuordnen. Man kann sie durchaus als „May-typisch" bezeichnen, wenngleich sich die afrikanischen Bauten in ihren Details oftmals prägnanter zeigen, als man es von Mays Arbeiten in Deutschland bisher kannte. Dennoch hat May diese Bauten – sein eigenes Wohnhaus in Nairobi ausgenommen – nicht für veröffentlichungswert gehalten.

Eine zweite Gruppe bilden der Schulerweiterungsbau in Arusha, die Zigarettenfabrik und das nicht realisierte Projekt für die Uganda Company in Kampala. Kennzeichnend für diese Zweckbauten ist ihre hohe Funktionalität. Die 'Handschrift' Mays ist allenfalls an einigen Architekturdetails erkennbar. Bei der Uganda Company hat sich May vom Baukörper der Frankfurter Großmarkthalle seines Mitarbeiters Martin Elsässer beeinflussen lassen. Auch diese Projekte hat May nie publiziert.

Einen gänzlich anderen Architekturtypus verkörpert die dritte Kategorie: Hierzu gehören sein eigenes Farmhaus bei Arusha und mehrere Wohnhäuser für europäische Einwanderer in Nairobi. Das von May in den zwanziger Jahren in Frankfurt propagierte Flachdach stellte für ihn in Afrika offenbar kein Dogma dar. Sein eigenes Farmhaus bekam ein Satteldach, die Häuser Dorman und Erskine in Nairobi Walmdächer. Das ebenfalls in Nairobi gelegene Haus Gould wird geradezu von seinem Steildach dominiert. Es steht ganz in der Tradition der englischen Cottages – einfacher rechteckiger Grundriß, weit heruntergezogenes Steildach, kleine Fenster, Verwendung von viel Holz und anderen natürlichen Baustoffen. Hier offenbart sich der Traditionalist und Romantiker May, der nicht zögert, das im Neuen Frankfurt geübte Neue Bauen hinter sich zu lassen, wenn es gilt, die Erwartungen seiner neuen, britisch geprägten Kundschaft zu erfüllen. Dabei kann er auf die in der Jugend unternommenen Reisen nach England ebenso zurückgreifen wie auf die Mitarbeit im Büro von Raymond Unwin. Die Ideen und Ideale der Arts and Crafts-Bewegung wirkten bis Afrika nach und lassen sich am Haus Gould ablesen. Das zeigt sich darin, daß May die gesamte Innenausstattung, einschließlich Möbel und Lampen, paßgenau für die kleinen Räume nach seinen Entwürfen von einheimischen Handwerkern aus hochwertigen Materialien anfertigen ließ. Sein besonderes Augenmerk richtete er auf die Kücheneinrichtung, die – wie die „Frankfurter Küche" – aus Einbauschränken besteht. Ferner plante er für das großzügige Grundstück die Wegeführung und die Bepflanzung bis ins Detail. Zweifellos konnte er hier ein kleines Gesamtkunstwerk verwirklichen. Vorbild waren ihm dabei die zu Beginn des 20. Jahrhunderts auf der Darmstädter Mathildenhöhe tätigen Jugendstilkünstler Peter Behrens und Josef Maria Olbrich. Auch für das Haus Murray in Usa River und sein eigenes Wohnhaus in Karen bei Nairobi hatte er die komplette Innenausstattung und die Anlage des Gartens entworfen.

In der ZWEITEN WERKPHASE (1942–1949) nach seiner Entlassung aus der Internierung widmete sich May zunächst vorrangig der Befriedigung eines der dringlichsten Grundbedürfnisse der Menschen: der Schaffung von Wohnraum. Aufgrund seiner sozialen Einstellung standen die Bedürfnisse der Menschen für May immer im Vordergrund seiner Arbeit – in Europa wie in Afrika. May besaß die Fähigkeit, sich den jeweiligen Verhältnissen schnell anzupassen, und es gelang ihm auch unter schwierigen Bedingungen, gute Ergebnisse zu erzielen. In Anbetracht der während des Krieges in Ostafrika herrschenden Baumaterialienknappheit entwickelte May die bereits in Schlesien erprobte Lehmbautechnik weiter und propagierte sie in örtlichen Fachzeitschriften. Das ganz aus natürlichen Materialien wie Lehm und Holz errichtete Children Holiday Camp in Nairobi steht in der Tradition afrikanischer Lehmbauten, bezieht sich aber auch auf europäische Traditionalismen wie den deutschen Heimatschutz und die englische Arts and Crafts-Architektur. Die innere Struktur der Anlage entspricht gleichwohl dem Funktionalismus der Moderne.

Die von May unmittelbar nach dem Krieg entwickelten Typenhäuser für Afrikaner aus Betonfertigteilen stellen ebenfalls eine Symbiose aus Tradition und Moderne dar. Die Nur-Dach-Einfamilienwohnhäuser entsprechen in ihrer Form exakt den traditionellen Grashütten der Afrikaner. Die Konstruktion und das Material – witterungsbeständige, vorfabrizierte Betonteile – sind jedoch modern und die Raumaufteilung der erweiterbaren Häuser ist höchst funktional. Bemerkenswert ist Mays Versuch, die in einem hochindustrialisierten Land gemachten Erfahrungen des Neuen Frankfurt mit der industriellen Vorfertigung in angepaßter Form in einer gering entwickelten afrikanischen Kolonie anzuwenden. May hat sich sein „Hook-on-Slab-Verfahren" patentieren lassen und mehrfach publiziert. Ein Erfolg war ihm damit jedoch nicht beschieden, denn mehr als zwei Prototypen wurden nicht produziert. In größerer Anzahl realisiert wurden jedoch seine für Afrikaner geplanten Reihen- und Schlichthäuser in Kampala, letztere ebenfalls aus Betonfertigteilen, aber mit konventionellem Pultdach.

Die für Europäer des Mittelstandes konzipierte Mehrfamilienhausanlage Delamere Flats in Nairobi hatte May noch vor dem Krieg geplant, ausgeführt wurde sie jedoch erst ab 1947. Diese Wohnanlage, besonders Block A mit seinen Laubengängen, weist eine enge Verwandtschaft mit Mays Mehrfamilienhäusern in Frankfurt am Main-Praunheim auf. Auch die dynamisch geschwungenen Hauseingänge stellen eine Reminiszenz an Mays Vorkriegsbauten dar.

Die Ende der 1940er Jahre geplante Villa Gladwell und das Haus Kaplan stehen formal noch in der Tradition der 1930er Jahre, weisen aber bereits Architekturelemente der 1950er Jahre auf. Beide Häuser wurden konventionell in Naturstein errichtet und werden durch die May-typischen halbeingeschobenen Treppentürme erschlossen. Die teilweise mit türkisfarbenen Glasbausteinen gestalteten Eingangsbereiche sind jedoch bereits Vorboten der Architektur der 1950er Jahre.

Schlußbetrachtung

Die in der DRITTEN WERKPHASE (1950–1953) entstandenen Bauten Mays lassen sich eindeutig dem Internationalen Stil zuordnen. Besonders offenkundig wird dies bei der Aga Khan-Schule in Kisumu, den Bauten für die Kaffee-Cooperative in Moshi, dem Uganda Museum in Kampala und schließlich den Entwürfen für die Hotels in Kampala und Nairobi sowie dem Oceanic Hotel in Mombasa. Das im Bungalowstil errichtete Farmhaus in Molo unterscheidet sich grundlegend von Mays Farmhäusern der Vorkriegszeit. Im winkelförmig angelegten Grundriß sowie in der Außen- und Innengestaltung spiegelt sich die internationale Architektursprache der 1950er Jahre wider. Der Entwurf für die Aga Khan-Villa in Daressalam besticht durch seine kühle Eleganz und großzügige Gestik. Für May war es eine große Enttäuschung, daß sein architektonisches Meisterstück in dieser Form nicht verwirklicht wurde.

Im Gegensatz zu Mays Schaffenszeit vor 1933 und nach 1953, in der er nur gelegentlich als Architekt tätig wurde, umfaßt das architektonische Werk Ernst Mays in Ostafrika ein außerordentlich breites Spektrum – von der schlichten Arbeiterbehausung bis zur Luxusvilla. Dabei zeigte er ein großes Einfühlungsvermögen in die unterschiedlichen Aufgabenstellungen. Für die jeweiligen Besonderheiten der Lage und klimatischen Bedingungen hat er individuelle Lösungen gesucht und erfolgreich verwirklicht. Seine Architektursprache war zunächst ebenfalls ungewöhnlich vielfältig und schwankt häufig zwischen Tradition und Moderne. Etwa ab 1950 bekannte sich May eindeutig zum Internationalen Stil, dem er dann auch nach seiner Rückkehr in Deutschland verpflichtet blieb.

Ernst Mays dominierendes Anliegen war jedoch stets der Städtebau gewesen. Die durch die Internierung in Südafrika während des Zweiten Weltkriegs erzwungene Arbeitspause nutzte er, um sich intensiv mit Problemen des modernen Städtebaus zu befassen. Gegenstand seiner Überlegungen war der Wiederaufbau der zerstörten Städte in Europa. Er schenkte aber auch den aktuellen städtebaulichen Entwicklungen in Amerika große Aufmerksamkeit.

Praktische Entfaltungsmöglichkeiten boten sich ihm als Stadtplaner gleich nach seiner Entlassung aus der Internierung in Uganda. Seine Stadtentwicklungsplanung für die Hauptstadt Kampala folgt den Prinzipien von Gartenstadt, Trabantenstadt und „neighbourhood" und scheint, auch nach Mays Weggang, im großen und ganzen umgesetzt worden zu sein. Ob dies auch für seinen Generalplan für die Stadt Jinja am Viktoriasee zutrifft, kann nicht beurteilt werden, da diese Pläne nicht vorliegen. In Nairobi konnte May wenige Jahre nach Kriegsende mit den Delamere Flats eine kleine Siedlung für Europäer der Mittelschicht nach modernen städtebaulichen Grundsätzen verwirklichen. Der Plan für Port Tudor für 5000 afrikanische Arbeiter und ihre Familien stellt den interessanten Versuch Ernst Mays dar, eine optimierte Reißbrettstadt in der Ebene zu realisieren – ganz im Gegensatz zu Kampala, wo das stark bewegte Gelände ein auf die Hanglagen und Täler abgestimmtes Weichbild erzwang. Als „neighbourhood" mit dezentralen Gemeinschaftseinrichtungen, gemeinsamer Grünzone und getrenntem Fahr- und Fußgängerverkehr hätte dieser Plan auch in Industrieländern Europas oder Nordamerikas vorgelegt werden können. Nur die bescheidenen Wohnungsgrundrisse und die subtilen Maßnahmen zur Zwangsventilation verraten, daß es sich um ein Projekt in einer afrikanischen Kolonie handelt, in der um 1950 die Industrie und die Urbanisierung erst am Anfang stehen. Daß nur ein Bruchteil des Geländes bebaut wurde, auf dem noch heute sechs dreistöckige Wohnzeilen Ernst Mays stehen, zeigt die Schwierigkeit, die damals von Europäern und Amerikanern diskutierten Standards des modernen Städtebaus an einem fernen Ende der Welt zu realisieren.

Zumindest auf architektonischem Gebiet hat Ernst May in Afrika viele Spuren hinterlassen, die aber heute nur von ganz wenigen der dort lebenden Europäer mit seinem Namen in Verbindung gebracht werden.

Seine Bauten, soweit sie sich nicht im Privatbesitz von Europäern oder der Ismaelitischen Gemeinde des Aga Khan befinden, verfallen zusehends. Dies gilt allerdings gleichermaßen für Gebäude aus der Kolonialzeit wie für Bauten anderer bedeutender Architekten, da eine Bauunterhaltung in aller Regel nicht stattfindet, geschweige denn eine 'Denkmalpflege' existiert.

Es bleibt zu hoffen, daß durch die vorliegende Dokumentation Ernst Mays Wirken in Afrika vor der Vergessenheit bewahrt bleibt.

Anmerkungen

1 Aus dem Frankfurter Kreis waren dies: Wolfgang Bangert, Hans Burkart, Max Frühauf, Wilhelm Hauss, Werner Hebebrand, Walter Kratz, der Grafiker Hans Leistikow, Albert Löcher, Erich Mauthner, Hans Schmidt, Gerhard Schroeder, Walter Schwagenscheid, Walter Schütte und Grete Schütte-Lihotzky, Walter Schulz, Walter Schwagenscheid, Mart Stam und der Gartenbauarchitekt Ulrich Wolf. Vgl. Joseph Gantner, „Abschied von den Rußlandfahrern", in: *Das Neue Frankfurt* (im folgenden abgekürzt: *DNF*), 4. Jg., Heft 9, September 1930, S. 197–210. Hinzu kamen noch Fred Forbat, Gustav Hassenpflug und Kurt Liebknecht.

2 Ernst May, *Vom Neuen Frankfurt nach dem Neuen Rußland*. Typoskript, o. J. (1930), Archiv für Bildene Kunst am Germanischen Nationalmuseum Nürnberg (im folgenden abgekürzt: ABK Nürnberg), Kenn-Nr. 49/A 2-May.

3 Ernst May: „Der Bau neuer Städte in der U.d.S.S.R.", in: *DNF*, 5. Jg., Heft 7, Juli 1931, S. 117–135. Vgl. dazu die Schilderung der Situation, in der sich die Gruppe May befand, aus der Sicht des damaligen Legationssekretärs an der Deutschen Botschaft Hans von Herwarth: *Zwischen Hitler und Stalin. Erlebte Zeitgeschichte 1931–1945*, 1. Aufl. Frankfurt am Main / Berlin 1982, 2., um ein Vorwort erweiterte Aufl. 1989, S. 68–69.

4 „Und die Zeiten sind endgültig vorbei, in denen 'die kristallklare Sachlichkeit' [gemeint ist Mays ehemaliges Wohnhaus in Frankfurt, Anm. d. Verf.] als Manifestation einer neuen Epoche angestaunt wurde." Auszug aus: „'Die kristallklare Sachlichkeit' verkauft. Und wie steht es mit der städtischen Hypothek?", in: Zeitungsartikel ohne Datum [ca. Sept. 1931], Institut für Stadtgeschichte, Frankfurt am Main, Personenmappe May, Ernst S2/25.

5 Vgl. Stammbaum der Familie May. Nachlaß Ernst May, Deutsches Architektur-Museum Frankfurt am Main (im folgenden abgekürzt: NLEM, DAM) 160-909-011.

6 Brief von Ernst May vom 5. 1. 1960 an Barbara Miller Lane, z. Zt. München, 49/A 2-May, ABK Nürnberg. Vgl. Barbara Miller Lane, *Architecture and Politics in Germany 1918–1945*, Cambridge, Mass., 1968; deutsche Ausgabe: *Architektur und Politik in Deutschland 1918–1945*, Braunschweig 1986.

7 „Ob wir nach Deutschl. kommen, ist bei den heut. pol. Verhältnissen noch nicht sicher. Ich schreibe Euch sobald wir uns entschlossen haben." Ansichtskarte aus Gardone von Ilse May an ihre Mutter, Luise Hartmann, in Brake / Lippe, Deutschland, vom 13. 3. 1933, NLEM, DAM 160-902-015.

8 Bruno Asch war 1923–25 Bürgermeister von Höchst; zu Asch vgl. Gerhard Schiebler, „Bruno Asch (1890–1940)", in: ders., *Jüdische Stiftungen in Frankfurt a. M. Stiftungen, Schenkungen, Organisationen und Vereine mit Kurzbiographien jüdischer Bürger*, Frankfurt am Main 1988, S. 298–306.

9 Martin Wagner, geboren 1885 in Königsberg, war 1926–33 Stadtbaurat für Hochbau und Städtebau in Berlin. 1933 emigrierte er in die Türkei und von dort 1936 in die USA.

10 Brief von Ernst und Ilse May mit handschriftlichen Ergänzungen von Ilse May vom 26. 3. 1933 an Ilses Mutter, NLEM, DAM 160-902-015.

11 Mündliche Auskunft von Klaus May, Hamburg, am 16. 7. 1989.

12 Brief von Ernst May mit Ergänzung von Ilse May vom 14. 4. 1933 an Ilses Mutter, NLEM, DAM 160-902-015.

13 Ebd.

14 Ebd.

15 Ebd.

16 Einige dieser Bücher befinden sich im NLEM, DAM: 160-900-001 ff.

17 Briefe von Ernst May vom 3. 1. und 20. 4. [19]33 an Heinrich Stock und Antwortschreiben H. W. Stock vom 12. 1. und 2. 5. [19]33 an Ernst May. Für die Überlassung von Kopien dieser Briefe dankt der Verfasser Prof. Dr. Werner Durth, Technische Universtät Darmstadt, und für die Erlaubnis zur Auswertung dem Schwiegersohn Heinrich Stocks, Dr. Georg F. Müller, Eltville-Rauenthal.

18 Das von ihm benutzte Notizheft mit handschriftlichem Titel „Vermessungskunde, Moskau 11/12 [19]32" und sein Vermessungsbesteck mit dem Monogramm E. M. befinden sich im NLEM, DAM: 160-908-002.

19 Brief von Ernst May vom 30. 4. 1933 an den Deutschen Botschafter in Moskau, Herbert von Dircksen, 49/A 2-May, ABK Nürnberg.

20 Grete Schütte-Lihotzky, „Meine Arbeit mit Ernst May in Frankfurt am Main und Moskau", in: *Bauwelt*, 77. Jg., 1986, Heft 28, S. 1054.

21 Mündliche Auskunft von Thomas May, St. Augustin, Florida, USA, am 25. 9. 1994.

22 „Dreijährige Tätigkeit in der USSR – Gespräch mit dem Architekten Ernst May", in: *Technika*, 21. 12. 1933. Für die Übersetzung aus dem Russischen dankt der Verfasser Swetlana Chaeva.

23 Laut mündlicher Auskunft von Klaus May vom 12. 7. 1992 handelt es sich um ein „Haus in traditioneller Bauweise mit 60 Grad-Dach".

24 Brief von Ilse May vom 1. 12. 1933 aus Moskau an ihre Mutter, NLEM, DAM 160-902-015.

25 Schütte-Lihotzky (s. Anm. 20), S. 1054.

26 Ansichtskarte von Ilse May vom 31. 12. [19]33 aus Venedig an ihre Mutter, NLEM, DAM 160-902-015.

27 Brief von Ilse und Ernst May vom 5. 1. 19[33] aus Genua an Ilses Familie, NLEM, DAM 160-902-016.

28 „Charakteristik von Ernst May" vom 25. Dezember 1933 in Russisch mit deutscher Übersetzung, unterzeichnet von H. Schmidt, Mitglied des Kollegiums NKTP und Gasparjan, Trustleiter CSP. 49/A 2-May, ABK Nürnberg.

29 Brief von Ernst May vom 18. 12. [1933] an seine Schwiegermutter, NLEM, DAM Inv.-Nr. 160-902-015.

30 Vgl. Hans Schmidt, „Die Tätigkeit deutscher Architekten und Spezialisten des Bauwesens in der Sowjetunion in den Jahren 1939 bis 1937", in: *Wissenschaftliche Zeitschrift der Humbold-Universität*, Berlin, DDR, 1967, S. 383–397. Kurt Junghanns, „Deutsche Architekten in der Sowjetunion während der ersten Fünfjahrespläne und des Vaterländischen Krieges", in: *Wissenschaftliche Zeitschrift der Hochschule für Architektur und Bauwesen Weimar*, 1983, Nr. 2, S. 121–140.

31 Susanne Baumgartner-Haindl, „Die Zeit in der Sowjetunion", in: Ausst.-Kat. *Margarete Schütte-Lihotzky. Soziale Architektur – Zeitzeugin eines Jahrhunderts*, hrsg. von Peter Noever, MAK – Österreichisches Museum für Angewandte Kunst, Wien 1993, S. 135.
32 Brief von Ernst May vom 18. 12. [1933] an seine Schwiegermutter, NLEM, DAM 160-902-015.
33 Brief von Ilse May vom 10. 1. [19]34 von Bord der „Llandaff Castle" an ihre Familie, NLEM, DAM 160-902-016.
34 Brief von Ilse May, Port Sudan, vom 22. 1. [19]34 an ihre Familie, NLEM, DAM 160-902-016.
35 Interessante Schilderungen der damaligen Verhältnisse in Port Sudan finden sich in den ausführlichen Briefen von Ilse May vom 22. 1., 1. 2. und 9. 2. 1934 an ihre Familie, NLEM, DAM 160-902-016.
36 Ilse May meinte wahrscheinlich Momella Game Reserve, heute Arusha Nationalpark. Vgl. Goswin Baumhögger u. a., *Ostafrika. Reisehandbuch Kenya und Tanzania*, 4., völlig neubearb. Aufl., Frankfurt am Main 1994, S. 312–313. Im folgenden zitiert: *Ostafrika-Reisehandbuch*.
37 Brief von Ilse May mit Ergänzungen von Ernst May vom 4. 3. 1934 an Ilses Familie, NLEM, DAM 160-902-016.
38 Ebd.
39 Brief von Ilse May vom 4. 3. 1934 an ihre Familie, NLEM, DAM 160-902-016.
40 Ebd.
41 Vgl. zur Kolonialherrschaft in Deutsch-Ostafrika / Tanganjika *Ostafrika-Reisehandbuch* (s. Anm. 36), S. 625–634.
42 Brief von Ilse May vom 4. 3. 1934 an ihre Familie, NLEM, DAM 160-902-016.
43 Brief von Ilse May vom 18. 5. 1934 an ihre Familie, NLEM, DAM 160-902-016.
44 Schreiben von Ernst May vom 24. 4. 1934, „To the Waterboard, Arusha", 49/A 2-May, ABK Nürnberg.
45 Drei von Ernst May angefertigte Skizzen zur Wasserversorgung der West Meru Alp Farm befinden sich in 49/A 2-May, ABK Nürnberg.
46 Justus Buekschmitt, *Ernst May. Planen und Bauen*, Bd. I, Stuttgart 1963, S. 79.
47 Ebd.
48 Brief von Ilse May vom 6. 8. 1934 an ihre Mutter, NLEM, DAM 160-902-016.
49 Klaus May berichtete in seinem Brief aus Oldeani vom 24. 4. 1934 an seine Mutter von der Fahrt zur Schule: „Wir sind sehr gut angekommen. Wir hatten keinen Regen. Kurz nach dem Riff [gemeint ist das Rift Valley, der ostafrikanische Grabenbruch, Anm. d. Verf.] sind uns beide Vorderfedern gebrochen, aber wir konnten noch weiterfahren. Wir sahen wieder viele Giraffen, Stausee, Gnus und Buschböcke. Kurz vor dem See [gemeint ist der Manyara See, Anm. d. Verf.] haben wir zwei Leute getroffen, die hatten in der vorigen Nacht 2 Löwen an der Strasse geschossen. Wir kamen erst abends hier an. (...) Die Schule ist aus Bambus mit Lehm gebaut, wie hier alle Häuser sind. (...) Das Auto, mit dem wir gekommen waren, hatte hier noch einen Hinterachsenbruch (...)." NLEM, DAM 160-902-016.
50 Mündliche Auskunft von Thomas May am 25. 9. 1994.
51 Brief von Ilse May vom 6. 1. 1935 an ihre Mutter, NLEM, DAM 160-902-017.
52 Buekschmitt (s. Anm 46), S. 79.
53 Beigelegt dem Brief von Ilse May vom 25. 11. 35 an ihre Mutter, NLEM, DAM 160-902-017.
54 Brief von Lore Greulich (geb. Holz), München, vom 2. 6. 1993 an den Verfasser.
55 Ebd.
56 Lore Holz (verh. Greulich), geb. 8. 1. 1915, stammt aus Frankfurt am Main. Ihr Vater, Architekt und Inhaber der Baufirma Proessler, hatte für Peter Behrens die Bauausführung der Villa Ganz bei Königstein im Taunus übernommen und beim Siedlungsbau in den Jahren 1925–30 mit Ernst May zusammengearbeitet. Lore Holz war auf einem der Schiffe der Woermann-Linie 1935 nach Ostafrika gekommen und blieb bis November 1937 bei Familie May (laut mündlicher Auskunft vom 10. 9. 1994). In Briefen, die sie an ihre Eltern schrieb, berichtete sie regelmäßig über die Arbeit auf der Farm und Ernst Mays erste Planungsaufträge in Ostafrika. Sämtliche Briefe befinden sich in ihrem Besitz.

57 „Kaffeepflanzen haben wir bisher 7 000 gepflanzt, wollen dieses Jahr 10–17 000 pflanzen und so im großen ganzen denkt Herr M.[May] an 40 000 (…)", schrieb Lore Holz am 7. 1. 1936 an ihren Vater.
58 Buekschmitt (s. Anm 46), S. 80.
59 Ludwig Landmann (1869–1945) war 1924–33 Oberbürgermeister in Frankfurt am Main und hatte May im Jahr 1925 nach dort berufen; zu Landmann vgl. Dieter Rebentisch, *Ludwig Landmann. Frankfurter Oberbürgermeister der Weimarer Republik*, Wiesbaden 1975.
60 Brief von Ludwig Landmann, Berlin, vom 1. 11. 1935 an Ernst May, 49/A 2-May, ABK Nürnberg. Für die Übertragung des schwer lesbaren Briefs in Maschinenschrift danke ich Walter Böhnlein, Frankfurt am Main.
61 Lore Holz nennt Alfons Paquet aus Frankfurt am Main als Übermittler. Brief von Lore Holz vom 10. 7. 1936 an ihre Eltern.
62 Der Zeitungsartikel trägt auf der Rückseite den Vermerk von Ilse May: „Ohne Ernst's Wissen von Frkf. Ztg. veröffent. Brief an Martin Wagner, der in der Türkei arbeitet." Aus dem Brief geht hervor, daß dieser offenbar annahm, May sei in die USA übergesiedelt. Vermutlich beruhte dieser Irrtum auf einer Verwechslung der ihm übermittelten Adresse von Mays in Usa River mit den USA.
63 Brief von Lore Holz vom 10. 7. 1936 an ihre Eltern. Sie schreibt, daß May die zahlreichen Zuschriften laut verlesen hat.
64 Drei Briefe von Martin Wagner, z. Zt. Istanbul-Moda, Moda Köskü, vom 12. 3. 1937, 1. 5. 1937 und 16. 6. 1938. Siehe 49/A 2-May, ABK Nürnberg.
65 Brief von Lore Holz vom 2. 1. 1936 an ihre Eltern.
66 Brief von Lore Holz vom 9. 1. 1936 an ihren Vater.
67 Brief von Ilse May vom 22. 1. 35 [richtige Jahreszahl: 1936, Anm. d. Verf.] an ihre Familie, NLEM, DAM 160-902-018.
68 Brief von Lore Holz vom 24. 5. 1936 an ihre Mutter.
69 Brief von Lore Holz vom 16. 6. 1936 an ihren Vater.
70 Ebd.
71 Brief von Lore Holz vom 20. 10. 1936 an ihre Schwester.
72 So z. B. Hans Scharoun, besonders bei seinem 1930/33 errichteten Haus Schminke in Löbau / Sachsen. Vgl. Hans Scharoun, *Bauten, Entwürfe, Texte*, hrsg. von Peter Pfankuch, Schriftenreihe der Akademie der Künste, Bd. 10, Erstausg. Berlin 1974, Neuausg. Berlin 1993, S. 102–110 mit Abb. Zum Thema der Schiffsallegorien siehe auch Gert Kähler, *Das Dampfermotiv in der Baukunst*, Berlin 1980.
73 Brief von Lore Holz vom 3. 1. 1937 an ihre Eltern.
74 Brief von Lore Holz vom 4. 8. 1936 an ihre Mutter.
75 Ebd.
76 Vgl. dazu *Ostafrika-Reisehandbuch* (s. Anm. 36), S. 475–478.
77 Brief von Lore Holz vom 4. 8. 1936 an ihre Mutter.
78 Brief von Frau M. Schmid [Haushälterin von Ernst Mays Vater, Anm. d. Verf.] vom 29. 7. 1936 an Ernst May, in dem der Versand einer Kiste mit persönlichen Gegenständen und Unterlagen angekündigt wird, NLEM, DAM 160-902-018.
79 Brief von Ilse May vom 20. 10. 1936 an ihre Familie, NLEM, DAM 160-902-018.
80 Brief von Lore Holz vom 10. 9. 1936 an ihre Mutter.
81 Brief von Lore Holz vom 5. 6. 1936 an ihre Mutter.
82 Brief von Lore Holz vom 29. 3. 1937 an ihre Eltern.
83 Ebd.
84 Brief von Lore Holz vom 4. 5. 1937 an ihre Eltern.
85 Ebd.
86 Brief von Lore Holz vom 30. 5. 1937 an ihre Eltern.
87 Brief von Lore Holz vom 19. 9. 1937 an ihre Mutter.
88 Brief von Lore Holz vom 18. 10. 1937 an ihre Mutter.
89 Buekschmitt (s. Anm 46), S. 80.
90 Brief von Ilse May vom 11. 4. 1938 an ihre Familie, NLEM, DAM 160-902-020. Dieser Mr. Barnes baute weiterhin Pyrethrum an und hielt Pferde. Nach dem Zweiten Weltkrieg hat er die Farm – nach einigen An- und Umbauten – an einen Engländer namens Boveniser verkauft, dessen Witwe, eine deutschstämmige Siedlertochter, dort noch heute zusammen mit ihrem Sohn wohnt und Milchviehwirtschaft betreibt.
91 Vgl. zur Geschichte und Entwicklung Nairobis *Ostafrika-Reisehandbuch* (s. Anm. 36), S. 50–59.
92 Brief von Ernst May vom 18. 4. 1937 an seine Frau Ilse, in dem er um Übersendung von Smoking, Lackschuhen und Hemden mit Kra-

Anmerkungen

gen bittet. „Smoking braucht man hier wie auf der Shamba [Bezeichnung für Farm in Kisuaheli, Anm. d. Verf.] den Kaki." NLEM, DAM 160-902-019.
93 Brief von Lore Holz vom 26. 10. 1937 an ihre Eltern.
94 Laut Aussage von Thomas May planten Blackburn und sein Vater ein 3–4 stöckiges Geschäftshaus im Zentrum von Nairobi, in der Harding Street, direkt neben dem Gebäude der East African Power & Lighting Co. Mündliche Auskunft von Thomas May am 25. 9. 1994. Es erscheint jedoch fraglich, ob es tatsächlich noch zu einer planerischen Mitarbeit von Ernst May kam.
95 Vgl. z. B. das Geschäftshaus Kurfürstendamm 40–41 in Berlin, das Hans und Wassili Luckhardt zusammen mit Alfons Anker 1927–29 realisierten. Abb. in: Ausst. Kat. *Moderne Architektur in Deutschland 1900 bis 1950. Expressionismus und Neue Sachlichkeit*, hrsg. von Vittorio Magnago Lampugnani und Romana Schneider, Stuttgart 1994, S. 125.
96 Erich Mendelsohn war ein Jahr jünger als May. Beide hatten sich in den 1920er Jahren kennen und schätzen gelernt. Im Januar 1930 bekam May das gerade im Rudolf Mosse Verlag Berlin erschienene Buch *Erich Mendelsohn. Das gesamte Schaffen des Architekten – Skizzen, Entwürfe, Bauten* von Mendelsohn „mit freundlicher Gesinnung" geschenkt. Darin ist auch der Aufsatz „Die internationale Übereinstimmung des neuen Baugedankens oder Dynamik und Funktion", den Mendelsohn 1923 in Amsterdam gehalten hatte, enthalten. Das Buch befindet sich im NLEM, DAM: 160-900-013.
97 Siehe Skizzenbuch Nr. 11 aus dem Jahr 1912: Mergentheim, Mörikehaus mit interessanter Ecklösung, NLEM, DAM 160-910-008.
98 Siehe Skizzenbuch Nr. 43 aus dem Jahre 1924, NLEM, DAM 160-910-036.
99 Vgl. Regina Stephan, „Wir glauben an Berlin! Das Metallarbeiterhaus, das Columbushaus und andere Geschäftshäuser in Berlin", in: dies. (Hrsg.), *Erich Mendelsohn. Architekt 1887–1953. Gebaute Welten. Arbeiten für Europa, Palästina und Amerika*, Ostfildern 1998, S. 145–152.
100 Vgl. Angelika Thiekötter u. a., *Kristallisationen, Splitterungen. Bruno Tauts Glashaus*, Basel 1993.
101 Brief von H. L. Lustmann, Architekt, Nairobi, vom 5. 11. 1990 an den Verfasser: „I remember May telling me that before joining Jackson and forming Jackson & May, he worked for a while with Blackburn (…). It was at that time that Blackburn was commissioned to design Kennwood House and May (…) told me that it was he who originally worked on the project and created its design. I remember being shown some of May's original sketches which confirmed his assertion." Im Brief vom 28. 5. 1991 an den Verfasser bestätigte Mr. Lustmann nochmals ausdrücklich die Autorenschaft Mays für diesen Entwurf: „However, I remember distinctly that May told me in the early days of our accquaintance, that he had designed it whilst working with Blackburn to explore him as a partner." Lustmann war gebürtiger Pole, hatte in Wien und Zürich Architektur studiert und war 1938 nach Nairobi gekommen. Dort lernte er Ernst May kennen, wurde Mitarbeiter von Jackson & May und Anfang 1939 nach Kampala in das dortige Büro entsannt. Vgl. auch den Aufsatz von Ingrid Mössinger, „Die Spuren des Frankfurter Architekten führen nach Ostafrika", in: *Frankfurter Neue Presse*, 26. 7. 1986, in dem die Autorin zu dem gleichen Ergebnis gelangt: „Das 'Kennwood House' in Nairobi trägt deutlich die Handschrift Ernst Mays" (mit Abb.).
102 Brief von Lore Holz vom 21. 5. 1937 an ihre Mutter.
103 Brief von Lore Holz vom 12. 6. 1937 an ihre Mutter.
104 „H. M. [Herr May, Anm. d. Verf.] hat wieder neue Aufträge an der Küste, ist von Stietencrons Wirken in Daressalam sehr angetan (…)." Brief von Lore Holz vom 19. 9. 1937 an ihre Mutter.
105 „Der Bauing. in DSM [Daressalam] wird wohl Br. [Bräuning, Anm. d. Verf.] werden, ein junger Deutscher, den May sich durch Tessenow herauskommen lassen [hat] und der inzwischen in Nairobi angelangt ist." Brief von Lore Holz vom 4. 7. 1937 an ihre Mutter.
106 Mündliche Auskunft von H. L. Lustman am 16. 1. 1987.
107 Brief von Lore Holz vom 10. 11. 1937 an ihre Mutter.
108 Mündliche Auskunft von Thomas May am 25. 9. 1994.
109 Brief von Lore Holz vom 20. 6. 1937 an ihre Mutter.
110 Lore Holz berichtet von einem „großen Geschäftshaus". Brief vom 30. 5. 1937 an ihre Eltern.
111 Lore Holz erwähnt ein Geschäftshaus für die Usagara-Handelsorganisation, Brief vom 20. 6. 1937 an ihre Mutter.
112 „Heute zeichnet er hier das Haus für Kipizacos, der sich in der Nähe von Arusha zur Ruhe setzt." Brief von Lore Holz vom 30. 5. 1937 an ihre Eltern.
113 Brief von Klaus May vom 17. 5. 1938 an seine Großmutter, NLEM, DAM 160-902-020.
114 Vgl. Ernst May, „Die neue Schule", in: *DNF*, 2. Jg., 1928, Heft 11/12, S. 225–232. Christoph Mohr und Michael Müller, *Funktionalismus und Moderne. Das neue Frankfurt und seine Bauten 1925–1933*, Köln 1984, S. 292–293.
115 Lore Holz berichtete von sechs bis sieben Aufträgen, Brief vom 20. 6. 1937 an ihre Mutter.
116 Es existiert ein Entwurf für ein luxuriöses Landhaus für J. F. Tame in Irente bei Lushoto (s. S. 85). Möglicherweise gab es bereits 1937 Vorentwürfe für das Projekt, deren Weiterverfolgung durch den Krieg unterbrochen wurde.
117 Aus dieser ersten Phase seiner wiederaufgenommenen Architektentätigkeit konnten trotz intensiver Nachforschungen bei verschiedenen Institutionen und Personen in Ostafrika keinerlei Skizzen oder Pläne ausfindig gemacht werden.
118 Brief von Lore Holz vom 17. 1. 1937 an ihre Mutter.
119 Auf das unbebaute Grundstück hatte ihn wahrscheinlich Blackburn aufmerksam gemacht, denn es lag unweit seines eigenen Hauses.
120 Ihre Erlebnisse in Kenia hat Karen Blixen (17. 4. 1885 – 7. 9. 1962) in der autobiographischen Erzählung „Afrika, dunkel lockende Welt" (dänisch 1937, deutsch 1938) veröffentlicht. 1985 wurde das Buch unter dem Titel „Jenseits von Afrika" verfilmt.
121 Mündliche Auskunft von H. L. Lustmann am 16. 1. 1987.
122 „Die Kinder können gar nicht abwarten, bis wir sie holen; sie bekommen ein Grashaus zu Anfang, das aber ganz regendicht und sehr gemütlich ist." Brief von Ilse May vom 26. 10. 1937 an ihre Mutter, NLEM, DAM 160-902-019.
123 „Seit Samstag sind wir nun in unserem halbfertigen Haus in Karen Estate und gewöhnen uns nach den faulen Tagen im feinen Salsbury Hotel langsam wieder ans arbeiten. Es wimmelt überall noch von indischen und schwarzen Handwerkern, (…) und die ersten Tage lebten wir in einem unbeschreiblichen Durcheinander", schrieb Lore Holz am 2. 11. 1937 an ihre Schwester Anni.
124 Brief von Ilse May vom 14. 11. 1938 an ihre Mutter, NLEM, DAM 160-902-019.
125 Brief von Klaus May vom 17. 5. 1938 an seine Großmutter, NLEM, DAM 160-902-020.
126 Brief von Ilse May vom 17. 6. 1938 an ihre Familie, NLEM, DAM 160-902-020.
127 Vgl. Mohr / Müller (s. Anm. 114), S. 282–282.
128 Vgl. Hans Scharouns Haus auf der Werkbundausstellung von 1927 in Stuttgart-Weißenhof, in: *Bau und Wohnung*, hrsg. vom Deutschen Werkbund, Stuttgart 1927, S. 108–115.
129 Vgl. *Le Corbusier und Pierre Jeanneret. Ihr gesamtes Werk von 1929–1934*, hrsg. von Willy Boesiger, Zürich 1935, S. 23–31.
130 Mündliche Auskunft von J. B[ernard] Gould (geb. 1909), Karen Estate, Nairobi, am 7. 1. 1993.
131 Skizzenbuch Nr. 5 von 1910, NLEM (im Besitz der Familie).
132 Ernst May, *Architekturskizzen aus England*. Mit 80 Tafeln und einer Einführung von Ernst May, Berlin-Schöneberg o. J. (1911); siehe NLEM, DAM 160-900-153. In Mays Bibliothek befand sich auch das Buch *The Village Homes of England*, hrsg. von Charles Holme, London / Paris / New York 1912, welches May häufig benutzt haben muß, denn es wurde in Nairobi neu eingebunden (schriftlicher Hinweis von Thomas May vom 26. 11. 1997); NLEM, DAM 160-900-151.
133 May, *Architekturskizzen aus England*.
134 Ebd.
135 Vgl. Abb. in: Leonardo Benevolo, *Geschichte der Architektur des 19. und 20. Jahrhunderts*, München 1978, S. 296.
136 Mündliche Auskunft von J. B[ernard] Gould am 7. 1. 1993.
137 In Mays Bibliothek befanden sich diverse Gartenhandbücher, u. a.: *Gardening in East Africa. A Practical Handbook*, hrsg. von A. J. Jex Blake, London / New York 1939 [mit 10 kolorierten Stichen von Joy F. Bally und einer Bleistiftzeichnung von Ilse May (?) auf der ersten Seite, datiert Sept. 1939]; NLEM, DAM 160-900-165.

138 Mündliche Auskunft von J. B[ernard] Gould am 7. 1. 1993. Die Originalpläne des Hauses und der Freiflächen befinden sich im NLEM, DAM: 160-011-001 bis 003.
139 Ebd.
140 Für Dormans Kaffeehandlung hat Ilse May Verpackungen mit Werbebotschaften entworfen. Brief von Klaus May, ohne Datum [vermutl. Sept. 1939, Anm. d. Verf.], an seine Großmutter, NLEM, DAM 160-902-021.
141 Mündliche Auskunft von H. L. Lustmann am 16. 1. 1987.
142 Mays kannten Joy, bevor diese Bally heiratete. Später trennte sie sich von ihm, um den Wildhüter George Adamson zu heiraten. Diese Heirat, bei der Ernst May Trauzeuge war, fand im Garten des May-Hauses statt (mündliche Auskunft von Klaus May am 5. 6. 1992). Als Joy Adamson wurde sie mit Ihren Büchern über die Löwin Elsa weltbekannt. 1980 wurde sie in ihrem Lager im Shaba Reservat ermordet. George Adamson, ein in Indien geborener Ire, war 1924 als Großwildjäger nach Kenia gekommen, wandelte sich dann aber zum kompromißlosen Naturschützer. 1989 wurde der 'Bwana Simba' (Löwenmann) unweit seines Löwen-Camps im Kora Reservat im Norden Kenias von somalischen Banditen erschossen.
143 In seinem Brief vom 15. 4. 1938 an seine Großmutter beschreibt Klaus May eine dreitägige Safari, die sie mit Peter Bally und seiner Frau Joy unternommen hatten, NLEM, DAM 160-902-021.
144 Mündliche Auskunft von Klaus May am 14. 7. 1990.
145 Vgl. Ernst May, „Das flache Dach", in: *DNF*, 1. Jg., 1926/27, Heft 7, S. 149–152.
146 Le Corbusier und Pierre Jeanneret, „Fünf Punkte zu einer neuen Architektur", in: *Bau und Wohnung*, hrsg. vom Deutschen Werkbund, Stuttgart 1927, S. 27–28.
147 Mündliche Auskünfte von Lady Elisabeth Mary Erskine (geb. 1907), Riverside Paddocks, Nairobi, am 7. 1. 1993. Sir Derrik Erskine starb 1977.
148 Frau Gingo Sato, Gattin des japanischen Botschafters, sei für die freundliche Erlaubnis, das Haus eingehend zu besichtigen und zu fotografieren, an dieser Stelle gedankt.
149 Mündliche Auskünfte von H. L. Lustmann am 16. 1. 1987 und W. H. Sayer, Nakuru, am 5. 2. 1990. May hatte bei seinen in der Umgebung von Nakuru gelegenen Projekten mit dem Büro Sayer & Co. Ltd., Nakuru, zusammengearbeitet.
150 Brief von Klaus May, ohne Datum [vermutlich Ende August 1939, Anm. d. Verf.], an seine Großmutter, NLEM, DAM 160-902-021.
151 Mündliche Auskunft von H. L. Lustmann am 16. 1. 1987. George Vamos wurde nach dem Krieg Partner von H. L. Lustmann.
152 Das Büro Jackson and May unterhielt neben der Filiale in Daressalam, die Baron von Stietencron leitete, auch in Kampala, der Hauptstadt des Britischen Protektorats Uganda, ein Zweigbüro. Mit den dort ansässigen Architekten Cobb & Archer war man eine Partnerschaft eingegangen, die als „Cobb, Jackson & Partners" firmierte. Mündliche Auskunft von H. L. Lustmann am 16. 1. 1987.
153 Die Baupläne hat der Verfasser im City Council, Plan Office, in Kampala, Uganda, im Januar 1990 eingesehen und teilweise abfotografiert. Die Planleisten sind bezeichnet: L. G. JACKSON L.R.I.B.A. / E. May STADTBAURAT A. D. NAIROBI und datiert: 29/06/38. Am rechten Planrand befindet sich die zusätzliche, handschriftliche Bezeichnung: Cobb, Jackson & Partners, Chartered Architects, Box 442, Kampala.
154 Die Baupläne wurden im September 1993 beim City Council, Plan Office, Kampala, Uganda, ausgeliehen und kopiert. Die Planleiste ist bezeichnet L. G. JACKSON L.R.I.B.A. / E. May STADTBAURAT A. D. und COBB, JACKSON AND PARTNERS / KAMPALA, NOVEMBER 1938.
155 „The fenestration is of a style May used at that time", schreibt H. L. Lustman in seinem Brief vom 5. 11. 1990 an den Verfasser.
156 „May design'd a house and also a hotel for Norman Godinho in Kampala, but I don't recall the details", schreibt H. L. Lustman ebd.
157 Die Mutter eines ehemaligen Frankfurter Mitarbeiters von Ernst May bekanntete nach dem Krieg: „Es ist mir eine Beruhigung, dass Sie nun wissen, warum ich von Klaus' Kommen abriet. Und wie vorsichtig, nur andeutungsweise konnte ich schreiben. Es stand ja auf allem das KZ. Deutschland war ein einziges großes Konzentrationslager und wenn man sich auch vor der Verurteilung kaum gefürchtet hätte, so doch vor dem was sie vorher mit einem machten. Wir haben ja Tausende von Beispielen, auch unter nahen Freunden. Ich glaube, sinnlose Quälerei und Folter hätte ich nicht ertragen (…)." Brief von Ria Drevermann, Frankfurt am Main, vom 19. 2. 1947 an Ilse May, NLEM, DAM 160-902-028.
158 Brief von Frau M. Schmidt vom 19. 2. 1939 an Frau Luise Hartmann in Brake / Lippe, NLEM, DAM 160-902-021.
159 Brief in englischer Sprache von Ernst May vom 11. 7. 1940 an seine Frau Ilse, NLEM, DAM 160-902-022.
160 Brief in englischer Sprache von Ernst May vom 22. 7. 1940 an seine Frau Ilse, NLEM, DAM 160-902-022.
161 *Drittes Merkblatt über die Lage der Deutschen in Ostafrika, Süd- und Südwestafrika (Stand Juni 1941)*, NLEM, DAM 160-902-023.
162 Brief von Frau Klarwill, Nairobi, vom 22. 8. 1940 an Ilse May, NLEM, DAM 160-902-022.
163 *Viertes Merkblatt über die Lage der Deutschen in Ostafrika, Süd- und Südwestafrika und Südrhodesien (Stand Dezember 1941)*, NLEM, DAM 160-902-023.
164 Brief von Thomas May vom 6. 9. 1940 an seine Mutter, NLEM, DAM 160-902-022.
165 „I am Vicecommander of this camp (…)." Brief von Ernst May (Nr. 5) vom 22. 9. 1940 an seine Frau Ilse, NLEM, DAM 160-902-022.
166 Brief von Klaus May vom 29. 9. [1940] an seine Mutter Ilse May, NLEM, DAM 160-902-022.
167 Ebd.
168 „Today I have officially charged Kaplan to take up our release (…)." Brief von Ernst May (Nr. 10) vom 4. 10.(11.) 1940 an seine Frau Ilse, NLEM, DAM 160-902-022.
169 „Jane Unwin send me a few days ago the following letter of recommandation (…)." Brief von Ernst May (Nr. 7) vom 15. 10. 1940 an seine Frau Ilse, NLEM, DAM 160-902-022.
170 „Another letter of Martin Wagner from Harward University took 3 month to reach me. (…) Wagner is not very pleased with his stay with Gropius. The later is more interested in money making and he as a scientist seems to look into the moon. He developed a new scheme for premanufactured houses in the shape of roundovals which can be easily assembled and taken to pieces (…)." Brief von Ernst May (Nr. 8) vom 23. 10. 1940 an seine Frau Ilse, NLEM, DAM 160-902-022.
171 Ebd.
172 Brief von Ernst May (Nr. 16) vom 13. 12. 1940 an seine Frau Ilse, NLEM, DAM 160-902-022.
173 „Shall I take up big real townplanning work in Europe again? In consideration with the terrible damage by large seal bombing of European towns there will be a lot of work of this kind to be done." Brief von Ernst May (Nr. 20) vom 10. 1. 1941 an seine Frau Ilse, NLEM, DAM 160-902-022.
174 Brief von Ernst May (Nr. 15) vom 5. 12. 1940 an seine Frau Ilse, NLEM, DAM 160-902-022
175 „I was glad to find that the appreciation of my work is still alive in America. This book written in 1938 describes my townplanning scheme as 'the best since 1926'. About my international magazine 'Das Neue Frankfurt' he writes: 'Supported by the city of Francfort during the period of ist post-war (…), this magazine did for city and regional planning what 'Die Form' did for architecture and the industrial arts: expressions of a new creative spirit – which made Germany between 1925 and 1932 assual a world-leadership in the embodiment of the new culture'." Brief von Ernst May (Nr. 24) vom 12. 2. 1941 an seine Frau Ilse, NLEM, DAM 160-902-023
176 Brief von Ernst May (Nr. 14) vom 29. 11. 1940 an seine Frau Ilse, NLEM, DAM 160-902-022.
177 Brief von Ernst May (Nr. 26) vom 25. 2. 1941 an seine Frau Ilse, NLEM, DAM 160-902-023.
178 Ebd.
179 „I feel with the clairvoyance which is certainly to me that my greatest work will be done after this war, and I look at this concentration here as the most essential opportunity of clearing one's own standpoint. Though we love German for the Beethoven and Bach it has produced, for the wonderful architecture and art grown on its soil, nothing in the world would ever induce me to make a pact with Nazidom and if Britain will not give us justice, we will have to go to another place in the world." Ebd.

Anmerkungen

180 Brief von Ernst May (Nr. 27) vom 10. 3. 1941 an seine Frau Ilse, NLEM, DAM 160-902-023.
181 Ebd.
182 „I still feel that one should consider very carefully whether one should go to a country in which culture seems still to be very, very far behind European standards." Brief von Ernst May (Nr. 28) vom 18. 3. 1941 an seine Frau Ilse, NLEM, DAM 160-902-023.
183 „Even that American professorship does not attract me too much because I very much wonder if we would like America (especially if in war) this time more than we did when we were staying there last time!" Brief von Ernst May (Nr. 29) vom 23. 3. 1941 an seine Frau Ilse, NLEM, DAM 160-902-023.
184 „If Unwins proposal in the early Twenties had been accepted dezentralisation would than have been caused out to a large extent and bombing would have done much less damage. I believe that after the war London will have to rebuilt on entirely difficult lines. I have offered my services for working out a modern townplan." Brief von Ernst May (Nr. 30) vom 6. 4. 1941 an seine Frau Ilse, NLEM, DAM 160-902-023.
185 „I would very much prefer to stay in England but should this be impossible emigration may be neccesary." Brief von Ernst May (Nr. 31) vom 14. 4. 1941 an seine Frau Ilse, NLEM, DAM 160-902-023.
186 Ebd.
187 Brief von Ernst May (Nr. 32), ohne Datum, an seine Frau Ilse, NLEM, DAM 160-902-023.
188 Brief von Ernst May (Nr. 34) vom 10. 5. 1941 an seine Frau Ilse, NLEM, DAM 160-902-023.
189 Brief von Ernst May (Nr. 30) vom 30. 4. 1941 an seine Frau Ilse, NLEM, DAM 160-902-023.
190 Brief von Ernst May vom 30. 6. 1941 an seine Frau Ilse, DAM 160-902-023.
191 Brief von Ernst May (Nr. 34) vom 10. 5. 1941 an seine Frau Ilse, NLEM, DAM 160-902-023.
192 Brief von Ernst May (Nr. 50) vom 24. 8. 1941 an seine Frau Ilse, NLEM, DAM 160-902-023.
193 Brief von Ernst May (Nr. 37) vom 25. 5. 1941 an seine Frau Ilse, NLEM, DAM 160-902-023.
194 Brief von Ernst May (Nr. 28) vom 18. 3. 1941 an seine Frau Ilse, NLEM, DAM 160-902-023.
195 Brief von Ernst May (Nr. 43) vom 7. 7. 1941 an seine Frau Ilse, NLEM, DAM 160-902-023.
196 Brief von Ernst May (Nr. 52) vom 8. 9. 1941 an seine Frau Ilse, NLEM, DAM 160-902-023.
197 Brief von Ernst May (Nr. 50) vom 24. 8. 1941 an seine Frau Ilse, NLEM, DAM 160-902-023.
198 Brief von Ernst May (Nr. 52) vom 8. 9. 1941 an seine Frau Ilse, NLEM, DAM 160-902-023.
199 Brief von Ernst May (ohne Nr.) vom 9. 12. 1941 an seine Frau Ilse, NLEM, DAM 160-902-023.
200 Brief von Ernst May (Nr. 70) vom 11. 1. 1942 an seine Frau Ilse, NLEM, DAM 160-902-024.
201 Ebd.
202 Brief von Ernst May (ohne Nr.) vom 16. 2. 1942 an seine Frau Ilse, NLEM, DAM 160-902-024.
203 Brief von Ernst May (Nr. 80) vom 5. 4. 1942 an seine Frau Ilse, NLEM, DAM 160-902-024.
204 Ebd.
205 „Ich habe nun gerade Spengler's 'Jahre der Entscheidung' beendigt und zwar mit sehr gemischten Gefühlen. In vieler Hinsicht ist er ein blutiger Reaktionär. Wenn es ihm nach ging dürfte keine der notleidenden Schichten je daran denken seine Lage zu verbessern. Jedes Sympathisieren mit solchen Bestrebungen legt er als Schwäche und Entartung aus. Der Knecht soll immer Knecht bleiben und der Herr immer Herr. Muten einen solche Anschauungen als mittelalterlich an, so vertritt er auf der anderen Seite oft Meinungen, mit denen ich mich abolut identifiziere. So habe ich es immer für widerlich gehalten bis zu welchem erschreckenden Maße die Wirtschaft den Staat regiert statt umgekehrt (...). Auch in seinem warmen Eintreten für den Individualismus stehe ich ganz auf Spenglers Seite. Mir graut immer noch vor der Eiseskälte der russischen kollektivisierten, materialistischen Weltanschauung." Brief von Ernst May (Nr. 81) vom 14. 3. [richtig: 14. 4., Anm. d. Verf.] 1942 an seine Frau Ilse, DAM 160-902-024.
206 „Wie dem auch sei, das Gegenteil der Nazistischen Judenverfolgungen begann gegen uns als Nichtvolljuden! (...) Auf die Idee, daß einer mich der Spionage für eine damals noch gar nicht an der Macht sitzende Partei bezichtigen würde, wäre ich allerdings bei aller Phantasie nicht gekommen." Brief von Ernst May (Nr. 79) vom 23. 3. 1942 an seine Frau Ilse, NLEM, DAM 160-902-024.
207 Brief von Ernst May (Nr. 90) vom 16. 6. 1942 an seine Frau Ilse, NLEM, DAM 160-902-024.
208 Brief von Ernst May (Nr. 99) vom 18. 8. 1942 an seine Frau Ilse, NLEM, DAM 160-902-024.
209 Mündliche Auskunft von Thomas May am 30. 8. 1996.
210 Frau Hodgekiss wurde später Sekretärin bei Ernst May. Mündliche Auskünfte von Klaus May am 16. 7. 1989 und Thomas May am 25. 9. 1994.
211 „Da ich in dieser Tatsache einen Wink des Schicksals sehe, meinen so lange gehegten Wunsch nach produktiver Mitarbeit für die Sache der Anti-Nazis zu verwirklichen, habe ich sofort einen dahingehenden Antrag an das Colonial Office telegraphiert und außerdem einen schriftlichen Antrag an den Chief Secretary von Kenya gestellt. (...) Diese Aufgabe wäre natürlich für mich das gegebene, da ich sie durchaus beherrsche und wirklich wertvolles leisten könnte." Brief (teilweise zensiert) von Ernst May (Nr. 97) vom 3. 8. 1942 an seine Frau Ilse, NLEM, DAM 160-902-023.
212 Mündliche Auskunft von Klaus May am 15. 3. 1989.
213 Brief von Ernst May vom 11. 7. 1946 an Frau Lore Greulich, Köln. Kopie im Besitz des Verfassers. Vgl. auch [Ernst] M[ay], „Lehmbauten in Neustadt OS [Oberschlesien]". In: *Schlesisches Heim*. Monatszeitschrift, 3. Jg., Breslau, März 1922, S. 197.
214 Ernst May, „Clay-Concrete Farm Buildings", in: *East African Field, Farm and Garden*, Nairobi, March 1948, S. 24–28.
215 Ernst May, „Mechanisierung des Wohnungsbaues", in: *DNF*, 1. Jg., 1926/27, Heft 2, S. 33–40.
216 Vgl. Kurt Junghanns, *Das Haus für alle. Zur Geschichte der Vorfertigung in Deutschland*, Berlin 1994, S. 125–131.
217 Brief von Ernst May vom 26. 2. 1962 an Udo Kultermann, Städtische Museen Leverkusen, NLEM, DAM 160-902-044.
218 „Hook-on-slab reinforced Concrete System designed by E. May", in: *The Architects' Journal*, London, 13. 6. 1946. Siehe Sonderdruck im NLEM, DAM: 160-906-003.
219 Buekschmitt (s. Anm. 46), S. 100. Vgl. Winfried Nerdinger (Hrsg.), *Die Architekturzeichnung. Vom barocken Idealplan zur Axonometrie. Zeichnungen aus der Architektursammlung der Technischen Universität München*, München 1986, S. 192–195
220 Buekschmitt (s. Anm 46), S. 87.
221 „Work was began in this project and subsequently, in June 1945, a contract was signed between the Director of Survey on behalf of the Uganda Government and myself." Report on the Kampala Extension Scheme Kololo-Naguru. Prepared for the Uganda Government by E. May. Architect & Town Planner, Nairobi, September 1947, NLEM, DAM 160-900-154.
222 Ebd.
223 „Ernst hielt einen Vortrag: 'Warum Städtebau?' für die fortschrittlichen Afrikaner Ugandas, der großen Widerhall fand." Brief von Ilse May vom 11. 9. 1947 an ihre Mutter, NLEM, DAM 160-902-029. „New Township Blueprint Stresses Care with Architecture. Kampala-of-the-9-Hills – with dormitory areas and self-contained 'suburban' units", in: *East African Standard*, Kampala, ohne Datum.
224 *Architectural Year Book*, London, August 1946.
225 *WERK-Chronik*, Zürich, Januar 1949.
226 Unter der Überschrift „Die Stadt auf den neun Hügeln. Ernst May baut in Afrika" informierte die *Frankfurter Neue Presse* am 31. 1. 1950 über Mays stadtplanerische Aktivitäten in Kampala.
227 „A Uganda Letter. Government sets an example in ideal african housing. Nakawa Estate will be ready four month ahead of schedule – fine planning and exellent workmanship." „(...) H. E. the Governor and H. H. the Kabaka, with various officials interested, will visit Nakawa, (...) and the architect's (Messrs. E. May, Nairobi) are pressing on to complete the first batch of houses for this inspection", in: *East African Standard*, Kampala, 9. 3. [1949]. NLEM, DAM 160-900-031.

228 „Ernst hat die Stadtpläne für Kampala und Jinja, die zwei größten Städte Ugandas, zu machen (...)." Brief von Ilse May vom 11. 9. 1947 an ihre Mutter, NLEM, DAM 160-902-029.
229 „Ernst May Visits London", in: *The Architects' Journal*, London, 3. 8. 1950, S. 108.
230 Erwähnt werden die Planungen bei Udo Kultermann, *Neues Bauen in Afrika*, Tübingen 1963, S. 27.
231 Lebenslauf von Dr. Ing. e. h. E. May vom 13. August 1952, 49/A 2-May, ABK Nürnberg.
232 Mündliche Auskunft von H. L. Lustman am 16. 1. 1987. Standort, Pläne und Fotos der Fabrikanlage sind nicht bekannt.
233 Vgl. Ernst May, „Wirtschaftliche und politische Gegenwartsfragen Britisch Ostafrikas, insbesondere Kenyas". Lichtbildervortrag (vermutlich 1953).
234 Mündliche Auskunft von H. L. Lustman am 16. 1. 1987.
235 „Dann bekam ich schnell erste private dann Staatsaufträge seitens der Uganda Regierung und bin nun soweit, daß ich mir ein großzügiges Büro-Gebäude in Zusammenhang mit unserem Haus in Karen errichten konnte und so viel Arbeit habe, daß ich schon seit geraumer Zeit nicht mehr durchkomme." Brief von Ernst May vom 11. 7. 1946 an Frau Lore Greulich. Kopie im Besitz des Verfassers.
236 Grete Schütte-Lihotzky, „Rationalisierung im Haushalt", in: *DNF*, 1. Jg., 1926/27, Heft 5.
237 „Grundsätzlich wurden die Erdgeschosse zu Garagenzwecken ausgenutzt, wodurch erreicht wird, dass die unterste Wohnung über Staub und Geräusch der Straße hinausgehoben wird." Brief von Ernst May vom 17. 12. 1957 an Dr. Udo Kultermann, NLEM, DAM 160-902-039.
238 Buekschmitt (s. Anm. 46), S. 85
239 Vgl. Eckhard Herrel, „Farbe in der Architektur der Moderne", in: Lampugnani / Schneider (s. Anm. 95), S. 98–115, hier S. 106.
240 Mündliche Auskunft von Mr. G. B. Cunningham van Someren, Nairobi, am 4. 2. 1990.
241 Mündliche Auskunft von Dr. James Nesbitt, Nairobi, am 3. 2. 1990.
242 *Ostafrika-Reisehandbuch* (s. Anm. 36), S. 351.
243 Plan Nr. 1 „Sketchplan of Proposed House for J. F. Tame, ESQ. / Irente, Usambara Mountains." Bezeichnet: E. May. Architect & Townplaner, Nairobi. Datiert: February 1950, NLEM, TU München.
244 United Press-Korrespondenten interviewten ihn am 15. 2. 1949 in Nairobi: „Ernst May zum Frankfurter Wiederaufbau", in: *Frankfurter Rundschau*, 19. 2. 1949.
245 Franz Meunier, „Was Ernst May in Afrika plante und baute. Zu seinem Lichtbildervortrag im Philanthropin", in: *Frankfurter Allgemeine Zeitung*, 5. 7. 1950. „Ein deutscher Städtebauer von Weltruf. Ernst May in Frankfurt, Moskau, Nairobi – und wieder in Frankfurt", in: *Weser-Kurier*, 13. 7. 1950. Buesche, „Ein deutscher Architekt im Ausland. Ernst May über seine Erfahrungen", in: *Tagesspiegel*, 25. 7. 1950.
246 „Ernst May Visits London", in: *The Architects' Journal*, London, 3. 8. 1950.
247 Promotionsurkunde vom 9. 2. 1951, Rektor und Senat der Technischen Hochschule Hannover, NLEM, DAM 160-907-010.
248 „Bompas, Mr. & Mrs. Hodgson, Pearse and Dr. Raschow left before I joined [1951, Anm. d. Verf.] Ernst May". Brief von E.[Ernest] W.[William] Miles, (im folgenden Eric Miles genannt), Southsea / Portsmouth, vom 25. 6. [19]93 an den Verfasser. Vornamen der Mitarbeiter entnommen aus Buekschmitt (s. Anm 46), S. 159 und einem Brief von Eric Miles vom 25. 6. 1993 an den Verfasser.
249 Ebd.
250 Ebd.
251 Ebd.
252 Herbert Kaufmann, „Ein deutscher Baumeister baut in Afrika. Begegnung mit Dr. Ernst May in Nairobi", in: *Frankfurter Allgemeine Zeitung*, 4. 10. 1952.
253 Brief von Ernst May vom 13. 8. [19]52 an seine Frau Ilse, NLEM, DAM 160-902-034.
254 Ernst May hatte 1929/30 in Frankfurt am Main die Reformschule am Bornheimer Hang mit A. Loecher errichtet. Vgl. Mohr / Müller (s. Anm. 114), S. 292–293.
255 Ernst May, „Bauen in Ostafrika", in: *Bauwelt*, 44. Jg., 1953, Heft 6, S. 104–111 (hier S. 108). Im folgenden zitiert: May, *Bauen in Ostafrika*.
256 Die Titelseite des Einladungsheftes zu dem Festakt am 26. 2. 1951, welchem die zwei abgebildeten Zeichnungen entnommen sind, gestaltete Ilse May, NLEM, DAM 160-906-003.
257 Sechs Pläne „Aga Khan School and Hostel, Kampala, 1952", NLEM, TU München.
258 May, *Bauen in Ostafrika*, S. 110.
259 Ebd.
260 Für Ernst May war Frank Lloyd Wright stets ein Vorbild gewesen. Bei seiner ersten Amerikareise im Jahr 1925 hatte er einige seiner Villen in Chicago besichtigt. In seiner Bibliothek befanden sich mehrere Bücher mit Werken von F. L. Wright, u. a. Frank Lloyd Wright, *An Autobiography*, 2. Aufl. London 1946, mit Abb. des Kaufmann Guest House von 1939 auf S. 384. NLEM, DAM 160-900-045/2.
261 Brief von Eric Miles vom 25. 6. 1993 an den Verfasser.
262 Vgl. zur Geschichte der Chagga und des Kaffeeanbaus am Kilimandscharo *Ostafrika-Reisehandbuch* (s. Anm. 36), S. 328–332.
263 Siehe auch Vortragstext von Ernst May, „Afrika nach 20 Jahren".
264 NLEM, DAM. Außerdem sind 40 Pläne mit technischen Zeichnungen erhalten: 160-012-001 bis 040.
265 May, *Bauen in Ostafrika* (s. Anm. 255), S. 110.
266 Von Ilse May gestaltete Einladungskarte, NLEM, DAM 160-906-003.
267 Mündliche Auskunft von Eric Miles am 17. 7. 1997.
268 Die Pläne Nr. 1, 2 und 7 mit dem Titel „Assembly Hall for the K.N.C.U Moshi / Tanganjika" sind erhalten, datiert 1951 (Plan Nr. 7 trägt das Datum 11. 10. 1951). Auf der Planleiste sind sie bezeichnet: E. MAY. ARCHITECT & TOWNPLANNER, NAIROBI, NLEM, DAM 160-013-001 bis 003.
269 Brief von Eric Miles vom 25. 6. [19]93 an den Verfasser.
270 Ebd.
271 Plan Nr. MS 20/1 (ohne Datum) mit dem Titel „PROPOSED STADIUM FOR THE KNCU MOSCHI". Auf der Planleiste bezeichnet: DR E MAY & PARTNERS ARCHITECTS, MOSHI MOMBASA AND KAMPALA. DELT E W MILES A.R.I.B.A, NLEM, DAM 160-016-001. Das gleiche Projekt scheint die Freihandzeichnung vom April 1963 mit dem Titel „Community Centre for K.N.C.U Limited, Moshi / Tanganjika" darzustellen. Auf der Planleiste bezeichnet: DR. E. MAY & PARTNERS, MOMBASA & MOSHI, NLEM, DAM 160-014-001.
272 Insgesamt sind vier Pläne erhalten, die vom 15. März 1949 bis 1. Mai 1951 datieren. Sie sind (ab März 1951) auf der Planleiste bezeichnet: E. MAY. ARCHITECT & TOWNPLANNER, NAIROBI E. MILES A.R.I.B.A, NLEM, DAM 160-015-001 bis 004.
273 Brief von Klaus May vom 24. 2. [19]50 an seine Eltern Ilse und Ernst May, NLEM, DAM 160-902-032.
274 Application for Approval of Plans. 1st February (19)51. Unterzeichnet: E. May for (handschriftlich) Board of Trustees, The Uganda Museum, P. O. Box 365, Kampala. Beigefügt Plan Nr. 3 und 4, auf der Planleiste bezeichnet: PROPOSED CURATOR'S HOUSE FOR THE UGANDA MUSEUM E. MAY ARCHITECT & TOWNPLANNER NAIROBI JAN 1951. Kopien des Bauantrags und der Pläne im Archiv des Verfassers.
275 May hatte Aluminiumfolie als Dachhaut vorgesehen.
276 „The Curator on his return has no place to stay and it has been agreed that the new house should be ready for his return by the end of July." Brief von Ernst May vom 16. 4. 1951 an Acting Town Engineer, Kampala Municipal Council, 49/A 2-May, ABK Nürnberg.
277 Die Pläne Nr. 6, 7, 8 und 9 für das Uganda Museum sind auf der Planleiste bezeichnet: E. MAY. DR. ENG. H.C. ARCHITECT & TOWNPLANNER. NAIROBI. B. W. H. BOUSTED. M. INST. R.A. Die Pläne Nr. 7 und 9 sind von May unterzeichnet und tragen den Eingangsstempel des Medical Officers of Health, Kampala, vom 9. Jan. 1952. Die Pläne Nr. 6 und 8 sowie eine überarbeitete Version der Pläne Nr. 7 und 9 sind von B. W. H. Bousted unterzeichnet und mit dem Vermerk „Amendet Plan" sowie dem Stempel Dr. E. May & Partners versehen worden. Sie tragen den Eingangsstempel des Town Engineers – Municipal Council of Kampala vom 20. Juli 1954. Die Originalpläne befinden sich im Municipal Council of Kampala; Kopien im Archiv des Verfassers.
278 Brief von Kurator K. P. Wachsmann, The Uganda Museum, vom 7. 10. 1953 an Ernst May, 49/A 2-May, ABK Nürnberg.
279 Brief von Ernst May vom 16. 11. [19]53 an seinen Sohn Klaus und Schwiegertochter Hertha May, NLEM, DAM 160-902-034.

Anmerkungen

280 Bei den überarbeiteten Plänen Nr. 6, 7, 8 und 9 handelt es sich wahrscheinlich um eine nach Abschluß der Baumaßnahme genehmigte Tektur der ursprünglichen Pläne.
281 Brief von Eric Miles vom 25. 6. [19]93 an den Verfasser.
282 Ursprünglich sollte es 1988 wiedereröffnet werden, war aber bei einem Besuch des Verfassers im Frühjahr 1990 offiziell noch immer geschlossen.
283 May, *Bauen in Ostafrika* (s. Anm. 255), S. 106.
284 Vgl. zur Geschichte Mombasas *Ostafrika-Reisehandbuch* (s. Anm. 36), S. 210–216.
285 Diese Entwürfe sind sämtlich verschollen. Der Verfasser hatte 1987 eine Kohleskizze des Treppenturms im Büro von Dr. E. May & Partners in Mombasa gesehen, die aber bei einem späteren Besuch in 1993 nicht mehr auffindbar war.
286 Brief von Eric Miles vom 25. 6. [19]93 an den Verfasser.
287 Mündliche Auskunft von Eric Miles am 17. 7. 1997.
288 Ebd.
289 NLEM, DAM 160-017-011. Insgesamt sind zwölf Pläne zu diesem Projekt archiviert worden.
290 Brief von Eric Miles vom 25. 6. [19]93 an den Verfasser.
291 Brief von May & Partners, Architects, Mombasa, vom 4. 11. 1958 an Ernst May, NLEM, DAM 160-902-040.
292 „Out of Afrika. Dennis Sharp reviews the work of two pioneering Modernists in East Africa", in: *Building Design*, London, 6. 6. 1986. S. 20–24.
293 NLEM, DAM 160-017-012.
294 May, *Bauen in Ostafrika* (s. Anm. 255), S. 107.
295 Ebd.
296 Mündliche Auskunft von W. H. Sayer am 5. 2. 1990. May hatte bei verschiedenen Projekten in dieser Gegend mit der Baufirma Sayer & Co. Ltd., Nakuru, zusammengearbeitet.
297 Mündliche Auskunft von W. H. Sayer am 5. 2. 1990.
298 Ebd.
299 Vgl. Dieter Döllken, „Weißer Mann, was nun? Das Schicksal der englischen Farmer in Kenia", In: *Die Welt*, 6. 3. 1965.
300 May, *Bauen in Ostafrika* (s. Anm. 255), S. 111.
301 Vgl. Plan M1/1 „Municipal African Housing Port Tudor No. 2 Pilot Sheme", NLEM, DAM 160-018-001.
302 Siehe zu diesem Thema das Kapitel „Leitbilder in Städtebau", in: Werner Durth und Niels Gutschow, *Träume in Trümmern. Planungen zum Wiederaufbau zerstörter Städte im Westen Deutschlands 1940–1950*, Braunschweig 1988, Bd. 1, S. 161–235 sowie Hartmut Frank, „Landschaft mit Trümmern", in: Ausst. Kat. Berlinische Galerie Hauptstadt Berlin. *Internationaler städtebaulicher Ideenwettbewerb 1957/58*, Berlin 1990, S. 249–168.
303 Walter Gropius und Martin Wagner, „A Program for City Reconstruction", in: *Architectural Forum*, Juli 1943, S. 75–86.
304 Plan Nr. 9 „african neighbourhood." Datiert: febr. [19]53, NLEM, DAM 160-018-007. Insgesamt sind zu diesem Projekt zehn Pläne erhalten.
305 Plan Nr. 5 „African Family Flats, type I". Bezeichnet und datiert: delt W. H. S. [Saunders] dec [19]52, NLEM, DAM 160-018-003.
306 Plan Nr. 14 „african family flats, type I a (flat roofs)". Bezeichnet und datiert: delt W. H. S. [Saunders] february 1953, NLEM, DAM 160-018-011.
307 Plan Nr. 7 „african family flats, type II" [wegen Fehlstelle ohne Datum], NLEM, DAM 160-018-005.
308 Vgl. die von May und 23 anderen Architekten unterzeichnete offizielle Erklärung vom Architektenkongreß in La Sarraz in der Westschweiz vom Juni 1928, abgedruckt in: *DNF*, 2. Jg., 1928, Heft 10.
309 Plan Nr. 8 „african housing types 3 & 3a / two storey terrace houses for large families". Bezeichnet und datiert: delt w.h.s. (Saunders) jan 1953, NLEM, DAM 160-018-006.
310 Vgl. Stefan Muthesius, *Das englische Reihenhaus. Die Entwicklung einer modernen Wohnform*, Königstein im Taunus 1990. Titel der englischen Originalausgabe: *The English Terraced House*, New Haven / London 1982.
311 Vgl. D. W. Dreyse, *May-Siedlungen. Architekturführer durch acht Siedlungen des neuen Frankfurt 1926–1930*, Frankfurt am Main 1987.
312 Vgl. Ernst May, „Die Wohnung für das Existenzminimum" und Eugen Kaufmann, „Die internationale Ausstellung 'Die Wohnung für das Existenzminimum'", in: *DNF*, 3. Jg., 1929, Heft 11.
313 Vgl. Junghanns (s. Anm. 216), S. 290–306.
314 Plan Nr. 13 „housing type IV. 'the growing house'" [wegen Fehlstelle ohne Datum], NLEM, DAM 160-018-009.
315 Mündliche Auskunft von Eric Miles am 17. 7. 1997.
316 Plan Nr. 14 „Municipal African Housing. Proposed African Housing Scheme. East of Shauri Moyo", NLEM, DAM 160-019-001.
317 s. Anm. 185.
318 Brief von Ernst May vom 23. 12. 1941 an seine Frau Ilse, NLEM, DAM 160-902-023.
319 Brief von Ernst May vom 11. 7. 1946 an Lore Greulich. Kopie im Archiv des Verfassers.
320 Brief von Klaus May vom 2. 8. 1946 an seine Großmutter, NLEM, DAM 160-902-028.
321 Brief von Ernst May vom 16. 12. 1946 an seine Schwiegermutter, NLEM, DAM 160-902-028.
322 Brief von Ilse May vom 8. 6. 1947 an Lore Greulich. Kopie im Archiv des Verfassers.
323 Die Frau von Mays früherem Mitarbeiter in Schlesien und Frankfurt am Main, Herbert Böhm, bedankte sich bei Ilse und Ernst May für ein Paket, das „eine Fülle von Genüssen in unser karges Leben gebracht (hat)" und berichtete über ihre Flucht aus Schlesien (Herbert Böhm war während des Zweiten Weltkrieges Stadtbaurat in Gdingen gewesen) und ihre trostlose Wohn- und Lebenssituation als Flüchtlinge im zerstörten Frankfurt am Main. Brief von Emmi Boehm vom 17. 1. [19]48 an Ilse May, NLEM, DAM 160-903-030.
324 Brief von Ria Drevermann vom 19. 2. 1947 an Ilse May, NLEM, DAM 160-902-029.
325 Brief von Ernst May vom 18. 5. 1947 an Lore Greulich. Kopie im Archiv des Verfassers.
326 Brief von Ilse May vom 20. 4. [19]48 an ihre Mutter, NLEM, DAM 160-902-030.
327 „Ich finde Europa immer noch wunderbar und bin froh dass Ihr denn im Frühling endlich mal kommt." Brief von Klaus May vom 21. 10. [19]48 an seine Eltern Ernst und Ilse May, NLEM, DAM 160-902-030.
328 Schreiben vom Consulate of Switzerland, Tanga, vom 31. 1., 11. 2. und 16. 2.1949 an Ilse May, NLEM, DAM 160-902-031.
329 Brief von Ilse May vom 23. 3. 1949 an den Military Governor of the British Occupied Zone of Germany mit der Bitte, ihren Anfang Januar gestellten Einreiseantrag zu genehmigen, NLEM, DAM 160-902-031.
330 Brief von Ilse May vom 6. 3. [19]49 an Mrs. Unwin, NLEM, DAM 160-908-031.
331 „Ernst May zum Frankfurter Wiederaufbau. Ein Gespräch mit dem Stadtplaner über heutigen Städtebau", in: *Frankfurter Rundschau*, 19. 2. 1949.
332 „Ich hoffe, daß Sie unsere etwas abweichenden Meinungen über Städteentwicklung nicht tragisch genommen haben!" Brief von Ernst May vom 13. 1. 1954 an Herbert Böhm, 49/A 2-May, ABK Nürnberg.
333 An einem privaten Essen im Restaurant im Anschluß an den Empfang nahmen laut Unterschriftenliste auf der Speisekartenrückseite teil: Mays früherer Mitarbeiter in Schlesien und damaliger Frankfurter Oberbaurat Herbert Boehm, die ehemaligen Mitstreiter im Neuen Frankfurt der 1920er Jahre Ferdinand Kramer und Wolf Drevermann, der Frankfurter Stadtrat und spätere Bau- und Planungsdezernent Hans Kampfmeyer, der Architekt Alois Giefer, der Bildhauer und Städel-Professor Hans Mettel sowie Johannes Krahn, Werner Korn, Erhard Warnecke, die Herren Frank und Roth, 49/A 2-May, ABK Nürnberg.
334 „'Der May soll bleiben!' Empfang durch den Magistrat", in: *Frankfurter Neue Presse*, 1. 7. 1951.
335 Franz Meunier: „Was Ernst May in Afrika plante und baute. Zu seinem Lichtbildervortrag im Philanthropin", in: *Frankfurter Allgemeine Zeitung*, 5. 7. 1950; „Ein deutscher Städtebauer von Weltruf. Ernst May in Frankfurt, Moskau, Nairobi – und wieder in Frankfurt", in: *Weser-Kurier*, 13. 7. 1950; „Städtebauer in Afrika", in: *Hamburger Abendzeitung*, 19. 7. 1950; „Ein deutscher Architekt im Ausland. Ernst May über seine Erfahrungen", in: *Tagesspiegel*, 25. 7. 1950.
336 Zitiert nach: „Frankfurt – Magnitogorsk – Nairobi. Ein deutscher Städtebauer kehrt zurück", in: *Süddeutsche Zeitung*, 1. 7. 1950.
337 Zitiert nach: „Er hat Frankfurt nicht vergessen. Ein Gespräch mit dem Städtebauer Ernst May über den Neubau unserer Städte", in: *Frankfurter Neue Presse*, 4. 7. 1950.

338 „Ernst May Visits London", in: *The Architects' Journal*, London, 3. 8. 1950, S. 108.
339 Brief von Ilse May vom 16. 8. [19]50 an ihren Sohn Thomas. Kopie im Archiv des Verfassers.
340 Ebd.
341 Brief von Prof. Werner Hebebrand vom 23. 6. 1951 an Ernst May, 49/A 2-May, ABK Nürnberg.
342 Ebd.
343 Brief von Ernst May vom 1. 7. [19]51 an Prof. Werner Hebebrand, 49/A 2-May, ABK Nürnberg.
344 Ebd.
345 Brief von Ernst May vom 16. 10. [19]51 an Rudolf Hillebrecht, 49/A 2-May, ABK Nürnberg. Vgl. Rudolf Hillebrecht, „'Ein Ruf aus Deutschland'. Ernst Mays Rückkehrversuch 1951", in: *Bauwelt*, 77. Jg, 1986, Heft 28, S. 1071–1072, mit auszugsweisem Abdruck des Briefwechsels.
346 Brief von Rudolf Hillebrecht vom 17. 12. [19]51 an Ernst May, 49/A 2-May, ABK Nürnberg.
347 Brief von Dr. Nevermann vom 18. 12. 1951 an Ernst May, 49/A 2-May, ABK Nürnberg.
348 Brief von Ernst May vom 26. 12. [19]51 an Dr. Nevermann, 49/A 2-May, ABK Nürnberg.
349 Brief von Ernst May vom 29. 12. [19]51 an Rudolf Hillebrecht, 49/A 2-May, ABK Nürnberg.
350 Brief von Prof. Werner Hebebrand vom 13. 3. 1952 an Ernst May, 49/A 2-May, ABK Nürnberg.
351 Brief von Ernst May vom 13. 8. [19]52 an seine Frau Ilse, NLEM, DAM 160-902-034.
352 Brief von Ernst May vom 18. 1. [19]53 an Theodor Heuss, 49/A 2-May, ABK Nürnberg.
353 Brief von Theodor Heuss vom 27. 1. [19]53 an Ernst May, 49/A 2-May, ABK Nürnberg.
354 Brief von Ernst May vom 1. 2. 1953 an Theodor Heuss, 49/A 2-May, ABK Nürnberg.
355 Zu den Hintergründen der Mau Mau-Bewegung siehe *Ostafrika-Reisehandbuch* (s. Anm. 36), Abschnitt: „Politische Entwicklungen während der Kolonialzeit", S. 642–650.
356 Mappe mit Schwarzweißfotos im NLEM, ABK Nürnberg. Farbdias im NLEM, DAM 160-915-202.
357 Vgl. Ernst May, „Die Leica in der Hand des Architekten", in: *Leica-Fotografie*, 4. Jg., April 1953, S. 62–64.
358 Brief von Klaus May vom 24. 1. [19]52 an seine Eltern Ernst und Ilse May, NLEM, DAM 160-902-034.
359 „Neue Bauten von Ernst May in Ostafrika". Mit einem Textbeitrag von Denes Holder, in: *Innendekoration*, Stuttgart 1952/53, Heft 1, S. 1–16. May, *Bauen in Ostafrika* (s. Anm. 255).
360 „Flats in Nairobi, Kenia. Designed by Dr. Ernst May and Partners", in: *The Architects' Journal*, London, 8. 1. 1953, S. 38–39. „House at Dar-es-Salaam. Ernst May: Architekt", in: *The Architectual Review*, London, May 1953, S. 288–299.
361 Das Thema zielte darauf ab, „den Begriff Stadt einer Neuordnung zu unterziehen und durch Zusammenfassung der Stadt mit der umliegenden Region eine neue Verwaltungseinheit: den 'Stadt-Land Verband' zu schaffen." Brief von Ernst May vom 25. 5. [19]53 an Sigfried Giedion, 49/A 2-May, ABK Nürnberg.
362 „Unter diesem Thema gebe ich einen Überblick in einigen 150 farbigen Aufnahmen aus Ost Afrika über die zum Teil phantastische Schönheit von Landschaft, Flora und Fauna, hier draußen." Brief von Ernst May vom 25. 5. [19]53 an Sigfried Giedion, 49/A 2-May, ABK Nürnberg.
363 Ebd.
364 „Das Thema ist 'The Human Habitat', handelt also über die Wohnform und da können Ihre Ideen über die Verbindung von Stadt und Region gut eingefügt werden." Brief von Sigfried Giedion vom 4. 6. 1953 an Ernst May, 49/A 2-May, ABK Nürnberg.
365 R. B.: „Farmer und Architekt. Ernst May in der Technischen Hochschule", in: *Stuttgarter Zeitung*, 10. 7. 1953. NLEM, DAM 160-902-034.
366 Brief von Ernst May vom 18. 9. [19]53 an die Neue Heimat, NLEM, DAM 160-902-034.
367 Brief von Ernst May vom 4. 11. [19]53 an A. J. Millar mit den Verkaufsmodalitäten und notarieller Vertrag vom 23. 11. 1953 über den Verkauf des Grundstücks an Alleyn John Millar, 49/A 2-May, ABK Nürnberg. Brief von Ernst May vom 16. 11. [19]53 an seinen Sohn Klaus und seine Schwiegertochter, NLEM, DAM 160-902-034.
368 „Your letter of the 29th September has come as a great disappointment to me personally. However much I respect your partners, I would not consider them equal to yourself when it comes to designing a building like a museum." Brief von K. P. Wachsmann vom 7. 10. 1953 an Ernst May, NLEM, DAM 160-902-034.
369 Brief von Ernst May vom 25. 11. [19]53 an seinen Sohn Klaus und seine Schwiegertochter, NLEM, DAM 160-902-034.
370 Das *Hamburger Abendblatt* vom 2. 1. 1954 verkündete die Ankunft von Ernst May unter der Überschrift „Spuren in drei Erdteilen. Städtebauer Ernst May entschied sich für Hamburg: Dem FD-Zug aus Mailand entstieg gestern abend ein hochgewachsener Fahrgast, der zugleich ein großer Mann des Städtebaus ist, der Architekt Ernst May, Dr. Ing., früherer Frankfurter Stadtbaurat, Erbauer der dortigen 'Römerstadt' und anderer Stadtrandsiedlungen, später Städteplaner in Rußland und zuletzt Baumeister in Nairobi (Kenia) und Daressalam (Ostafrika)."
371 Vgl. Friederike Mehlau-Wiebking, *Richard Döcker. Ein Architekt im Aufbruch zur Moderne*, Schriften des Deutschen Architekturmuseums zur Architekturgeschichte und Architekturtheorie, hrsg. von Heinrich Klotz, Frankfurt am Main 1989.
372 Brief von Ernst May vom 29. 1. 1954 an Richard Döcker, 49/A 2-May, ABK Nürnberg.
373 Brief von Ernst May vom 11. 5. 1954 an Herbert Böhm, 49/A 2-May, ABK Nürnberg.
374 Brief von Ernst May vom 11. 8. 1955 an Bruno Kindermann, 49/A 2-May, ABK Nürnberg.
375 Vgl. Buekschmitt (s. Anm. 46), S. 111–115.
376 Ebd., S. 120–123.
377 v. Herwarth (s. Anm. 3), S. 68–69.
378 Ebd., S. 69.
379 Brief von Lore Greulich vom 2. 6. 1993 an den Verfasser.
380 Brief von Lore Greulich vom 24. 8. 1997 an den Verfasser.
381 Aussage von Thomas May in einem Gespräch mit dem Verfasser am 25. 9. 1994.
382 Brief von Lore Greulich vom 24. 8. 1997 an den Verfasser
383 „'May war kein Diktator' – das schreibt er uns selber aus Ostafrika", in: *Frankfurter Neue Presse*, 30. 9. 1948: „In den Presseerklärungen werde ich auch gelegentlich als Diktator bezeichnet. Jeder, Mensch, der einen Willen hat, der auf ehrliche Überzeugung kämpft und für solche Überzeugung kämpft, ist dieser Gefahr ausgesetzt (…). Waschlappen, die stets den Weg des geringsten Widerstandes gehen, es allen recht machen wollen, bleiben von solcher Klassifizierung verschont."
384 Aussage von H. L. Lustmann in einem Gespräch mit dem Verfasser am 16. 1. 1987.
385 Aussage von Eric Miles in einem Gespräch mit dem Verfasser am 17. 7. 1997.
386 Mündliche Auskunft von Dipl.-Ing. Jürgen Baumbach am 30. 4. 1989.
387 „May. Der Plan-Athlet", in: *Der Spiegel*, 4. 5. 1955, S. 30–37.
388 Brief von Ernst May vom 13. 1. 1970 an Egon Hartmann, 49/A 2-May, ABK Nürnberg.
389 Ebd.
390 Zu Leberecht Migge vgl. *Leberecht Migge 1881–1935. Gartenkultur des 20. Jahrhunderts*, hrsg. vom Fachbereich Stadt- und Landschaftsplanung der Gesamthochschule Kassel, Worpswede 1981.

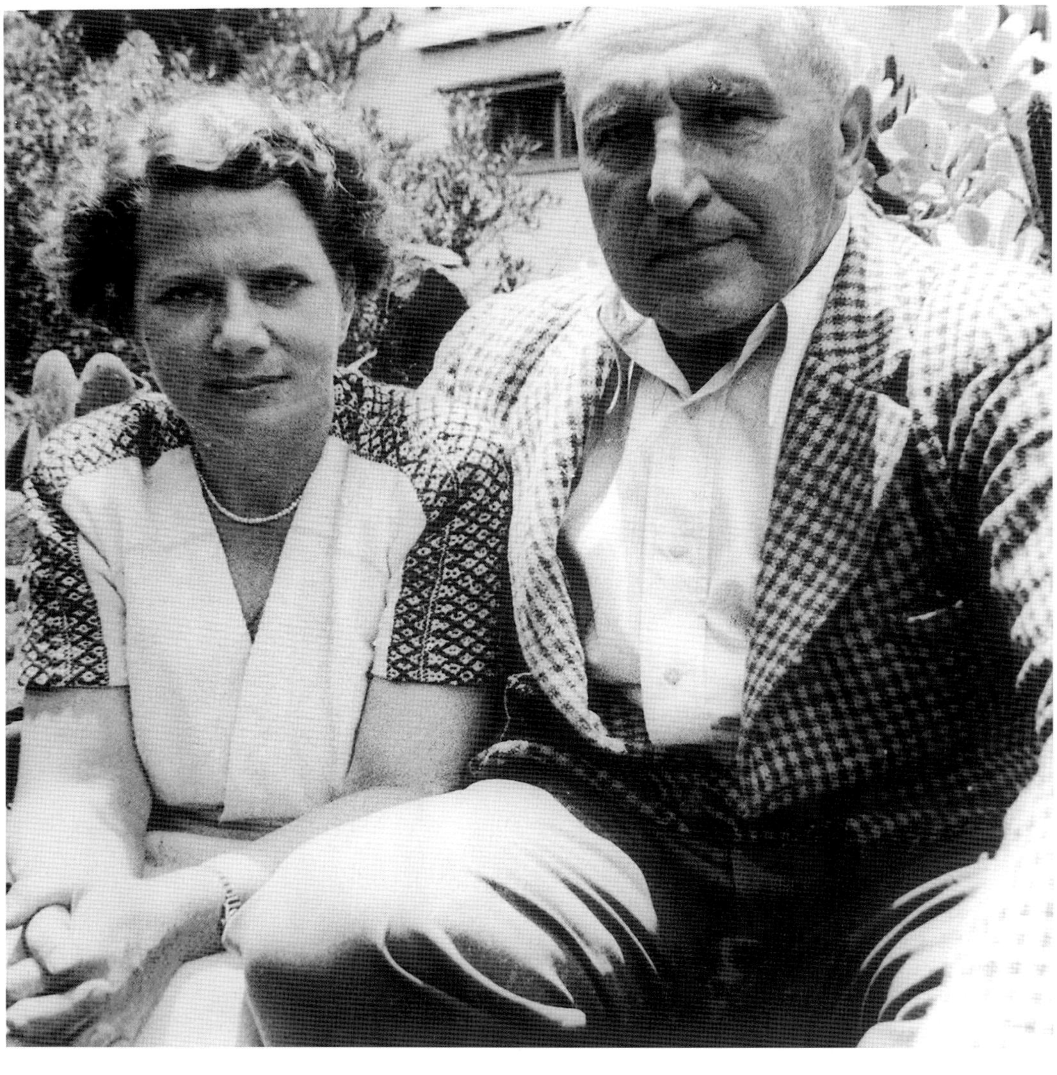

Anhang

Biographie

27. Juli 1886
Ernst May geboren in Frankfurt am Main als Kind des Lederfabrikanten Adam May (1855–1936), Sohn des Frankfurter Stadtverordneten Martin May (1822–1919), und Clara Jenny Mays, geb. Pollitz (1859–1923).
Besuch der Klingerschule in Frankfurt am Main.

März 1907
Abitur im Internat in Kassel.

April – September 1907
Studienaufenthalt in England, University College London.

Oktober 1907 – September 1908
Militärdienst in Darmstadt, gleichzeitig als Student an der Technischen Hochschule Darmstadt eingeschrieben.
Bekanntschaft mit Jugendstilkünstlern auf der Mathildenhöhe in Darmstadt.

Oktober 1908 – Februar 1913
Architekturstudium an der Technischen Hochschule München, Lehrer: Friederich von Thiersch, Theodor Fischer, Hans Eduard von Berlepsch-Valendas.

Sommer 1910 – Anfang 1911
Praktikum beim Architekten und Stadtplaner Sir Raymond Unwin in London.

1913
Zu Ostern Studienreise nach Italien.
Mitarbeit im Architekturbüro von Otto March in Berlin.
Ende des Jahres Gründung des Architekturbüros Musch und May in Frankfurt am Main.

21. April 1914 – 27. September 1918
Ehe mit Helma Bodewig.

Ab August 1914
Kriegsdienst in Nordfrankreich und an der Ostfront.

Ab Frühjahr 1916
Entwurf und Anlage von Soldatenfriedhöfen in Rumänien.

1918
Im Februar Ernennung zum Leutnant und Inspekteur der Kriegerfriedhöfe im besetzten Nordfrankreich, Künstlerischer Beirat der 18. Armee.
Im Dezember Lazarettaufenthalt in Stammheim und Rückkehr nach Frankfurt am Main.

Ab 1919
Technischer Leiter der Schlesischen Landgesellschaft in Breslau, 1920–1925 Herausgabe der Zeitschrift „Schlesisches Heim".

3. Juli 1919
Heirat mit Ilse May, geb. Hartmann aus Berlin in Breslau, Kinder dieser Ehe: Klaus (1920), Thomas (1923).

Ab 1921
Technischer Direktor der gemeinnützigen Siedlungsgesellschaft „Schlesisches Heim" in Breslau.

1923
Besuch der ersten Bauhausausstellung in Weimar.

1924
Reise nach Amsterdam.

1925
Mitglied des Deutschen Werkbundes.
8. April bis 1. Juni Schiffsreise nach Amerika und Kanada mit einer internationalen Delegation von Städteplanern, Teilnahme an International Conference on City Planning in New York, Begegnung mit Frank Lloyd Wright und Lewis Mumford.

1925 – Oktober 1930
Stadtrat für das gesamte Bauwesen in Frankfurt am Main, ab 1926 Herausgabe der Zeitschrift „Das Neue Frankfurt".

Ab 1926
Mitgliedschaft in der Architektenvereinigung „Der Ring".

1927
Teilnahme an der Werkbundausstellung „Die Wohnung" in Stuttgart-Weißenhof mit einer Demonstrations-Baustelle im Plattenbau.

1928
Gründungsmitglied des 1. CIAM Kongresses (Congrès internationaux de l'architecture moderne) in La Sarraz.

1929
Gastgeber des 2. CIAM Kongresses in Frankfurt am Main.

Oktober 1930 – Dezember 1933
Städtebauliche Tätigkeit in der UdSSR.

20. Februar 1934
Ankunft in Tanganjika.

Frühjahr 1934 – April 1938
Farmer am Mount Meru bei Arusha, Tanganjika.

Januar 1936
Erster Planungsauftrag in Ostafrika: Haus Murray in Usa River, Tanganjika.

Mai 1937
Beginn der Partnerschaft Jackson and May, Nairobi, Kenia.

April – August 1938
Bau des eigenen Wohnhauses Karen bei Nairobi, Kenia.

April 1940 – Oktober 1942
Internierung in Kenia und Südafrika.

Ende 1942
Anstellung beim Bauunternehmen G. Blowers, Nairobi.
Versuche mit Lehmbautechniken und Betonfertigteilhäusern.

Sommer 1950
Besuch und Vortragstätigkeit in Deutschland, Kurzaufenthalt in London.

1951
21. April Verleihung der Ehrendoktorwürde Dr. Ing. der Technischen Hochschule Hannover.
Ende des Jahres Gründung von Dr. E. May & Partners.

1953
Verhandlungen mit der Geschäftsführung der „Neuen Heimat", Hamburg, im Sommer – Herbst. Am 17. Dezember Abfahrt von Mombasa, Ankunft in Hamburg am 1. Januar 1954.

Januar 1954 – 1956
Leiter der Planungsabteilung der Neuen Heimat, Hamburg, Herausgabe der Zeitschrift „Neue Heimat".

Februar 1954
Verleihung des Großen Bundesverdienstkreuzes.

August 1956
Teilnahme am CIAM Kongreß in Dubrovnic.

Ab 1957
Freischaffender Architekt und Städtebauer in Hamburg, zeitweise in Partnerschaft mit Dipl.-Ing. Jügen Baumbach.

1957
Verleihung der Ehrendoktorwürde Dr. phil. der Universität Freiburg im Breisgau sowie der Ehrenprofessur der Technischen Hochschule Darmstadt.

30. Mai – 9. Juni 1958
Studienreise nach Skandinavien.

1958–1960
Planungsbeauftragter der Stadt Mainz.

1958–1961
Präsident des Deutschen Verbandes für Wohnungswesen, Städtebau und Raumplanung.

1959
Studienreise nach Rußland und Polen.

Frühjahr 1960
Reise nach Amerika.

1961
1. Januar Ernennung zum Planungsbeauftragten der Stadt Wiesbaden.
4. November Verleihung des Fritz-Schumacher-Preises in Hamburg.

1966
Ehrenplaketten der Städte Wiesbaden und Frankfurt am Main.

Juni 1968
Letzte Reise nach Afrika.

11. September 1970
Verstorben in Hamburg im Alter von 84 Jahren.

Mitgliedschaften
Deutscher Werkbund
Bund Deutscher Architekten
Akademie der Künste
Royal Institute of British Architects
British Town Planning Institut

Werkverzeichnis

Bauten und Projekte

Als selbständiger Architekt in Frankfurt am Main

1913/14

Gruppe von vier Einfamilienhäusern in Frankfurt am Main, am Holzhausenpark, Fürstenbergstraße, Ecke Hammanstraße, Villa in Frankfurt am Main-Bockenheim, Ditmarstraße 9.

Grabstein für das Familiengrab auf dem Hauptfriedhof in Frankfurt am Main.

Als Leutnant und Landesbeauftragter im Ersten Weltkrieg

1915–1917

Zahlreiche Entwürfe für Grabmale und Kriegsgedenkstätten.

1916

Drei Kriegerfriedhöfe in Russisch-Polen.

1917

Kriegerfriedhöfe in Boldul, Gulianka, Valcelele, Olanaska, Ciorasti, Dasealesti und Vitanesti an der Punta (alle Rumänien).

Feuerleit-Unterstand für Artillerie, Rumänien.

1918

Kriegerfriedhöfe in Nordfrankreich, u. a. in St. Quentin, Esmery-Mallon sowie „Holnon Wald" mit Massengrab.

Als Leiter der Schlesischen Landgesellschaft in Breslau

1920/21

Eigenes Einfamilienhaus in Breslau-Leerbeutel, Dahnstraße.

1920–1925

Kleinsiedlungen Ober-Salzbrunn, Dittersbach, Wünschelburg, Brieg, Frankenstein und Hachnau sowie Siedlungen Oltaschin, Klettendorf bei Breslau, Liegnitz, Bunzlau, Haynau, Hirschberg, Neustadt OS. und Cawallen, Wirtschaftsheimstättensiedlung Ohlau und Rentengutsiedlung Goldschmieden Neukirch (alle Niederschlesien).

1921

Wettbewerbsbeitrag Generalbebauungsplan für Breslau.

1924

Denkschrift Bebauungsplan für den Landkreis Breslau.

Einfamilienhaus auf der Betriebswirtschaftlichen- und Bauausstellung in Breslau.

1925

Pavillon auf der Jahresschau der Arbeit, Dresden (Jugend- und Sporthalle).

Projekt Umbau des eigenes Wohnhauses in Breslau-Leerbeutel, Dahnstraße, mit flachgeneigtem Dach (nicht realisiert).

Als Stadtbaurat in Frankfurt am Main

1925/26

Eigenes Wohnhaus in Frankfurt am Main-Ginnheim, Siedlung Höhenblick, Ludwig-Tieck-Straße 10.

1926

Generalbebauungsplan für Frankfurt am Main.

Fabrikationshalle für Fertigteile, Typengrundrisse für Fertigteilhäuser in Praunheim.

1926/27

Siedlungen Höhenblick und Bruchfeldstraße (Zickzackhausen).

1926–1930

Siedlungen Praunheim und Bornheimer Hang.

1927

Frankfurter Musterhaus auf der Werkbundausstellung in Stuttgart-Weißenhof (nach Ausstellungsende abgebrochen).

1927/28

Siedlung Mammolsheimer Straße.

1927–1929

Siedlung Römerstadt.

1928

Verwaltungsgebäude der IG Farben, Wettbewerbsprojekt mit Martin Elsässer (nicht realisiert).

Erweiterung des Frankfurter Hauptfriedhofes, zusammen mit Landschaftsplaner Max Bromme.

Projekte Siedlungen Seckbach und Rödelheim (nicht realisiert).

Als Privatarchitekt: Entwurf Einfamilienwohnhaus Hartmann in Brake bei Lemgo, Krügerkamp 18.

1928–1930

Reformschule am Bornheimer Hang, zusammen mit Albert Loscher.

1929

Umbau des Palmengarten-Gesellschaftshauses, zusammen mit Martin Elsässer und Werner Hebebrand.

Projekt Siedlung Goldstein (ab 1933 in veränderter Form realisiert), Siedlung Rütschleben.

1929/30
Siedlung Engelsruhe.

1929/31
Siedlung Westhausen.

1930
Wohnanlagen Riedhof (Ost), Tornow-Gelände, Miquelstraße, Raimundstraße.

Als Leiter der Gruppe May in der Sowjetunion

1930
Generalbebauungspläne für 15 neue Städte in der Sowjetunion.

1930–1933
Magnitogorsk (teilweise realisiert).
Typengrundrisse für Standard-Wohnkomplexe.
Projekte für Schulen, Kindergärten, Krankenhäuser, Gesellschaftsbauten u. a.

1931
Nowokusnezk (teilweise realisiert), Leninsk, Stscheglowsk, Tirgan.
Städtebauliches Gutachten für Stalingrad, Planung für die Region um Nishni Tagil (Projekt).

1931/32
Entwicklungsplan für Groß-Moskau, Wettbewerbsprojekt.

1932
Awtostroi (teilweise realisiert), Bogoslowsk, Chibinogotsk, Karaganda, Kashira, Leninakaan, Makeewka, Maschinostroi, Prokopjewsk.

1933
Orsk.

1933/34
Realisierung des ersten Wohnkomplexes im Westen von Magnitogorsk (heute Kirowdistrikt), Teilrealisierung der Generalbebauungspläne für die Städte Amtowostroi und Leninsk im Kusbess (Sibirien).

Als selbständiger Architekt und Stadtplaner in Ostafrika

1934
Planung und Bau des eigenen Farmhauses West Meru Alp bei Oldonyo Sambu, Arusha Region, Tansania.

1936/37
Zweistöckiges Flachdach-Wohnhaus einschließlich Innenausstattung und Freianlagengestaltung für Captain Murray bei Usa River, Arusha Region, Tansania.
Planung und Bau der Katholischen Kirche in Arusha, Tansania.

1937
Entwurf Villa mit Flachdach für Schlottmann, Arusha Region, Tansania (Realisierung nicht bekannt).
Entwurf Wohnhaus für Kipizakos, Arusha Region, Tansania (Realisierung nicht bekannt).
Projekt Geschäftshaus in Tanga, Tansania (Realisierung nicht bekannt).
Projekt Geschäftshaus für Usagara Handelsorganisation in Daressalam, Tansania (Realisierung nicht bekannt).
Projekt Landhaus in Lushoto, Usambara Region, Tansania (Realisierung nicht bekannt).
Projekt Indische Schule auf Sansibar, Tansania (Realisierung nicht bekannt).
Entwurf Wohn- und Geschäftshaus Kennwood House für Blackburn & Narburn, Kimati Street / Kigali Road, Nairobi, Kenia (nach Mays Entwurf gebaut).

1937/38
Erweiterung der Englischen Schule in Arusha, Tansania.
Eigenes Wohnhaus, Marula Lane 116, Karen bei Nairobi, Kenia (in den 1960er Jahren stark verändert und erweitert).

1938
Fabrikgebäude für East African Tobacco Company (heute BAT), Jinja Road, Kampala, Uganda.

1938/39
Geschäftshaus mit Läden City House, Jinja Road / Entebbe Road, Plot 2/4, Kampala, Uganda.
Wohnhaus für J. B. Gould in Karen bei Nairobi, Kenia (Mitte der 1950er Jahre erweitert durch Lustmann & Partner, Nairobi).
Wohnhaus für Peter Bally, Riverside Drive, Nairobi, Kenia (Anfang der 1980er Jahre abgebrochen).
Wohnhaus für Charles Dorman, Milimani Road, Nairobi, Kenia.
Karen Country Club, Karen Road, Karen bei Nairobi, Kenia (abgebrannt).
Planung Wohnanlage Delamere Flats, Nairobi, Kenia.

1939
Entwurf Residence Elvestone, Nähe Gilgil, Kenia (Realisierung nicht bekannt).

um 1939
Entwurf eines Verwaltungsgebäudes für die Uganda Company Ltd., Kampala, Uganda (nicht realisiert)

1939/40
Villa für Sir Derrik Erskine, Riverside Drive, Nairobi, Kenia (heute Residenz des japanischen Botschafters).

1943/44
Childrens Holiday Camp, Arboretum Road, Nairobi, Kenia.
Fabrikgebäude für Gramaticas in Nairobi, Kenia (genauer Standort nicht bekannt).

1945

Prototypen Einfamilienhäuser für Afrikaner aus vorgefertigten Betonelementen (Hook-on-Slab-Verfahren).

1945–1947

Stadtentwicklungsplan für Kampala, Uganda.

Siedlungen für afrikanische Arbeiter in Nakawa und Naguru, Kampala, Uganda.
1946

Erweiterung des eigenen Wohnhauses um Atelier- und Bürogebäude, Karen bei Nairobi, Kenia.

um 1946

Autowerkstatt OMB-Overseas Motor Transport, Lusaka Road, Nairobi, Kenia.

1947

Wohnhaus für Norman Gladwell, Miotoni Road, Nairobi, Kenia (heute von der Tochter Jomo Kenyattas bewohnt).

um 1947

Einfamilienhaus für Europäer in Kampala, Uganda (genauer Standort nicht bekannt).

1947–1950

Generalplan für Jinja am Viktoriasee, Uganda.

1947/48

Realisierung der Wohnanlage Delamere Flats, Valley Road / Milimani Road, Nairobi, Kenia.

1949/50

Wohnhaus für Louis Kaplan, Limuru Road, Runga Estate, bei Nairobi, Kenia (heute von Dr. James Nesbitt bewohnt).

1949–1951

Aga Khan-Mädchenschule in Kisumu am Viktoriasee, Kenia.

Aga Khan-Geburtenklinik in Kisumu am Viktoriasee, Kenia.

1949–1952

Kulturzentrum K.N.C.U. Kilimanjaro Native Cooperative Union in Moshi, Kilimandscharo Region, Tansania.

Lagerhalle für Kaffeefabrik in Moshi, Kilimandscharo Region, Tansania.

1950

Projekt Wohnhaus für J. F. Tame, Irente bei Lushoto, Usambara Region.

1950–1954

National Museum, Kira Road, Kampala, Uganda.

um 1951

Projekt Hotel in Kampala, Uganda (nicht realisiert).

1951

Projekt Lugard Hotel in Nairobi, Kenia (nicht realisiert).

1951–1954

Projekt Residenz für den Aga Khan an der Ocean Bay, Daressalam, Tansania (Mays ursprünglicher Entwurf nicht realisiert).

1952

Wettbewerbsentwurf Aga Khan-Hospital in Daressalam, Tansania (nicht realisiert).

Projekt Aga Khan-Schule und Hostel in Kampala, Uganda (Realisierung nicht bekannt).

Farmhaus in Limuru, Nähe Nairobi, Kenia (genauer Standort nicht bekannt).

Farmhaus für A. Samuel bei Molo, Nähe Nakuru, Kenia.

Farmhaus für Nubbigin bei Gilgil, Nähe Nakuru, Kenia (genauer Standort nicht bekannt).

1952/53

Entwürfe für African Neighbourhood, Wohnanlage mit zwei- und dreigeschossigen Mehrfamilienhäusern, Port Tudor, Mombasa, Kenia (ab 1954 nach Mays Plänen teilweise realisiert).

Projekt African Housing Scheme für Betts & Merrett, Building Contractors, East of Shauri Moyo, Nairobi, Kenia.

1952–1954

Hotel Oceanic in Mombasa, Kenia.

1953

Einfamilienhaus für Staphans, Bambury bei Mombasa, Kenia.

Als Architekt und Stadtplaner in der Bundesrepublik

1954/55

Gartenstadt Alte Vahr bei Bremen, mit Max Säume und Günter Hafemann.

Siedlungen St. Lorenz in Lübeck, Grünhöfe in Bremerhafen und Hegholt, Hamburg, mit Sprotte und Neve.

Großsiedlung Wedel.

Projekte Siedlung Aumühle, südlich von Hamburg, und Hochhausviertel Graf-Recke-Straße, Düsseldorf (nicht realisiert).

Projekt Weststadt, Aachen.

Planung Emsterfeld, Hagen.

1954–1956

Stadtteil Neu-Altona, Hamburg.

1955/56

Wettbewerbsentwurf Kruppstadt Rheinhausen.

1956

Eigenes Einfamilienwohnhaus in Hamburg-Großflottbek, An der Flottbek 15.

1957

Wettbewerbsentwürfe Siedlung Fennpfuhl in Lichtenberg, Ost-Berlin (1. Preis), Limes-Siedlung, Frankfurt am Main (2. Preis) und Siedlung Düsseldorf-Garath (2. Preis).

Siedlung Neue Vahr bei Bremen, Gemeinschaftsprojekt mit Säume, Havemann, Reichow und Alvar Aalto (Hochhaus).

1958

Generalbebauungsplan für Mainz.

Siedlung Eselsweg, Mainz.

1959

Generalbebauungsplan für Bremerhaven.

1960

Wettbewerbsentwürfe Bebauungsplan Wulfen (2. Preis) und Siedlung Biebrich-Parkfeld, Wiesbaden (1. Preis).

Siedlungen Klarenthal, Dotzheim und Sonnenberg, Wiesbaden.

Bebauungsplan Südstadt, Braunschweig, mit Johannes Göderitz.

Projekt Siedlung Rahlstedt, Hamburg.

Einfamilienwohnhaus Schäfer, Dreieichenhain bei Frankfurt am Main.

nach 1960

Schule in Heusenstamm bei Frankfurt am Main.

Projekte Unna, Fürth, Neuenkirchen.

1962/63

Generalbebauungsplan für Wiesbaden.

1967–1970

Siedlung Kranichstein bei Darmstadt.

Schriften

1911

Architekturskizzen aus England. Achtzig Tafeln, mit einem Vorwort von Ernst May, Berlin-Schöneberg (1911)

1915

„Kirchen-Architektur in Westfrankreich", in: *Das Illustrierte Blatt*, Frankfurt am Main, 29. 8. 1915

1916

„Friedhöfe im besetzten Ost-Gebiet", in: *Skizzen-Mappe der Kownoer Zeitung*, Kownow, 23. 7. 1916

„Das zerstörte Lille", in: *Das Illustrierte Blatt*, Frankfurt am Main, 13. 8. 1916

„Architektonisches aus Galizien", in: *Das Illustrierte Blatt*, Frankfurt am Main, 19. 11. 1916

1917

„Skizzen vom Vormarsch in Rumänien", in: *Das Illustrierte Blatt*, Frankfurt am Main, 7. 1. 1917

1918

„Architekturskizzen aus der Moldau", in: *Das Illustrierte Blatt*, Frankfurt am Main, 17. 2. 1918

1922

„Angst vor der Farbe", in: *Schlesisches Heim*, 3. Jg., 1922, S. 197

„Stadterweiterung mittels Trabanten", in: *Der Städtebau*, Heft 19, 1922

1924

„Mittelstandshaus mit Einbaumöbeln", in: *Wasmuths Monatshefte für Baukunst*, Berlin, Jg. 1924, Heft 7–8, S. 238–242

1927

„Das Neue Frankfurt", in: *Das Neue Frankfurt*, Frankfurt am Main, Jg. 1926/27, Heft 1

„Ein neuzeitliches Wohnhaus", in: *Innendekoration – Die gesamte Wohnungskunst in Bild und Wort*, 38. Jg., 1927, Heft 1, S. 38–45

„Das flache Dach", in: *Das Neue Frankfurt*, Frankfurt am Main, Jg. 1926/27, Heft 7, S. 149–152

„Städtebau und Wohnungsfürsorge", in: *Süddeutsche Monatshefte*, Heft 6, 1927

1928

„Volkswohnungsbau in Frankfurt am Main", in: *Probleme des Bauens*, Bd. I: Wohnbau, Potsdam 1928, S. 189–195

„Städtebau und Lichtreklame", in: *Licht und Beleuchtung*, hrsg. von Wilhelm Lotz u. a., Berlin 1928

„Das soziale Moment im Bauen", in: *Die Kommune*, 1. 4. 1928

„Die neue Schule", in: *Das Neue Frankfurt*, Frankfurt am Main, Jg. 1928, Heft 11/12, S. 225–232

1929

„Wohnungsbau und Menschenökonomie", in: *Volksstimme*, Fest- und Jubiläumsnummer, 1929

1930

„Die Wohnung für das Existenzminimum", in: *Die Wohnung für das Existenzminimum*, Frankfurt am Main 1930, S. 10–16

„Vom Neuen Frankfurt zum Neuen Rußland", in: *Frankfurter Zeitung*, 30. 11. 1930

1931

„Stalingrad", in: Frankfurter Zeitung, 23. 1. 1931

1936

„Ein Deutscher lebt in Ostafrika. Schwierigkeiten und Befriedigung", in: *Reichsausgabe der Frankfurter Zeitung*, Nr. 112–113, 1. 3. 1936, S. 4

1946

„Hook-on-Slab. Reinforced Concrete System", in: *The Architects' Journal*, London, 13. 6. 1946

1947

Report on the Kampala Extension Scheme Kololo-Naguru. Prepared for the Uganda Government by E. May, Architect & Town Planner, Nairobi, September 1947

1948

„Clay-Concrete Farm Buildings", in: *East African Field, Farm and Garden*, Nairobi, March 1948, S. 24–28

1953

„Bauen in Ostafrika", in: *Bauwelt*, 38. Jg., 1953, Heft 6, S. 104–111

„Die Leica in der Hand des Architekten", in: *Leica-Fotografie*, April 1953, S. 62–64

1956

„Hat der Deutsche Städtebau seine Chancen verpasst? Hat er noch eine Chance?", in: *Schriften des Deutschen Verbandes für Wohnungswesen, Städtebau und Raumplanung*, Köln, Heft 19, Juli 1956

1957

„Wohnungsbau", in: *Handbuch moderner Architektur. Eine Kunstgeschichte der Architektur unserer Zeit vom Einfamilienhaus bis zum Städtebau*, Berlin 1957, S. 115–221

„'… und dieser Fluch wird Langeweile heißen'. Die Freizeit sollte dazu da sein, den Schöpfertrieb des Menschen wiederzuentdecken", in: *Die Welt*, 17. 7. 1957

„Garten und Wohnhaus in Hamburg. Gartengestaltung von Karl-August Orf", in: *Pflanze und Garten. Zeitschrift für das Wohnen und Gärtnern*, Darmstadt, Jg. 1957, Heft 10, S. 253–255

1961

Das Neue Mainz. Erläuterungsbericht des Planungsbeauftragten zur Generalplanung der Stadt Mainz, hrsg. von der Stadt Mainz, 1961

„The Future of Communist Society", in: *Survey. A Journal of Soviet and East European Studies*, London, Nr. 38, Oct. 1961

„Die sozialen Grundlagen des Städtebaus", in: *Neue Heimat*, Hamburg, Dez. 1961, S. 12–19

„Die sozialen Grundlagen des Städtebaus", in: *Stadthygiene*, Nr. 12, Dez. 1961, S. 249–253

1962

„Städtebau heute", in: *Atlantis*, Freiburg im Breisgau, Nr. 3, März 1962, S. 118–128

„Mensch und Stadt", in: *Der Grundstein. Zeitung der Industriegewerkschaft Bau-Steine-Erden*, 1962, Nr. 23, S. 8–9

„Der utopische Traum vom Eigenheim für jedermann. Entwicklungstendenzen im heutigen Städtebau", in: *Stuttgarter Zeitung*, 15. 9. 1962

„Dream of Own House for Everybody Utopian. Trends of Modern City Planning", In: *The German Tribune*, 13. 10. 1962, S. 14

1963

Das Neue Wiesbaden. Stadt, Verkehr, Struktur, hrsg. vom Magistrat der Landeshauptstadt Wiesbaden, 1963

„Gegen die Zersiedlung der Stadt", in: *Stuttgarter Zeitung*, 16. 3. 1963, S. II

1964

„Stadtlandschaft", in: *Stadtlandschaft. Flurlandschaft*, hrsg. von der AVA-Arbeitsgemeinschaft zur Verbesserung der Agrarstruktur in Hessen e. v., Wiesbaden, Heft 16, Febr. 1964, S. 7–27

„Städtebau und Verkehrsplanung", in: *Technische Mitteilungen*, Essen, Jg. 1964, Heft 2, S. 70–76

„Städtebau und Verkehrsplanung", in: *Der Straßenbau*, Jg. 1964, Heft 4, S. 253–260

„Wieder in der Sowjetunion", in: *Bauwelt*, 49. Jg., 1964, S. 1356

„Vorfabrikation im Baugewerbe. Ihre Vorteile und Gefahren", in: *Städtehygiene*, 6. 6. 1964, S. 121–125

„Mensch und Auto", in: *Zeitschrift für praktische Psychologie*, Paderborn 1964, Heft 7, S. 285–290

„Strukturveränderungen unserer Großstädte (Rede bei Knoll International in Stuttgart am 28. 4. 1964)", in: *Tapetenzeitung*, Stuttgart, Nr. 18, 20. 9. 1964, S. I–IV

1965

„Man muß den Begriff 'Stadt' umdenken. Das Problem der Zersiedelung und der Trabantenstädte", in: *Die Welt*, Nr. 78, 2. 5. 1965, Beilage Bauen und Wohnen

„Le Corbusier. 6. Oktober 1887 – 27. August 1965", in: *Die Welt*, 31. 12. 1965

1967

„Die Stadt von morgen", in: *Festschrift zum 100jährigen Jubiläum des Architekten und Ingenieur-Vereins*, Frankfurt am Main 1967

„Die Satellitenstadt Kranichstein bei Darmstadt", in: *Bauwelt*, 52. Jg., 1967, Heft 36, S. 900–901

„Die Trabantenstadt Kranichstein bei Darmstadt", in: *Bau-Markt*, Düsseldorf-Oberkassel, Nr. 15, April 1967, S. 726–732

„Die Trabantenstadt Kranichstein bei Darmstadt", in: *Der Straßenbau*, Düsseldorf-Oberkassel, Jg. 1967, Heft 6, S. 295–300

1968

„Städtebauliche Leitideen – Grundlage der Gestaltung", in: *Darmstadt-Kranichstein. Die Grundsteinlegung*, Festschrift der Neue Heimat Südwest Gemeinnützige Wohnungs- und Siedlungsgesellschaft mbH, Frankfurt am Main 1968

„Städtebauliche Leitideen – Grundlage der Gestaltung. Zur Grundsteinlegung in Darmstadt-Kranichstein", in: *Lebendiges Darmstadt*, hrsg. vom Verkehrs- und Werbeamt Darmstadt, Nr. 26/27, 1968

„Mensch und ländlicher Raum", in: *Agrarwirtschaft 200. Beiträge zu einer langfristigen Prognose*, Heft 24, Wiesbaden 1968

1969

„Altenwohnungen in Berlin-Kreuzberg", in: *Städtehygiene. Organ des Instituts für Siedlungswissenschaften der TH Hannover*, Jg. 1969, Nr. 10, S. 255–257.

1970

„Gewinne müssen in Grenzen bleiben", in: *Die Welt*, 23. 1. 1970

Manuskripte, Vorträge, Rundfunk- und Fernsehsendungen

Zerstörung deutscher Kriegerfriedhöfe durch unsere westlichen Gegner, von Ernst May, Künstlerischer Beirat der Armee, Manuskript (handschr.), Sommer 1918

Berlin als Wohnstadt. Vortrag am 4. 3. 1929.

Natur und Großstadt. Vortrag am 9. 2. 1930, Senkenberg-Gesellschaft, Frankfurt am Main, Schumanntheater

Ferien vom Städtebau. Vom Reisen in der UDSSR. Manuskript ohne Datum [1932 ?]

Architektur, Staatsform und Lebensgefühl. Rundfunkvortrag im RIAS Berlin am 25. 8. 1952, Manuskript

Wirtschaftliche und politische Gegenwartsfragen Britisch Ostafrikas, insbesondere Kenyas. Vortrag 1953, Manuskript

Hochhaus und Eigenheim. Rundfunksendung vom 16. 1. 1956 in der Sendereihe „Die Stadt von Morgen" des Norddeutschen Rundfunks, Manuskript

Der Trabant. Ein Element der modernen Großstadt. Referat anläßlich der Eröffnung der Leistungsschau der Arbeitsgemeinschaft gewerkschaftlicher Wohnungsunternehmen am 28. 1. 1958 in Stuttgart, Broschüre mit 6 Abb.

Als Städtebauer und Pfanzenfreund in Afrika. Vortrag Deutsche Gartenbaugesellschaft, Insel Mainau

Stadt und Kind. Vortrag zur Aktion Kinderparadies in Hamburg am 26. 1. 1962, Manuskript

Nachruf Walter Schwagenscheid, 1968, Manuskript

Festrede anläßlich der Eröffnung des Hauses für die Bürgerschaft in Bremen am 9. 9. 1966, Manuskript

Mensch und Städtebau im Jahre 2000. Vortrag an der Deutschen Akademie für Städtebau und Landesplanung, Landesgruppe Hamburg und Schleswig-Holstein, in Hamburg am 19. 3. 1968, Manuskript

Vortrag von Ernst May

Wohnungs- und Städtebau in Afrika

Lichtbildervortrag, von Ernst May, gehalten am 14. 3. 1961 bei der Deutschen Stiftung für Entwicklungsländer in Berlin[1]

Noch ist der größte Teil der eingeborenen Bevölkerung Afrikas weiträumig über das Land verteilt. Aber immer deutlicher macht sich infolge der wirtschaftlichen und sozialen Evolution des Erdteils eine Tendenz bemerkbar zur Entstehung menschlicher Ballungsräume. Je dichter aber die Menschen beisammen wohnen, in umso größerem Maße stoßen sich ihre verschiedenen Interessen miteinander und erzeugen Spannungen, die nur durch eine klare Ordnung des gemeinsam bewohnten Raumes vermieden werden können. Diese Ordnung zu schaffen, ist Hauptaufgabe des Städtebaues.

In Europa entwickelten sich die menschlichen Ansiedlungen systematisch in Auswirkung der jeweils herrschenden politischen, kulturellen und wirtschaftlichen Tendenzen. Die Städte waren ursprünglich nur von geringer Ausdehnung. Sie waren von Wall und Graben umschlossen zur Abwehr gegen den Feind. Die jeweils herrschenden Mächte, sei es die Kirche, seien es die Fürsten oder mächtige Handelsherren, schufen repräsentative Bauwerke als weithin sichtbare Zentren der Gemeinwesen.

Dieser stetigen Entwicklung machte zu Beginn des 19. Jahrhunderts der Siegeszug der Industrialisierung ein jähes Ende. Die Städte wuchsen weit über ein übersehbares Maß hinaus und entwickelten sich häufig in chaotischer Weise, da man dem plötzlichen Zustrom der vom Lande in die menschlichen Ballungen flutenden Massen nicht gewachsen war. In der Neuen Welt wie in den alten Kulturländern entstanden Riesenstädte, deren Dimensionen für den einzelnen Menschen sinnlich nicht mehr erfaßbar waren. Die Bewohner vereinsamten innerlich, da sie den Kontakt mit ihren Mitmenschen verloren. Unzureichende hygienische Maßnahmen sowohl in der Einzelwohnung wie in der Gesamtstadt führten zu schwersten Schädigungen der menschlichen Gesundheit. Tuberkulose und Geschlechtskrankheiten verbreiteten sich in erschreckendem Ausmaße. Die Kindersterblichkeit nahm in gefährlichem Maße zu, von psychischen Schäden ganz zu schweigen.

Die Revolution, die die Industrialisierung für die Städte Europas bedeutete, wurde in ihren Auswirkungen noch wesentlich verschärft durch die Erfindung des Motors, insbesondere des motorisierten Verkehrs. Noch bis zum heutigen Tage ist es kaum einer Stadt in der Alten Welt gelungen, die durch das Automobil heraufbeschworenen Verkehrsprobleme befriedigend zu lösen.

Diese unbewältigten Probleme veranlaßten schon gegen Ende des 19. Jahrhunderts Sozialpolitiker, Ärzte, Städtebauer, den Kampf gegen die verheerenden Auswirkungen ungeordneter Menschenkonzentrationen aufzunehmen. Heute haben die Ärzte festgestellt, daß dank zahlreicher Sanierungsmaßnahmen im städtebaulichen Raume der Mensch dort gesünder lebt als auf dem flachen Lande. Zwei Bilder mögen demonstrieren, welcher Wandel von Grund auf sich in den Städten Europas vollzogen hat.

Während dieser Entwicklungsperiode träumte der Schwarze Kontinent noch in tiefem kulturpolitischen, wirtschaftlichen Schlummer. Erst in unserem Jahrhundert begann das große Erwachen. In stürmischem Ausmaße änderte sich die politische wie auch die soziale und wirtschaftliche Basis des Erdteils. Verdankte die eingeborene Bevölkerung den Anstoß zu diesem Aufstieg europäischen Pionieren und europäischer Führerschaft, so strebt sie in unseren Tagen in großen Schritten einer gänzlichen Neuordnung entgegen. Der Kolonialismus liegt in seinen letzten Zügen. Die jungen Völker Afrikas nehmen die Gestaltung ihres Schicksals in eigene Hände. Nahezu übermenschliche Anstrengungen werden die jungen Nationen zu machen haben, um die gewaltigen Aufgaben, die diese Umwälzungen mit sich bringen, zu lösen. Kann doch die komplizierte Maschine modernen wirtschaftlichen, gesellschaftlichen und kulturellen Lebens nur reibungslos funktionieren, wenn eine Vielheit von befähigten und für ihre Arbeit geschulten Menschen in gemeinsam zielstrebigem Bemühen für das Wohl des Ganzen wirkt.

Afrikanerin im Eingang einer Lehmhütte, Amboseli Nationalpark. Foto: Ernst May

Schwarze Mutter mit Kind,
Vignette von Ilse May.
Einladungskarte zur Eröffnung des K.N.C.U.-
Kulturzentrums, 1952

Haben sich in Europa im letzten Jahrhundert die sozialen Gegensätze und damit auch der Lebensstandard der verschiedenen Bevölkerungsschichten in einer vordem für unmöglich erachteten Weise einander angenähert, so bestehen in Afrika noch heute Gegensätze im Lebensstandard der Menschen, die nur in vielen Generationen überwunden werden können. Millionen von Afrikanern leben noch in primitivsten Erdhütten, wie etwa die Massai, die ihre igluartigen Lehmhütten, ihre Herden weidend, immer wieder neu errichten, wenn sie den alten Gral im abgeweideten Lande verlassen. Andere Millionen leben in Grashütten mit geschlagenem Lehm als Fußboden und häufig ohne eine andere Belichtungsquelle als der Türe. Kraß heben sich von diesen primitiven Behausungen die oft ein höchstes Maß an Luxus repräsentierenden Villen europäischer Farmer und Großkaufleute ab.

Wohl wurden seitens der verschiedenen Regierungen Versuche unternommen, die menschlichen Behausungen der breiten Massen zu verbessern, aber das bisher Geleistete gleicht dem Sandkorn am Meeresstrande. Immerhin mögen einige Beispiele erläutern, wie schon heute eine Entwicklung des Wohnungswesens sich anbahnt, die im Laufe von Generationen hoffentlich einmal dazu führen wird, der Masse der Urbevölkerung bezüglich ihrer Wohnungen einen gehobenen Standard zu schaffen. In Nairobi baute ich einige hundert Wohnungen für den europäischen Mittelstand, an Hand derer ich einige der Grundsätze erläutern möchte, die für den Wohnungsbau im Schwarzen Kontinent auf Grund der besonderen klimatischen Bedingungen berücksichtigt werden müssen: Eine Orientierung zu den Himmelsrichtungen, die die hauptsächlichen Wohnräume vor Sonnenbestrahlung schützt, eine Erstreckung der Baukörper längs der Geländekonturen aus ökonomischen und Gründen der Standfestigkeit, eine Durchlüftung aller Wohnungen, die stagnierende Hitze mildert und auch der Ansammlung gefährlicher Insekten entgegenwirkt, die Verwendung solcher Baumaterialien, die wirtschaftlich zu beschaffen, haltbar und termitensicher sind.

Nach welchen Grundsätzen sollen die menschlichen Siedlungen, vom Dorfe angefangen bis zur Stadt, errichtet werden?

Im Jahre 1928 haben die Internationalen Kongresse für modernes Bauen – genannt CIAM – Thesen für den Städtebau in der Charta von Athen niedergelegt, die bis auf den heutigen Tag ihre volle Gültigkeit behalten haben. Sie gliedern die zu lösenden Aufgaben in einige Hauptgruppen ein: Wohnung – Arbeit – Erholung einschließlich geistiger und körperlicher Bildung – Verkehr –.

Über die Wohnung haben wir in großen Zügen gesprochen.

Bezüglich Arbeitsstätten ist Afrika insofern in einer glücklichen Lage, als es nicht von der Bodenknappheit bedroht wird, die in Europa oder Amerika besonders in der Nähe der großen menschlichen Ballungen überall fühlbar ist. In den Vereinigten Staaten hat die Raumnot in den Städten bereits dazu geführt, ganze Gruppen von Fabriken in das weitere Umland der Städte zu verlegen, wo sie auf relativ billigem Gelände sich einem modernen Trend entsprechend dem durch das Fließband bedingten horizontalen Arbeitsprozeß anzupassen vermögen. Siedlungen für Arbeiter und Angestellte werden in ihrer Nähe erbaut. Auch in Afrika wird sich diese Tendenz mehr und mehr durchsetzen.

Was die Erholung anbetrifft, so liegen die Dinge im Schwarzen Kontinent wesentlich günstiger als in den Ländern der alten Zivilisationen. Ausgedehnte Areale von oft großartiger landschaftlicher Schönheit erstrecken sich vielerorts bis in die unmittelbare Nähe der Städte. Sie gilt es zu erhalten und durch geeignete Erschließung der Benutzung der Bevölkerung zugängig zu machen.

Darüber hinaus bedürfen wir aber der Sport- und Spielplätze, die der körperlichen und geistigen Gesunderhaltung zu dienen bestimmt sind. Ein Beispiel aus meiner Planung für die kommerzielle Hauptstadt Ugandas Kampala mag dies erläutern. Neben Sportflächen für die hauptsächlich gebräuchlichen Sportarten gibt es dort ein Restaurant und Ausstellungshallen, durch die die Menschen sich beim Besuch des Parkes in natürlicher Weise bewegen und dabei doch einer Erziehung teilhaftig werden, für die der Engländer das Wort „inconspicious education" erfunden hat: Hier kann eine Aufklärung der Menschen über Volkskrankheiten, Malaria und Tsetse sowie eine Schulung in landwirtschaftlicher Betätigung und Tierhaltung erfolgen. Selbstverständlich sollten solche Parks die Menschen auch mit der unsagbar reichen Flora tropischer und subtropischer Gebiete vertraut machen. In dieses Kapitel gehören auch die Schulen, wie z. B. die hier gezeigte, die für die Aga Khan-Gemeinde in Kisumu errichtet wurde, die in besonders anschaulicher Weise die Rücksicht auf das außerordentlich heiße Klima der Landschaft aufzeigt. Die Korridorwände des Baues bestehen in ihrer gesamten Geschoßhöhe aus einem Gitterwerk von Betonelementen, in das nur in gewissen Abständen verglaste Schaukästen eingelassen sind, die Schaustücke wie Mineralien, ausgestopfte Tiere oder Handwerkserzeugnisse der örtlichen Bevölkerung ausstellen. Die entgegengesetzte Seite des Baues zeigt längs der Klassenräume eine Serie senkrechter Betonblenden, die mattgrün gestrichen das Auge der Schüler vor greller Sonnenbestrahlung schützen.

Wie weit die Initiative afrikanischer Bevölkerung bereits zu beachtlichen Taten geführt hat, mag das Kulturzentrum von Moshi beweisen. Dieser Vielzweckbau wurde ausschließlich von den afrikanischen Pflanzern, den Watschaga, am Kilimandscharo finanziert. Der Bau enthält im Erdgeschoß Läden, im Obergeschoß des einen Flügels die Geschäftsräume der afrikanischen Kaffeepflanzenvereinigung, im anderen Büros und darüber ein Hotel. In einem Querflügel ist eine Restauration untergebracht, die gleichzeitig der Bewirtschaftung einer Gesellschafts- und Versammlungshalle dient. Friedlich und freundschaftlich betätigen sich in diesem Bau Mitglieder der verschiedensten Rassen.

In Kampala errichtete ich das Landesmuseum. Hier wird eine klare Übersicht über die gesamte Volkskunde von Uganda vermittelt. Angefangen mit prähistorischen Funden über Kleidung, Musikinstrumente werden hier Erzeugnisse aus der Produktion moderner Fabriken und nicht zuletzt auch die künstlerischen Schöpfungen afrikanischer Künstler für die Allgemeinheit zur Schau gestellt.

Nachdem ich so in großen Zügen Wohnungen, Arbeitsstätten und Erholung sowie kulturelle Einrichtungen kurz gestreift habe, verbleibt noch ein Eingehen auf den Verkehr, und das gibt mir Veranlassung, mich zur städtebaulichen Gesamtkomposition afrikanischer Städte zu äußern. Innerhalb derer dem Verkehrsnetz im

Städtebau eine stetig wachsende Bedeutung beizumessen ist. Es gibt zwar einige außerordentlich malerische Städte, die zum Teil mehrere Jahrhunderte in die Vergangenheit zurückreichen, ich erinnere nur an das alte arabische Sansibar. Aber von einer systematischen Ordnung dieser Städte kann noch kaum die Rede sein. In den Vorortsiedlungen der eingeborenen Bevölkerung dieser Stadt wohnen die Menschen in zum Teil zu beträchtlicher Höhe aufragenden Wohngebäuden, die zumeist aus dem örtlichen Baumaterial, dem Korallenblock, gefügt sind.

An Hand eines Schemas möchte ich daher einige Grundtendenzen afrikanischen Städtebaues entwickeln: Ich wies eingangs darauf hin, daß eine der Grundaufgaben des Städtebaues ist, Ordnung zu schaffen, d. h. den städtischen Raum so aufzugliedern, daß für jede Funktion ein entsprechendes Gelände bereitgestellt wird, auf dem die jeweilige Aufgabe in möglichst günstiger Weise gelöst wird. Was geschieht, wenn diese Grundforderungen des Städtebaues vernachlässigt werden, zeigt ihnen ein Bild aus einer englischen Industriestadt aus der Mitte des letzten Jahrhunderts. Hier sind Fabriken, die gefährliche Schwefelabgase produzieren, inmitten von Wohngebieten eingebaut und bedeuten für diese eine dauernde Gesundheitsschädigung. In dem Beispiel von Harlow dagegen finden Sie eine klare Trennung zwischen Wohngebieten und Arbeitsstätten. Sie sehen auf diesem Bilde auch, wie die Verkehrsstraßen anbaufrei durch den Raum, der die Wohngebiete voneinander trennt, geführt wurden, und endlich, wie ein jeder Wohnkomplex sein eigenes Ladenzentrum zugeteilt erhielt.

Mit zwei Beispielen neuzeitlicher Planung afrikanischer Städte möchte ich diese Betrachtung ergänzen, nämlich einmal mit der Generalplanung für Kampala, die ich 1952 beendete, sowie mit einem der neuesten afrikanischen Städtebauprojekte, einer Stadt am Tana-See von Prof. Guther.

Das Beispiel von Kampala ist insofern besonders interessant, als es sich um ein außerordentlich bewegtes Gelände handelt. Praktisch besteht die Stadt aus einer Anzahl von Hügeln mit dazwischenliegenden Tälern zum Teil sumpfiger Beschaffenheit. Während das Industriegelände auf die Ebene, angrenzend an die Eisenbahn, im Süden der Stadt beschränkt wurde, erstrecken sich die Wohngebiete kranzförmig um die Nakasero-, Kololo- und Naguru-Hügel. Das Straßensystem lehnt sich eng an die Konturlinien an, die Grünstreifen, die radial vom Gipfel des Naguru ausstrahlen, unterteilen das Baugelände in Einzelnachbarschaften, die jeweils mit Schulen und anderen Zubehörbauten ausgestattet wurden. Während die Gipfel der Hügel infolge ihrer Steilheit nicht bebaut werden konnten und andererseits die sumpfigen Taleinschnitte ebenfalls ausgespart werden mußten, wurden die Ränder dieser Talsenke durch Gürtel von Kleingärten eingefaßt. In eine Mulde des Kolohügels ist das weiter oben beschriebene Kultur- und Sportzentrum eingelagert, während das eigentliche Stadtzentrum sich auf dem Naguruhügel befindet.

Das Nakava-Siedlungsgebiet dient der Unterbringung zeitweilig beschäftigter Arbeitskräfte. Die einzelnen Baulichkeiten sind in enger Anlehnung an die Höhenschichtlinien angeordnet geplant. Eine Ladengruppe befindet sich am Eingang der Siedlung.

Die Zentren der Hauptstädte Afrikas, ich denke an Kapstadt, Durban, Salisbury, Mombassa, Nairobi, um nur einige hervorzuheben, sind in den letzten Jahrzehnten nach modernen städtebaulichen Gesichtspunkten aufgebaut worden, wobei – wie Sie aus einem Bilde des Stadtzentrums von Nairobi entnehmen wollen – nicht vergessen wurde, den modernen Ansprüchen des Verkehrs durch Einfügungen reichlichen Abstellraumes für Wagen gerecht zu werden.

Die städtebauliche Entwicklung der bereits bestehenden oder neu sich bildenden afrikanischen Ballungszentren wird von eminenter Bedeutung für die gesamte Entwicklung der jungen Staaten des Landes sein. Denn es ist eine alte Erfahrung, daß Form und Gehalt der Städte von stärkster Ausstrahlung auf die soziale, geistige und wirtschaftliche Entwicklung der betroffenen Bevölkerungskreise sind: erst bauen die Menschen die Städte, dann formen die Städte den Menschen.

Slums an der Port Bell Road, Kampala. Foto: Ernst May

1 Originaltyposkript im Nachlaß Ernst May, ABK Nürnberg.

Bibliographie
Literatur über Ernst May
Chronologisch geordnet

1925

"Foreign City Planners Here Today", in: *The Evening Sun*, Baltimore, Md, USA, 29. 4. 1925

1927

Behne, Adolf, *Neues Wohnen – neues Bauen*, Leipzig 1927

Schuster, Franz, "Der Garten am Wohnhaus May", in: *Gartenkunst*, 41. Jg., 1927, S. 161–168

Taut, Bruno, *Bauen. Der Neue Wohnungsbau*, hrsg. von der Architektenvereinigung "Der Ring", Leipzig 1927

1928

Müller-Wuckow, Walter, *Deutsche Baukunst der Gegenwart. Wohnbauten und Siedlungen*, Königstein im Taunus / Leipzig 1928

1929

Giedion, Sigfried, *Befreites Wohnen*, Schaubücher Bd. 14, Zürich / Leipzig, 1929

1931

"Un example d'organisation moderne. Frankfort-sur-Main", in: *La Cité*, Brüssel, 1931, Nr. 6, S. 65–80

"Montage des Plaques de Construction. Ernst May, Architecte, Francfort", in: Emile Malespine, *L'Urbanisme Nouveau*, Lyon 1931, S. 39–41

1932

Hitchcock, Henry Russel und P. Johnson, *The International Syle. Architecture since 1922*, New York 1932

1933

"Die 'kristallklare Sachlichkeit' verkauft. Und wie steht's mit der städtischen Hypothek?", Zeitungsartikel [ohne Datum, um 1933]

1939

"House in Kenya by Ernst May", in: *The Architects' Journal*, London, 20. 7. 1939

1947

"Kampala Town Planning", in: *The Architects' Yearbook*, London, 1947

"Kampala-of-the-9-Hills – with dormitory areas and self-contained 'suburban' units", in: *East African Standard* [ohne Datum, um 1947]

1948

"'May war kein Diktator' – das schreibt er uns selber aus Ostafrika", in: *Frankfurter Neue Presse*, 30. 9. 1948

1949

"Ernst May zum Frankfurter Wiederaufbau. Ein Gespräch mit dem Stadtplaner über heutigen Städtebau", in: *Frankfurter Rundschau*, 19. 2. 1949

"A Uganda Letter. Government sets an example in ideal african housing. Nakawa Estate will be ready four month ahead of schedule – fine planning and exellent workmanship", in: *East African Standard*, Kampala, vom 9. 3. [1949]

"Eigenheim des Architekten in Nairobi (Brit. Ostafrika) 1937/1946. Ernst May, Architekt, Nairobi", in: *Werk. Schweizer Monatszeitschrift für Architektur, Kunst und künstlerisches Gewerbe*, hrsg. vom Bund Schweizer Architekten, Zürich, 1949, Nr. 6, S. 181–182

Opphoff, Friedrich, "Das Frankfurter Beispiel. Ernst May, der soziale Wohnungsbau und die Frankfurter Perspektive", in: *Die Neue Stadt, Monatszeitschrift für Architektur und Städtebau*, Okt. 1949, S. 308–313

1950

H. B, "Die Stadt auf neun Hügeln. Ernst May baut in Afrika", in: *Frankfurter Neue Presse*, 31. 1. 1950

Weber, Paul Fr., "Er hat Frankfurt nicht vergessen. Gespräch mit dem Städtebauer Ernst May über den Neubau unserer Städte", in: *Frankfurter Neue Presse*, 4. 7. 1950

Meunier, Franz, "Was Ernst May in Afrika plante und baute. Zu seinem Lichtbildervortrag im Philantropin", in: *Frankfurter Allgemeine Zeitung*, 5. 7. 1950

"Ein deutscher Städtebauer von Weltruf. Ernst May in Frankfurt, Moskau, Nairobi und wieder in Frankfurt", in: *Weser-Kurier*, 13. 7. 1950

Buesche, "Ein deutscher Architekt im Ausland. Ernst May über seine Erfahrungen", in: *Tagesspiegel*, 25. 7. 1950

"Ernst May Visits London", in: *The Architects' Journal*, 3. 8. 1950

1953

"House at Dar-es-Salaam", in: *Architectural Review*, London, Mai 1953

Holder, Denes, "Neue Bauten von Ernst May in Ostafrika", in: *Innendekoration*, Stuttgart 1952/53, Heft 1, S. 1–17

R. B, "Farmer und Architekt. Ernst May in der Technischen Hochschule", in: *Stuttgarter Zeitung*, 10. 7. 1953

"Dr. May für die 'Neue Heimat'", in: *Hamburger Echo*, 22. 9. 1953

1954

"Spuren in drei Erdteilen. Städtebauer Ernst May entschied sich für Hamburg", in: *Hamburger Abendblatt*, 2. 1. 1954

Baumann, G., "Städtebauer in drei Erdteilen. Dr. Ernst May entwarf Aga Khan Palast – Ein Wort zum Aufbau Hamburgs", in: *Hamburger Abendblatt*, 20. 1. 1954

dw, "Dr. May ausgezeichnet", in: *Hamburger Abendblatt*, 24. 2. 1954

1955

"May. Der Plan-Athlet", in: *Der Spiegel*, 4. 5. 1955, S. 30–37

1956

"The One-Family House Versus Rebuilding the City", in: *American Institute of Planners Journal*, Washington, D.C., Herbst 1956

1957

"Ernst May", in: *Der Aufbau*, Wien, Mai 1957

1958

Ramseger, „Wohnhaus eines Architekten in Hamburg-Gr. Flottbek. Arch. Prof. Dr. e. h. Dr. h. c. Ernst May, Hamburg", in: *Architektur und Wohnform – Innendekoration*, 1958, Heft 3

1963

Buekschmitt, Justus, *Ernst May. Planen und Bauen*, Bd. 1, Stuttgart 1963

Kultermann, Udo, *Neues Bauen in Afrika,* Tübingen 1963

„'Unsere Städte sind krank'". Spiegel-Gespräch mit dem Städtebauer Prof. Ernst May", in: *Der Spiegel*, 1963, Nr. 52, S. 92–99

1964

„Ernst May. La Sua Abitatione ad Amburgo", in: *Abitare,* Mailand, Mai 1964

1966

Rahms, Helene, „Energie und Weitblick. Ernst May zum 80. Geburtstag", in: *Frankfurter Allgemeine Zeitung*, 26. 7. 1966

1968

Lane, Barbara Miller, *Architecture and Politics in Germany 1918–1945*, Cambridge, Mass, 1968; deutsche Ausg.: *Architektur und Politik in Deutschland 1918–1945*, Braunschweig / Wiesbaden 1986

1969

Löwe, Rudi, „Kranichstein. Ein neuer Stadtteil für Darmstadt", in: *Neue Heimat. Monatshefte für neuzeitlichen Wohnungs- und Städtebau*, Hamburg, 1969, Nr. 9, S. 6–17

1970

Hoffmann, Dieter, „Baumeister für die Erniedrigten und Beleidigten. Der große Frankfurter Architekt Ernst May ist mit 84 Jahren gestorben", in: *Frankfurter Neue Presse*, 15. 9. 1970

Rahms, Helene, „Aufs Ganze gerichtet. Zum Tode von Ernst May", in: *Frankfurter Allgemeine Zeitung*, Nr. 214, 16. 9. 1970

1975

Rebentisch, Dieter, *Ludwig Landmann. Frankfurter Oberbürgermeister der Weimarer Republik,* Wiesbaden 1975

1976

Diehl, Ruth, *Die Tätigkeit Ernst Mays in Frankfurt am Main 1925–1930*, (Diss.) Frankfurt am Main 1976

1977

Borngräber, Christian, „Ausländische Architekten in der UDSSR. Bruno Taut, die Brigaden Ernst May, Hannes Meyer und Hans Schmidt", in: Neue Gesellschaft für Bildende Kunst (Hrsg.), *Wem gehört die Welt – Kunst und Gesellschaft in der Weimarer Republik*, Berlin 1977, S. 109–137

1978

Bullock, Nicholos, „Housing in Frankfurt 1925–1931 and the New Wohnkultur", in: *Architectural Review*, London 1978, Nr. 976, S. 335–342

1980

Lampugnani, Vittorio Magnago, *Architektur und Städtebau des 20. Jahrhunderts,* Stuttgart 1980

1981

Kramer, Ferdinand, „Das Neue Frankfurt, in: *Werk und Zeit*, 1981, Nr. 4, S. 34–38

–, „Soziale Nützlichkeit, Sachlichkeit war unser wesentliches Anliegen", in: *Neue Heimat*, Hamburg 1981, Nr. 8, S. 20–29

Leberecht Migge 1881–1935. Gartenkultur des 20. Jahrhunderts, Worpswede 1981

1982

Deutscher Werkbund (Hrsg.), *Die Zwanziger Jahre des Deutschen Werkbundes*, Gießen 1982

1983

Preisich, Gábor, *Ernst May*, Budapest 1983

Fehl, Gerhard, „The Niddatalprojekt. The unfinished satelite town on the outskirts of Frankfurt", in: *Built Environment*, London, Sept. 1983, Nr. 3/4, S. 185–197

1984

Benevolo, Leonardo, *Geschichte der Architektur des 19. und 20. Jahrhunderts*, 2 Bde., 1. Aufl. München 1964, 3. Aufl. München 1984

Mohr, Christoph und Michael Müller, *Funktionalismus und Moderne. Das neue Frankfurt und seine Bauten 1925–1933*, Frankfurt am Main 1984

Risse, Heike, *Frühe Moderne in Frankfurt am Main 1920–1933*, Frankfurt am Main 1984

1985

„Das Neue Frankfurt. Start einer neuen dreiteiligen Reihe in Hessen Drei", in: *Frankfurter Rundschau*, 9. 4. 1985

Italiaander, Rolf, *Mut, Fantasie und Hofnung. Nachkriegsjahre in Hamburg – Augenzeugen berichten*, Hamburg 1985

Kowallek, Rochus, „Skandalöse Sorglosigkeit gefährdet May-Siedlung. Frankfurt läßt wervolle Baudenkmäler verkommen", in: *Art,* 1985, Heft 8, S. 10

Preusler, Burghard, *Walter Schwagenscheid. 1886–1968. Architektenideale im Wandel sozialer Figuration*, Stuttgart 1985

1986

Ernst May und das Neue Frankfurt 1925–1930. Ausst.-Kat. Deutsches Architekturmuseum Frankfurt am Main, Berlin 1986

Winkler, Klaus-Jürgen, Christine Kutsche und Elke Pistorius, *Ernst May 1886–1970. Ausstellung aus Anlaß des 100. Geburtstages. Eine Dokumentation*, 4. 10. – 2. 11. 1986 Bauhaus Dessau, Hochschule für Architektur und Bauwesen Weimar, 1986

Lorenz, Peter, *Das neue Bauen im Wohnungs- und Siedlungsbau – dargestellt am Beispiel des Neuen Frankfurt 1925–33. Anspruch und Wirklichkeit, Auswirkungen und Perspektive*, (Diss.) Stuttgart 1986

Kramer, Ferdinand und Lore Kramer, „Erinnerungen an das 'Neue Frankfurt'", in: *Bauwelt,* 77. Jg., 1986, Heft 28, S. 1054–1058

„Out of Africa. Dennis Sharp reviews the work of two pioneering modernists in East Africa", in: *Building Design*, 6. 6. 1986, S. 21–24

Hillebrecht, Rudolf, „Ein Ruf aus Deutschland. Ernst Mays Rückkehrversuch 1951", in: ebd., S. 1071

Jung, Karin Carmen, „Im Spiegel des Fachpresse. Ernst May in Moskau 1930–34", in: ebd., S. 1067–1070

Mohr, Christoph, „Das Neue Frankfurt und die Farbe", in: ebd., S. 1059–1061

Sulzer, Peter, „Die Plattenbauweise 'System Stadtrat Ernst May'. Versuch einer technikgeschichtlichen Einordnung", in: ebd., S. 1062–1063

Schütte-Lihotzky, Margarete, „Meine Arbeit mit Ernst May in Frankfurt am Main und Moskau", in: ebd., S. 1051–1054

Worbs, Dietrich, „Kontinuität und Wandel in Mays Stadtplanung", in: ebd., S. 1074–1075

Pistorius, Elke und Christian Schädlich, „Ernst May in der Sowjetunion 1930–1934" (Ref. dt., engl., franz., russ.), in: *Architektur der DDR*, 35. Jg., 1986, Heft 7, S. 438–444

Mössinger, Ingrid, „Die Spuren des Frankfurter Architekten führen nach Ostafrika", in: *Frankfurter Neue Presse*, 26. 7. 1986

Vetter, Lothar, „Eine Heimat in der Zeit des Elends. Teurer Denkmalschutz. Vor Hundert Jahren wurde der Architekt und Städtebauer Ernst May geboren", in: *Frankfurter Rundschau*, Jg. 1986, Nr. 171, S. 15

W. E., „Wiedergefundene Pläne zeigen Ernst May als Architekten. Das Architekturmuseum eröffnet drei Ausstellungen gleichzeitig. May, Mies van der Rohe und die Städelschule", in: *Frankfurter Rundschau*, Lokalteil vom 13. 12. 1986

„Die Hundertjährigen", in: *Baukultur*, 1986, Nr. 3, S. 24–29

1987

Dreysse, DW, *May-Siedlungen. Architekturführer durch acht Siedlungen des Neuen Frankfurt 1926–1930*, Frankfurt am Main 1987

Ernst May Housing Estates. Architectural guide to eight new Frankfort estates 1926–1930, Frankfurt am Main 1988

Popp, Christine, *Grünflächenpolitik und -entwicklung im Rahmen der Stadtentwicklung von Frankfurt am Main in den zwanziger Jahren unseres Jahrunderts*, Dipl.arb. TU München, 1987

Colotti, Francesco, „Ernst May in Francoforte" (ital., engl.), in: *Domus*, 1987, Nr. 682, S. 4–5

Haag, Gerd, „Im Pantheon der Architektur. Ernst May und Mies van der Rohe im Frankfurter Architekturmuseum", in: *Aktuelles bauen. Das schweizerische Bau-, Architektur- und Planungsmagazin*, 22. Jg., 1987, Nr. 4, S. 18–19

1988

Nerdinger, Winfried, „Theodor Fischer. Der Lehrer und seine Schüler", in: *Der Baumeister*, Heft 11, 1988, S. 15 ff.

Prigge, Walter und Hans-Peter Schwarz (Hrsg.), *Das Neue Frankfurt. Städtebau und Architektur im Modernisierungsprozeß 1925–1988*, Frankfurt am Main 1988

Schiebler, Gerhard, „Bruno Asch (1890–1940)", in: ders., *Jüdische Stiftungen in Frankfurt a. M. Stiftungen, Schenkungen, Organisationen und Vereine mit Kurzbiographien jüdischer Bürger*, Frankfurt am Main 1988, S. 298–306

1990

May, Ernst: „Stadterweiterung mittels Trabanten. (1922)", in: Bollerey, Franziska, Gerhard Fehl und Kristina Hartmann (Hrsg.): *Im Grünen wohnen – im Blauen planen. Ein Lesebuch zur Gartenstadt mit Beitr. u. Zeitdokumenten*, Hamburg 1990 (Stadt, Planung, Geschichte 12), S. 183–188

Weiss, Ursula: „Zentralisation und Dezentralisation. Von der englischen Gartenstadt zur Frankfurter 'Großsiedlung'", in: ebd., S. 228–246

1992

amp., „Streit um Sanierung der Ernst-May-Siedlungen", in: *Frankfurter Allgemeine Zeitung*, Lokalteil vom 4. 11. 1992

Schickel, Gabriele, „Theodor Fischer als Lehrer der Avantgarde", in: *Moderne Architektur in Deutschland 1900 bis 1950. Reform und Tradition,* hrsg. von Vittorio Magnago Lampugnani und Romana Schneider, Ausst.-Kat. DAM Frankfurt am Main, Stuttgart 1992, S. 55–67

1993

Noever, Peter (Hrsg.): *Margarete Schütte-Lihotzky. Soziale Architektur, Zeitzeugin eines Jahrhunderts*. Ausstellung MAK – Österreichisches Museum für angewandte Kunst, Wien 1993

1994

FFM 1200. Traditionen und Perspektiven einer Stadt, Ausst.-Kat., hrsg. von Lothar Gall, Sigmaringen 1994

Jung, Karin C. und Dietrich Worbs, „Ernst Mays 'Neue Heimat'", in: *Der Architekt. Zeitschrift des Bundes Deutscher Architekten BDA*, Jg. 1994, Heft 2

Herrel, Eckhard, „Farbe in der Architektur der Moderne", in: *Moderne Architektur in Deutschland 1900 bis 1950. Expressionismus und Neue Sachlichkeit*, hrsg. von Vittorio Magnago Lampugnani und Romana Schneider, Ausst.-Kat. DAM Frankfurt am Main, Stuttgart 1994, S. 99–116

Lane, Barbara Miller „Die Moderne und die Politik in Deutschland zwischen 1919 und 1945", in: *Moderne Architektur in Deutschland 1900 bis 1950. Expressionismus und Neue Sachlichkeit*, hrsg. von Vittorio Magnago Lampugnani und Romana Schneider, Ausst.-Kat. DAM Frankfurt am Main, Stuttgart 1994, S. 225–249

1995

„Er verknüpfte fachliches Können mit sozialem Engagement. Der Städtebauer Ernst May plante in den zwanziger Jahren ein neues Frankfurt. Martin Wentz zum 25. Todestag des Architekten", in: *Frankfurter Rundschau,* 11. 9. 1995

-vau, „May-Häuser stehen zum Verkauf. Diesmal in Oberrad", in: *Frankfurter Rundschau,* Stadt-Rundschau vom 27. 10. 1995

1996

Weitz, Hans-Friedrich, Ein Garten des Neuen Bauens, in: *Gartenpraxis*, Jg. 1996, Heft 12, S. 36–41

1998

Kuhn, Gerd, *Wohnkultur und kommunale Wohnungspolitik in Frankfurt am Main 1880 bis 1930. Auf dem Wege zu einer pluralen Gesellschaft der Individuen*, Bonn 1998

1999

Bartetzko, Dieter, „Tanzlehrer Afrika. Der Unbekannte: Eckhard Herrels Untersuchung über die afrikanischen Jahre Ernst Mays", in: *Ludwig-Landmann-Preis 1999*, hrsg. von der Nassauischen Heimstätte, Frankfurt am Main 1999, S. 5–12

Herrel, Eckhard, „Ernst May (1886–1970) – Als Farmer, Architekt und Stadtplaner in Ostafrika von 1934 bis 1953, in: *Ludwig-Landmann-Preis 1999*, hrsg. von der Nassauischen Heimstätte, Frankfurt am Main 1999, S. 13–25

Abbildungsnachweis

DAM, Frankfurt am Main   2, 10, 16–18, 22, 23 o., 24, 25, 29 u., 30, 34, 42, 43 o., 44–48, 50, 52, 55, 56, 59–62, 64–66, 67 o., 69–71, 72 u., 75 o., 78, 80 u., 82 u., 83, 87, 89 o., 90 u., 91 u., 92–94, 96 o., 97–99, 101, 103–106, 108 u., 109–118, 121–123, 126, 127, 128 u., 131, 132 mi., u., 133, 134, 135 o., 136, 138 u., 139, 140, 148, 149, 166, 175, 177

Originalskizzen und -zeichnungen aus dem Nachlaß Ernst May, Sammlung des DAM:
West Meru Alp   24: 160-902-017
Haus Gould   47, 48: 160-011-003, 160-011-001
Residence Elverston   52: 160-025-001
Kulturzentrum KNCU   99 o., mi., u.: 160-013-005, 160-013-001, 160-013-038
Oceanic Hotel   106, 108 u., 109, 136 o.: 160-017-010, 160-017-002, 160-017-004, 160-017-011
Port Tudor   121, 122 o., u., 123 o., u., 139: 160-018-005, 160-018-003, 160-018-006, 160-018-009, 160-018-010, 160-018-008
Ferienheim Nairobi   128: 160-023-005
Typenhäuser für Afrikaner   129 u.: 160-023-006

Aufnahmen von Eric Miles im Nachlaß Ernst May, Sammlung des DAM   73, 94 o. li., o. re., 97, 98 o. re., 101
Broschüre Grundsteinlegung Aga Khan-Geburtsklinik und Mädchenschule (DAM 160-906-003)   89 u., 90 o., 176
Gedruckte Einladung Eröffnung KNCU (DAM 160-906-003)   133
Report on the Kampala Extension Scheme Kololo–Naguru, 1947 (DAM 160-900-164)   71, 72 o., 75, 130

Architekturmuseum der TU München   20, 21, 67 u., 79, 81, 85, 91 o., 100, 102 u.

Bauwelt, Jg. 1953, Heft 6   43 u.

Justus Buekschmitt: Ernst May, Planen und Bauen, Stuttgart 1963   86, 120 o.

Uwe Dettmar, Frankfurt am Main   68, 80 o., 96 u., 108 o., 119, 129 o., 132 o., 138 o.

Eckhard Herrel, Bad Homburg vor der Höhe   27, 29 o., 36, 37–41, 49, 51, 53, 54, 72 u., 84, 102 o., 107, 125, 128 o., 135 u., 137

Lore Greulich, geb. Holz, München   23 u., 26, 28

Innendekoration, Jg. 1951/52   82 o.

Frank Rißmann, Daressalam   54 u.

Seite 2
Auf dem Weg ins Exil: Kamelritt in der Nubischen Wüste bei Port Sudan, ca. Januar/Februar 1934
Seite 166
Ilse und Ernst May, um 1950

Verzeichnis des Ernst-May-Nachlasses und weiterer Objekte von Ernst May, die sich im Besitz des Deutschen Architektur-Museums befinden

Pläne (160-001 ff.)

Siedlung Römerstadt, 1927/28, Frankfurt a. M. (Dauerleihgabe der AG für kleine Wohnungen, Frankfurt)

Inv. Nr. 160-001-001
Ansicht von der Straße „Im Burgfeld", Haus 63 u. 65 oder 143 u. 145, Bleistift auf Transparent, 33 × 91,3 cm, bez. u. sign. u. r. „7.8.27 Blatt 123 May"

Inv. Nr. 160-001-002
Rückansicht „Im Burgfeld", Haus 63 u. 65 oder 143 u. 145, Bleistift auf Transparent, 33,4 × 91,5 cm, bez. u. sign. u. r. „10.8.27 Blatt 125 May"

Inv. Nr. 160-001-003
Ansicht „In der Römerstadt", Rückfront Haus 201–207, Bleistift auf Transparent, ca. 36,5 × 144,5 cm (linke Seite schräg beschnitten), bez. u. sign. u. r. „28. Sept. 27 Blatt 218 May"

Inv. Nr. 160-001-004
Straßenansicht „In der Römerstadt" Haus 201–207, Bleistift auf Transparent, 37,5 × 136 cm, bez. u. sign. u. r. „28. Sept. 27 Blatt 217 May"

Inv. Nr. 160-001-005
Nordansicht „Im Burgfeld" Haus 63 u. 65 oder 143 u. 145, Bleistift auf Transparent, 32,5 × 59,4 cm, sign. u. dat. u. r. „11. 8. 27 Blatt 126 May"

Inv. Nr. 160-001-006
Südansicht „Im Burgfeld" Haus 63 u. 65 oder 143 u. 145, Bleistift auf Transparent, 34,8 × 67,4 cm, sign. u. dat. u. r. „8. 8. 27 Blatt 124 May"

Inv. Nr. 160-001-007
Hinteransicht Einfamilienhäuser „Im Burgfeld" 60 oder 138, Durchfahrt, Bleistift auf Transparent, 36,5 × 70 cm, bez. u. r. „August 1927 Blatt 141 May"

Inv. Nr. 160-001-008
Straßenansicht Einfamilienhäuser „Im Burgfeld" 60 oder 138, Durchfahrt, Bleistift auf Transparent, 40,4 × 65 cm, bez. u. sign. u. r. „August 1927 Blatt 140 May"

Inv. Nr. 160-001-009
Grundrisse Keller-, Erd- und Obergeschoß Typ B, Einfamilienhäuser, Bleistift auf Transparent, 34,5 × 62,4 cm, dat. u. sign. u. r. „3. 2. 27 Blatt 292 Rudloff"

Inv. Nr. 160-001-010
Schnitt durch Haus Typ D, Einfamilienhaus „Im Burgfeld" 6–220, Bleistift auf Transparent, 34,5 × 63 cm, bez. u. sign. u. r. „Blatt 292 May, Rudloff"

Inv. Nr. 160-001-011
Ansicht der Einfriedung in der Hadrianstraße, Bleistift auf Transparent, 25,6 × 153,5 cm, sign. u. dat. u. r. „16. 7. 28"

Inv. Nr. 160-001-012
Schnitt durch Etagenhaus „Im Burgfeld" 63 u. 65 oder 143 u. 145, Bleistift auf Transparent, 39,5 × 35,7 cm, sign. u. dat. u. r. „12. 8. 1927 Blatt 127 May"

Inv. Nr. 160-001-013
Stirnansicht Haus Nr. 1 „In der Römerstadt", Bleistift auf Transparent, 36,2 × 57,5 cm, sign. u. dat. u. r. „28. Sept. 1927 Blatt 219 May"

Inv. Nr. 160-001-014
Grundrisse Keller-, Erd und Obergeschoß Typ D, 1 : 50, Bleistift und Farbstift auf Transparent, 45 × 64,4 cm

Inv. Nr. 160-001-015
Lageplan Siedlung Römerstadt, 1 : 1000, Lichtpause, 60,8 × 146 cm, dat. 25. 6. 1931

Inv. Nr. 160-001-016
Lageplan Bebauung in der Römerstadt zw. Praunheim u. Heddernheim, 1 : 1000, Lichtpause, 56,3 × 135,5 cm, dat. 4. 3. 1927

Inv. Nr. 160-001-017
Lageplanskizze Geländeerwerb Römerstadt, 1 : 1000, Lichtpause, 77,1 × 144,7 cm

Inv. Nr. 160-001-018
Stadtkarte Römerstadt Ost NW 82c, 1 : 1000, Druck auf Karton, 68,3 × 95 cm, dat. 1. 12. 1979, Dauerleihgabe des Vermessungsamtes der Stadt Frankfurt a. M.

Inv. Nr. 160-001-019
Grundrisse Kellergeschosse Einfamilienhaus Typ A Mithrasstr. 11–117, 1 : 50, Lichtpause, 41 × 111,7 cm, Blatt 109

Inv. Nr. 160-001-020
Straßenansicht Einfamilienhäuser Typ A, 1 : 50, Lichtpause, 30 × 130,5 cm, dat. 19. 9. 1927, Blatt 110

Inv. Nr. 160-001-021
Rückansicht Einfamilienhäuser Typ A, 1 : 50, Lichtpause, 32,1 × 90,7 cm, Blatt 111

Inv. Nr. 160-001-022
Schnitte Einfamilienhäuser Typ A, 1 : 50, Lichtpause, 30,3 × 64,7 cm, Blatt 114

Inv. Nr. 160-001-023
Grundriß Anschluß Typ A Kellergeschoß Einfamilienhäuser „Im Burgfeld" 63 u. 65 oder 143 u. 145, 1 : 50, Lichtpause, 50 × 89 cm, dat. 6. 8. 1927 / 20. 9. 1927, Blatt 120

Inv. Nr. 160-001-024
Grundriß Erdgeschoß Einfamilienhäuser „Im Burgfeld" 63 u. 65 oder 143 u. 145, 1 : 50, Lichtpause, 49,3 × 89 cm, dat. 5. 8. 1927, Blatt 121

Inv. Nr. 160-001-025
Typengrundriß Kellergeschoß Einfamilienhäuser „Im Burgfeld" 6–220, 1 : 50, Lichtpause, 63,3 × 60,8 cm, dat. August 1927, Blatt 137

Inv. Nr. 160-001-026
Typengrundriß Erdgeschoß Einfamilienhäuser „Im Burgfeld" 6–220, 1 : 50, Lichtpause, 62,9 × 59,8 cm, dat. August 1927, Blatt 138

Inv. Nr. 160-001-027
Typengrundriß Obergeschoß Einfamilienhäuser „Im Burgfeld" 6–220, 1 : 50, Lichtpause, 63,4 × 61,2 cm, dat. August 1927, Blatt 139

Inv. Nr. 160-001-028
Typengrundriß 2. Obergeschoß Etagenhäuser Typ H/N, 1 : 50, Lichtpause, 35,1 × 102 cm, Blatt 153 A/4

Inv. Nr. 160-001-029
Lageplan Schule in der Römerstadt, 1 : 500, Kopie, 42 × 59,4 cm, dat. 22. 4. 1930, beschr. „Geschwister-Scholl-Schule 432020 Nr. 1 / Plan 3"

Inv. Nr. 160-001-030
Grundrisse 1./2. Obergeschoß Schule in der Römerstadt, ~1 : 100, verkleinerte Kopie, 42 × 59,4 cm, dat. 22. 4. 1930, beschr. „Geschwister-Scholl-Schule 432020 Nr. 4 / Plan 7"

Inv. Nr. 160-001-031

Süd- und Nordansicht Schule in der Römerstadt, 1 : 100, Kopie, 59,4 × 84 cm, dat. 22. 4. 1930, beschr. „Bestandzeichnungen Nr. 6"

Inv. Nr. 160-001-032

Ost- und Westansicht Schule in der Römerstadt, 1 : 100, Kopie, 59,3 × 83,8 cm, 22. 4. 1930, beschr. „Bestandzeichnungen Nr. 5"

Siedlung Bornheimer Hang, 1926–30, Frankfurt a. M. (Dauerleihgabe der AG für kleine Wohnungen, Frankfurt)

Inv. Nr. 160-002-001

Rückansicht Pestalozziplatz Nr. 5, 1 : 50, Bleistift auf Transparent, 41,5 × 34,5 cm, dat. u. sign. u. r. „Mai 1926 Boehm, Schieker", Blatt E 23

Inv. Nr. 160-002-002

Giebelansicht Pestalozziplatz Nr. 9, 1 : 50, Bleistift auf Transparent, 43 × 41 cm, dat. u. sign. u. r. „März 1926 May, Rudloff, Schieker", Blatt E 45

Inv. Nr. 160-002-003

Ansicht Pestalozziplatz Nr. 5, 1 : 50, Bleistift auf Transparent, 46 × 36 cm, dat. u. sign. u. r. „14. 8. 26 Rudloff", Blatt E 36

Inv. Nr. 160-002-004

Ost-, Nord- und Südansicht Pestalozziplatz Nr. 5 u. 6, 1 : 50, Bleistift auf Transparent, 41,2 × 74 cm, dat. u. sign. u. r. „Mai 1926 [?], Schieker", Blatt E 22

Inv. Nr. 160-002-005

Grundriß Kellergeschoß Andreae-Str. 12, 1 : 50, Bleistift auf Transparent, 36,6 × 50,2 cm, dat. u. sign. u. r. „April 1926 Rudloff", Blatt E 34

Inv. Nr. 160-002-006

Grundriß Erdgeschoß Andreae-Str. 12, 1 : 50, Bleistift auf Transparent, 36,3 × 45 cm, dat. u. sign. u. r. „April 1926 Rudloff, Schieker", Blatt E 35

Inv. Nr. 160-002-007

Ansicht, Grundriß und Schnitt Laden in der Andreae-Str. 12, Bleistift und Farbstift auf Transparent, 41,4 × 80 cm, dat. u. sign. u. r. „3. 8. 1926 Rudloff, Schieker", Blatt A 13

Inv. Nr. 160-002-008

Rückansicht Andreae-Str. 12, 1 : 50, Bleistift auf Transparent, 41,5 × 45,5 cm, dat. u. sign. u. r. „April 1926 Rudloff, Schieker", Blatt A 7

Inv. Nr. 160-002-009

Hofansicht der Normalhäuser am Pestalozziplatz Typ ~a~ und ~b~, 1 : 50, Bleistift auf Transparent, 42,5 × 75,2 cm, dat. u. sign. u. r. „März 1926 May", Blatt E 8

Inv. Nr. 160-002-010

Straßenansicht Andreae-Str. 25, 1 : 50, Lichtpause, 43 × 70,7 cm, dat. u. sign. u. r. „Mai 1926 Rudloff", Blatt A 6

Inv. Nr. 160-002-011

Lageplan Baugruppe Pestalozziplatz, 1 : 250, Lichtpause, 39,5 × 87,7 cm, dat. 23. 11. 1926

Inv. Nr. 160-002-012

Straßenansicht Normalhäuser der Baugruppe Pestalozziplatz, 1 : 50, Lichtpause, 41 × 76 cm, dat. März 1926, Blatt E 7

Inv. Nr. 160-002-013

Ansicht Baugruppe Pestalozziplatz – Gartenmauer an der Löwengasse, 1 : 50, Lichtpause, 36,5 × 78,8 cm, dat. 18. 9. 1926, Blatt E 40

Siedlung Bruchfeldstraße, 1926/27, Frankfurt a. M. (Dauerleihgabe der AG für kleine Wohnungen, Frankfurt)

Inv. Nr. 160-003-001

Straßenansicht Haus 1, 2, 14 u. 15 Wohnhausgruppe Bruchfeldstr., 1 : 50, Bleistift auf Transparent, 36,7 × 166 cm, dat. u. sign. u. r. „März 1926 i. A. Rudloff", Blatt A 5

Inv. Nr. 160-003-002

Hofansicht Haus 1 u. 14 Wohnhausgruppe Bruchfeldstr., 1 : 50, Bleistift auf Transparent, 35,4 × 122 cm, dat. u. sign. u. r. „März 1926 i. A. Rudloff", Blatt A 6

Inv. Nr. 160-003-003

Hofansicht Haus 2 u. 3 Wohnhausgruppe Bruchfeldstr., 1 : 50, Bleistift auf Transparent, 36,5 × 73 cm, dat. u. sign. u. r. „März 1926 i. A. Rudloff", Blatt A 8

Inv. Nr. 160-003-004

Straßenansicht Ecklösung Einfamilienhaus Donnersbergstr. 60, 1 : 50, Bleistift auf Transparent, 29,8 × 50 cm, dat. u. sign. u. r. „23. 4. 1927 Rudloff", Blatt E 3

Inv. Nr. 160-003-005

Hofansicht der Eckhäuser 1, 18, 35 u. 36 Baugruppe Donnersbergstr. 60, 1 : 50, Bleistift auf Transparent, 30,7 × 47,5 cm, dat. u. sign. u. r. „26. 4. 27 Rudloff", Blatt E 4

Inv. Nr. 160-003-006

Seitenansicht der Eckhäuser 1, 18, 35 u. 36 Baugruppe Donnersbergstr. 60, 1 : 50, Bleistift auf Transparent, 35,5 × 32,7 cm, dat. u. sign. u. r. „23. 4. 27 Rudloff, Ziegler", Blatt E 5

Inv. Nr. 160-003-007

Grundriß Dachgeschoß Haus 13 Baugruppe Donnersbergstr. 1, 1 : 50, Bleistift auf Transparent, 52 × 62,5 cm, dat. u. sign. u. r. „3. 11. 26 Rudloff", Blatt A 12

Inv. Nr. 160-003-008

Stadtkarte Gemarkung Niederrad – Gemischtes Viertel, äußere Zone, 1 : 500, Lichtpause, 57,2 × 70,8 cm, dat. 1927, Kartenblatt 14

Siedlung Praunheim, 1927–29, Frankfurt a. M. (Dauerleihgabe der AG für kleine Wohnungen, Frankfurt)

Inv. Nr. 160-004-001

Grundriß Erdgeschoß Plattenhaus, Schicht II, 1 : 20, Lichtpause, 66,8 × 85,4 cm, dat. u. r. 13. 9. 26 / 19. 10. 26, Blatt X

Inv. Nr. 160-004-002

Rückansicht Kolonialwarenhandlung, 1 : 50, Lichtpause, 31,8 × 55,3 cm, Blatt 67

Inv. Nr. 160-004-003

Grundriß Obergeschoß Plattenhaus, Schicht II, 1 : 20, Lichtpause, 66,9 × 85,2 cm, dat. u. r. 15. 9. 26 / 25. 9. 26, Blatt 7

Inv. Nr. 160-004-004

Schnitt Plattenhaus, 1 : 20, Lichtpause, 61,6 × 71,2 cm, dat. u. r. 18. 9. 26, Blatt 4

Inv. Nr. 160-004-005

Fundamentplan Typ 9/9A Sonderlösung I, 1 : 50, Lichtpause, 64 × 102,3 cm

Inv. Nr. 160-004-006

Grundrisse Erd-, 1. und 2. Obergeschoß Reihe 2 – Typ 9/9A, 1 : 250, Lichtpause, 35,1 × 137,7 cm, dat. 25. 7. 1928, Blatt 14

Inv. Nr. 160-004-007

Gartenansicht Sonderlösung 1, 1 : 50, Lichtpause, 37,3 × 153,3 cm, dat. 30. 11. 1928

Inv. Nr. 160-004-008

Straßenansicht Sonderlösung 2, 1 : 50, Lichtpause, 34,7 × 69,3 cm, dat. 21. 9. 1928, Blatt 5

Inv. Nr. 160-004-009

Stadtkarte Gemarkung Praunheim, 1 : 1000, Lichtpause, 48,7 × 48,5 cm, dat. 18. 1. 1933, Kartenblatt 3

Inv. Nr. 160-004-010

Stadtkarte Gemarkung Praunheim, 1 : 1000, Lichtpause, 52 × 61,7 cm

Inv. Nr. 160-004-011

Stadtkarte Siedlung Praunheim, 1 : 500, Druck auf Karton, 49,2 × 45 cm, dat. 1978, Kartenblatt 7256, Dauerleihgabe des Vermessungsamtes der Stadt Frankfurt a. M.

Siedlung Westhausen, 1929–31, Frankfurt a. M. (Dauerleihgabe der AG für kleine Wohnungen, Frankfurt)

Inv. Nr. 160-005-001

Straßenansicht Typ Zwofa 3.40/3.42, 1 : 50, Bleistift auf Transparent, 34,8 × 65,6 cm, dat. u. sign. u. r. „15. 5. 1929 3. 4. 1929 May, Kaufmann", Blatt 6

Reformschule am Bornheimer Hang, 1929/30, Frankfurt a. M. (Dauerleihgabe der AG für kleine Wohnungen, Frankfurt)

Inv. Nr. 160-006-001

Grundriß Bewässerungsanlage, Tusche auf Lichtpause, 81,1 × 63,6 cm

Inv. Nr. 160-006-002

Stadtkarte Gemarkung Seckbach 1. Teilaufnahme II, 1 : 1000, Lichtpause / Kopie, 59,3 × 84 cm

Inv. Nr. 160-006-003

Lageplan Tagesheimschule, 1 : 500, Lichtpause / Kopie, 59,3 × 42 cm, dat. 30. 10. 1962 u. 20. 5. 1969, 290011 Plan Nr. 3

Inv. Nr. 160-006-004

Fundamentplan „Dietrich Eckartschule", 1 : 100, Lichtpause / Kopie, 59,4 × 83,8 cm, dat. 10. 9. 1936, 290011 Plan Nr. 4

Inv. Nr. 160-006-005

Grundriß Erdgeschoß, 1 : 100, Lichtpause / Kopie, 59,3 × 84 cm, dat. 10. 9. 1936, 290011 Plan Nr. 6

Inv. Nr. 160-006-006
Grundriß Erdgeschoß „Tagesheimschule für 300 Kinder", 1 : 100 (verkleinert), Lichtpause / Kopie, 42 × 59,4 cm, dat. 30. 9. 1955, 290011 Plan Nr. 21

Stadtplan Frankfurt mit „Das Neue Frankfurt", 1930, Frankfurt a. M.

Inv. Nr. 160-007-001
Stadtplan Frankfurt mit „Das Neue Frankfurt", 1930, Frankfurt a. M., Stadtplan, 1 : 25.000, farbiger Druck, 68,8 × 95 cm, 1930

Inv. Nr. 160-007-002
Stadtplan, 1 : 25.000, farbiger Druck, 68,8 × 95 cm, 1930

Zeitschriftenbeilagen zum Neuen Frankfurt

Inv. Nr. 160-008-001
Walter Schwagenscheidt, „Vergleichende Besonnungsuntersuchungen", Druck, 50 × 110 cm, Beilage zu „Das Neue Frankfurt", H. 4/5, 1930

Inv. Nr. 160-008-002
Frankfurter Norm für Kleinwohnungsbauten, Fensterdetails, Druck, 29,7 × 40,7 cm, Beilage zu „Der Baumeister", 27. Jg., H. 3, Tafel 21/22

Inv. Nr. 160-008-003
Frankfurter Norm für Kleinwohnungsbauten, Fensterdetails, Druck, 29,7 × 41,7 cm, Beilage zu „Der Baumeister", 27. Jg., H. 3, Tafel 23/24

Inv. Nr. 160-008-004
Frankfurter Norm für Kleinwohnungsbauten, Türdetails, Druck, 29,7 × 44,4 cm, Beilage zu „Der Baumeister", 27. Jg., H. 3, Tafel 19/20

Inv. Nr. 160-008-005
Frankfurter Flachdachkonstruktionen, Druck, 29,7 × 44,5 cm, Beilage zu „Der Baumeister", 27. Jg., H. 3, Tafel 25/26

Ludwig-Richter-Schule/Eschersheim, 1927, Frankfurt a. M. (Dauerleihgabe der AG für kleine Wohnungen, Frankfurt)

Inv. Nr. 160-010-001
Lageplan, 1 : 500, Lichtpause / Kopie, 59,5 × 42 cm, dat. 30. 10. 1962 u. 6. 5. 1963, 452011 Plan Nr. 1

Inv. Nr. 160-010-002
Grundriß Kellergeschoß, 1 : 200, Lichtpause / Kopie, 42 × 59,3 cm, dat. 11. 11. 1964, 452011 Plan Nr. 4

Haus Gould, 1938/39, Karen Estate (Nairobi)

Inv. Nr. 160-011-001
Grundriß, Ansicht, Freiflächengestaltung, 1/8" : 1', handkolorierte Lichtpause, 68 × 95 cm, sign. „L. G. JACKSON F.R.I.B.A / E. MAY STADTBAUR. A. D."

Inv. Nr. 160-011-002
Grundriß, Ansicht, Schnitt, Details, 1/8" : 1', Blaupause, 64 × 118 cm, sign. u. dat. „Drawing No 1 House for J. B. Gould Esq., Nairobi, Karen Estate JACKSON AND MAY ARCHITECTS NAIROBI. 7. 6. 1939"

Inv. Nr. 160-011-003
Perspektivische Ansicht von Westen, Lichtpause einer Freihandzeichnung, 21 × 26 cm

Headquarters for K.N.C.U., 1949–52, Moshi

Inv. Nr. 160-012-001
Grundriß Erdgeschoß, 1/8" : 1', schwarze, rote und grüne Tusche auf Papier, 131 × 79,3 cm, beschr. u. sign. „Drawing No. 8./B Headquarters for K.N.C.U. Moshi T. T. E. MAY ARCHITECT AND TOWNPLANNER NAIROBI"

Inv. Nr. 160-012-002
Grundriß 1. Obergeschoß, 1/8" : 1', schwarze, rote und grüne Tusche auf Papier, 133,5 × 77,8 cm, beschr. u. sign. „Drawing No. 9./B Headquarters for K.N.C.U. Moshi T. T. E. MAY ARCHITECT AND TOWNPLANNER NAIROBI"

Inv. Nr. 160-012-003
Grundrisse 2., 3. und 4. Obergeschoß, 1/8" : 1', schwarze und rote Tusche auf Papier, 74,5 × 131 cm, beschr. u. sign. „Drawing No. 10/B Headquarters for K.N.C.U. Moshi T. T. E. MAY ARCHITECT AND TOWNPLANNER NAIROBI"

Inv. Nr. 160-012-004
Schnitte, 1/8" : 1', Tusche auf Papier, 133 × 80 cm, beschr. u. sign. „Drawing No. 11/B Headquarters for K.N.C.U. Moshi T. T. E. MAY ARCHITECT AND TOWNPLANNER NAIROBI"

Inv. Nr. 160-012-005
Lageplan mit Parzellierung und Entwässerungsplan, 1/32" : 1' und 1/16" : 1', schwarze, rote und grüne Tusche auf Papier, 67 × 99,4 cm, beschr. u. sign. „Drawing No. 12/A Headquarters for K.N.C.U. Moshi T. T. I. W. PATERSON A.R.I.B.A. OCT. 49 E. MAY ARCHITECT AND TOWNPLANNER NAIROBI"

Inv. Nr. 160-012-006
Ansichten und Schnitte des ersten Bauabschnitts, 1/8" : 1', Bleistift und Tusche auf Transparent, 111,3 × 79,7 cm, beschr. u. sign. „Drawing No. 18 Headquarters for K.N.C.U. Moshi T. T. E. MAY ARCHITECT AND TOWNPLANNER"

Inv. Nr. 160-012-007
Aufriß zum Zusammenhang zwischen Level A, Bürgersteig, Straßenniveau und Fußboden der Läden, 1/8" : 1', Bleistift, schwarze, rote, grüne, und blaue Tusche auf Transparent, 31,5 × 88,1 cm, beschr. u. sign. „Drawing No. 27 Proposed Headquarters for K.N.C.U. Moshi T. T. E. MAY, ARCHITECT AND TOWNPLANNER. Nairobi. March. 1950"

Inv. Nr. 160-012-008
Grundrisse 2., 3. und 4. Obergeschoß, Tusche auf Papier, 39,4 × 86,4 cm, beschr. „Rider Plan to Drawing No. 10/B/1 HQ for K.N.C.U. Moshi T. T."

Inv. Nr. 160-012-009
Details Balkon-Balustrade in der 2., 3. und 4. Obergeschoß des Hostels, 1/2" : 1', Bleistift und Tusche auf Transparent, 44,1 × 69,1 cm, beschr. „Headquarters for K.N.C.U. – Moshi"

Inv. Nr. 160-012-010
Details der Badezimmer im Hostel, 1/2" : 1', Bleistift und Tusche auf Transparent, 72,8 × 88,5 cm, sign. u. dat. „Drawing No. 48 K.N.C.U. Headquarters – Moshi E. May, Architect and Townplanner. Nairobi. Sept. 1950"

Inv. Nr. 160-012-011
Grundrisse mit Vorschlägen zur Entwicklung des Südost-Endes des Hostels, 2. Obergeschoß, 1/4" : 1', Blei- und Rotstift auf Transparent, 37,5 × 54,1 cm, sign. u. dat. „Drawing No. 57 K.N.C.U. Headquarters Moshi T. T. E. May, Architect and Townplanner. Nairobi. Nov. 1950"

Inv. Nr. 160-012-012
Drainage Plan, 1/8" : 1', Bleistift, rote und blaue Tinte auf Transparent, 71,3 × 96,2 cm, beschr. „Drawing No. 61.A K.N.C.U. Headquarters Moshi"

Inv. Nr. 160-012-013
Querschnitt durch das Verwaltungsgebäude, 1/2" : 1', Bleistift und Tusche auf Transparent, 71,3 × 96,2 cm, beschr. u. sign. „Drawing No. 65 Headquarters for K.N.C.U. Moshi E. MAY. ARCHITECT & TOWN PLANNER. NAIROBI"

Inv. Nr. 160-012-014
Details von Ventilatoren, 1/2" : 1', Bleistift auf Transparent, 59,5 × 85,1 cm, beschr. u. sign. „Drawing No. 80 Headquarters for K.N.C.U. Moshi E. MAY ARCHITECT & TOWN PLANNER NAIROBI E. MILES ARIBA"

Inv. Nr. 160-012-015
Details der Empfangstheke, Hostel, 1" : 1', Bleistift und Tusche auf Transparent, 72 × 96,5 cm, beschr. u. sign. „Drawing No. 86 K.N.C.U. Headquarters Moshi e. may architect & townplanner nairobi delt a. d. coupland"

Inv. Nr. 160-012-016
Details Bibliothekseingang und Treppenhaus Verwaltungsgebäude, 1/2" : 1' und 1" : 1', Bleistift und Tusche auf Transparent, 61,3 × 100,8 cm, beschr. u. sign. „Drawing No. 90 Headquarters for K.N.C.U. Moshi E. MAY ARCHITECT & TOWN PLANNER NAIROBI E. MILES ARIBA"

Inv. Nr. 160-012-017
Grundriß Überarbeitung Einfahrt Parkplatz, 1/8" : 1', Bleistift und Tusche auf Transparent, 39,5 × 41,7 cm, beschr. u. sign. „Drawing No. 95 K.N.C.U. Headquarters Moshi E May Architect & Townplanner Nairobi"

Inv. Nr. 160-012-018
Ansicht Südost-Seite Hostel, 1/8" : 1' und 1/4" : 1', Bleistift und Tusche auf Transparent, 57,5 × 92,8 cm, sign. u. dat. „Drawing Number 96 Revised Elevation to South-East End of Hostel Block for the K.N.C.U. at Moshi, T. T. E. MAY ARCHITCT & TOWNPLANNER NAIROBI DRAWN BY W. H. SAUNDERS APRIL 19."

Inv. Nr. 160-012-019
Details Bibliothek, 1/2" : 1', Bleistift und Tusche auf Transparent, 73,5 × 101,5 cm, beschr. u. sign. „Drawing No. 99 K.N.C.U. Headquarters Moshi Library Details e. may dr eng. h. c. architect & townplanner nairobi"

Inv. Nr. 160-012-020
Grundriß und Ansicht Pergola, Lagerraum und Teeküche, 3. Obergeschoß Hostel, 1/4" : 1', Bleistift und Tusche auf Transparent, 61,9 × 74,5 cm, sign. u. dat. „Drawing No. 117 K.N.C.U. Moshi E. MAY Dr Eng h. c. ARCHITECT & TOWNPLANNER NAIROBI Drawn by W. H. Saunders June '51."

Inv. Nr. 160-012-021
Details des Stuhls des Präsidenten, 3" : 1' und
1 : 1, Bleistift und Tusche auf Transparent, 70,1 ×
69,5 cm, beschr. u. sign. „Drawing No. 118
K.N.C.U. Headquarters. Moshi. Tanganyika Territory
E. May dr eng h. c. Architect & Townplanner.
Nairobi DELT A.D. COUPLAND"

Inv. Nr. 160-012-022
Details Standard-Gastzimmer im Hostel, ½" : 1',
Bleistift auf Transparent, 64,2 × 89,5 cm, sign. u.
dat. „Drawing No. 121 Headquarters for K.N.C.U.
Moshi T. T. June 1951 E. MAY. DR ENG H. C.
ARCHITECT & TOWNPLANNER. NAIROBI E. MILES
ARIBA"

Inv. Nr. 160-012-023
Tür- und Fensterdetails Standard-Gastzimmer im
Hostel, 52" : 1', Bleistift auf Transparent, 68,1 ×
124,3 cm, beschr. „K.N.C.U. Moshi Tanganyika
Miscellaneous Details of Drawing No. 121 Drawing
No. 122"

Inv. Nr. 160-012-024
Details Fußgänger Eingang zwischen Verwaltungsgebäude und Hostel, ½" : 1', Bleistift und Tusche
auf Transparent, 35,4 × 65,8 cm, sign. u. dat.
„Drawing No. 125 K.N.C.U. Moshi E. MAY DR Eng
h. c. ARCHITECT & TOWNPLANNER NAIROBI
Drawn by W. H. Saunders July 1951"

Inv. Nr. 160-012-025
Details Tankstelle, ½" : 1', Bleistift und Tusche auf
Transparent, 71,3 × 76,4 cm, beschr. u. sign.
„Drawing No. 129 K.N.C.U. Headquarters Moshi,
T. T. E. May Architect & Town-Planner Nairobi Delt
A. D. Coupland"

Inv. Nr. 160-012-026
Details Dachterrasse, ½" : 1', Bleistift und Tusche
auf Transparent, 65,3 × 108,7 cm, beschr. „Drawing No. 132 KNCU Moshi"

Inv. Nr. 160-012-027
Überarbeiteter Grundriß, Ansicht und Schnitt
Nordwestteil Hostel, ⅛" : 1', ¼" : 1' und ½" : 2,
Bleistift und Tusche auf Transparent, 44,5 ×
47,2 cm, sign. u. dat. „Drawing No. 132 KNCU
Moshi E. MAY Dr Eng h. c. ARCHITECT & TOWN-
PLANNER. NAIROBI Drawn W. H. S. August 1951"

Inv. Nr. 160-012-028
Details Treppenhaus Nordwestteil Hostel, ½" : 1',
Bleistift und Tusche auf Transparent, 73,2 ×
95,9 cm, sign. u. dat. „Drawing No. 139 KNCU
Moshi E. MAY Dr Eng h. c. ARCHITECT & TOWN-
PLANNER. NAIROBI Drawn by W. H. S. October
1951"

Inv. Nr. 160-012-029
Grundriß Küche, 3. Obergeschoß Südostteil Hostel,
¼" : 1', Bleistift und Tusche auf Transparent,
29,0 × 31,4 cm (unregelmäßig beschnitten), sign.
u. dat. „Drawing No. 151 … KNCU Moshi E. MAY
Dr Eng h. c. ARCHITECT & TOWNPLANNER.
NAIROBI Drawn by W. H. Saunders Nov. 1951"

Inv. Nr. 160-012-030
Details „writing-dressing table" im Hostel, 1½" : 1'
und 1 : 1, Bleistift und Tusche auf Transparent,
57,1 × 48,4 cm, sign. u. dat. „Drawing No. 154
K.N.C.U. Moshi: Hostal Block E. May dr eng hc
arch. & t'npl'r Nairobi Delt A. D. Coupland
11/12/1951"

Inv. Nr. 160-012-031
Details Küche / Dachgarten Südostteil Hostel, ½" : 1'
und 3" : 1', Bleistift und Tusche auf Transparent,
61,9 × 112,7 cm, sign. u. dat. „drwg no: 156
k.n.c.u. moshi dr e. may architect & townplanner
delt w. h. saunders january 1952"

Inv. Nr. 160-012-032
Details Einrichtung Wäscherei Nordwestteil Hostel,
1½" : 1' und ½" : 1', Bleistift und Tusche auf
Transparent, 58,8 × 83,8 cm, sign. u. dat. „drwg
no: 158 k.n.c.u. moshi dr e. may architect & townplanner delt w. h. saunders january 1952"

Inv. Nr. 160-012-033
Grundriß Ergänzungen und Entwurfsänderungen
am Hostel, ¼" : 1', Bleistift auf Transparent,
36,8 × 73,3 cm, sign. u. dat. „Drwg No: 168
K.N.C.U. MOSHI DR. E. MAY & PARTNERS, TOWN-
PLANNER & ARCHITECTS NAIROBI Delt W. H.
Saunders May 1952"

Inv. Nr. 160-012-034
Grundriß, Ansicht und Schnitt Restaurant, ⅛" : 1',
Bleistift, schwarze und hellbraune Tusche, roter
und blauer Farbstift auf Transparent, 72,1 ×
131 cm, beschr. „drwg no: r/400 k.n.c.u. restaurant, moshi"

Inv. Nr. 160-012-035
Details Restaurant, ½" : 1', Bleistift und Tusche
auf Transparent, 55,9 × 94 cm, sign. u. dat. „drwg
no: r/402 k.n.c.u. restaurant, moshi. dr. e. may &
partners, town planner & architects, nairobi. june
1952 delt. a. c. brown. b. arch."

Inv. Nr. 160-012-036
Details der Bar, ½" : 1', ¼" : 1' und 3" : 1', Bleistift
und Tusche auf Transparent, 55,9 × 94 cm, sign. u.
dat. „dwg no r/404 k.n.c.u. restaurant, moshi. dr.
e. may & partners, town planner & architects, nairobi. september 1952 a. c. brown b. arch."

Inv. Nr. 160-012-037
Details Tor zur Service Road, 1" : 1' und 3" : 1',
Bleistift auf Transparent, 42,5 × 68,5 cm, sign. u.
dat. „DRWG No 178 K.N.C.U. MOSHI. DR. E. MAY
& PARTNERS. TOWNPLANNER & ARCHITECTS
NAIROBI. Delt S. [Saunders] April 1953"

Inv. Nr. 160-012-038
Inschrift zur Grundsteinlegung und Zeichnung
eines Zweiges einer Kaffee-Pflanze, 1 : 1, Bleistift
auf Transparent, 52,3 × 97,5 cm, beschr. han-
dchriftl. in Bleistift „[Unleserlich] No. 38"

Inv. Nr. 160-012-039
Inschrift zur Eröffnung des ersten Bauabschnittes,
1 : 1, Bleistift und Tusche auf Transparent, 56,8 ×
90,4 cm, beschr. u. sign. „DWG NO. 145 K.N.C.U.
H. Q. MOSHI E. MAY DR. ENG H. C. ARCHITECT &
TOWNPLANNER NAIROBI"

Inv. Nr. 160-012-040
Befestigung des Schriftzuges „K.N.C.U.", 1 : 2,
Bleistift und Tusche auf Transparent, 76 × 126 cm,
beschr. u. sign. „drawing No. [fehlt] k.n.c.u. headquarters moshi t. t. e. may dr eng. h. c. architect &
townplanner nairobi delt. a. d. coupland"

Inv. Nr. 160-012-041
Perspektive von Westen, Kopie, 25,7 × 37,8 cm,
sign. u. l. „May"

Inv. Nr. 160-012-042
Perspektive von Südosten, Kopie, 27,4 × 37,9 cm,
sign. u. l. „May"

Inv. Nr. 160-012-043
Details Fußpunkte der Brüstungen, ½" : 1' und
3" : 1', Lichtpause, 19,3 × 63 cm, sign. u. dat.
„DRWG No 172 K.N.C.U. MOSHI. DR. E. MAY &
PARTNERS. TOWNPLANNER & ARCHITECTS NAI-
ROBI. Delt S. [Saunders] May 1952"

Assembly Hall for K.N.C.U., 1951, Moshi

Inv. Nr. 160-013-001
Ansichten und Schnitte, 1/8" : 1', Bleistift und
Tusche auf Transparent, 75,1 × 131 cm, sign. u.
dat. „Dwg No. 1 Assembly Hall for the K.N.C.U.,
Moshi E. MAY ARCHITECT AND TOWNPLANNER
NAIROBI 1951"

Inv. Nr. 160-013-002
Ansichten und Schnitte, ⅛" : 1', Bleistift und
Tusche auf Transparent, 75,1 × 131 cm, sign. u.
dat. „Dwg No. 2 Assembly Hall for the K.N.C.U.,
Moshi E. MAY ARCHITECT AND TOWNPLANNER
NAIROBI 1951"

Inv. Nr. 160-013-003
Lageplan, 1/16" : 1', Bleistift und Tusche auf Trans-
parent, 54,1 × 49 cm, sign. u. dat. „Dwg No. 7
Assembly Hall for the K.N.C.U., Moshi E. MAY
ARCHITECT AND TOWNPLANNER NAIROBI 1951"

Inv. Nr. 160-013-004
Ansichten zur Old Moshi Road, Kibo Road und
zum Innenhof, 1/16" : 1', Bleistift und Tusche auf
Transparent, 60,4 × 66,9 cm, sign. u. dat. „Proposed Assembly Hall for the K.N.C.U., Moshi, Tanganyika Territory, East Afrika Dr. E. May & Partners,
Architects, Mombasa & Kampala, November
1955"

Inv. Nr. 160-013-005
Perspektive von Assembly Hall und Restaurant,
Tusche auf Transparent, 43,4 × 68,2 cm, beschr.
„View of Assembly Hall and Restaurant Proposed
K.N.C.U. Headquarters"

Community Centre for K.N.C.U. Limited, 1963, Moshi

Inv. Nr. 160-014-001
Ansicht von der Old Moshi Road (Freihandzeichnung), Tusche auf Transparent, 53,8 × 83,2 cm,
sign. u. dat. „Proposed Community Centre for the
K.N.C.U. Limited, Moshi, Tanganyika Dr. E. May &
Partners, Architects, Mombasa & Moshi, April
1963"

Tanganjika Coffee Curling Co. Ltd., 1949–51, Moshi

Inv. Nr. 160-015-001
Grundriß, Ansichten und Schnitt Erweiterung,
1/16" : 1', Bleistift und Tusche auf Transparent,
54,5 × 70,4 cm, beschr. u. dat. „The Tanganjika
Coffee Curling Co., Ltd. – Proposed Extension for
Cleaned Coffee Storage Drawing No. 'A' Moshi.
march 15, 1949"

Inv. Nr. 160-015-002
Grundriß, Ansichten und Schnitt Erweiterung, Bleistift auf Transparent, 53,3 × 77,8 cm, sign. u. dat.
„proposed Extension to premises for t.c.c. co. ltd.
preliminary sketch plans drwng no. 1a march 1951
E. May. architect & town planner, nairobi e. miles
a.r.i.b.a."

Inv. Nr. 160-015-003
Grundriß, Ansichten und Schnitt New Store, Tusche auf Papier, 67,3 × 103,8 cm, sign. u. dat. „New Store for the tanganjika coffee curling company limited: moshi drawing no. 3a E. May. architect & townplanner, nairobi drawn by e. miles a.r.i.b.a. april 1951"

Inv. Nr. 160-015-004
Grundriß, Ansichten und Schnitt New Store, ½" : 1', Tusche auf Papier, 66,8 × 96,7 cm, sign. u. dat. „drw 6 / new store for the tanganjika coffee curling co. ltd. moshi e. may, architect & townplanner / nairobi / 1. 5. 51"

Proposed Stadium for the K.N.C.U., erste Hälfte der 50er Jahre (?), Moshi

Inv. Nr. 160-016-001
Grundriß Level B, 1/16" : 1', Tusche und Bleistift auf Papier, 38,2 × 61 cm, bez. u. sign. „proposed stadium for the kncu moshi drawing no. Ms 20/1. delt e w Miles a.r.i.b.a. Dr E May & partners architects Moshi Mombasa and Kampala"

Oceanic Hotel, 1951-56, Mombasa

Inv. Nr. 160-017-001
Lageplan, 1 : 1260, Bleistift und Tusche auf Transparent, 32,4 × 39,8 cm, sign. u. dat. „oceanic hotel mombasa Drwng No 7. 25. September 1951 E. May. Dr Eng h. c. Architect & Town Planner. Nairobi e. miles ariba"

Inv. Nr. 160-017-002
Lageplan, 1/16" : 1', Bleistift und Tusche auf Transparent, 57,4 × 93,1 cm, sign. u. dat. „oceanic hotel mombasa. drawing no 8 sept 1951 e. may dr eng h. c. architect & town planner nairobi e. miles. a.r.i.b.a."

Inv. Nr. 160-017-003
Lageplan, 1 : 500, Bleistift und Tusche auf Papier, 67,4 × 88,8 cm, sign. u. dat. „oceanic hotel mombasa drawing no 19 dr e. may & partners t'npl'n'r & architects nairobi feb 52"

Inv. Nr. 160-017-004
Ansicht Süd, 1/8" : 1', Bleistift, schwarze und rote Tusche auf Transparent, 71,5 × 125 cm, beschr. u. sign. „drawing no: 25 oceanic hotel, mombasa. dr e. may & partners townplanner & architects, nairobi"

Inv. Nr. 160-017-005
Ansicht Nord, 1/8" : 1', Bleistift und Tusche auf Transparent, 64,5 × 129 cm, beschr. u. sign. „drawing no: 26 oceanic hotel, mombasa. dr e. may & partners townplanner & architects, nairobi"

Inv. Nr. 160-017-006
Grundriß Erdgeschoß und Treppenhaus Eingangshalle, 1/8" : 1', Bleistift und Tusche auf Transparent, 77 × 134 cm, sign. u. dat. „drawing no: 29 oceanic hotel, mombasa. dr e. may & partners t'nplanner & architects, nairobi. delt: r. k. h. johnson. april 1952"

Inv. Nr. 160-017-007
Grundriß Erdgeschoß Service-Flügel, ¼" : 1', Bleistift und Tusche auf Transparent, 74,8 × 102,5 cm, beschr. u. sign. „drawing no: 30 oceanic hotel mombasa dr e. may & partners nairobi."

Inv. Nr. 160-017-008
Lageplan, 1 : 500, Tusche auf Transparent, 58,4 × 72,2 cm, beschr. u. sign. „dwg no: 41 oceanic hotel mombasa architects: dr e. may & partners, nbi."

Inv. Nr. 160-017-009
Lageplan mit Höhenangaben, 1 : 500, schwarze und rote Tusche auf Transparent, 63,8 × 85,7 cm, sign. u. dat. „dwg no: 66 oceanic hotel mombasa. dr e. may & partners, townplanner & architects nairobi. Delt S. [Saunders] 1952"

Inv. Nr. 160-017-010
Lageplan mit Höhenangaben, 1 : 500, schwarze und rote Tusche auf Transparent, 58 × 80 cm, sign. u. dat. „drawing no: 67 oceanic hotel mombasa. dr e. may & partners, townplanner & architects Delt W. H. S. [Saunders] Nov '52"

Inv. Nr. 160-017-011
Vogelschau von Südwesten, Tusche und Bleistift auf Transparent, 61,2 × 102 cm, sign u. r. „Saunders '56"

Inv. Nr. 160-017-012
Freihandskizze Ansicht Seeseite, Fotokopie, 29,6 × 61,8 cm, sign. u. r. „E. May"

Inv. Nr. 160-017-013
Freihandskizze Perspektive Seeseite, Fotokopie, 29,6 × 58,4 cm

Inv. Nr. 160-017-014
Perspektive Seeseite, Fotokopie aus Publikation, 10 × 17 cm

Municipal African Housing, 1952/53, Port Tudor (Mombasa)

Inv. Nr. 160-018-001
Grundriß, Ansicht und Schnitt Pilotprojekt, 1/8" : 1', Tusche auf Transparent, 62,8 × 120,5 cm, sign. u. dat. „Drwg No M 1./1. Municipal African Housing: Port Tudor No. 2 Pilot Scheme: Dr. E. May & Partners E. W. Miles a.r.i.b.a. delt W. H. [Saunders]" (Signatur durch Fehlstelle teilweise verloren)

Inv. Nr. 160-018-002
Grundriß, Ansicht und Schnitt Wohnung für afrikanische Familien mit temporärer Nutzungsmöglichkeit durch vier Junggesellen, 1/8" : 1', Bleistift auf Transparent, 44,8 × 81,8 cm, sign. u. dat. „Drwg No 2 African family flats for temporary occupations by four batchelors Dr. E. May & Partners Townplanner & Architects Nairobi Delt Saunders Dec. 1952"

Inv. Nr. 160-018-003
Grundriß, Ansichten und Schnitt Familienwohnung Typ I, ¼" : 1', Tusche auf Transparent, 65,6 × 114,4 cm, sign. u. dat. „drwg no: 4 archts. dr e. may & partners, nairobi delt W. H. S. jan' 52 [richtig: 53?]"

Inv. Nr. 160-018-004
Grundriß, Ansichten und Schnitt Familienwohnung Typ I, ¼" : 1', Isometrien von Details, Tusche auf Transparent, 65,8 × 114,3 cm, sign. u. dat. „drwg no: 5 dr e. may & partners townplanner & architects nbi delt w. h. saunders. dec 52"

Inv. Nr. 160-018-005
Grundriß, Ansicht und Schnitte Familienwohnung Typ II, ¼" : 1', Tusche auf Transparent, 65,6 × 114,7 cm, beschr. „drwg no: 7 arch … [Fehlstelle]"

Inv. Nr. 160-018-006
Grundriß, Ansichten und Schnitte Terrassenhäuser Typ 3 und 3a, ¼" : 1', Tusche auf Transparent, 59,4 × 112,3 cm, sign. u. dat. „drwg no: 8 dr. e. may & partners townplaner & architects delt w. h. s. jan 1953"

Inv. Nr. 160-018-007
Lageplan, 1 : 1250, Tusche auf Papier, 72 × 66 cm, sign. u. dat. „dwg no: 9 african neibourhood. archts. dr e. may & partners / nairobi febr. 53"

Inv. Nr. 160-018-008
Zwei perspektivische Ansichten, Tusche auf Transparent, 76,2 × 63,9 cm, sign. u. dat. „dwg no: 10 & 11 african neighbourhood. dr. e. may & partners, architects & townplaner, nairobi. 1953"

Inv. Nr. 160-018-009
Grundrisse und Schnitte Haustyp 4 („The growing House"), ¼" : 1', Tusche auf Transparent, 56,5 × 112,2 cm, beschr. u. sign. „dwg no: 12a. dr. e. may & partners, architects"

Inv. Nr. 160-018-010
Ansichten Haustyp 4 („The growing House"), ¼" : 1', Tusche auf Transparent, 69,3 × 130 cm, beschr. u. sign. „dwg no: 13. dr. e. may & partners, architects"

Inv. Nr. 160-018-011
Grundriß, Ansicht und Schnitt Familienwohnung Typ Ia (Flachdach), ¼" : 1', Details, Tusche auf Transparent, 63,8 × 116 cm, sign. u. dat. „dwg no: 14 dr. e. may & partners townplaner & architects delt w. h. s. february 1953 …"

House at Bambury for Stephans Esq., 1953, Bambury (bei Mombasa?)

Inv. Nr. 160-019-001
Grundriß, Ansichten und Schnitt, 1/8" : 1', Tusche und Bleistift auf Transparent, 73 × 104,5 cm, sign. u. dat. „Dr'w'g no. M 4. Delt s. August 1953 Dr. E. May & Partners Townplaner & Architects: nairobi, Kampala E. W. Miles a.r.i.b.a. mombasa"

Residence at Port Tudor, 1954, Mombasa

Inv. Nr. 160-020-001
Grundrisse und Ansichten, 1/8" : 1', Bleistift auf Transparent, 39,1 × 60 cm, sign. u. dat. „Proposed Residence at Port Tudor for J. Moresby Esq. Mombasa Sketch design Drawing no. sk/1, drawn by g. Renow [?] dip. arch., 28 December 1954 Dr. E. May & Partners, Mombasa and Kampala"

Unbekanntes Projekt, 1955

Inv. Nr. 160-021-001
perspektivische Innenansicht Eingangsbereich eines öffentlichen Gebäudes, Tusche und Bleistift auf Transparent, 69,7 × 75,8 cm, sign. u. dat. „drwg 21/25 lesson 1955"

Municipal African Housing, 1953, Nairobi

Inv. Nr. 160-022-001
Grundriß, Ansichten, Schnitte, Isometrien und Details, ¼" : 1', 1 : 4 und 1 : 1, Tusche auf Transpa-

rent, 65,2 × 115,5 cm, beschr. u. sign. „dwg no. SMI Proposed african housing scheme East of schauri Moyo Dwelling and sanitary units. Betts & Merett. Building Contractors. P. O. Box 783, Nairobi"

Typenhaus für Afrikaner aus Betonfertigteilen (Native House for Premanufacturing), 1945

Inv. Nr. 160-023-001
Grundriß, Ansichten, Schnitte ½" : 1', Details Fußpunkte 1 : 1, Blaupause, 68,4 × 105,5 cm, bez. u. dat. u. „Drawing No. 1. Architect E. May / Nairobi / January 1945"

Inv. Nr. 160-023-002
Details Tragkonstruktion, 1" : 1' und 1 : 1, Blaupause, 71,7 × 101,4 cm, bez. u. „Drawing No. 4A. Arch. E. May Nairobi"

Inv. Nr. 160-023-003
Tür- und Fensterdetails, 1" : 1' und 1 : 1, Blaupause, 70,5 × 104,7 cm, bez. u. dat. u. „Drawing No. 5A. Arch. E. May Nairobi / 25·1·45"

Inv. Nr. 160-023-004
Details Kopfpunkt der Tragkonstruktion und Lüftungsöffnung, 1½" : 1' und 1 : 1, Blaupause, 70,3 × 102,9 cm, bez. u. dat. u. „Drawing No. 6. Arch. E. May Nairobi / 31·1·45"

Inv. Nr. 160-023-005
Details Fundamente, 1½" : 1', Blaupause, 71,7 × 102,8 cm, bez. u. dat. u. „Drawing No. 7. Arch. E. May Nairobi / 5·2·45"

Inv. Nr. 160-023-006
Ansicht und Schnitt Giebelfassade 1½" : 1', Fensterdetails 1 : 1, Blaupause, 71 × 105,1 cm, bez. u. dat. u. „Drawing No. 8. Arch. E. May Nairobi / 20·2·45"

Inv. Nr. 160-023-007
Details Trennwände und Schränke 1½" : 1' und 1 : 1, Blaupause, 69,8 × 103,4 cm, bez. u. dat. u. „Drawing No. 10. Arch. E. May Nairobi / 2·5·45"

Inv. Nr. 160-023-008
Details zum Wandaufbau der 'hook on slab' Konstruktion, drei Fotografien (verkleinert), 22 × 22,7 cm, bez. u. dat. u. „Drawing No. 14. Arch. E. May Nairobi / 13·7·45"

Inv. Nr. 160-023-009
Skizze mit Kombinationsmöglichkeiten mehrerer Häuser, zwei Fotografien, 15,7 × 23,9 cm

Haus Ernst May, 1956, Hamburg

Inv. Nr. 160-024-001
Skizzen Grundriß, Ansicht, Perspektiven, Blei-, Buntstift u. Tinte auf Papier, 29,5 × 21 cm

Inv. Nr. 160-024-002
Skizze Gartenbepflanzung, Bleistift auf Papier, 29,7 × 21 cm (Plan von Karl August Orf?)

Inv. Nr. 160-024-003
Skizze Gartenbepflanzung, 1 : 20, Tusche und Aquarell auf Karton, 19,8 × 29,7 cm (Plan von Karl August Orf?)

Inv. Nr. 160-024-004
Skizze Gartenbepflanzung, 1 : 50, Tusche, Kugelschreiber und Aquarell auf Karton, 21,3 × 29,5 cm (Plan von Karl August Orf?)

Inv. Nr. 160-024-005
Grundrisse, Ansichten, Schnitte, 1 : 100, Lichtpause, 58 × 85,5 cm, bez. u. dat. u. r. „Wohnhaus Dr. E. May Hamburg-Gr. Flottbeck Jan 56"

Inv. Nr. 160-024-006
Haus Ernst May, 1956, Hamburg, Grundriß Kellergeschoß, 1 : 50, Lichtpause, 46,5 × 63,4 cm, sign. u. dat. u. r. „Dr. ing. E. May Mai 1956"

Inv. Nr. 160-024-007
Ansichten, 1 : 100 und Perspektivskizze, Lichtpause mit Bleistiftskizzen, 47,8 × 64,1 cm, sign. u. dat. u. r. „Dr. ing. E. May Mai 1956"

Inv. Nr. 160-024-008
Grundriß Kellergeschoß, 1 : 50, Lichtpause, 46,8 × 63,1 cm, dat. u. r. „Mai 1956"

Inv. Nr. 160-024-009
Schnitte, 1 : 50, Lichtpause, 46,4 × 85,4 cm, sign. u. dat. u. r. „Dr. ing. E. May Mai 1956"

Inv. Nr. 160-024-010
Grundriß Obergeschoß, Lichtpause, 46 × 47,3 cm

Inv. Nr. 160-024-011
Ansichten, Lichtpause, 29,6 × 45,7 cm

Inv. Nr. 160-024-012
Grundriß Erdgeschoß, 1 : 50, Lichtpause, 47 × 63,2 cm, sign. u. dat. u. r. „Dr. ing. E. May Mai 1956"

Inv. Nr. 160-024-013
Grundriß Erdgeschoß, Lichtpause, 63,4 × 72 cm

Inv. Nr. 160-024-014
Details Sitzecke Wohnraum, Barschränkchen und Bett, 1 : 10 und 1 : 1, Lichtpause, 57,2 × 109,6 cm

Inv. Nr. 160-024-015
Ansichten Südwand Schlafraum, Wandabwicklung Arbeitsraum, 1 : 20, Lichtpause mit Bleistiftskizzen, 62,3 × 109,1 cm

Inv. Nr. 160-024-016
Ansichten Südwand Schlafraum, Wandabwicklung Arbeitsraum, 1 : 20, Lichtpause, 63 × 110,3 cm

Inv. Nr. 160-024-017
Detail Blumenfenster, 1 : 10, Lichtpause, 41 × 45,8 cm, sign. o. l. „May"

Inv. Nr. 160-024-018
Details Eternit-Blumenwannen, 1 : 10, Blaupause, 30,4 × 40,7 cm, bez. u. dat. u. r. „Eberhard Heußer & Co. Plan Nr. NW-SP-395 5. 1. 57"

Inv. Nr. 160-024-019
Detail Sitzbank und Tisch, 1 : 10, Lichtpause, 29,7 × 42,2 cm, sign. o. r. „May"

Inv. Nr. 160-024-020
Detailskizze Pforte am oberen Treppenende, Kopie, 29,7 × 21 cm

Inv. Nr. 160-024-021
Details Veranda, 1 : 20 und 1 : 5, Lichtpause, 39 × 41,7 cm, dat. u. bez. „WONGEL MAY DIPL. ING. ARCHITEKTEN 11. 10."

Inv. Nr. 160-024-022
Schnitt Schiebetür, Kopie, 34,6 × 24,6 cm

Inv. Nr. 160-024-023
Schnitt Blumenfenster, Kopie, 34,6 × 24,6 cm

Inv. Nr. 160-024-024
Detail Sturzausbildung Blumenfenster, 1 : 1, Lichtpause, 75,5 × 69,5 cm

Inv. Nr. 160-024-025
Schnitt Anbau, 1 : 20, Lichtpause, 43,2 × 48,8 cm

Inv. Nr. 160-024-026
Grundriß Erdgeschoß, Schnitte, 1 : 50, Ansichten, 1 : 100, Lageplan, 1 : 1000, Lichtpause mit Eintragungen in Bunt- und Bleistift, 58,5 × 84 cm

Inv. Nr. 160-024-027
Grundriß Erdgeschoß, Schnitte, 1 : 50, Ansichten, 1 : 100, Lageplan, 1 : 1000, Lichtpause mit Eintragungen in Bunt- und Filzstift sowie Kugelschreiber, 58,3 × 84 cm

Inv. Nr. 160-024-028
Grundriß und Wandabwicklung Gästezimmer, 1 : 20, Lichtpause, 55,5 × 82,8 cm, sign. u. dat. u. r. „[Klaus] May 23/11/66 Bl. Nr. 1"

Entwurf Residence Elverston, 1938/39, bei Gilgil

Inv. Nr. 160-025-001
Vogelschau, Bleistift und Kohle auf Transparent, 35,7 × 56,5 cm, sign. u. r. „May"

Soldatenfriedhof Holnonwald, 1918

Inv. Nr. 160-026-001
Aufsicht und Vorderansicht, 1 : 200, Lichtpause, 29,8 × 33,5 cm, beschr. o. l. mit rotem Stift „61." dat. u. sign. u. „E. O., DEN 18. 4. 18 May, LT. U. LANDESBEIRAT"

Soldatenfriedhof, 1918, Esmery-Hallon

Inv. Nr. 160-027-001
Vogelschau, Lichtpause, 29,8 × 44,8 cm, beschr. o. l. mit rotem Stift „46."

Drawing Office, 1944, ohne Ortsangabe

Inv. Nr. 160-028-001
Ansichten und Aufsicht Zeichentisch, 1½" : 1', Blaupause, 42,6 × 51,8 cm, bez. u. dat. u. r. „Drawing No. 434. 17-10-44", Zeichner „K. M. [Klaus May?]"

Haus Samuel, 1951, Molo

Inv. Nr. 160-029-001
Perspektive, Druck, 9,5 × 21,6 cm

Entwurf Wohnhaustyp, 1948, Daressalam

Inv. Nr. 160-030-001
Schnitt und Perspektive, Fotografie, 12,5 × 15,5 cm, bez. u. dat. u. „ERNST MAY architect and townplanner Nairobi 1948"

Entwurf Verwaltungsgebäude der Uganda Co. Ltd., 1947 (?), Kampala

Inv. Nr. 160-031-001
Perspektive, Fotografie (verkleinert), 16 × 25,2 cm, bez. u. sign. u. r. „New Premises, Uganda Co. Ltd., Kampala [Rest unleserlich]"

Bauten in Lehmbetonbauweise, 1942/43, Nairobi

Inv. Nr. 160-032-001
Grundrisse, Ansichten, Schnitte, Details, ¼" : 1', ½" : 1' und 1 : 1, zwei Fotografien (verkleinert), 15 × 23,1 cm, bez. u. dat. u. „SEMIDETACHED HOUSE FOR NATIVES IN CLAYCONCRETE AND CLAYSHINGELS ARCH. E. MAY FOR G. BLOWERS / NAIROBI, DEC. 42"

Inv. Nr. 160-032-002
Details Stroh-Lehmziegel und Dachkonstruktion, 2" : 1', Fotografie (verkleinert), 14,9 × 22,3 cm, sign. u. l. „May", bez. u. dat. u. „THE MAKING OF PAPYRUS-CLAYSHINGLES & SHINGLEROOF ARCH. E. MAY FOR G. BLOWERS / NAIROBI, 10. 2. 43"

Inv. Nr. 160-032-003
Schalungsdetails, 2" : 1', zwei Fotografien (verkleinert), 16,9 × 19,7 cm, bez. „Crampshuttering"

Inv. Nr. 160-032-004
Schalungsdetails für Rundgebäude, ½" : 1 und 3" : 1', Fotografie (verkleinert), 15,4 × 24,1 cm, bez. „Shuttering for 14' Diam. Circular Claycontr. Bldg."

Inv. Nr. 160-032-005
Grundriß, Schnitt und Perspektive (Haus des Kinderheim-Verwalters, Nairobi), Tusche auf Karton (koloriert), 34,5 × 40,5 cm, bez. u. dat. u. r. „ARCH. E. MAY/N. 20. 3. 43"

Bücher (160-900)

Architektur

Älteres Berliner Bauhandwerk. Aufnahmen von Schülern der Unterrichtsanstalt des Kgl. Kunstgewerbe-Museums zu Berlin. Hrsg. von Franz Seeck u. Hermann Guth. Berlin: Baumgärtl, 1912. [4] S., 60 Bl. Überw. Ill.
Inv. Nr. 160-900-088

Almanach d'architecture moderne. La rédaction est faite par L. C. Paris: Crés, 1925. 199 S. Zahlr. Ill. – (Collection de „L'Esprit Nouveau")
Inv. Nr. 160-900-018

Alt-Dänemark. Hrsg. von Edwin Redslob. München: Delphin-Verl., 1914. XXXI, 196 S. Überw. Ill. – (Architektur und Kunstgewerbe des Auslands; 2)
Inv. Nr. 160-900-102

Die alte Profanarchitektur Lübecks. Zsgst. u. mit erl. Texten hrsg. von Max Metzger. Lübeck: Coleman, [ca. 1910]. 36 S., 120 Bl. Überw. Ill.
Inv. Nr. 160-900-113

Alt-Schlesien. Architektur, Raumkunst, Kunstgewerbe. Hrsg. u. eingel. von Richard Konwiarz. Lichtbildaufnahmen von Heinrich Goetz. Stuttgart: Hoffmann, o. J. XXV, 239 S. Überw. Ill.
Inv. Nr. 160-900-092

Alt-Schleswig-Holstein und die Freie und Hansestadt Lübeck. Heimische Bau- u. Raumkunst aus 5. Jahrhunderten. Hrsg. von Ernst Sauermann. Berlin: Verl. für Kunstwiss., 1912. XVI, 178 S. Überw. Ill.
Inv. Nr. 160-900-106

Anonymes Bauen Nordburgenland. Hrsg. vom Inst. für Städtebau an d. Akad. d. Bildenden Künste, Wien. Leitung: Roland Rainer. Salzburg: Welz, 1961. 118 S. Überw. Ill.; Kt.
Widmung von Roland Rainer
Inv. Nr. 160-900-138

Backsteinbauten in Norddeutschland und Dänemark. Hrsg. von Otto Stiehl. Stuttgart: Hoffmann, 1923. XXVII, 209 S. Überw. Ill. – (Bauformen-Bibliothek; 17)
Inv. Nr. 160-900-125

Baltzer, F.: Das japanische Haus. Eine bautechn. Studie. Berlin: Ernst, 1903. 72 S., 9 Bl. 11 Ill. Sonderdr. aus d. Zeitschrift für Bauwesen, 1903
Inv. Nr. 160-900-087

Baukunst und dekorative Skulptur der Renaissance in Deutschland. Hrsg. von Julius Hoffmann. Mit e. Einl. von Paul Klopfer. Stuttgart: Hoffmann, 1909. VI, 225 S. Überw. Ill. – (Bauformen-Bibliothek; 1)
Inv. Nr. 160-900-055

Befreites Wohnen. 85 Bilder. Erl. von S. Giedion. Zürich [u. a.]: Füssli, 1929. [Ca. 105] S. Überw. Ill. – (Schaubücher; 14)
Widmung von Sigfried Giedion, Zürich, 29. X. 29
<Mit Abb. d. Siedlung Praunheim, d. Kindergartens in d. Siedlung Bruchfeldstraße u. d. Reformschule am Bornheimer Hang von Ernst May>
Inv. Nr. 160-900-041

Behrendt, Walter C.: Der Sieg des neuen Baustils. Stuttgart: Wedekind, 1927. 63 S. Ill.
<Mit Beitr. zu Ernst May>
Inv. Nr. 160-900-159

Berson, F. P.: Instruktion für Bau- und Werkmeister, über die Einrichtung und Anlage der bürgerlichen Wohnhäuser in den Provinzstädten. Nebst d. nöthigen Rissen, um sich derselben beim Entwerfen u. Erbauen neuer Häuser als Beispiele bedienen zu können. Berlin: Verf., 1804. VIII, 88 S., 22 Bl. Ill.
Inv. Nr. 160-900-064

Bibliothek alter Meister der Baukunst. Zum Gebrauch für Architekten. Hrsg. von Cornelius Gurlitt. Berlin: Der Zirkel. Bd 1. Andrea Palladio. 1914. XII S., 112 Bl. Überw. Ill.
Inv. Nr. 160-900-085

Bier, Justus: Das alte Nürnberg. In Anlage u. Aufbau. Nach Aufnahmen Ferdinand Schmidts u. d. Geislerschen Plan von 1829. Nürnberg: Frommann, 1926. 51, 80 S. Überw. Ill., 1 Kt.
Inv. Nr. 160-900-123

Blake, Peter: Marcel Breuer. Architect and Designer. New York Museum of Modern Art. 1949. 128 S. Überw. Ill.
Inv. Nr. 160-900-077

Bonatz, Paul und Fritz Leonhardt: Brücken. 1.–10. Taus. Königstein im Taunus: Langewiesche, 1951. 112 S. Überw. Ill. – (Die Blauen Bücher)
Inv. Nr. 160-900-126

Bonatz, Paul: Leben und bauen. 3. Aufl. Leinfelden bei Stuttgart: Engelhorn-Verl., 1953. 295 S. Ill.
Widmung von Heinrich Scheffler, Juni 1955
Inv. Nr. 160-900-012

Broche, Lucien: Laon et ses environs. Caen: Delesques, 1913. 131 S. Zahlr. Ill. – (Guide archéologique)
Inv. Nr. 160-900-099

Bühlmann, J.: Die Architektur des klassischen Altertums und der Renaissance. 3., verm. u. verb. Aufl. Stuttgart: Neff, 1904. Ca. 90 Tafeln. Überw. Ill.
Inv. Nr. 160-900-143

Burckhardt, Jacob: Briefe an einen Architekten. 1870–1889. 3. Aufl. München: Müller u. Rentsch, 1913. XIII, 282 S.
Inv. Nr. 160-900-036

Burckhardt, Jacob: Die Kultur der Renaissance in Italien. Mit e. Geleitw. von Wilhelm Bode. Vollst. Ausg. Berlin: Knaur, 1928. VII, 588 S.
Inv. Nr. 160-900-052

Carlsson, Gustaf: Gamla svenska allmogehem. Utgifven af Gustaf Carlsson. Stockholm: Fritze, 1912.
1. – 182 S.: Ill.
Inv. Nr. 160-900-104
2. – 182 S.: Überw. Ill.
Inv. Nr. 160-900-124

Casteels, Maurice: Henry van de Velde. Bruxelles: Editions des cahiers de Belgique, 1932. 6, [32] S. Überw. Ill.
Widmung von Henry van de Velde, März 1932
Inv. Nr. 160-900-049

Claasen, Hermann: Gesang im Feuerofen. Köln – Überreste e. alten Stadt. 2. Aufl. Düsseldorf: Schwann, 1949. XIV, 78 S. Überw. Ill.
Inv. Nr. 160-900-151

Darmstadt und Umgebung. In 200 Federzeichnungen. Hrsg. von August Buxbaum. Darmstadt: Reichert, 1920. 200 S. Überw. Ill.
Inv. Nr. 160-900-112

Davie, W. Galsworthy: Old cottages, farmhouses, and other stone buildings in the Cotswold District. Examples of minor domestic architecture in Gloucestershire, Oxfordshire, Northants, Worcestershire, etc. From photographs specially taken by W. Galsworthy Davie. With an introductory account of the architecture of the District accompanied by notes and sketches by E. Guy Dawber. London: Batsford, 1905. XIII, 72 S., C Bl., 24 S. Zahlr. Ill.
Inv. Nr. 160-900-029

Deutsche Burgen und feste Schlösser aus allen Ländern deutscher Zunge. Königstein im Taunus [u. a.]: Langewiesche, 1913. VIII, 112 S. Überw. Ill. – (Die Blauen Bücher)
Inv. Nr. 160-900-028

Deutsches Bauhandwerk vor 100 Jahren. Maßstäbl. Aufnahmen von Toren, Türen, Fenstern, Treppen, Gittern, Kaminen, Öfen, Grabsteinen u. dgl. m. mit Angabe d. Abmessungen d. Einzelheiten in geometr. Darst. Hrsg. von L. Mac Lean u. M. C. Walther. Berlin: Baumgärtl, 1911. [12] S., 54 Bl. Überw. Ill.
Inv. Nr. 160-900-086

Deutsches Land in 111 Flugaufnahmen. 116.–136. Taus. Königstein im Taunus: Langewiesche, 1953. 112 S. Überw. Ill. – (Die Blauen Bücher)
Inv. Nr. 160-900-320

Erich Mendelsohn. Das Gesamtschaffen d. Architekten. Skizzen, Entwürfe, Bauten. 1.–5. Aufl. Berlin: Mosse, 1930. 251 S. Überw. Ill.
Widmung von „Jim" Mendelsohn, 6. 1. 1930
Inv. Nr. 160-900-013

Frankfurt am Main. Bilder aus d. alten u. neuen Frankfurt für d. Gäste u. Freunde d. Stadt. Frankfurt am Main: Kramer, 1952. [66] S. Überw. Ill. 2 Kt.
<Mit Abb. d. Römerstadt>
Inv. Nr. 160-900-095

Gerber, William: Altchristliche Kultbauten Istriens und Dalmatiens. Dresden: Kühtmann, 1912. 122 S. Zahlr. Ill.
Inv. Nr. 160-900-110

Giedion, Sigfried: Architektur und Gemeinschaft. Tagebuch e. Entwicklung. Hamburg: Rowohlt, 1956. 146 S. Ill. – (Rowohlts deutsche Enzyklopädie; 18)
Widmung von Sigfried Giedion, Juni 1956
Inv. Nr. 160-900-037

Grab und Friedhof der Gegenwart. Im Auftr. d. Reichsausschusses für Friedhof u. Denkmal hrsg. von Stephan Hirzel. München: Callwey, 1927. XII, 150 S. Zahlr. Ill. – (Bücher des Reichsausschusses für Friedhof und Denkmal; 1)
Inv. Nr. 160-900-075

Grisebach, H.: Das polnische Bauernhaus. Berlin: Gea-Verl., 1917. 106 S. XVIII Bl. Zahlr. Ill. – (Beiträge zur polnischen Landeskunde: Reihe B; 3)
Inv. Nr. 160-900-093

Gropius, Walter: Bauhausbauten Dessau. München: Langen, 1930. 221 S. Überw. Ill. – (Bauhausbücher; 12)
Inv. Nr. 160-900-108

Grothe, Hermann und Ernst Landwehr: Die Dickelsbach-Siedlung zu Duisburg. Ernst u. Scherz in Haussprüchen u. krit. Versen von Hermann Grothe. Ill. von Ernst Landwehr. Duisburg: Lange, 1927. 50 S. Ill.
Inv. Nr. 160-900-284

Große Bürgerbauten aus vier Jahrhundert deutscher Vergangenheit. 1.–60. Taus. Königstein [u. a.: Langewiesche, [ca. 1915]. XVI, 112, XIV S. Überw. Ill. (Die Blauen Bücher)
Inv. Nr. 160-900-082

Gutton, André: Conversations sur l'architecture. Cours de théorie de l'architecture professé à l'Ecole Nationale Supérieure des Beaux-Arts. Paris: Vincent, Fréal, 1954.
Tome 2. 243 S. Zahlr. Ill.
Inv. Nr. 160-900-129

Heinrich-Plett-Preis 1968/69. Hamburg: Neue Heimat
Inv. Nr. 160-900-072

Hilberseimer, Ludwig: Internationale neue Baukunst. Stuttgart: Hoffmann, 1927. 48 S. Überw. Ill. – (Die Baubücher; 2)
Inv. Nr. 160-900-328

Holtmeyer, A.: Alt-Cassel. Marburg: Elwert, 1913. CIV, 96 S. Überw. Ill. – (Alt-Hessen; 2)
Inv. Nr. 160-900-100

Hommage à Werner Hebebrand. Essen: Bacht, 1965. 180 S. Ill.
Mit e. Beitr. von Ernst May: Der Stadtbaurat – morgen
Inv. Nr. 160-900-321

Hüter, Karl-Heinz: Henry van de Velde. Sein Werk bis zum Ende seiner Tätigkeit in Deutschland. Berlin: Akademie-Verl. 1967. 286 S. Zahlr. Ill. – (Schriften zur Kunstgeschichte)
Inv. Nr. 160-900-398

Joedicke, Jürgen: Für eine lebendige Baukunst. Notizen u. Kommentare. Stuttgart [u. a.]: Krämer, 1965. 159 S. Ill.
Inv. Nr. 160-900-010

Johnson, Philip: Mies van der Rohe. New York: Museum of Modern Art, 1947. 207 S. Überw. Ill.
Inv. Nr. 160-900-017

Kallmorgen, Werner: Schumacher und Hamburg. Eine fachl. Dokumentation zu seinem 100. Geburtstag. Hamburg: Christians, 1969. 204 S. Ill.
Inv. Nr. 160-900-332

Kerckerinck zur Borg, Engelbert von und Richard Klapheck: Alt-Westfalen. Die Bauentwicklung Westfalens seit d. Renaissance. Stuttgart: Hoffmann, 1912. XL, 232 S. Überw. Ill. – (Westfälische Kommission für Heimatschutz; 1)
Inv. Nr. 160-900-091

Kratz, Walter und Lotte Tiedemann: Das kleine Haus. Lauterbach: Mandt, o. J. 24 Bl. Ill.
Inv. Nr. 160-900-42 A

Kratz, Walter und Lotte Tiedemann: Wie baue ich mein Haus. Anregungen auf 24 Blätter gezeichnet u. beschrieben. Lauterbach: Mandt, 1947. 23 Bl. Ill.
Inv. Nr. 160-900-042

Kreml = Kremlin. Moskwa, 1961. 21, 38 S. Überw. Ill.
Inv. Nr. 160-900-139

Kriegergräber. Beiträge zu d. Frage: Wie sollen wir unsere Kriegergräber würdig erhalten. (Von German Bestelmeyer …). S. l., 1916. [38] Bl. Überw. Ill.
Inv. Nr. 160-900-026

Kultermann, Udo: Wassili und Hans Luckhardt. Bauten u. Entwürfe, Tübingen: Wasmuth, 1958. 165 S. Überw. Ill.
Inv. Nr. 160-900-065

Kunitz, Heinrich: Kupferdachdeckung und Kupferbauklempnerei. Berlin: Dt. Kupferinst., 1934. 50 S. Ill.
Inv. Nr. 160-900-133

Le Corbusier: The City of To-morrow. And its planning. London: Architectural Pr., 1947. 310 S. Ill.
Inv. Nr. 160-900-032

Le Corbusier: Une maison – un palais. „A la recherche d'une unité architecturale". Paris: Crès, 1928. 228 S. Ill.
Widmung von Le Corbusier, Nov. 1928
Inv. Nr. 160-900-034

Le Corbusier: The Marseilles Block. London: Harvill Pr., 1953. 71 S. Ill.
Inv. Nr. 160-900-325

Lehmbrock, Josef: Die Wandlung der Umwelt. Vortr. vor d. Fachgruppe Landschaftspflege. Dt. Heimatbundes am 6. April 1965 in Düsseldorf. Sonderdr. aus: Deutscher Heimatbund, Jahrbuch 1965/66. S. 350–440. Düsseldorf 1965
Inv. Nr. 160-900-330

Loos, Adolf: Ins Leere gesprochen. 1897–1900. Paris, Zürich: Crès, 1921. 165 S.
Inv. Nr. 160-900-327

Lost Treasures of Europe. 427 photographs. Ed. by Henry La Farge. New York, N. Y.: Pantheon Books, 1946. 39, [ca. 400] S. Überw. Ill.
Inv. Nr. 160-900-130

Mauclair, Camille: Florenz. München: Müller, 1924. 286 S. Ill.
Inv. Nr. 160-900-148

May, Ernst: Architekturskizzen aus England. Berlin-Schöneberg: Kanter & Nohr, o. J. [4] S., 80 Bl. Überw. Ill.
Inv. Nr. 160-900-153

May, Ernst: Wohnungsbau.
Sonderdr. aus „Handbuch moderner Architektur". Berlin: Safari-Verl., 1957. S. 117–218. Ill.
Inv. Nr. 160-900-152

Mendelsohn, Erich: Amerika. Bilderbuch e. Architekten. 1.–3. Aufl. Berlin: Mosse, 1926. IX, 82 S. Überw. Ill.
Inv. Nr. 160-900-070

Miller, T., E. Grigutsch und K. W. Schulze: Lehmbaufibel. Darst. d. reinen Lehmbauweise. Weimar: Forschungsgemeinschaften Hochschule, 1947. 103 S. Zahlr. Ill. – (Schriftenreihe der Forschungsgemeinschaften Hochschule, Weimar; 3)
Inv. Nr. 160-900-128

Moderne Villen und Landhäuser. Hrsg. von H. de Fries. Berlin: Wasmuth, 1924. XII, 232 S. Überw. Ill.
Inv. Nr. 160-900-063

Moskowskij Kreml. Moskwa, 1958. XV, [ca. 190] S. Überw. Ill.
Inv. Nr. 160-900-115

Müller-Wulckow, Walter: Bauten der Arbeit und des Verkehrs. Neue, erw. Ausg., 37.–50. Taus. Königstein im Taunus [u. a.]: Langewiesche, 1929. 119 S. Überw. Ill. – (Die Blauen Bücher) (Deutsche Baukunst der Gegenwart)
Inv. Nr. 160-900-121

Müller-Wulckow, Walter: Bauten der Gemeinschaft. Königstein im Taunus [u. a.]: Langewiesche, 1928. 110 S. Überw. Ill. – (Die Blauen Bücher) (Deutsche Baukunst der Gegenwart)
<Mit Beitr. zu Ernst May>
Inv. Nr. 160-900-081

Müller-Wulckow, Walter: Wohnbauten und Siedlungen .1.–12. Taus. Königstein im Taunus [u. a.]: Langewiesche, 1928. 122 S. Überw. Ill. – (Die Blauen Bücher) (Deutsche Baukunst der Gegenwart)
<Mit Beitr. zu Ernst May>
Inv. Nr. 160-900-078

Die neue Architektur. Dargest. an 20 Beispielen = La nouvelle architecture = The new architecture. Hrsg. von Alfred Roth. 3e éd. Erlenbach-Zurich: Les Editions d'Architecture, 1947. 228 S. Zahlr. Ill.
Inv. Nr. 160-900-324

Neutra, Richard: Wenn wir weiterleben wollen … . Erfahrungen u. Forderungen e. Architekten. Hamburg: Claassen, 1956. 461 S.
Inv. Nr. 160-900-150

Noack, Ferdinand: Die Baukunst des Altertums. Berlin: Fischer & Franke, o. J. 144 S., 192 Bl. Überw. Ill. (Geschichte der Kunst)
Inv. Nr. 160-900-147

Norberg-Schulz, Christian: Intentions in architecture. S. l.: Universitetsforlaget, 1963. 242 S. Ill.
Mit e. Widmung von Christian Norberg-Schulz
Inv. Nr. 160-900-326

Old English Country Cottages. Ed. by Charles Holme. London [u. a.]: Offices of „The Studio", 1906. 168 S. Zahlr. Ill.
Inv. Nr. 160-900-109

Papadaki, Stamo: The Work of Oscar Niemeyer. New York: Reinhold, 1950. 220 S. Überw. Ill.
Inv. Nr. 160-900-020

Peter Behrens und seine Wiener Akademische Meisterschule. Hrsg. von Karl Maria Grimme. Mit e. Beitr. von Peter Behrens. Wien, Berlin, Leipzig: Luser, 1930. 48 S. Überw. Ill.
Mit e. Widmung von Peter Behrens
Inv. Nr. 160-900-333

Peterseim, Fritz: Die Ernte ist groß, aber wenige sind der Arbeiter. Darum bittet den Herrn der Ernte, daß Er Arbeiter in seine Ernte sende". Ein Leitfaden. Erfurt: Peterseim, [ca. 1929]. 333 S.
Inv. Nr. 160-900-182

Poelzig, Endell, Moll und die Breslauer Kunstakademie 1911–1932. Eine Ausstellung d. Akademie d. Künste u. d. Städt. Museums Mühlheim an d. Ruhr, Berlin 25. April – 23. Mai 1965, Akad. d. Künste, Mühlheim an d. Ruhr, 2. Juli – 28. Juli 1965, Stadthalle, Darmstadt 4. September – 3. Oktober 1965, Kunstverein. Berlin: Akademie der Künste, 1965. 107 S. Zahlr. Ill.
Inv. Nr. 160-900-016

The practical plumber and sanitary engineer illustrated. An authoritative guide to accepted methods of plumbing and allied sanitation, with special reference to the modern trends in technique. Ed. by W. J. Woolgar. London: Oghams Pr., o. J. 384 S. Zahlr. Ill.
Inv. Nr. 160-900-151/B

Probleme des Bauens. In Zsarb. mit d. Studienausschuss d. Bundes Dt. Architekten für zeitgemäßes Bauen hrsg. von Fritz Block. Potsdam: Müller & Kiepenheuer, 1928. 215 S. Zahlr. Ill.
<Mit Beitr. von Ernst May>
Inv. Nr. 160-900-164

Rainer, Roland: Bauten, Schriften und Projekte. Zsgst. u. hrsg. von Peter Kamm. Tübingen: Wasmuth, [ca. 1960]. 132 S. Überw. Ill. u. Kt.
Inv. Nr. 160-900-058

Rationelle Bebauungsweisen. Ergebnisse d. 3. Internat. Kongresses für Neues Bauen (Brüssel, November 1930). Hrsg. von den Internationalen Kongressen für Neues Bauen. Frankfurt am Main: Englert & Schlosser, 1931. 209 S. Zahlr. Ill., graph. Darst. u. Kt.
<Abb. d. Siedlungen Hellerhof und Westhausen>
Inv. Nr. 160-900-019

Rauda, Wolfgang: Architekturerlebnis Mexiko. Sonderdr. aus d. Reisebericht „Aluminium in der Architektur, USA – Mexiko 1963". Düsseldorf: Aluminium-Zentrale, 1963. 10 S. Ill.
Inv. Nr. 160-900-331

Rein, Berthold: Der Brunnen im Volksleben.1.–5. Taus. München: Piper, 1912. 185 S. Zahlr. Ill.
Inv. Nr. 160-900-030

Richard Neutra. Bauten u. Projekte = Richard Neutra. Buildings and Projects. Von W. Boesiger. Introd.: S. Giedion. Zürich: Girsberger, 1951. 239 S. Überw. Ill.
Inv. Nr. 160-900-142

Rudolf Lodders. Bauten von 1931–1961. Hamburg: Freie Akademie d. Künste in Hamburg, 1961. XIII, 121 S. Überw. Ill.
Auf d. Umschlag: Rudolf Lodders – Bilderbuch eines Architekten
Widmung von Rudolf Lodders, 11. 9. 1962
Inv. Nr. 160-900-025

Ruskin, John: Menschen untereinander. (Ausw. u. Übersetzung von Maria Kühn). 81.–100. Taus. Königstein im Taunus [u. a.]: Langewiesche, o. J. 201 S. – (Die Blauen Bücher)
Inv. Nr. 160-900-054

Scharfe, Siegfried: Deutsche Dorfkirchen. 13.–20. Taus. Königstein im Taunus [u. a.]: Langewiesche, 1935. 112 S. Überw. Ill. – (Die Blauen Bücher)
Inv. Nr. 160-900-122

Scheffler, Karl: Der Geist der Gotik. 2. Aufl. Leipzig: Insel-Verl., 1919. 115 u. 103 S. Zahlr. Ill.
Inv. Nr. 160-900-318

Scheffler, Karl: Italien. Tagebuch e. Reise. 2. Aufl. Leipzig: Insel-Verl., 1916. 310 S. Ill.
Inv. Nr. 160-900-035

Das schöne Augsburg. Hrsg. vom Verkehrsverein Augsburg. Augsburg Filser, 1926. XXX, 144 S. Überw. Ill.
Inv. Nr. 160-900-119

Die schöne Umgegend von Frankfurt am Main. Mit Erl. von Guido Schoenberger. Frankfurt am Main: Verl. d. Frankfurter Kunstvereins, 1925. 114 S. Nur Ill.
Inv. Nr. 160-900-137

Schönleben, Eduard: Fritz Todt. Als mensch, als ingenieur en als nationaal-socialist. Amsterdam: Volksche Uitgeverij Westland, 1944. 120 S. Zahlr. Ill.
Inv. Nr. 160-900-027

Schultze-Naumburg, Paul: Kulturarbeiten. München: Callwey.
Bd 1. Hausbau und einführende Gedanken zu den Kulturarbeiten. 3., verm. u. verb. Aufl. 1906. 182 S. Zahlr. Ill.
Inv. Nr. 160-900-001
Bd 2. Gärten. 3. Aufl. 1909. 183 S. Zahlr. Ill.
Inv. Nr. 160-900-002
Bd 2a. Ergänzende Bilder zu Bd. 2: Gärten. 2., verm Aufl. 1910. [Ca. 100] Bl. Nur Ill.
Inv. Nr. 160-900-003
Bd 3. Dörfer u. Kolonien. 2., verm. u. verb. Aufl. 1908. 252 S. Zahlr. Ill.
Inv. Nr. 160-900-004
Bd 4. Städtebau. 2., verm. Aufl. 1909. 481 S. Ill.
Inv. Nr. 160-900-005
Bd. 5. Kleinbürgerhäuser. 1907. 5 S., 130 Bl. Überw. Ill.
Inv. Nr. 160-900-006
Bd. 6. Das Schloß. 1910. 300 S. Überw. Ill.
Inv. Nr. 160-900-007
Bd 7. Die Gestaltung der Landschaft durch den Menschen. 1. Teil. 1915. 324 S. Zahlr. Ill.
Inv. Nr. 160-900-008
Bd 8. Die Gestaltung der Landschaft durch den Menschen. 2. Teil 1915. 354 S. Zahlr. Ill.
Inv. Nr. 160-900-009

Schumacher, Fritz: Selbstgespräche. Erinnerungen u. Betrachtungen. Hamburg: Springer, 1949. 307 S.
Inv. Nr. 160-900-323

Schumacher, Fritz: Zeitfragen der Architektur. 1. u. 2. Taus. Jena: Diederichs, 1929. 159 S. Ill.
Inv. Nr. 160-900-011

Schuster, Franz: Ein Möbelbuch. Ein Beitr. zum Problem d. zeitgemäßen Möbels. Frankfurt am Main: Englert u. Schlosser, [ca. 1930]. 93 S. Überw. Ill.
Widmung von Franz Schuster
Inv. Nr. 160-900-014

Schuster, Franz: Der Stil unserer Zeit. Die 5 Formen d. Gestaltens d. äußeren Welt d. Menschen. Ein Beitr. zum kulturellen Wiederaufbau. Wien: Schroll, 1948. 141 S. Ill.
Widmung von Franz Schuster, Juli 1949
Inv. Nr. 160-900-039

Schwagenscheidt, Walter: Meine Bauakte. Wenn einer sein Haus baut. Mit Zeichnungen von Helmut Dornauf. Bonn: Domus-Verl., 1955. [102] S. Zahlr. Ill.
Inv. Nr. 160-900-068

Sheet lead work. Dealing with the marking-out, working and fixing of all types of sheet lead work on domestic and public buildings. Prepared by a staff of technical experts under the direction of E. Molloy. 1st publ. London: Newnes, 1943. IV, 108 S. Ill.
Inv. Nr. 160-900-046

Siebold, Karl: Die Abschaffung der Baupolizei für den Wohnungsbau. Ein Beitr. zur Umschulung d. Baupolizei. Bethel bei Bielefeld: Verl. d. Dt. Vereins Arbeiterheim, 1919. 40 S. Ill. – (Viventi satis; 3)
Inv. Nr. 160-900-141

Smith, G. E. Kidder: The New architecture of Europe. Harmondsworth: Penguin Books, 1962. 351 S. Zahlr. Ill.
Inv. Nr. 160-900-151/A

Soldatengräber und Kriegsdenkmale. Hrsg. vom K. K. Gewerbeförderungs-Amte. Wien: Schroll, 1915. 335 S. Überw. Ill.
Inv. Nr. 160-900-074

Staatliches Bauhaus Weimar.1919–1923. (Hrsg. besorgte d. Staatl. Bauhaus in Weimar u. Karl Nierendorf). Weimar [u. a.]: Bauhausverl., 1923. 224 S. Zahlr. Ill.
Inv. Nr. 160-900-024

Stahl, Fritz: Schinkel. Berlin: Wasmuth, 1912. 138 S. Überw. Ill. – (Berliner Künstlerheft; 10) (Berliner Architekturwelt: Sonderh.; 10)
Inv. Nr. 160-900-111

Stained Glass of the XIIth and XIIIth Centuries from French Cathedrals. With an introduction by G. G. Voulton and text by Marcel Aubert. London: Batsford, 1947. 14 S., 17 Bl. Ill.
Inv. Nr. 160-900-334

Steensberg, Axel: Gamle danske bøndergaarde. København: Haase, 1943. 192 S. Überw. Ill.
Inv. Nr. 160-900-127

Steinmetz, Georg: Grundlagen für das Bauen in Stadt und Land. München [u. a.]: Callwey. Bd 3. Praktische Anwendung.1922. VI, 260 S. Überw. Ill.
Inv. Nr. 160-900-120

Der Stil Louis Seize im alten Frankfurt. Hrsg. von Julius Hülsen. Frankfurt a. M.: Keller, 1907.
Innen-Architektur. Ganze Fassaden u. Einzelheiten. [9] S., 25 Bl. Überw. Ill.
Inv. Nr. 160-900-089
Außen-Architektur. Ganze Fassaden u. Einzelheiten. [12] S., 45 Bl. Überw. Ill.
Inv. Nr. 160-900-090

Strieder, W.: Wilhelmshöhe. Mit e. Einl. hrsg. von A. Holtmeyer. Marburg: Elwert, 1913. XCI, 64 S. Zahlr. Ill. – (Alt-Hessen; 3)
Inv. Nr. 160-900-097

Süddeutschland, Schweiz, Norditalien, Elsaß. Frühjahr 1962. (Exkursionsbericht d. Reise d. Lehrstuhls für Entwerfen, Baugestaltung u. Industriebaukunde, Professor Ernst Neufert, Techn. Hochsch. Darmstadt). Darmstadt, 1962. 127 S. Ill.
Widmung von Ernst Neufert
Inv. Nr. 160-900-047

Tacke, Bruno und Bernhard Lehmann: Die Nordseemarschen. Bielefeld [u. a.] Velhagen & Klasing, 1924. 167 S. Ill. – (Monographien zur Erdkunde; 32)
Inv. Nr. 160-900-149

Taut, Bruno: Modern Architecture. London: The Studio, 1929. X, 212 S. Überw. Ill.
[Engl. Ausg. von: „Die neue Baukunst in Europa und Amerika"]
<Mit Beitr. zu Ernst May>
Inv. Nr. 160-900-073

Taut, Bruno: Die neue Baukunst in Europa und Amerika. Stuttgart: Hoffmann, 1929. VII, 226 S. Überw. Ill. – (Bauformen-Bibliothek; 26)
<Mit Beitr. zu Ernst May>
Inv. Nr. 160-900-066

Taut, Bruno: Die neue Wohnung. Die Frau als Schöpferin. Leipzig: Klinkhardt & Biermann, 1924. 104 S. Ill.
Inv. Nr. 160-900-043

Tessenow, Heinrich: Hausbau und dergleichen. Berlin: Cassirer, 1916. 145 S. Überw. Ill.
Inv. Nr. 160-900-067

Tubbs, Ralph: The Englishman Builds. Harmondsworth: Penguin Books, 1945. 74 S. Ill.
Inv. Nr. 160-900-045/1

Um 1800. Architektur u. Handwerk im letzten Jahrhundert ihrer traditionellen Entwicklung. Hrsg. von Paul Mebes. München: Bruckmann.
Bd 1. Straßenbilder, öffentliche Gebäude und Wohnhäuser, Kirchen und Kapellen, Freitreppen, Haustüren, eiserne Gitter, Denkmäler. 1908. 200 S. Überw. Ill.
Inv. Nr. 160-900-057
Bd 2. Palais und städtische Bürgerhäuser, Land- und Herrenhäuser, Gartenhäuser, Tore, Brücken, Innenräume und Hausgerät.1908. 195 S. Überw. Ill.
Inv. Nr. 160-900-056

Velde, Henry van de: Amo. 29.–34. Taus. Wiesbaden: Insel-Verl., 1954. 39 S. – (Insel-Bücherei; 3)
Inv. Nr. 160-900-144

Der Verkehr. Jahrbuch des Deutschen Werkbundes. Jena 1914
Inv. Nr. 160-900-132

The Village Homes of England. Text and illustrations by Sydney R. Jones with some additional drawings in colour by Wilfried Ball and John Fullwood. Ed. by Charles Holme. London, Paris, New York: The Studio, 1912. 162 S. Zahlr. Ill.
Inv. Nr. 160-900-151/C

Vischer, Julius und Ludwig Hilberseimer: Beton als Gestalter. Bauten in Eisenbeton u. ihre architekton. Gestaltung. Ausgeführte Eisenbetonbauten. Stuttgart: Hoffmann, 1928. 124 S. Überw. Ill. – (Die Baubücher; 5)
Inv. Nr. 160-900-083

Voch, Lucas: Anleitung zur Verfertigung schöner Zimmerwerksrisse, und wie solche mit Tusch oder Farben auszuarbeiten sind: enthaltend d. Proportionen d. deutschen, französischen u. italienischen Dächer, sammt ihren Verbindungen, ingleichen allerley Werksätze, regulare u. irreguläre, u. wie die Schifftung auf denselben vorzunehmen. Deßgl., wird auch e. Bundhaus u. Cattonhänge, wie auch allerley Kuppeln u. neufaconirte Thurmbedeckungen vorgestellet; u. endlich wird auch e. Anweisung zu unterschiedl. Arten Brücken gegeben. Den jung angehenden Zimmerleuten u. anderen zum Besten an d. Licht gestellet. 2., verb. Aufl. Augsburg: Will, 1777. 31 S., XIII Bl. Ill.
Inv. Nr. 160-900-044

Völckers, Otto: Die neue Volksschule in Celle. Von Otto Haesler. Ein Beitr. zum Problem d. neuzeitl. Schulhauses. Frankfurt am Main: Englert & Schlosser, [ca. 1930]. 40 S. Überw. Ill. (Stein, Holz, Eisen; 3)
Inv. Nr. 160-900-023

Volkstümliche Kunst aus Schwaben. Hrsg. von Paul Schmohl. Esslingen a. N.: Neff, 1908. XVI, 106 S. Überw. Ill.
Inv. Nr. 160-900-107

Wiege unserer Welt. Stätten alter Kulturen am Mittelmeer. Hrsg. u. bearb. von Peter Bamm. Berlin [u. a.]: Dt. Buchgemeinschaft, 1958. 182 S. Überw. Ill.
Inv. Nr. 160-900-114

Wiener Barock. Einf. von Walter von Semetkowski. Stuttgart: Meyer-Ilschen, 1913. XII S., 32 Bl. Überw. Ill. – (Die architektonische Auslese)
Inv. Nr. 160-900-329

Williams-Ellis, Clough und John und Elizabeth Eastwick-Field: Building in Cob, Pisé, and Stabilized Earth. London: Country Life, 1947. 164 S. Ill.
Inv. Nr. 160-900-050

Wohnmöbel. Nach Entwürfen von Prof. Dr. H. Tessenow. Berlin: Dt. Werke Aktienges., 1920. 48 S. Nur Ill. + Preisliste
Inv. Nr. 160-900-079

Die Wohnung für das Existenzminimum. Auf Grund d. Ergebnisse d. 2. Internationalen Kongresses für Neues Bauen, sowie d. vom Städt. Hochbauamt in Frankfurt am Main veranst. Wander-Ausstellung.100 Grundrisse. Hrsg.: Internationale Kongresse für Neues Bauen u. Städt. Hochbauamt in Frankfurt am Main. mit erklärenden Referaten von Victor Bourgeois. Frankfurt am Main: Englert & Schlosser, 1930. 207 S. 15 S. Zahlr. Ill.
<Mit Beitr. von Ernst May>
Inv. Nr. 160-900-161

Worringer, Wilhelm: Formprobleme der Gotik. 5. Aufl. München: Piper, 1918. 127 S. Ill.
Inv. Nr. 160-900-322

Worsage, I. I.: Dänemarks Vorzeit durch Alterthümer und Grabhügel. Beleuchtet von I. I. A. Worsage. Kopenhagen: Reitzel, 1844. VI, 127 S. Ill.
Inv. Nr. 160-900-096

Wright, Frank L.: An Autobiography. 2nd impr. ed. London: Faber & Faber, 1946. 486 S. Zahlr. Ill.
Inv. Nr. 160-900-045/2

Wright, Frank L.: Modern Architecture. Being the Kahn lectures for 1930. Princeton, N. J.: Princeton Univ. Pr., 1931. 114 S. Ill. (Princeton Monographs in Art and Archaeology)
Inv. Nr. 160-900-069

Städtebau

Bergstedt. Gutachten für d. zukünftige Gestaltung d. Ortsteils Bergstedt in Hamburg. Erläuterungsbericht. Bearb.: Fritz Jaenecke – Sten Samuelson Arkitektfirma. Malmö, 1961. [26] Bl. Ill., Kt.
Inv. Nr. 160-900-101

Bremerhaven morgen. Generalplanung, Wirtschaft, Verkehr. Hrsg. von d. Stadt Bremerhaven. Bremerhaven, [ca. 1961]. 117 S. Zahlr. Ill., graph. Darst. u. Kt.
<Planungsbeauftragter: Ernst May>
Inv. Nr. 160-901-005

Büttner, Oskar: Parkplätze und Großgaragen. Bauten für d. ruhenden Verkehr. Berlin: Verl. für Bauwesen, 1967. 318 S. Zahlr. Ill.
Widmung von Oskar Büttner
Inv. Nr. 160-900-135

Darmstadt-Kranichstein. Die Grundsteinlegung. Festschr. d. Neue Heimat Südwest Gemeinnützige Wohnungs- u. Siedlungsgesellschaft, Frankfurt am Main. Frankfurt am Main 1968. [32] S. Ill., graph. Darst. u. Kt.
<Mit Beitr. von Ernst May>
Inv. Nr. 160-901-021

Fries, Heinrich de: Wohnstädte der Zukunft. Neugestaltung d. Kleinwohnungen im Hochbau d. Großstadt. Berlin: Verl. d. „Bauwelt", 1919. 65 S. Ill.
Inv. Nr. 160-900-033

Göderitz, Johannes: Sanierung erneuerungsbedürftiger Baugebiete. Untersuchungen von Wohnbaugebieten in Berlin u. Hannover. Forschungsarb. im Auftr. d. Bundesministeriums für Wohnungsbau. Stuttgart: Krämer, 1960. 110 S. Zahlr. Ill. graph. Darst. u. Kt. – (Neues Bauen, neues Wohnen; 1)
Inv. Nr. 160-900-071

Gute Stube Stadt. Von C. F. Ahlberg. Bonn: Sozialdemokrat. Partei Deutschlands, [ca. 1962]. 68 S. Ill. – (Deutsche Gemeinschaftsaufgaben; 4)
<Mit Beitr. von Ernst May>
Inv. Nr. 160-900-160

Kampffmeyer, Hans und Erhard Weiss: Dom-Römerberg-Bereich. Das Wettbewerbsergebnis. Eine Dokumentation. Frankfurt: Europ. Verl.-Anst., 1964. 108 S. Zahlr. Ill. – (Wege zur neuen Stadt; 1)
Inv. Nr. 160-900-319

Kampffmeyer, Hans: Die Nordweststadt in Frankfurt am Main. Frankfurt am Main: Europ. Verl.-Anst., 1968. 110 S. Überw. Ill., graph. Darst. u. Kt. – (Wege zur neuen Stadt; 6)
Widmung von Hans Kampffmeyer, 30. September 1968
Inv. Nr. 160-900-158

Le Corbusier: Concerning Town Planning. Reprinted ed. London: The Architectural Pr., 1948. 127 S. Zahlr. Ill.
Inv. Nr. 160-900-145

Leibbrand, Kurt: Verkehr und Städtebau. Basel [u. a.]: Birkhäuser, 1964. 394 S. Graph. Darst. u. Kt.
Inv. Nr. 160-900-048

May, Ernst: Report on the Kampala Extension Scheme Kololo-Naguro. Prepared for the Uganda Government by E. May. Nairobi, 1948. 22 S. Ill. u. Kt.
Inv. Nr. 160-900-154

May, Ernst: Die sozialen Grundlagen des heutigen Städtebaues. (Referat anläßl. e. Empfanges d. Unternehmensgruppe „Neue Heimat" Gemeinnützige Wohnungs- u. Siedlungsges. am 18. November 1957). Hamburg: Wulff, [ca. 1958]. [9] S., 1 gef. Bl. Ill., Kt.
Inv. Nr. 160-900-155

May, Ernst: Stadtlandschaft. S. l.: AVA-Arb.-Gemeinsch. zur Verbess. d. Agrarstruktur in Hessen, 1964. 80 S. Ill. u. Kt.
Enth.: Mattern, Hermann: Flurlandschaft
Inv. Nr. 160-900-157

May, Ernst: Der Trabant. Ein Element der modernen Großstadt. (Referat anläßl. d. Eröffnung d. Leistungsschau d. Arbeitsgemeinschaft gewerkschaftl. Wohnungsunternehmen am 28. Januar 1958 in Stuttgart). Hamburg: Wulff, 1958. [12] S., 1 gef. Bl. Ill., graph. Darst. u. Kt.
Inv. Nr. 160-900-156

Mumford, Lewis: Megalopolis. Gesicht u. Seele d. Groß-Stadt. Wiesbaden: Bauverl., 1951. 270 S. Ill.
Inv.-Nr. 160-900-053

Ockert, Erwin: Fritz Schumacher. Sein Schaffen als Städtebauer u. Landesplaner Tübingen: Wasmuth, 1950. VIII, 183 S. Zahlr. Ill.
Widmung von Gustav Oelsner, 19. 3. 55
Inv. Nr. 160-900-038

Rainer, Roland: Planungskonzept Wien. – Wien: Verl. für Jugend u. Volk, 1962. 201 S. Zahlr. Ill., graph. Darst. u. Kt.
Inv.-Nr. 160-900-062

Rauda, Wolfgang: Lebendige städtebauliche Raumbildung. Asymmetrie u. Rhythmus in d. deutschen Stadt Stuttgart: Hoffmann, 1957. 411 S. Zahlr. Ill. u. Kt.
Inv. Nr. 160-900-060

Reichow, Hans B.: Stadtplanen und bauen durch fünf Jahrzehnte. Sennestadt, 1969. 132 S. Überw. Ill.
Widmung von Hans Bernhard Reichow
Inv. Nr. 160-900-021

Rosner, Rolf: Neue Städte in England. München: Callwey, 1962 159 S. Zahlr. Ill. u. Kt.
Widmung von Rolf Rosner, Juli 1962
Inv. Nr. 160-900-080

Rücke, Karl-Heinz: Städtebau und Gartenkunst. Kleine Studie über e. vernachlässigtes Thema. Hamburg: Christians, 1963. 82 S. Ill.
Inv. Nr. 160-900-167

Die schöne deutsche Stadt. München: Piper. Norddeutschland. Von Gustav Wolf. 16.–25. Taus. 1913. 239 S. Überw. Ill.
Inv. Nr. 160-900-098

Süddeutschland. Von Julius Baum. 11.–17. Taus. 1912. 203 S. Überw. Ill.
Inv. Nr. 160-900-103

Schumacher, Fritz: Vom Städtebau zur Landesplanung. Tübingen: Wasmuth, 1951. 52, [55-80] S. Zahlr. Ill. (Archiv für Städtebau und Landesplanung; 2)
Enth.: Fragen städtebaulicher Gestaltung
1. Expl.: Inv. Nr. 160-900-084
2. Expl.: Inv. Nr. 160-900-136

Schwagenscheidt, Walter: Ein Mensch wandert durch die Stadt = A Wanderer in the City. Wellborn: Verl. Die Planung, 1957. 119 S. Überw. Ill.
Inv. Nr. 160-900-022

Schwagenscheidt, Walter: Die Nordweststadt. Idee u. Gestaltung = The Nordweststadt. Conception and Design. Stuttgart: Krämer, 1964. 94 S. Überw. Ill.; Kt.
Inv. Nr. 160-900-163

Schwagenscheidt, Walter: Die Raumstadt. Heidelberg: Schneider, 1949. 192 S. Zahlr. Ill.
Widmung von Walter Schwagenscheidt
Inv. Nr. 160-900-061

Simon, Hans: Das Herz unserer Städte. Zeichnungen europäischer Stadtzentren des Mittelalters. Essen: Bracht.
Bd 2. 1965. 160 S. Zahlr. Ill., Kt.
Inv. Nr. 160-900-059

Sitte, Camillo: Der Städtebau nach seinen künstlerischen Grundsätzen. Ein Beitr. zur Lösung moderner Fragen d. Architektur u. monumentalen Plastik unter bes. Beziehung auf Wien. 4. Aufl., vermehrt um „Großstadtgrün". Wien: Graeser, 1909. VI, 211 S. Zahlr. Ill. u. Kt.
Inv. Nr. 160-900-040

Sitte, Camillo: Der Städtebau nach seinen künstlerischen Grundsätzen. 6. Aufl. Wien: Prachner, 1965. 180 S. Ill. – (Schriftenreihe des Instituts für Städtebau, Raumplanung und Raumordnung, Technische Hochschule Wien; 5)
Inv. Nr. 160-900-116

Stadt und Verkehr – gestern, heute, morgen. Eine Dokumentation über d. Abt. Stadtverkehr d. Internat. Verkehrsausstellung München 1965. Hrsg. vom Fachausschuß Stadtverkehr. München, 1965. 210 S. Überw. Ill., graph. Darst. u. Kt.
Widmung von Otto Sill. 27. Juli 1966
Inv. Nr. 160-900-134

Stadtentwicklungsplan einschließlich Gesamtverkehrsplan der Landeshauptstadt München. Vorgelegt vom Direktorium – Stadtplanungsamt d. Landeshauptstadt München. München, 1963. VII, 51 S., 31 Bl. Ill., graph. Darst. u. Kt.
Inv. Nr. 160-900-105

Städtebau in der Schweiz. Grundlagen. Hrsg. vom Bund Schweizer Architekten. Redig. von Camille Martin u. Hans Bernoulli. Berlin: Wasmuth, 1929. 78 S. Zahlr. Ill. u. Kt.
Inv. Nr. 160-900-131

Stockholm. Regional and City Planning. 7 articles on planning problems in Greater Stockholm. Published by the Planning Commission of the City of Stockholm. – Stockholm, 1964. 95 S. Ill., graph. Darst. u. Kt.
Inv. Nr. 160-900-094

Weidenbacher, Josef: Die Fuggerei in Augsburg. Die erste dt. Kleinhaus-Stiftung. Ein Beitr. zur Gesch. d. dt. Kleinhauses. Augsburg 1926. XV, 126, 26 S.: Ill.
Widmung vom Verfasser, Januar 1930
Inv. Nr. 160-900-015

Wetzel, Heinz: Stadt Bau Kunst. Gedanken u. Bilder aus d. Nachlaß. Ausgew. u. zsgst. von Klaus Osterwold. Hrsg. von Karl Krämer. Stuttgart: Krämer, 1962. 71 S. Ill.
Inv. Nr. 160-900-117

Wohnstadt Asemwald, Stuttgart. Stadtteil im Grünen am Rande d. Großstadt. Eine Informationsbroschüre d. Neuen Heimat Baden-Württemberg, Stuttgart. Stuttgart, [ca. 1970]. 54 S. Ill.
Inv. Nr. 160-900-140

Wurzer, Rudolf: 60 Jahre „Wald- und Wiesengürtel" der Stadt Wien. Wien: Österreichische Gesellschaft für Raumforschung u. Raumplanung, 1965
Sonderdr. aus: „Berichte zur Raumforschung und Raumplanung", 9 (1965) H. 4. S. 366–386
Widmung vom Verfasser, 4. 8. 1966
Inv. Nr. 160-901-019

Wright, Frank L.: The Living City. New York: Horizon Pr., 1958. 222 S. Ill.
Inv. Nr. 160-900-076

Bildende Kunst und Künstler

Albrecht Dürer. Mit einl. Text von Anton Reichel. Berlin 1926. – (Handzeichnungen großer Meister)
Inv. Nr. 160-900-356

Anna Dräger-Mühlenpfordt. Œuvre-Katalog. Braunschweig 1964
Inv. Nr. 160-900-349

Art of the Far East. Landscapes, flowers, animals. 16 plates in colour from the work of old Chinese and Japanese masters. Introduction by Laurence Binyon. London 1950
Inv. Nr. 160-900-352

Benkard, Ernst: Das ewige Antlitz. Eine Samml. von Totenmasken. Mit e. Geleitw. von Georg Kolbe. 11.–15. Aufl. Berlin 1926
Inv. Nr. 160-900-343

Bernhard Hoetger. Gedächtnisausstellung zu seinem 90. Geburtstag. Bremen u. Münster 1964
Inv. Nr. 160-900-226

Bier, Justus: Tilmann Riemenschneider. Die frühen Werke. Augsburg 1925
Inv. Nr. 160-900-198

Bossert. H. Th.: Ornamente der Volkskunst. Gewebe, Teppiche, Stickereien. Tübingen 1949
Inv. Nr. 160-900-195

Bruno Paul. Oder die Wucht des Komischen. Einf. von Friedrich Ahlers-Hestermann. Berlin 1960
Inv. Nr. 160-900-340

Bubnovoj, Olyi: Vyöivki. Moskwa 1933
Inv. Nr. 160-900-304

Busch, Günther und Ernst von der Heide: Worpsweder Biographie. Oeynhausen o. J.
Inv. Nr. 160-900-206

Cézanne. Paintings. Introduction by Benedict Nicolson. London, Paris 1946
Inv. Nr. 160-900-354

Ch'i Po-shih: Farbige Pinselzeichnungen. Leipzig 1956
Inv. Nr. 160-900-341

Cles-Reden, Sibylle von: Das versunkene Volk. Welt u. Land d. Etrusker. Frankfurt am Main 1956
Inv. Nr. 160-900-218

Designs from Greek Vases in the British Museum. Ed. by A. S. Murray. London 1894
Inv. Nr. 160-900-230

Fechheimer, Hedwig: Die Plastik der Ägypter. Berlin 1914
Inv. Nr. 160-900-201

Flemming, Hanns T.: Bernhard Heiliger. Berlin 1968
Inv. Nr. 160-900-190

Flora, Paul: Veduten und Figuren. Vorw. von Friedrich Dürrenmatt. Zürich 1968
<Mit Widmung von Paul Flora>
Inv. Nr. 160-900-363

Frühe Kunst Amerikas. Aus d. Sammlungen d. Staatl. Museums für Völkerkunde, München u. Privatbesitz. Ausstellung im Amerika-Haus, München. Ed. by Stefan P. Munsing. München o. J.
Inv. Nr. 160-900-224

Gauguin, Paul: Noa Noa. 13.–16. Taus. Berlin o. J.
Inv. Nr. 160-900-342

Gauthier, Maximilian: Gauguin. München 1961
Inv. Nr. 160-900-350

Das Gefäß. Vom Wechsel d. Form im Wandel d. Zeit. Ein Almanach mit Texten u. Bildern aus zwei Jahrtausenden. Arzberg 1966
Inv. Nr. 160-900-219

Gogh, Vincent van: Briefe. 7. Aufl. Berlin [ca. 1917]
Inv. Nr. 160-900-192

Goldscheider, L. und W. Uhde: Vincent van Gogh. Oxford u. London 1947
Inv. Nr. 160-900-358

Die großen Maler Englands von Hogarth bis Turner. Ausstellung Kunsthalle Hamburg. Hamburg 1949
Inv. Nr. 160-900-344

Grossmann, Fritz: Bruegel. Die Gemälde. Ges.ausg. Köln 1955
Inv. Nr. 160-900-196

Haftmann, Werner: Emil Nolde. Köln 1958
Inv. Nr. 160-900-362

Hans Leistikow. Ausstellung in d. Göppinger Galerie, 16. 3. – 11. 4. 1963. Frankfurt am Main 1963
Inv. Nr. 160-900-227

Hans Sperschneider. Malerei, Graphik. Kunsthalle zu Kiel, 13. 10.–10. 11.1963. Kiel 1963
Inv. Nr. 160-900-214

Hasumi, Toshimitsu: Japanische Plastik. München 1961
Inv. Nr. 160-900-194

Hugues, N.: Animaux dans l'art. Paris 1951
Inv. Nr. 160-900-210

Indische Miniaturen der lokalen Schulen. Text von Lubor Hájek, Fotogr. von Werner Forman. Prag 1961
Inv. Nr. 160-900-208

Kalkschmidt, Eugen: Carl Spitzweg und seine Welt. 3. Aufl. München 1959
Inv. Nr. 160-900-204

Kollwitz, Käthe: Mappe. Hrsg. vom Kunstwart. München [1913]
Inv. Nr. 160-900-231

Langui, Em.: Marino Marini. Köln u. Berlin 1954. – (Europäische Bildhauer)
Inv.-Nr. 160-900-217

Larsson, Carl: Das Haus in der Sonne. 1.–40. Taus. Düsseldorf u. Leipzig 1909
Inv. Nr. 160-900-199

Leonardo da Vinci. London, New York 1943
Inv. Nr. 160-900-364

Leonardo da Vinci. Handzeichnungen. Zürich 1947
Inv. Nr. 160-900-222

Maclagan, Eric: The Bayeux Tapestry. London u. New York 1943
Inv. Nr. 160-900-220

Mahlau, Alfred: Die Insel Helgoland. Der Hafen Hamburg, d. Unterelbe u. d. Nordsee. Ein Skizzenbuch. Frankfurt am Main 1961
Inv. Nr. 160-900-200

Mahlau, Alfred: Weite Welt. Reisetagebuch e. dt. Malers. Berlin 1954
Inv. Nr. 160-900-203

Mahlau, Alfred: Zeichnungen, Aquarelle. Hamburg 1968
Inv. Nr. 160-900-347

Masereel, Frans: Die Stadt. Hundert Holzschnitte. Hamburg 1961
Inv. Nr. 160-900-228

Memling, Hans: Der Altarschrein im Dom zu Lübeck. 1491. Lübeck o. J.
Inv. Nr. 160-900-191

Meier-Graefe, Julius: Vincent van Gogh. München 1912
Inv. Nr. 160-900-215

Meisterwerke außereuropäischer Malerei. Hrsg. von Felix Alexander Dargel. Berlin 1959
Inv. Nr. 160-900-365

Modersohn-Becker, Paula: Briefe und Tagebücher. Hrsg. u. biogr. eingef. von S. D. Gallwitz. München 1922
Inv. Nr. 160-900-223

Moen, Arve: Edvard Munch. Der Künstler u. d. Frauen. Ein Bildwerk. München 1958
Inv. Nr. 160-900-351

Musper, H. Th.: Albrecht Dürer. Köln 1965
Inv. Nr. 160-900-361

Nebbia, Ugo: Michelangelo. Bildhauer, Maler, Architekt, Dichter. Leipzig 1940
Inv. Nr. 160-900-188

Ostini, Fritz von: Böcklin. 3. Aufl. Bielefeld u. Leipzig 1905. – (Künstler-Monographien; 70)
Inv. Nr. 160-900-197

Paul Klee. New York 1955
Inv. Nr. 160-900-348

Paul Klee. Ausstellung Kunstverein in Hamburg. Hamburg 1957
Inv. Nr. 160-900-209

Peasant Art in Sweden, Lapland and Iceland. Ed. by Charles Holme. London, Paris, New York 1910
Inv. Nr. 160-900-205

Pfister, Kurt: Albrecht Dürer. Werk u. Gestalt. Zürich [u. a.] 1928
Inv. Nr. 160-900-216

Rembrandt. Mit einl. Text von Heinrich Leporini. Berlin 1926. – (Handzeichnungen großer Meister)
Inv. Nr. 160-900-355

Rilke, Rainer M.: Worpswede. Bielefeld, Leipzig 1910
Inv. Nr. 160-900-187

Rodin, Auguste: Die Kathedralen Frankreichs. Leipzig 1917
Inv. Nr. 160-900-213

Sauerlandt, Max: Michelangelo. Skulpturen u. Gemälde. 1.–40. Taus. Leipzig u. Düsseldorf 1911
Inv. Nr. 160-900-207

Seff Weidl. Plastik, Mosaik, Grafik. Werke 1952–1958. Ausstellung im Städt. Museum Braunschweig, 5. 10. – 2. 11. 1958. Regensburg 1958
Inv. Nr. 160-900-211

Steinberg, Saul: Steinbergs Passeport. Hamburg 1954
Inv. Nr. 160-900-357

Steinberg, Saul: Steinbergs Umgang mit Menschen. Hamburg 1954
Inv. Nr. 160-900-306

Tomlinson, R. R.: Children as Artists. London u. New York 1944
Inv. Nr. 160-900-221

Turner. 1775–1851. Ed. by T. Leman Hare. London [ca. 1910]. – (Masterpieces in colour)
Inv. Nr. 160-900-212

Unteilbares Sein. Aquarelle u. Zeichnungen von Franz Marc. Köln 1959
Inv. Nr. 160-900-359

Urban, Martin: Emil Nolde – Blumen und Tiere. Aquarelle u. Zeichnungen. Köln 1965
Inv. Nr. 160-900-353

Utzinger, Rudolf: Masken. Berlin o. J. – (Orbis Pictus; 13)
Inv. Nr. 160-900-202

Wassily Kandinsky. Gegenklänge. Aquarelle u. Zeichnungen. Köln 1960
Inv. Nr. 160-900-193

Werner Reichhold. Stahlplastiken u. Zeichnungen. Galerie Dieter Brusberg, 10. 1. – 10. 2. 66. Hannover 1966
Inv. Nr. 160-900-229

Winkelmann-Rhein, Gertraude: Blumen-Brueghel. Köln 1968
Inv. Nr. 160-900-189

Worsaae, J. J. A.: Afbilddninger fra det Kongelige Museum for Nordiske Oldsager i Kjöbenhavn. Kjöbenhavn 1854
Inv. Nr. 160-900-225

Gartenbaukunst und Landwirtschaft

The Best of Redouté's Roses. Selected and introduced by Eva Mannering. New York: The Viking Pr., 1959. XVI S., [29] Bl. Überw. Ill.
Inv. Nr. 160-900-186

Boerner, Franz: Blütengehölze für Garten und Park. Darmstadt: Stichnote, o. J. 160 S. Zahlr. Ill.
Inv. Nr. 160-900-179

Böttner, Johannes: Praktische Gemüsegärtnerei. 9., verb. u. verm. Aufl. Frankfurt an d. Oder: Trowitzsch, 1919. 386 S. Zahlr. Ill.
Inv. Nr. 160-900-168

Borheck, Georg H.: Entwurf einer Anweisung zur Landbaukunst nach ökonomischen Grundsätzen. Von Georg Heinrich Borheck. Göttingen: Vandenhoek. Bd 1. 1779. 196 S. Ill.
Inv. Nr. 160-900-051

Eipeldauer, Anton: Reine Freude an Zimmerpflanzen. 1000 Ratschläge für ihre Pflege. 19.–23. Taus. Frankfurt am Main [u. a.]: Ullstein, 1961
Inv. Nr. 160-900-180

Flowers in Colour. Ed. and with a foreword by J. F. Ch. Dix and Walter Roosen. Engl. ed., revised and with introd. by W. E. Shedwell-Cooper. London: Collins, 1948. 163 S. Überw. Ill.
Inv. Nr. 160-900-178

Die Freiland-Schmuckstauden. Beschreibung, Kultur u. Verwendung d. gesamten winterharten Schmuckstauden in zwei Bänden. Hrsg. von Leo Jelitto u. Wilhelm Schacht. Stuttgart: Ulmer, 1963
1. Bd.: Die Gattungen und Arten mit den wichtigsten Kulturformen. 544 S. Zahlr. Ill.
Inv. Nr. 160-900-335
2. Bd.: Herkunft, Verbreitung, Züchtung, Sichtung, Verwendung, Vermehrung, Kultur, Pflanzenschutz. 530 S. Zahlr. Ill.
Inv. Nr. 160-900-336

Foerster, Karl: Neuer Glanz des Gartenjahres. Bilder, Berichte u. Erfahrungstabellen aus d. Leben d. winterhart ausdauernden Gewächse d. Gartens. Radebeul [u. a.]: Neumann, [ca. 1967]. 198 S. Zahlr. Ill.
Widmung von Karl u. Eva Foerster, Juli 1967
Inv. Nr. 160-900-181

Foerster, Karl: Vom Blütengarten der Zukunft. Das neue Gartenjahr in Bildern u. Erfahrungen aus d. Reiche d. winterharten Dauerpflanzen. Berlin-Westend: Verl. d. Gartenschönheit, 1922. 128 S. Zahlr. Ill.
Inv. Nr. 160-900-339

Foerster, Karl: Der neue Rittersporn. Geschichte e. Leidenschaft in Bildern u. Erfahrungen. Berlin-Westend: Verl. d. Gartenschönheit, 1929. 43 S. Ill.
Inv. Nr. 160-900-337

Gardening in East Africa. A practical handbook. By members of the Kenya Horticultural Society and of the Kenya, Uganda and Tanganyika Civil Services. Ed. by A. J. Jex-Blake. 2nd ed. London [u. a.]: Longmans, Green, 1939. XIV, 388 S. Ill.
Inv. Nr. 160-900-165

The Gardens of England. In the Midland & Eastern counties. Ed. by Charles Holme. London [u. a.]: Offices of „The Studio", 1908. XXXVII S., CXXXVI Bl. Überw. Ill.
Inv. Nr. 160-900-169

Gardens Old and New. The country house and its garden environment. London Country Life.
1. 4th ed. [ca. 1910]. XXIV, 298 S. Zahlr. Ill.
Inv. Nr. 160-900-172
2. Ed. by John Leyland. [Ca. 1910]. XLV, 284 S. Zahlr. Ill.
Inv. Nr. 160-900-173
3. Ed. by Avray Tipping. [Ca. 1910]. XL, 346 S. Zahlr. Ill.
Inv. Nr. 160-900-174

Gothein, Marie-Luise: A History of Garden Art. New York: Dutton, 1928.
Vol. 1. XI, 459 S. Zahlr. Ill.
Inv. Nr. 160-900-175
Vol. 2. XV, 486 S. Zahlr. Ill.
Inv. Nr. 160-900-176

Hegemann, Werner: Ein Parkbuch. Amerik. Parkanlagen. Zierparks, Nutzparks, Außen- u. Innenparks, Nationalparks, Parkzweckverbände. Gedr. für d. Firma Jakob Ochs, Gartenbau, Hamburg, gelegentlich d. Wander-Ausstellung von Bildern u. Plänen amerik. Parkanlagen. Berlin: Wasmuth, 1911. 11 S. Ill.
Inv. Nr. 160-900-170

Hentschel, Kurt: Wir färben mit Pflanzen. Tagebuch e. Farblehrganges. Frankfurt am Main: Metzner, 1949. 127 S.
Inv. Nr. 160-900-185

Kache, Paul und Camillo Schneider: Einjahresblumen. Beschreibung, Pflanzung, Pflege u. Verwendung d. einjährig im Freien zu ziehenden Blütengewächse. Berlin-Westend: Verl. d. Gartenschönheit, 1924. 170 S. Zahlr. Ill.
Inv. Nr. 160-900-184

Karl Foerster. 9. März 1964. S. l. 1964
Inv. Nr. 160-900-338
Koehler, Horst: Bauherr und Garten. Ein nützliches Gartenbuch.1. Aufl. Pfullingen: Fachverl. für Haus u. Garten, 1960. 238 S. Zahlr. Ill.
Inv. Nr. 160-900-183

Migge, Leberecht: Jedermann Selbstversorger. Eine Lösung d. Siedlungsfrage durch neuen Gartenbau. Jena: Diederichs, 1918. 45 S. Ill.
Enthält: Das grüne Manifest. Von Leberecht Migge. In: Blätter zur neuen Zeit. Nr. 13/14; Ratgeber zur Anlage und Pflege von Gärten in Nüstringen. Hrsg. vom Magistrat d. Stadt Nüstringen
Inv. Nr. 160-900-166

Pietzner, Hans: Landschaftliche Friedhöfe. Ihre Anlage, Verwaltung u. Unterhaltung. Unter Mitwirkung von Behörden u. Fachleuten hrsg. von Hans Pietzner. Leipzig: Scholtze, 1904. VIII, 110 S. Ill. u. Kt.
Inv. Nr. 160-900-031

Wiepking-Jürgensmann, Heinrich F.: Garten und Haus. Berlin-Westend: Verl. d. Gartenschönheit. 1. Das Haus in der Landschaft. 1927. 139 S. Zahlr. Ill. – (Bücher der Gartenschönheit; 6)
Inv. Nr. 160-900-177

Literatur und Dichtung

Bach, Johann S.: Sämtliche Kantatentexte. Hrsg. von Werner Neumann. Leipzig 1956
Inv. Nr. 160-900-234

Balladenbuch. Gesammelt von Ferdinand Avenarius. 51.–60. Taus. München [ca. 1918]
Inv. Nr. 160-900-267

Bang, Herman: Das weiße Haus. Das graue Haus. Zürich 1958
Inv. Nr. 160-900-283

Berneck, Ludwig: Brennpunkte der Geschichte. Wien u. Heidelberg 1966
Inv. Nr. 160-900-236

Bode, Wilhelm: Goethes Leben im Garten am Stern. 37.–42 Taus. Berlin 1922
Inv. Nr. 160-900-245

Büchner, Georg: Wozzek. Lenz. Zwei Fragmente. Leipzig o. J.
Inv. Nr. 160-900-241

Carossa, Hans: Der Tod des jungen Arztes. Wiesbaden 1955
Inv. Nr. 160-900-272

Citatenschatz. Geflügelte Worte, Sprichwörter u. Sentenzen. Vollst. neu bearb. von Hans Nehry. Leipzig 1889
Inv. Nr. 160-900-242

Conrad, Joseph: The Mirror of the Sea. London 1928
Inv. Nr. 160-900-285

Dostojewski, Fjodor M.: Die Brüder Karamasoff. Leipzig o. J.
1. Bd. *Inv. Nr. 160-900-279*
2. Bd. *Inv. Nr. 160-900-277*

Dostojewski, Fjodor M.: Schuld und Sühne. Leipzig o. J.
Inv. Nr. 160-900-278

Dusch, Johann J.: Die Stärke der edlen und reinen Liebe. Karlsruhe 1780
Inv. Nr. 160-900-292

Friedrich [König von Preußen, II.]: Aussprüche Friedrichs des Großen. Aus seinen Werken gesammelt u. hrsg. von Rudolf Eckart. Dresden 1907
Inv. Nr. 160-900-248

Friedrich [König von Preußen, II.]: 300 ausgewählte Briefe Friedrichs des großen. Zsgst., übers. u. erl. von A. Kannengießer. Leipzig o. J.
Inv. Nr. 160-900-265

Gmelin, Otto: Das Angesicht des Kaisers. Ein Hohenstaufen-Roman. Jena 1941
Inv. Nr. 160-900-238

Goethe, Johann W. von: Alles um Liebe. Goethes Briefe aus d. 1. Hälfte seines Lebens. Düsseldorf u. Leipzig o. J.
Inv. Nr. 160-900-294

Goethe, Johann W. von: Reineke Fuchs. Mit Zeichnungen von Wilhelm von Kaulbach. München 1846
Inv. Nr. 160-900-232

Goethe, Johann W. von: Vom tätigen Sehen. Goethes Briefe aus d. 2. Hälfte seines Lebens. Düsseldorf u. Leipzig o. J.
Inv. Nr. 160-900-293

Goethes Gespräche. Eine Samml. zeitgenöss. Berichte aus seinem Umgang auf Grund d. Ausg. u. d. Nachlasses von Flodard Freiherrn von Biedermann. Erg. u. hrsg. von Wolfgang Herwig. Zürich u. Stuttgart 1965–1972
1. Bd. *Inv. Nr. 160-900-268*
2. Bd. *Inv. Nr. 160-900-269*
3. Bd., 1. Teil *Inv. Nr. 160-900-270*
3. Bd., 2. Teil *Inv. Nr. 160-900-271*

Graves, Robert: I, Claudius. Claudius the God and his wife Messalina. Harmondsworth 1941
Inv. Nr. 160-900-244

Grimm, Jacob und Wilhelm: Allerleirauh. Aus d. Märchen d. Brüder Grimm. Gesetzt, mit Holzschnitten versehen, gedruckt u. handkoloriert von Erna Unger. S. l., o. J. <Nr. 8 von 12 Exemplaren>
Inv. Nr. 160-900-366

Hamsun, Knut: Segen der Erde. München 1925
Inv. Nr. 160-900-296

Hamsun, Knut: Victoria. Die Geschichte einer Liebe. München 1927
Inv. Nr. 160-900-290

Hauptmann, Gerhart: Früheste Dichtungen. Faksimileausg. Hamburg 1962
Inv. Nr. 160-900-281

Hauptmann, Gerhart: Die versunkene Glocke. Ein dt. Märchendrama. Berlin 1898
Inv. Nr. 160-900-295

Hauptmann, Gerhart: Vor Sonnenuntergang. Schauspiel. Berlin 1932
Inv. Nr. 160-900-249

Hölderlin, Friedrich: Gedichte. Leipzig 1921
Inv. Nr. 160-900-286

Hofmannsthal, Hugo von: Vorfrühling. S. l., o. J.
Inv. Nr. 160-900-367

Homer: Odyssee. Von Johann Heinrich Voß. Leipzig o. J.
Inv. Nr. 160-900-263

Homer: Ilias. Von Johann Heinrich Voß. Leipzig o. J.
Inv. Nr. 160-900-264

Ilf, Ilya und Eugene Petrov: Little Golden America. Two famous Soviet humourists survey the United States. London 1944
Inv. Nr. 160-900-256

Italiaander, Rolf: Land der Kontraste. Orient und Okzident in Marokko. Augsburg 1959
Inv. Nr. 160-900-287

Jacobsen, J. P.: Sechs Novellen. Leipzig 1915
Inv. Nr. 160-900-261

Lagerlöf, Selma: Gösta Berling. Leipzig o. J.
Inv. Nr. 160-900-262

Lagerlöf, Selma: Die sieben Todsünden. Ausgew. Legenden u. Erzählungen. 9.–13. Taus. München 1914
Inv. Nr. 160-900-239

Leaky, L. S. B.: Mau Mau and the Kikuyu. London 1953
Inv. Nr. 160-900-280

Löns, Hermann: Mümmelmann. Tiergeschichten. Hannover 1918
Inv. Nr. 160-900-258

Löns, Hermann: Das Tal der Lieder und andere Schilderungen. 46.–47. Taus. Hannover 1916
Inv. Nr. 160-900-237

Paul, Jean: Träume und Visionen. München 1954
Inv. Nr. 160-900-289

Rilke, Rainer M.: Die Aufzeichnungen des Malte Laurids Brigge. 2. Aufl. Leipzig 1910
Inv. Nr. 160-900-297

Rilke, Rainer M.: Die Liebe der Magdalena. Leipzig 1912
Inv. Nr. 160-900-254

Rilke, Rainer M.: Sonette an Orpheus. Leipzig 1923
Inv. Nr. 160-900-255

Russische Novellen. Leipzig o. J.
Inv. Nr. 160-900-235

Saadi: Hundertundeine Geschichte aus dem Rosengarten. Zürich 1967
Inv. Nr. 160-900-243

Seneca, Lucius A.: Vom glücklichen Leben = De vita beata. Düsseldorf 1946
Inv. Nr. 160-900-247

Shakespeare, William: Historical Plays, Poems and Sonnets. London o. J.
Inv. Nr. 160-900-274

Shakespeare, William: Comedies. London o. J.
Inv. Nr. 160-900-275

Shakespeare, William: Tragedies. London o. J.
Inv. Nr. 160-900-276

Shakespeare, William: Shakespeare in deutscher Sprache. Neue Ausg. in 6 Bden. Hrsg. von Friedrich Gundolf. Berlin 1921
2. Bd. *Inv. Nr. 160-900-253*
3. Bd. *Inv. Nr. 160-900-252*
4. Bd. *Inv. Nr. 160-900-251*
5. Bd. *Inv. Nr. 160-900-250*

Steinbeck, John: Cannery Row. London 1945
Inv. Nr. 160-900-257

Steiner, Rudolf: Die Kernpunkte der sozialen Frage. Stuttgart 1920
Inv. Nr. 160-900-233

Tegtmeier, Konrad: ABC der christlichen Seefahrt. Hamburg 1956
Inv. Nr. 160-900-291

Tolstoi, Leo N.: Macht der Finsternis. Drama in 5 Akten. Leipzig o. J.
Inv. Nr. 160-900-240

Tolstoi, Leo N.: Der Tod des Iwan Iljitsch. Erzählung. Leipzig o. J.
Inv. Nr. 160-900-246

Vöglein singe mir was Schönes vor. Dokumente aus Kindertagen von Hans Scholz u. Heinz Ohff. Gütersloh 1965
Inv. Nr. 160-900-259

Werfel, Franz: Die Geschwister von Neapel. Wien 1950
Inv. Nr. 160-900-273

Der Zupfgeigenhansl. Hrsg. von Hans Breuer. 27. Aufl. Leipzig 1925
Inv. Nr. 160-900-282

Diverses

Bock, C. E.: Das Buch vom gesunden und kranken Menschen. 17., vollst. umgearb. u. verm. Aufl. Neu bearb. von Joh. Wilhelm Camerer. Stuttgart, Berlin, Leipzig, 1904
Inv. Nr. 160-900-374

Corbin, Thomas. J.: Hand Block Printing on Fabrics. London 1948
Inv. Nr. 160-900-307

Dienstanweisung für die Königlich Württembergischen Forstwächter. Stuttgart 1881
Inv. Nr. 160-900-298

Dienstanweisung für die Waldschützen der Gemeinden und Stiftungen. Stuttgart 1894
Inv. Nr. 160-900-299

[Dr.] Fassano: Viaggio a Roma. Sprachführer für deutsche in Italien. 6., verb. Aufl. Berlin 1904
Inv. Nr. 160-900-370

Franzel, Emil: Kronprinzen-Mythos und Mayerling-Legenden. München 1963
Inv. Nr. 160-900-288

Italiaander, Rolf: Im Lande Albert Schweitzers. Ein Besuch in Lambarene. Hamburg 1954
Inv. Nr. 160-900-300

Knauer, Tilly und Käte Stieger: Anleitung zur Handweberei. Berlin [u. a.] 1923
Inv. Nr. 160-900-305

Küsel, Johann J.: Das Ganze der Schönschreibkunst. Dargest. durch Musterschriften. Prag u. Leipzig 1821
Inv. Nr. 160-900-310

Lydekker, R.: The Game Animals of Africa. London 1926
Inv. Nr. 160-900-303

Makatsch, Wolfgang: Die Vögel in Feld und Flur. Berlin 1953
Inv. Nr. 160-900-301

Makatsch, Wolfgang: Die Vögel in Haus, Hof und Garten. Berlin 1956
Inv. Nr. 160-900-302

Passarge, S.: Klima und Landschaftsbild. Bielefeld u. Leipzig 1927
Inv. Nr. 160-900-309

Pfordten, Hermann von der: Beethoven. 3., durchges. Aufl. Leipzig 1919. – (Wissenschaft und Bildung; 17)
Inv. Nr. 160-900-369

Ploetz, Karl: Auszug aus der alten, mittleren und neueren Geschichte. Berlin 1898
Inv. Nr. 160-900-266

Ploetz, Karl: Voyage à Paris. Sprachführer für Deutsche in Frankreich. Berlin 1900
Inv. Nr. 160-900-371

Pörtner, Rudolf: Mit dem Fahrstuhl in die Römerzeit. Städte u. Stätten dt. Frühgeschichte. 26.–32. Taus. Düsseldorf 1959
Inv. Nr. 160-900-315

Propyläen Weltgeschichte. Eine Universalgeschichte. Hrsg. von Golo Mann. Berlin. Bd. 8. Das neunzehnte Jahrhundert. (Ca. 1960)
Inv. Nr. 160-900-146

Scheithauer, Walter: Kolibris. Fliegende Edelsteine. München 1966
Inv. Nr. 160-900-314

Schumann, Robert: Musikalische Haus- und Lebensregeln. Kassel 1939
Inv. Nr. 160-900-368

Sethe, Paul: Epochen der Weltgeschichte. Von Hammurabi bis Kolumbus. Frankfurt am Main 1955
Inv. Nr. 160-900-317

Thieme-Preußer: Wörterbuch der englischen und deutschen Sprache. Hamburg 1896
1. Teil: Englisch-deutsch
Inv. Nr. 160-900-312
2.Teil: Deutsch-englisch
Inv. Nr. 160-900-313

Tilke, Max: Orientalische Kostüme in Schnitt und Farbe. Berlin 1923
Inv. Nr. 160-900-311

Trachtenberg, Jakow: Lehrbuch der russischen Sprache. In d. neuen Orthographie zum Selbstunterricht. Berlin-Charlottenburg 1927
1. Teil *Inv. Nr. 160-900-372*
2. Teil *Inv. Nr. 160-900-373*

Unterwegs mit Rolf Italiaander. Begegnungen, Betrachtungen, Bibliographie. Hamburg 1963
Inv. Nr. 160-900-367

Weizsäcker, Viktor von: Natur und Geist. Erinnerungen eines Arztes. Göttingen 1954
Inv. Nr. 160-900-316

Zeitschriften (160-901)

The Architectural Forum. Jersey City, N. J.: Time Inc.
78 (1948) H. 1
Inv. Nr. 160-901-374

Bauwelt. Gütersloh: Bertelsmann Fachzeitschriften
44 (1953) H. 6
<Mit Beitr. über Ernst Mays Bauten in Ostafrika>
Inv. Nr. 160-901-010
52 (1961) H. 41/42
Inv. Nr. 160-901-007

Deutsche Bauzeitung. Berlin: Dt. Bauzeitung
65 (1931) H. 103–104
<Mit Beitr. über die Siedlung Römerstadt>
Inv. Nr. 160-901-015

Gartenschönheit. Eine Zeitschr. mit Bildern für d. Garten- u. Blumenfreund, für d. Liebhaber u. Fachmann. Berlin-Westend: Verl. d. Gartenschönheit
5 (1924) H. 1–12
Inv. Nr. 160-901-(377-388)
6 (1925) H. 1–9
Inv. Nr. 160-901-(389-397)

Jeschurun. Monatsschr. für Lehre u. Leben im Judentum. Berlin: Verl. d. Jeschurun
16 (1929) H. 3/4
Inv. Nr. 160-901-001

Kokusai Kenchiku. Tokio
1930. H. 2
<Themenheft zu Ernst May>
Inv. Nr. 160-901-004

Das Kunstblatt. Monatsschr. für d. künstler. Entwickl. in Malerei, Skulptur, Architektur u. Kunsthandwerk. Berlin: Reckendorf
13 (1929) 4
<Mit Beitr. von Ernst May>
Inv. Nr. 160-901-014

Das Kunstwerk. Eine Zeitschr. über alle Gebiete d. Bildenden Kunst. Baden-Baden: Klein
6 (1952) H. 4
Inv. Nr. 160-901-376

Das Neue Frankfurt. Internat. Monatsschr. für d. Probleme kultureller Neugestaltung. Hrsg. von Ernst May u. Fritz Wichert. Frankfurt am Main: Englert u. Schlosser
4 (1930) H. 2–3
<Mit Beitr. von Ernst May über d. Wohnungsbautätigkeit in Frankfurt am Main>
Inv. Nr. 160-901-001
4 (1930) H. 2–3, 4–5
<Mit Beitr. von Ernst May über d. Wohnungsbautätigkeit in Frankfurt am Main>
Inv. Nr. 160-901-003
5 (1931) H.1–8, 10–12
<Mit Beitr. von und zu Ernst May>
Inv. Nr. 160-901-002

Das neue Mainz. Wirtschaft, Verkehr, Kultur. Mainz: Schmidt
1958. H. 3
<Mit Beitr. zu Ernst May>
Inv. Nr. 160-901-012

Der Spiegel. Hamburg: Spiegel-Verl.
9 (1955) H. 19
<Titelgeschichte über Ernst May>
Inv. Nr. 160-901-011
13 (1959) H. 10
Inv. Nr. 160-901-020

Das Werk. Architektur, Kunstgewerbe, freie Kunst. Zürich: Fretz
12 (1925) H. 5
Inv. Nr. 160-901-375
14 (1927) H. 5
Inv. Nr. 160-901-022

Zeitschrift für praktische Psychologie. Paderborn: Junfermann
4 (1964) Bd. 2, H. 7
<Mit Beitr. von Ernst May>
Inv. Nr. 160-901-016

Briefe (160-902)

Inv. Nr. 160-902-001
Bis 1913:
Brief (Kopie) von „Mathilde", Potsdam, an „Hermann" und „Kläuschen", 18. 2. 1856; 39 Briefe und Postkarten von Ernst May an seine Eltern vor 1911; zwei Briefe von Prof. A. Seibt, (Kassel) an die Eltern Ernst Mays (29. 6. 1906, 4. 3. 1907); 19 Briefe und Postkarten der Familie Hartmann 1900–13; Rechnung für Militärausrüstung Ernst Mays von Phlipp Lorz (Darmstadt), 12. 11. 1907

Inv. Nr. 160-902-002
1914:
38 Briefe und Postkarten von Ernst May an seine Eltern; Brief von Maria Falkenhan-Hehtli (?) (Frankfurt) an Clara May, 2. 10. 1914; Einladungskarte zur Hochzeit von Ernst und Helma May am 21. 4. 1914; Programmheft „20. Schüleraufführung Klee's Konservatorium" 25. 3. 1914

Inv. Nr. 160-902-003
1915:
56 Briefe und Postkarten von Ernst May an seine Eltern; Ausweis für den Umtausch von Goldgeld gegen Papiergeld vom Lyzeum Berlin-Mariendorf, 13. 2. 1915

Inv. Nr. 160-902-004
1916:
47 Briefe und Postkarten von Ernst May an seine Eltern; Brief von Ernst May an Beate Schrader (?), Frankfurt, 21. 11. 1916; Brief von Ernst May an Helma May, 29. 11. 1916; Brief von Oberleutnant Schild an Ernst May, 8. 10. 1916; Brief von Wilhelm Schnell an Clara May, 30. 11. 1916; Brief von Fridolin Hartmann an Ilse Hartmann, 12. 8. 1916; Postkarte von Wilhelm Pfister an Frau Wilhelm Pfister, Burladingen, 1. 9. 1916

Inv. Nr. 160-902-005
1917:
64 Briefe und Postkarten von Ernst May an seine Eltern (Brief vom 19. 4. 1917 mit zwei Fotografien von mehreren Offizieren, darunter Ernst May); Brief von Dr. Walter Müller-Wulckow, Frankfurt, bezüglich der Vorbereitung eines 'Blauen Buches' zum Thema „Bauten der Arbeit und des Verkehrs", März 1917 (maschinenschriftl.); Brief von „Schaal" an Ernst May bezüglich der Anforderung von insgesamt 52 Exemplaren „des illustr. Blattes Nr. 10" durch diverse Regimenter

Inv. Nr. 160-902-006
1918:
34 Briefe und Postkarten von Ernst May an seine Eltern (Brief vom 1. 8. 1918 mit zwei Fotografien von mehreren Ofiizieren, darunter Ernst May; Brief vom 30. 8. 1918 mit elf Fotografien von Ernst May, Ilse Hartmann, Erna Unger und versch. Offizieren); Brief vom Verlag Ernst Wasmuth, Berlin, bezüglich des Erhalts von vier Skizzenbüchern aus Rumänien, 3. 10. 1918; Notizen von Ilse Hartmann auf Kalenderblättern, April–Juni 1918 (30 S.); acht Briefe von Ilse Hartmann an Luise und Charlotte Hartmann; zwei unvollständige Briefe von Ilse Hartmann; Brief von Luise Hartmann an Ilse Hartmann, 19. 9. 1918; zwei Briefe von Fridolin Hartmann an Ilse Hartmann, o. D.

Inv. Nr. 160-902-007
1919:
Brief von Ernst May an Luise Hartmann, 17. 4. 1919; Brief von Ernst May an Ilse May, 5. 8. [1919]; Brief von Ernst May an Luise und Fridolin Hartmann, 20. 7. 1919; 24 Briefe und Postkarten von Ilse Hartmann/May an Luise, Charlotte und Fridolin Hartmann; Brief von Erna Unger an Ilse May, 20. 9. 1919; zwei Mitteilungskarten zur Hochzeit von Ernst und Ilse May, Juli 1919; „Gedenkblatt an den Tag der Trauung" von Ernst und Ilse May, 3. 7. 1919; Wohnungsgrundriß (Hobrechtufer 20 in Breslau?), Bleistift auf Briefpapier, o. D.

Inv. Nr. 160-902-008
1920:
Postkarte von Raymond Unwin an Ernst May, 5. 8. 1920; fünf Briefe und Postkarten von Ernst May an Luise Hartmann; Brief von Luise Hartmann an Ernst und Ilse May, 26. 5. 1920; Brief von Clara May an Ernst und Ilse May, 26. 5. 1920; Brief von Ilse May an Charlotte Hartmann, 28. 5. 1920; Brief von Erna Cohn (Unger) an Ilse May, 28. 6. 1920; Notizen von Ilse May zur Geburt von Klaus May (1 S.); „Gewichtstabelle" [Klaus May] 27. 5. – 22. 10. 1920 (handschriftl.); Mitteilungskarte zur Geburt von Klaus May, 25. 2. 1920; Brief von Charlotte Hartmann an Ilse May, o. D.

Inv. Nr. 160-902-009
1921 und 1922:
Brief von Otto Ubbelohde an Ilse May, 14. 2. 1921; Brief von Otto Ubbelohde an Ernst und Ilse May, 9. 8. 1921; Brief von Luise Hartmann an Klaus May, 20. 5. 1921; Brief von Charlotte Hartmann an Klaus May, o. D. [Ende Mai 1921]; Briefumschlag „Klaus Haare 11/2 Jahre"; Notizen von Ilse May zu Klaus May, August 1921 – Januar 1926 (4 S.); Todesanzeige Hans E. v. Berlepsch-Valendas

Inv. Nr. 160-902-010
1923 und 1924:
Brief vom Staatl. Bauhaus Weimar bezüglich Geldempfang für bestellten Knüpfteppich, Webstuhl und Wandbehang, 4. 10. 1923; Telegramm von Ernst May an Luise Hartmann, 15. 4. 1923; Brief von Ernst May an Luise Hartmann, 16. 4. 1923; Brief von Luise Hartmann an Ernst und Ilse May, 25. 12. 1923; Brief von U. Gunzel an Ernst und Ilse May, o. D. [April 1923]; Brief von H. Böhm an Ilse May, 5. 7. 1923; zwei Briefe von Ernst May an Ilse May aus Holland, „Amsterdam d. 4." und 7. 6. 1924; Postkarte von Ilse May an Luise Hartmann, 9. 8. 1924

Inv. Nr. 160-902-011
1925 und 1926:
Begleitschreiben der Schlesischen Heimstätte, Breslau, zur Übergabe eines Fotoalbums (Inv. Nr. 160-915-201) an Ernst May, 21. 11. 1925; Brief von Luise Hartmann an Ernst und Ilse May, 7. 6. 1925; zwei Briefe von Fridolin Hartmann an Ernst und Ilse May

Inv. Nr. 160-902-012
1927 bis 1930:
Drei Postkarten von Ernst und Ilse May an Luise Hartmann; Postkarte von Fridolin Hartmann an Ernst und Ilse May, o. D.; Brief von Erna Cohn (Unger) an Ilse May, 16. 10. 1928; Brief von Erna Cohn (Unger) an Ilse May, 18. 2. 1929; Brief von Klaus May an Ernst, Ilse und Thomas May, 27. 9. 1930; drei Briefe von Walther Schulz aus der Sowjetunion (1930)

Inv. Nr. 160-902-013
1931:
„Vierter Brief" von Walther Schulz aus der Sowjetunion (6 S., maschinenschriftl.), 2. 5. 1931; zwei Briefe von Klaus May an Ernst, Ilse und Thomas May; Brief von Leni Stam, Magnitogorsk, an Ilse May, 6. 6. 1931; vier Briefe und eine Postkarte von Ilse May an Luise Hartmann; Postkarte von Ernst und Ilse May an Klaus May, o. D.; zwei Briefe von Ernst May an Ilse May

Inv. Nr. 160-902-014
1932:
Zwei Briefe von Ilse May an Luise Hartmann

Inv. Nr. 160-902-015
1933:
Sechs Briefe und zwei Postkarten von Ilse May an Luise Hartmann; Brief von Ernst May an Luise Hartmann, 18. 12. [1933]; zwei Briefe von Klaus May an Luise Hartmann

Inv. Nr. 160-902-016
1934:
Elf Briefe und ein Briefragment von Ilse May an Luise Hartmann, Charlotte und Willy Solle; Brief von Ilse May an Luise Hartmann, 6. 8. 1934; Brief von Thomas May an Ilse May, 24. 4. 1934; Brief von Luise Hartmann an Ernst und Ilse May, 6. 8. 1934; Brief von Fridolin Hartmann an Luise Hart-

mann, Charlotte und Willy Solle, 29. 9. 1934; Postkarte von N. Jasis (?) und Boris Alex an Thomas May, September 1934

Inv. Nr. 160-902-017
1935:
Sieben Briefe von Ilse May an Luise Hartmann, Charlotte und Wilhelm Solle (Brief vom 19. 9. 1935 mit Skizze der West Meru Alp); Brief von Emil Weets, Addis Abeba, an Ilse May, 17. 4. 1935; zwei Briefe von Luise Hartmann an Ernst und Ilse May; zwei Briefe von Thomas May an Luise Hartmann; zwei Briefe von Klaus May an Luise Hartmann

Inv. Nr. 160-902-018
1936:
Zwei Brieffragmente von Ernst May; Brief von M. Schmid, Frankfurt, an Ernst May, 29. 4. 1936; sieben Briefe von Ilse May an Luise Hartmann, Charlotte und Wilhelm Solle; zwei Briefe von Ilse May an Luise Hartmann; drei Briefe von Thomas May an Luise Hartmann; zwei Briefe von Klaus May an Luise Hartmann; Brief von Fridolin Hartmann an Ernst und Ilse May, o. D.

Inv. Nr. 160-902-019
1937:
Brief von Ernst May an Ilse May, 18. 4. 1937; Brief von Ernst May an Luise Hartmann, 12. 8. 1937; vier Briefe von Ilse May an Luise Hartmann, Charlotte und Wilhelm Solle; zwei Briefe von Ilse May an Luise Hartmann; vier Briefe von Luise Hartmann an Ernst und Ilse May; drei Briefe von Klaus May an Luise Hartmann; Brief von Thomas May an Luise Hartmann, 31. 1. 1937; Brief von Thomas May an Ilse May, 6./10. 10. 1937; Brief von Annett Vegesack, Kenton Farm, an Ilse May, 10. 11. [1937?]; Brief von Ernst May an Luise Hartmann, 24. 11. 1937

Inv. Nr. 160-902-020
1938:
Brief von Charlotte Solle an Familie Ernst May, 13. 2. [1938?]; Brief von Luise Hartmann an Ilse May, 24. 2. 1938; Karte von Fridolin Hartmann an Familie Ernst May, 5. 4. 1938; drei Briefe von Ilse May an Luise Hartmann, Charlotte und Wilhelm Solle; zwei Briefe von Klaus May an Luise Hartmann

Inv. Nr. 160-902-021
1939:
Brief von M. Schmid, Frankfurt, an Luise Hartmann, 19. 2. 1939, bezüglich der jüdischen Abstammung von Ernst May; zwei Briefe von Klaus May an Luise Hartmann; Brief von Luise Hartmann an Ernst und Ilse May, 27. 5. 1939; Brief von Luise Hartmann an Ilse May, 28. 7. [1939]; Sonderblatt des East African Standard zum Kriegsausbruch, 1. 9. 1939

Inv. Nr. 160-902-022
1940:
18 Briefe von Ernst May an Ilse May; sechs Briefe von Klaus May an Ilse May (Brief vom 9. 12. mit Zeichnung „'Unser' Haus im Internier. Lager Ganspan S. A. 1941"); acht Briefe von Thomas May an Ilse May; Brief von E. D. Hughes, Nairobi, an Ilse May, 9. 1. 1940; Abschrift des Briefes von Luise Hartmann an das Auswärtige Amt bezüglich des Verbleibs der Familie Ernst May, 16. 1. 1940; vier Briefe des Auswärtigen Amtes an Luise Hartmann bezüglich des Verbleibs der Familie Ernst May; Brief von Luise Hartmann an Ernst May, 12. 2. 1940; Brief von Ilse May an Luise Hartmann, Charlotte und Wilhelm Solle, 19. 2. 1940; Brief von Ruth Jones an Ilse May, o. D.; Notizen von Ilse May (maschinenschriftl.), o. D. [März/April 1940]; Brief von G. Klarwill, Nairobi, an Ilse May, 22. 8. (?) 1940; drei Blätter mit Notizen von Ilse May (18. 8. –19. 9. 1940); Brief der Area Headquarters Nairobi an Ilse May bezüglich Schadensbegleichung eines Autounfalls, 10. 7. 1940; Brief des Custodian of Enemy Property, Nairobi, an Ilse May bezüglich des Erhalts von Schuhen, 24. 10. 1940; Brief von Ilse May an den Custodian of Enemy Properties, 27. 10. 1940; zwei Briefe von Peter Bally an Ilse May; Brief von Annett Vegesack an Ilse May, 15. 12. 1940; Brief von Ilse May an L. Kaplan (Rechtsanwalt), Nairobi, bezüglich der Freilassung der Familie May, 8. 12. 1940; Brief von L. Kaplan an Ilse May, 21. 12. 1940; zwei Briefumschläge von Briefen von Ernst und Ilse May an Luise Hartmann (Inhalt bei Weiterleitung an Fridolin Hartmann verlorengegangen); zwei Briefe von ?? an Ilse May (?) bezüglich Lebensmitteln, o. D.

Inv. Nr. 160-902-023
1941:
43 Briefe von Ernst May an Ilse May; zwei Briefe von Klaus May an Ilse May; Brief von Thomas May an Ilse May, 19. 2. 1941; Brief von Ernst May an Luise Hartmann, 2. 8. 1941; zwei Briefe von Luise Hartmann an Ilse May; Brief von Annett Vegesack, Kenton Farm, an Ilse May, 28. 1. [1941]; Brief von Ilse May an Luise Hartmann, 16. 3. 1941; drei Briefe des Auswärtigen Amtes an Luise Hartmann; zwei Merkblätter „über die Lage der Deutschen in Ostafrika, Süd- und Südwestafrika und Südrhodesien"

Inv. Nr. 160-902-024
1942:
28 Briefe von Ernst May an Ilse May; Brief von M. Schmid, Frankfurt, an Luise Hartmann, 6. 1. 1942; Brief vom Auswärtigen Amt an Luise Hartmann, 13. 2. 1942; Nachricht über das Deutsche Rote Kreuz von Luise Hartmann an Ilse May, 20. 10. 1942 (Rückseite: Antwort Ilse May, 25. 4. 1943)

Inv. Nr. 160-902-025
1943 und 1944:
Brief von Peter Bally an Ilse May, 13. 10. 1943; Abschrift einer Nachricht von Luise Hartmann an Ilse May, 30. 11. 1943

Inv. Nr. 160-902-027
1945:
Brief von Captain G. Eckhardt (?) an Ilse May, 18. 8. 1945

Inv. Nr. 160-902-028
1946:
Brief von Luise Hartmann an Familie Ernst May, 21. 5. 1946; Briefe von Klaus May an Luise Hartmann, Charlotte und Wilhelm Solle, 2. 8. 1946; zwei Briefe von Fridolin Hartmann an Familie Ernst May; elf Briefe von Klaus May an seine Eltern und Bruder Thomas; Brief von Klaus May an Luise Hartmann, 2. 11. 1946; Brief von Heinrich Sokal an Ilse May, 20. 11. 1946; Brief von Ernst May an Luise Hartmann, 16. 12. 1946

Inv. Nr. 160-902-029
1947:
19 Briefe von Klaus May an seine Eltern und Bruder Thomas; drei Briefe von Luise Hartmann an Ernst und Ilse May; Brief von Heinrich Sokal, Wien, an Ilse May, 25. 2. 1947; Brief von Ria Drevermann an Ilse May, 19. 2. 1947; Brief von Erna Nagely, Zürich, an Ilse May, 29. 4. 1947; zwei Briefe und eine Postkarte von Ilse May an Luise Hartmann; Brief von Fridolin Hartmann an Ernst und Ilse May, 14. 12. 1947

Inv. Nr. 160-902-030
1948:
Brief von Emmi Boehm, Frankfurt, an Ilse May, 17. 1. 1948; 25 Briefe von Klaus May an seine Eltern und Bruder Thomas; Brieffragment von ??, Nairobi, an Ilse May, 16. 3. 1948; Brief von Ilse May an Luise Hartmann, 20. 4. 1948; Brief von Fridolin Hartmann an Ernst und Ilse May, 28. 2. 1948; Brief von Heinrich Sokal, Wien, an Ilse May, o. D.; Brief von Leberecht Migge, Düsseldorf, an Ilse May, o. D. [1948?]

Inv. Nr. 160-902-031
1949:
Zwei Briefe von Luise Hartmann an Ernst und Ilse May; 13 Briefe von Klaus May an seine Eltern und Bruder Thomas; drei Briefe vom Schweizer Konsulat, Tanga, an Ilse May bezüglich ihrer geplanten Reise; Brief von Ilse May an das Schweizer Konsulat, Tanga, 18. 2. 1949; Brief von Ilse May an Jane Unwin, 6. 3. 1949; Brief von Ilse May an den Militärgouverneur der britischen Besatzungszone in Deutschland, 23. 3. 1949; Auflistung „von Gepäck für die Reise" von Ilse May, o. D.; Brief von Gudrun (?) Bugge, Oslo, an Ilse May, 24. 8. 1949; Brief von Ernst Kahn (?), Aachen, an Klaus May, 18. 12. 1949; Reisebericht aus dem Amboseli National Park von Thomas May (?), o. D. [1949?]

Inv. Nr. 160-902-032
1950:
22 Briefe von Klaus May an Ernst und Ilse May (Brief vom 26. 3. 1950 mit neun Fotos aus Deutschland); zwei Briefe von Luise Hartmann an Ernst und Ilse May; Grundriß Normalgeschoß des „1 Zimmer Wohn-Hochhaus" von Klaus May, 1 : 100, Blei- und Buntstift auf Transparent, o. D.

Inv. Nr. 160-902-033
1951:
Sieben Briefe von Klaus May an Ernst und Ilse May; neun Briefe von „Carletto", Ndaragwa, an Ilse May; Brief von Thomas May an Ernst und Ilse May, 17. 12. 1951; zwei Zeitungsausschnitte zur Hochzeit von Thomas May und Janice Grace Waterhouse; Einladungskarte zur Hochzeit von Thomas May und Janice Grace Waterhouse; Zeitungsausschnitt mit Anzeige vom Princess Hotel, Bermudas

Inv. Nr. 160-902-034
1952:
Zwei Briefe von Fridolin Hartmann an Ernst und Ilse May; zwei Briefe von Klaus May an Ernst und Ilse May; Brief von J. C. und Lissie McConnach, Aberdeen, an Ernst May; ein Brief und eine Karte von Thomas May an Ernst und Ilse May; Brief von Luise Hartmann an Ernst und Ilse May, 12. 3. 1952; Einladungskarte zur Hochzeit von Klaus May und Hertha Groth; Dankkarte zur Hochzeit von Klaus und Hertha May; Brief von Ernst May an Ilse May, 13. 8. 1952; Notizen von Ilse May (3 S.), o. D. [1952?]; Karte von Jane Unwin zum Jahreswechsel 1951/52; Karte zur Verlobung von Leone Laufer und Manfred Solle

Inv. Nr. 160-902-035
1953:
Brief von Emmy Eckstein-Borbet, Bad Pyrmont, an Ernst May, 22. 1. 1953; Brief (und Durchschlag) von Ernst May an Heinrich Plett, Neue Heimat Hamburg, 18. 9. 1953; Brief von Klaus May an Ernst und Ilse May, 26. 10. 1953; Brieffragment von Hertha May an Ernst und Ilse May, 11. 11. 1953; drei Briefe von Ernst May an Klaus und Hertha May; Brief von der Österreichisch-Amerikanischen Magnesit AG, Heraklith Abt., Radenthein, an

Ernst May, 7. 12. 1953; Postkarte von Ernst und Ilse May an Peter Bally, Nairobi, o. D. [Weihnachten 1953]; „Bericht aus Karen Estate an Sabinchen" von Ilse May (6 S.), o. D. [1953?]

Inv. Nr. 160-902-036
1954:
Brief von Ernst May an Hans Scharoun, 15. 1. 1954; drei Briefe von Fridolin Hartmann an Ernst und Ilse May; Brief von Eva Mock, Hamburg, an Ernst May, 24. 1. 1954; Brief von Ernst May an Eva Mock, 28. 1. 1954; Brief von Walter Neke, Einbeck, an Ernst May, 28. 1. 1954; Brief von Ernst May an Walter Neke, 4. 2. 1954; Brief von Ernst May an die Österreichisch-Amerikanische Magnesit AG, Heraklith Abt., 4. 2. 1954; Brief von Oberbaurat R. Müller, Bad Homburg, an Ernst May, 4. 2. 1954; Brief von Ernst May an R. Müller, Bad Homburg, 19. 2. 1954; Brief von Hans Harmsen, Hamburg, an Ernst May, 8. 2. 1954; Brief von Elisabeth Maahz, Hamburg, an Ernst May, 16. 2. 1954; Brief von Ernst May an Elisabeth Maahz, 31. 3. 1954; Brief von Hans Seck, Fa Hansebau-Spar- und Schnellbau Berlin, an Ernst May, 19. 2. 1954; Brief von Ernst May an Hans Seck, o. D.; Brief von Ernst May an Margarete Schütte-Lihotzky, 26. 2. 1954; Brief von Ernst May an Baudirektor Siell, Hamburg, 11. 3. 1954; Brief von Walter Trolldenier, Frankfurt, an Ernst May, 23. 3. 1954; Brief von Ernst May an Walter Trolldenier, 27. 3. 1954; Brief von Helga Paridom-Möller, Klecken, an Ernst May, 30. 3. 1954; Brief von Ernst May an Helga Paridom-Möller, 30. 4. 1954; Brief von Ilse May an Charlotte Solle, 5. 4. 1954; Brief von Herbert Spiegelhauer, Barcelona, an Ernst May, 11. 4. 1954; Brief von Ernst May an Herbert Spiegelhauer, 30. 4. 1954; Brief von Klaus v. Nitzsch, Essen, an Ernst May, 12. 4. 1954; Brief von Ernst May an Klaus v. Nitzsch, 30. 4. 1954; Brief von Walther Schulz, Freiburg, an Ernst May, 15. 4. 1954; Brief von Walther Schulz an Werner Hebebrand, 15. 4. 1954; Brief von Ernst May an Walther Schulz, 29. 4. 1954; Brief von Rudolf Müller, Hamburg, an Ernst May, 12. 5. 1954; Brief von Karl Lehmann, Goslar, an Ernst May, 1. 5. 1954; Brief von Ernst May an Karl Lehmann, Goslar, 15. 6. 1954; Brief von E. Röger, Nairobi, an Ilse May, 3. 5. 1954; Brief von Paula Rössinger, Hamburg, an Ernst May, 4. 5. 1954; Brief von Gustav Lüttge, Hamburg, an Ernst May, 28. 5. 1954; Brief von Erich Moebes, Hamburg, an Ernst May, 29. 6. 1954; Brief von Ernst May an Erich Moebus, 2. 7. 1954; Brief von Rolf Spörhase, Hamburg, an Ernst May, 12. 7. 1954; Brief von Ernst May an Rolf Spörhase, 19. 7. 1954; Brief von T. Raschkow, Nairobi, an Ilse May, 10. 3. 1954; Brief von der Sinalco Aktiengesellschaft an Ernst May, 3. 8. 1954; Brief von Ernst May an die Sinalco Aktiengesellschaft, 9. 8. 1954; Brief von Ernst May an Franz Ruf, München, 12. 8. 1954; Brief von Hermann Lenz, Frankfurt, an Ernst May, 24. 3. 1954; Brief von Ernst May an Hermann Lenz, 12. 8. 1954; zwei Briefe von S. Lamprecht, Kiel, an Ernst May (Brief vom 15. 8. 1954 mit sieben Modell- und Planfotografien sowie einer Lichtpause mit vier Ansichten einer Klinik und zwei Fotos eines „intimen Theaters" in Berlin); zwei Briefe von Ernst May an S. Lamprecht; Brief von Dr. Ohm, Bauschule der Freien und Hansestadt Hamburg, an Ernst May, 20. 7. 1954; Brief von Ernst May an Dr. Ohm, 22. 7. 1954; Brief von Heinrich Greulich, Nürnberg, an Ernst May, 28. 7. 1954; Brief von Ernst May an Heinrich Greulich, 12. 9. 1954; Brief von Ernst May an ? von Raison, Zeitschrift „Der junge Ingenieur", Hamburg, 16. 8. 1954; Brief von Lotte Tiedemann, Oberkassel, an Ernst May, 26. 8. 1954; Brief von Ernst May an Lotte Tiedemann, 2. 9. 1954; Brief von Herbert Sprotte, Hamburg, an Ernst May, 31. 8. 1954; Brief von Ernst May an Herbert Sprotte, 6. 9. 1954; Brief von Ferdinand Oeter, Zeitschrift „Ärztliche Mitteilungen", Köln, 25. 10. 1954; Brief von Ernst May an Ernst Oeter, 1. 11. 1954; Brief von Ed. Levsen, Kiel, an Heinrich Plett, Neue Heimat Hamburg, 5. 11. 1954; Gedenkschrift zum Tode von Martha Bally-Forcart

Inv. Nr. 160-902-037
1955:
Zwei Briefe von Ernst May an die Zeitschrift „Der Monat"; Brief von Wera Meyer-Waldeck, Bonn, an Ernst May, 8. 1. 1955; Brief von Ernst May an Wera Meyer-Waldeck, 11. 1. 1955; drei Briefe von Fridolin Hartmann an Ernst und Ilse May; zwei Briefe von Ferdinand Riedl, Wien, an Ernst May; Brief von Ernst May an Ernst Riedl, 23. 2. 1955; drei Briefe von Walter Kraut, Hamburg, an Ernst May; zwei Briefe von Ernst May an Walter Kraut; Brief von Ernst May an Clara Bürck, München, 17. 2. 1955; Brief von Hans Trösch, Zürich, an Ernst May, 19. 2. 1955; Brief von Ernst May an Hans Trösch, 1. 3. 1955; Brief von Le Corbusier an Ernst May, 28. 2. 1955; Brief von Jane Unwin an Ernst May, 2. 3. 1955; Brief von Ernst May an Jane Unwin, 5. 3. 1955; Brief von Ernst May an E. A. Millar, Nairobi, 7. 3. 1955; Empfangsbestätigung für Diapositive vom Architekturbüro Sprotte & News, Hamburg, 22. 3. 1955; Brief von Ernst May an Max J. Selg, Zürich, 23. 3. 1955; zwei Briefe von Oskar Splett, München, an Ernst May; zwei Briefe von Ernst May an Oskar Splett; Brief von Ernst Balser, Frankfurt, an Ernst May, 15. 4. 1955; Brief von Fam. Röger, Nairobi, an Ilse May, 16. 4. 1955; Brief von Rolf Rosner, Stanmore (England), an Ernst May, 8. 5. 1955; zwei Briefe von Ernst May an Rolf Rosner; Brief vom Ring Hamburger Nachbarschaften an Ernst May, 10. 5. 1955; Brief von Eberhard Wisotzki, Kiel, an Ernst May, 12. 5. 1955; Brief von Ernst May an Eberhard Wisotzki, 16. 5. 1955; Brief von Herbert Oppel, Kapstadt, an Ernst May, 22. 5. 1955; zwei Briefe von Lena Scheiba, Steinbeck, an Ernst May; Brief von Ernst May an Lena Scheiba, 6. 6. 1955; Hochzeitsanzeige von Christian Papendick und Lisa-Veronika Leuteritz, Hamburg, 24. 8. 1955; Brief von Walter Kaminski, Hamburg, an Ernst May, 28. 5. 1955; Brief von Ernst May an Walter Kaminski, 31. 5. 1955; Brief von Ernst May an Christl Stadler, München, 9. 6. 1955; Brief von G.?, Nairobi, an Ilse May 15. 6. 1955; Brief der Spiegel-Kulturredaktion an Ernst May, 16. 6. 1955; Brief von Eva Wiese, Berlin, an Ernst May, 11. 7. 1955; Brief von Ernst May an Eva Wiese, 23. 7. 1955; Brief von Walter Lachmann, Hamburg, an Ernst May, 12. 7. 1955; Brief vom Bundespräsidialamt an Ernst May, 8. 8. 1955; Brief von Ernst May an Baudirektor Speckter, Hamburg, 27. 8. 1955; Brief von Ernst May an Charlotte Stubenrauch, Berlin, 29. 8. 1955; Brief von Heinrich Roskotten, Düsseldorf, an Ernst May, 9. 9. 1955; Brief von Ernst May an Heinrich Rosskotten, 17. 9. 1955; Brief von Walter Müller-Wulckow, Oldenburg, an Ernst May, 10. 9. 1955; Brief von Ernst May an Walter Müller-Wulckow, 16. 9. 1955; Brief von Gerhard Schönborn, Herford, 16. 9. 1955; Brief von Ernst May an Gerhard Schönborn, 9. 9. 1955; Aktenvermerk der Neuen Heimat bezüglich eines Urteils zur Berechnung der Wohnfläche, 17. 9. 1955; Brief von der Neuen Heimat an Ernst May bezüglich Einbaus von Heizkostenverteilern, 26. 9. 1955; Brief von Ernst May an die Neue Heimat, 27. 9. 1955; Brief von den Winterthur-Versicherungen, Hamburg, an Ernst May, 1. 10. 1955; Aktenvermerk zum Schreiben der Winterthur-Versicherungen, 7. 10. 1955; zwei Briefe von Ernst May an die Winterthur-Versicherungen; Brief von Erich Moebes, Hamburg, an Ernst May, 16. 10. 1955; Brief von Ernst May an Erich Moebes, November 1955; Brief von Hedwig Thümmel, Hann. Münden, an Ernst May, 7. 11. 1955; Brief von Ernst May an Hedwig Thümmel; Thesenpapier von Ernst May „Vertragliche Situation des Leiters der Planungsabteilung der Neuen Heimat am 1. 12. 1955", maschinenschriftl. (2 S.); Telegramm und Postkarte von Charlotte Solle an Ernst und Ilse May; Brief von Lotte Tiedemann, Oberkassel, an Ernst May, 21. 12. 1955; Thesenpapier von Ernst May „Für Besprechung mit Herrn Plett am 23. 12. 1955", maschinenschriftl. (4 S.)

Inv. Nr. 160-902-038
1956:
Drei Briefe von Elisabeth Pfeil, Dortmund / Hamburg, an Ernst May; zwei Briefe von Ernst May an Elisabeth Pfeil; Brief von Lore Greulich an Ilse May, 16. 1. 1956; Brief von Ernst May an Lore Greulich, 12. 3. 1956; Brief von L. M. Mispelblom Beyer, Den Haag, an Ernst May, 20. 1. 1956; Brief von Ernst May an L. M. Mispelblom Beyer, 24. 1. 1956; Karte von Max Laaser, Hamburg, an Ernst May, 25. 1. 1956; Brief vom Architekten und Ingenieurverein Düsseldorf an Ernst May, 1. 2. 1956; Brief von Ernst May an den Architekten- und Ingenieurverein Düsseldorf, 6. 2. 1956; zwei Briefe von Ernst May an Walter Kraut, Hamburg; zwei Briefe von Liesel Elsahm, Stuttgart, an Ilse May; Telegramm von Thomas May an Ernst und Ilse May, 8. 4. 1956; Brief vom Verlag Friedr. Vieweg & Sohn an Ernst May, 9. 4. 1956; Brief von Gerard W. Speyer, Dobbs Ferry, an Ernst May, 15. 4. 1956; zwei Briefe von der Bauschule der Freien und Hansestadt Hamburg an Ernst May; drei Briefe von Ernst May an die Bauschule der Freien und Hansestadt Hamburg; zwei Briefe von Ernst May an Hermann Lenz, Frankfurt; zwei Postkarten und ein Brief von Hermann Lenz an Ernst May; Brief vom Kirchenvorstand der Kirchengemeinde Bremerhaven-Geestemünde an Ernst May, 19. 4. 1956; Brief von Ernst May an den Kirchenvorstand der Kirchengemeinde Bremerhaven-Geestemünde, 27. 4. 1956; Brief von Ernst May an Carl May, München, 2. 5. 1956; Brief von H. Sambrock, Firma Wates Ltd. London, an Ernst May, 5. 5. 1956; Brief von Ernst May an H. Sambrock, 11. 5. 1956; drei Briefe von Ernst May an die Staatliche Majolika-Manufaktur Karlsruhe; Brief von der Staatlichen Majolika-Manufaktur Karlsruhe an Ernst May, 17. 5. 1956; Brief von Gustav Hassenpflug an Ernst May, 28. 5. 1956; Brief von Wolfgang Stabenow, Darmstadt, an Ernst May, 31. 5. 1956; zwei Briefe von Ernst May an Wolfgang Stabenow; Brief von Fred Forbat, Stockholm, an Ernst May, 18. 6. 1956; zwei Briefe von Sigfried Röder, Tübingen, an Ernst May; Brief der Firma Hülstrunk, Bochum, an Ernst May, 30. 6. 1956; Brief von Baurat Wilhelm, Hamburg, an Ernst May, 2. 7. 1956; Brief von Ernst May an Baudirektor Sill, Hamburg, 5. 7. 1956; Brief von Hans Stolper, Tegernsee, an Ernst May, 6. 7. 1956; Brief von Erika Theune, Eberbach/Neckar, an Ernst May, 18. 7.1956; Brief von Ernst May an Erika Theune, 29. 8. 1956; Brief von der Mannesman Leichtbau GmbH Hamburg an Ernst May, 23. 7. 1956; Brief von Ernst May an die Mannesman Leichtbau GmbH Hamburg, 3. 9. 1956; 25 Telegramme, 67 Postkarten und Briefe zum 70. Geburtstag Ernst Mays; 14 Antwortschreiben auf Geburtstagsgrüße von Ernst May; Brief von

Heinrich Sokal, Wien, an Ilse May, 1. 8. 1956; Postkarte von Thomas May an Ernst und Ilse May, 12. 8. 1956; Telegramm vom Hochbaureferat der Stadt Karlsruhe an Ernst May, 20. 8. 1956; Brief von Zimmermeister Wilhelm Mohrmann, Hamburg, an Ernst May, 24. 8. 1956; Brief von Ernst May an Thomas May, 30. 8. 1956; Brief von Sep Ruf an Ernst May, 30. 8. 1956; Brief von Ernst May an Sep Ruf, 6. 9. 1956; Brief von Hermann Möckel, Gelsenkirchen, an Ernst May, 10. 10. 1956; Brief von Ernst May an Hermann Möckel, 15. 10. 1956; Brief von Ernst May an Hans Scharoun, 30. 10. 1956; Brief von Maria Schaefer, Frankfurt, an Ernst May, 15. 11. 1956; Brief von Ernst May an Maria Schaefer, 15. 12. 1956; Brief von Ernst Günter Hansing an Ernst May, 17. 11. 1956; Brief von Rudi und Vroni Boehnke, Waldfischbach, an Ernst May, 16. 12. 1956

Inv. Nr. 160-902-039
1957:
Brief von Ernst May an Rudi Boehnke, 5. 1. 1957; fünf Briefe von Hermann Lenz, Frankfurt, an Ernst May; zwei Briefe von Ernst May an Hermann Lenz; Brief von Familie Fridolin Hartmann an Ernst und Ilse May, 21. 1. 1957; Brief von Ernst May an Carlotta und Ludwig Beye, Nairobi, 23. 1. 1957; Brief von Ernst May an Charlotte Hartmann (Neffin), 25. 1. 1957; Brief von der Sozialistischen Jugend, Landesverband Hamburg, an Ernst May, 14. 2. 1957; Brief von Heinrich Bauer, Mainz, an Ernst May, 27. 1. 1957; Brief von Ernst May an Heinrich Bauer, 24. 5. 1957; Brief von Fotohaus Gehlsen & Pickenpack, Hamburg, an Ernst May, 16. 2. 1957; Brief von Ernst May an Fotohaus Gehlsen & Pickenpack, 15. 3. 1957; sechs Briefe von Reinhold Hinsche, Moskau, an Ernst May; sechs Briefe von Ernst May an Reinhold Hinsche; vier Briefe von Ernst May an verschiedene Institutionen bezüglich des Bruders von Reinhold Hinsche; 18 Briefe zum Rechtsstreit zwischen Ernst May und R. B. M. Italiaander, Hamburg, bezüglich der geplanten Autobiographie von Ernst May (2. 5. – 8. 10. 1957); zwei Briefe von Ernst May an die Mauser-Werke, Hamburg; Brief von Ernst May an Hertha Balling, Bonn, 10. 7. 1957; eine Karte und ein Brief von Alfred Toepfer, Hamburg, an Ernst May; Brief von Ernst May an Alfred Toepfer, 8. 10. 1957; Brief von Elsa Karrass, Berlin, an Ernst May, 26. 7. 1957; Brief von Ernst May an Elsa Karrass, 30. 7. 1957; Brief von Hertha Balling an Ernst May, 16. 8. 1957; Postkarte von Ria Drevermann an Ilse May, 16. 8. 1957; Brief von Ernst May an Fridolin Hartmann, 21. 8. 1957; Brief von Ernst May an Gerda Kotsch, Hamburg, 6. 10. 1957; Brief von P. R. Henning, Berlin, an Ernst May, 9. 10. 1957; Brief von Otto Bartning an Ernst May, 28. 11. 1957; Karte von Hannes und T. Raschkow, Nairobi, o. D.; Brief von Cliford Harry Waterhouse an Ernst und Ilse May, o. D.

Inv. Nr. 160-902-040
1958:
Postkarte (mit Zeitungsausschnitt „Ernst May baut Mainz auf", Frankfurter Allgemeine Zeitung, 27.1.1958) und zwei Briefe von Hermann Lenz, Frankfurt, an Ernst May; drei Briefe von Ernst May an Hermann Lenz; Brief von Ernst May an Rolf Höhne, Hamburg, 19. 2. 1958; zwei Postkarten von Wolfgang Forell, Berlin, an Ernst May; Brief von Ernst May an Wolfgang Forell, 2. 4. 1958; Brief von Heinrich Plett, Hamburg, an Ernst May, 21. 2. 1958; Postkarte von Liesel Elsahm, Stuttgart, an Ilse May, 12. 3. 1958; Brief von Ernst May an die Witwe von Martin Wagner, 2. 4. 1958; Brief von Grete Schütte-Lihotzky an Ernst May, 20. 5. 1958; Brief von Ernst May an Grete Schütte-Lihotzky, 26. 6. 1958; Brief von Olga Hirsch, Cambridge, an Ernst May, 31. 5. 1958; Brief von Ernst May an Olga Hirsch, 12. 6. 1958; Brief von R. T. Perry, Winslow (England), an Ernst May, 6. 6. 1958; drei Briefe von Peter E. Warnholtz, Hamburg, an Ernst May; zwei Briefe von Ernst May an Peter Warnholtz; Brief von Walter Beyn, Hamburg, an Ernst May, 7. 7. 1958; Brief von Clara Englender, Würzburg, an Ernst May, 10. 7. 1958; Todesanzeige Martha Schachinger; Brief von der Heimatauskunftsstelle Übersee, Bremen, an Ernst May bezüglich Vertreibungsschäden von Walter Kraut, 5. 8. 1958; Brief von Ernst May an die Heimatauskunftsstelle Übersee, 16. 8. 1958; Brief von Ernst May an Alfred Toepfer, Hamburg, 30. 8. 1958; Brief vom Bestattungsamt der Stadt Frankfurt/Main an Ernst May, 3. 9. 1958; Brief von Ernst May an das Bestattungsamt der Stadt Frankfurt/Main, 11. 9. 1958; zwei Briefe von Emmy Eckstein-Borbet an Ernst May; Brief von Ernst May an Emmy Eckstein-Borbet, 30. 10. 1958; Brief von F. C. Hüffner, Kassel, an Ernst May, 5. 11. 1958; Brief von Carl Georg Hense, Hamburg, an Ernst May, 11. 11. 1958; Brief von Ernst May an Walter Gropius, 6. 12. 1958

Inv. Nr. 160-902-041
1959:
Brief von Ernst May an F. C. Hüffner, Kassel, 5. 1. 1959; Brief von Grete Schütte-Lihotzky an Ernst May, 4. 2. 1959; Brief von Ernst May an Grete Schütte-Lihotzky, 16. 3. 1959; Brief von Anna Bussenius, Bad Kreuznach, an Ernst May, 9. 2. 1959; Brief von Ernst May an Anna Bussenius, 23. 2. 1959; zwei Briefe von Reinhold Hinsche, Moskau, an Ernst May; Brief von Fred Forbat, Vällingby (Schweden), an Ernst May, 10. 3. 1959; Brief von Ernst May an Fred Forbat, 13. 3. 1959; Brief von Hedwig Adler (geb. Feldmann), London, an Ernst May, 11. 3. 1959; Brief von Ernst May an Hedwig Adler, 17. 3. 1959; Brief von Ernst May an Erich Lüth, Hamburg, 16. 3. 1959; drei Briefe von Ernst May an Renate Schaefer, Frankfurt; Brief von Renate Schaefer an Ernst May, 1. 6. 1959; Brief von Wolf Drevermann an Ernst May, 1. 4. 1959; zwei Briefe von Klaus Schaefer an Wolf Drevermann, Frankfurt; Brief von Klaus Schaefer, Frankfurt, an Ernst May, 6. 6. 1959; Abschrift eines Briefes von Wolf Drevermann an Klaus Schaefer, 30. 5. 1959; Brief von Ernst May an Fa. Nyman & Schulz, Stockholm, 31. 3. 1959; Brief von Ernst May an ? Bueckschmitt, Hamburg, bezüglich Materialien von Afrika-Planungen, 14. 4. 1959; Brief von Ernst May an Hermann Lenz, Frankfurt, 25. 5. 1959; Brief von Hermann Lenz an Ernst May, 30. 5. 1959; drei Hochzeitskarten von E. F. Korten und Gisela von Natzmer, Euskirchen; Brief von Ernst May an E. F. Korten, 8. 7. 1959; Brief vom Suchdienst des Deutschen Roten Kreuzes an Ernst May, 28. 5. 1959; Brief von Ernst May an den Suchdienst des Deutschen Roten Kreuzes, 9. 6. 1959; Brief von Stadtrat Hollatz, Essen, an Ernst May, 11. 6. 1959; Brief von Wiliam Saunders, Moshi, an Ernst May, 17. 6. 1959; Zeugnis von Ernst May für William Saunders, 14. 8. 1959; Telegramm von Ernst May an Heinrich Plett, Hamburg, 19. 6. 1959; Brief von Heinrich Plett an Ernst May, 25. 6. 1959; Brief von der Vereinigung ehemaliger Schüler und Freunde der Klingerschule, Frankfurt, an Ernst May, 22. 8. 1959; zwei Briefe von Ernst May an die Vereinigung ehemaliger Schüler und Freunde der Klingerschule; drei Briefe von Ernst May an Ilse May aus der Sowjetunion (27.–29. 9.); Brief an die Polizeibehörde Hamburg von Ernst May, 20. 10. 1959; Brief von Ernst May an Clarence Stein, New York, 22. 10. 1959; Brief von Rudolf Hillebrecht an Ernst May, 30. 11. 1959; Brief von Graf Lennart Bernadotte, Insel Mainau, an Ernst May, 29. 12. 1959

Inv. Nr. 160-902-042
1960:
Brief von Ernst May an Ludwig Berger, Schlangenbad, 27. 1. 1960; Brief von Ludwig Berger an Ernst May, Schlangenbad, 23. 2. 1960; Brief von Ernst May an Heinrich Plett, Hamburg, 11. 3. 1960; Brief von Werner Peres, Solingen, an Ernst May, 11. 4. 1960; Brief von Ernst May an Ulrich Burmann, Kronberg, 12. 5. 1960; zwei Briefe von Ernst May an Werner Peres; Hochzeitskarte von Hans Scharoun und Margit von Platow, 12. 5. 1960; Brief von Ernst May an Hans Scharoun, 10. 6. 1960; Brief von Walther Schulz, Freiburg, an Ernst May, 19. 6. 1960; Brief von Ernst May an Wather Schulz, 5. 7. 1960; Brief von Ernst May an Otto Ernst Sutter, Gengenbach, 1. 8. 1960; Brief von Ernst May an Walter Beyn, Hamburg, 17. 10. 1960; Brief von Heinz Roosch, Hamburg, an Ernst May, 25. 11. 1960; Brief von Dorothee Colberg-T., Bremen, an Ernst May, 5. 12. 1960; zwei Karten zum Umzug von Klaus Schaefer, Dreieichenhain; Weihnachtskarte von Carlotta und Ludwig Beye, Nairobi, o. D.

Inv. Nr. 160-902-043
1961:
Brief von Alvar Aalto an Ernst May, 2. 1. 1961; Brief von Thomas May an Ernst und Ilse May, 4. 1. 1961; Brief von Roger Johnson, Tintinhill (England), 6. 1. 1961; Brief von Fritz Jaspert, Bonn, an Ernst May, 7. 2. 1961; Mitteilungskarte zur Geburt von Vita und Christina Hartmann; Einladungskarte zum Vortrag „Wohnungs- und Städtebau in den Vereinigten Staaten" von Ernst May, Osnabrück 17. 2. 1961; Brief von Ernst May an Walter Kraut, Hamburg, 2. 3. 1961; Brief von Günther Specovius, Hamburg, an Ernst May, 15. 3. 1961; Brief von Ernst May an Günther Specovius, 30. 3. 1961; Brief von Richard Neutra an Ernst May, 25. 3. 1961; Brief von Ewald Mataré an Ernst May, 25. 3. 1961; Brief von Ernst May an Ludwig Mies van der Rohe, o. D. [März 1961]; Hochzeitskarte von Karl Groth und Helmy Scheer, Hamburg; Telegramm von Ernst May an Sweet & Maxwell Publishers, London, 16. 7. 1961; 78 Telegramme, 170 Briefe und Postkarten zum 75. Geburtstag Ernst Mays; 14 Antwortschreiben auf Geburtstagsgrüße von Ernst May; zwei Einladungskarten zu Empfängen anläßlich des Geburtstages Ernst Mays; zwei Übersichtslisten Geschenke zum 75. Geburtstag; Teilnehmerliste des Empfangs am 27. 7. 1961; Brief von Ernst May an Hans Schwarz, Lüneburg, 1. 8. 1961; Brief von Heinz-Adolf Schlesinger, Duisburg, an Ernst May, 28. 8. 1961; Brief von Ernst May an Heinz-Adolf Schlesinger, 1. 9. 1961; Brief von Robert Scholl, München, an Ernst May, 1. 9. 1961; Brief von Ernst May an Robert Scholl, 15. 9. 1961; Brief von Oskar Angelus, Lund (Schweden), an Ernst May, 26. 9. 1961; Brief von Bernhard Heiliger an Ernst May, 3. 10. 1961; Brief von Helmut Heinsohn, Hamburg, an Ernst May, 23. 11. 1961; Hochzeitskarte von Winfried Hans von Vignau und Freiin Else Friedel Grote, Nairobi

Inv. Nr. 160-902-044
1962:
Brief von Werner Hebebrand an Ernst May, 8. 1. 1962; Brief von Alvar Aalto an Ernst May, 25. 1. 1962; sechs Briefe von Ernst May an Bernhard Heiliger; Brief von Clarence Stern, London, an Ernst May, 13. 7. 1962; Brief von Ernst May an Clarence

199

Stern, 17. 7. 1962; Brief von Ernst May an Jane Unwin, 17. 7. 1962; Brief von Ernst May an Hermann Lenz, Frankfurt, 27. 7. 1962; Brief von Ernst May an Alfred Toepfer, Hamburg, 27. 8. 1962; zwei Briefe von Eugene Kent (vormals Eugen Kaufmann), London, an Ernst May; drei Briefe von Ernst May an Eugene Kent; Brief von Fridolin Hartmann an Ernst und Ilse May, 11. 12. 1962; Postkarte von Robert May an Ilse May, o. D.

Inv. Nr. 160-902-045
1963:
Brief von Richard Becker, Hamburg, an Ernst May, 8. 1. 1963; Brief von Ernst May an Richard Becker, 16. 1. 1963; Postkarte von Hermann Lenz, Frankfurt, an Ernst May, 10. 1. 1963; Brief von Ernst May an Hermann Lenz, 25. 2. 1963; Brief von Ernst May an Ria Drevermann, Othmarschen, 11. 2. 1963; Karte von Luise May an Ernst und Ilse May, 26. 3. 1963; Brief von Elena Eleska, Cochambra (Bolivien), an Ilse May, 25. 5. 1963; Brief von ?, Bremerhaven, an Ernst May, 29. 5. 1963; Brief von Ernst May an Jane Unwin, 6. 6. 1963; Brief von Jane Unwin an Ernst May, 12. 6. 1963; Urkunde der Klinik am Warteberg, Witzenhausen, 18. 9. 1963; Brief von Ernst May an Dr. Eisenberg, Witzenhausen, 8. 10. 1963; Brief von Roger Johnson, Mosman Park (Australien), an Ernst May, 24. 9. 1963; Brief von Ernst May an Roger Johnson, 22. 10. 1963; zwei Briefe bezüglich Autounfall

Inv. Nr. 160-902-046
1964:
Brief von T. Raschkow, Nairobi, an Ilse May, 10. 3. 1964; Brief von Ernst May an das Weingut Hof Nürnberg, Wiesbaden, 25. 5. 1964; Brief von Fridolin Hartmann an Ernst und Ilse May, 28. 7. 1964

Inv. Nr. 160-902-047
1965:
Zwei Einladungskarten zum Abendessen bei Bundeskanzler Erhard, 13. 2. 1965; drei Briefe von Enkelkindern; Todesanzeige Karl Zöllner; ein Brief und ein Brieffragment von Fridolin Hartmann an Ernst und Ilse May; Brief von Irma Sturr, Hamburg, an Ernst und Ilse May, 22. 12. 1965

Inv. Nr. 160-902-048
1966:
172 Telegramme, Briefe und Postkarten zum 80. Geburtstag Ernst Mays; 46 Antwortschreiben auf Geburtstagsgrüße von Ernst May; Brief von Wolfgang Rauda, Hannover, an Ernst May, 9. 8. 1966; Brief von Ernst May an Wolfgang Rauda, 16. 8. 1966; Brief von Thomas May an Ernst und Ilse May, 5. 9. 1966; Beauftragung des Büros May & May mit der Aufstellung von vorläufigen Skizzen für die Siedlung Klarenthal durch Ernst May, 23. 12. 1966; vier Karten mit Weihnachtsgrüßen an Ernst und Ilse May; zwei Karten mit Motiven von Paul Klee

Inv. Nr. 160-902-049
1967:
Brief von Peter Bally, Genf, an Ilse May, 13. 4. 1967; zwei Briefe von Fridolin Hartmann an Ernst und Ilse May; Kopie eines Briefes von Karl und Eva Foerster an Ernst May, Juli 1967 (mit drei Fotos); Brief von Robert May an Ernst May, 19. 7. 1967; Brief von Wolf und Elisabeth Drevermann, Frankfurt, an Ilse May, 21. 12. 1967; Postkarte von Max Guther, Darmstadt, an Ernst May, 23. 12. 1967; Weihnachtskarte von Jan und Susanne Kinau an Ernst und Ilse May

Inv. Nr. 160-902-050
1968:
Brief von Thomas May an Ernst und Ilse May, 24. 7. 1968; Brief von Charlotte Solle an Ilse May, 25. 7. 1968; Postkarte von E. Heydock an Ernst May, 4. 9. 1968; Todesanzeige Heinrich Sokal, Wien

Inv. Nr. 160-902-051
1969:
Brief von Janice Grace May an Ernst und Ilse May, 2. 2. 1969; Brief von Klaus, Thomas, Hertha, Robert und Sandy May an Ernst und Ilse May, 16. 3. 1969; zehn Briefe und Telegramme zum 83. Geburtstag Ernst Mays; elf Antwortschreiben auf Geburtstagsgrüße von Ernst May; Zeitungsausschnitt mit Brynn May; Hochzeitskarte von Jürgen Neven-du Mont und Valentina Krajewskaja, 19. 12. 1969

Inv. Nr. 160-902-052
1970:
Zwei Todesanzeigen Ernst May; Rede zur Trauerfeier am 16. 9. 1970 von Pastor Christian Heinrich Gerlach; Kondolenzliste der Trauerfeier; 82 Kondolenzbriefe an Ilse May

Inv. Nr. 160-902-053
1971:
Brief von Hans Assmann, Darmstadt, an Ilse May, 20. 1. 1971; Brief von Lore Greulich an Ilse May, 5. 8. 1971

Inv. Nr. 160-902-054
1972:
Todesanzeige Seff Weidl, Inning

Inv. Nr. 160-902-055
1973 und 1974:
Todesanzeige Hans Bernhard Reichow; Hans-Bernhard Reichow: „Mensch und Auto im Städtebau", Sonderdruck aus Klaus Honnef: „Verkehrskultur", Recklinghausen 1972

Inv. Nr. 160-902-056
1975:
Brief von Eugen Kent (vormals Kaufmann), London, an Klaus May, 5. 3. 1975; Weihnachtskarte von Alice und Leonhard Hirsch, Rom

Manuskripte und Vorträge (160-903)

Inv. Nr. 160-903-001
Verzeichnis der Vorträge von Ernst May (23 S.)

Inv. Nr. 160-903-002
Manuskript (Kopie) „Friedhöfe in Russisch-Polen" (8 S.), [1917?]

Inv. Nr. 160-903-003
Manuskript „Zerstörung deutscher Kriegerfriedhöfe durch unsere westlichen Gegner" (4 S.), Sommer 1918

Inv. Nr. 160-903-004
Typoskript „Vom Neuen Frankfurt nach dem Neuen Rußland" (5 S.), veröffentlicht in „Frankfurter Zeitung", 30. 11. 1930

Inv. Nr. 160-903-005
Typoskript „Architektur, Staatsform und Lebensgefühl" (12 S.), Rundfunkvortrag im RIAS Berlin, 25. 8. 1952

Inv. Nr. 160-903-006
Typoskript einer Rede zur Übergabe einer Denkschrift zur Stadtentwicklungsplanung Bremerhavens (4 S.), nach 1958

Inv. Nr. 160-903-007
Typoskript „Ferien vom Städtebau. Vom Reisen in der UdSSR" (17 S.), [1959?]

Inv. Nr. 160-903-008
Unvollständiges Typoskript, Rede zur Verleihung des Heinrich-Plett-Preises (2 S.), 1965

Inv. Nr. 160-903-009
Unvollständiges Typoskript (Fotokopie) „Wirtschaftliche und politische Gegenwartsfragen Britisch Ostafrikas, insbesondere Kenyas." (7 S.), Vortrag, gehalten vor Vertretern der deutschen Wirtschaft, 1953

Inv. Nr. 160-903-010
Typoskript (Fotokopie) „Sonnenschein und Finsternis in Ostafrika. Mit besonderer Beruecksichtgung des Mau-Mau-Aufstandes" (16 S.), Vortrag, gehalten in verschiedenen deutschen Städten, 1953

Inv. Nr. 160-903-011
Typoskript (Durchschlag) „Wohnungs- und Städtebau in Afrika" (7 S.), Vortrag, gehalten bei der deutschen Stiftung für Entwicklungsländer in Berlin, 14. 3. 1961

Inv. Nr. 160-903-012
Typoskript (Durchschlag) „Afrika nach 20 Jahren" (7 S.), Vortrag, gehalten an der TH Darmstadt, 8. 11. 1968

Inv. Nr. 160-903-013
Einladungskarte für den Vortrag „Der Mensch und seine Wohnung", Oldenburger Kunstverein, 14. 9. 1955

Inv. Nr. 160-903-014
Einladungsplakat für den Vortrag „Sonne u. Finsternis in Ostafrika", RWTH Aachen, 29. 6. 1953

Skizzenbücher (160-904)

Inv. Nr. 160-904-001
Übungsheft 1904
Kleinformat; 17 S. mit Bleistiftzeichnungen, Tiere, ein Selbstbildnis, Schloß Monrepos bei Altwied, eingeklebte Monogramme EM

Inv. Nr. 160-904-002
Sketchbook Nr. 1, London 1907
Mittelformat; 26 S. (zwei Seiten fehlen) mit größtenteils kolorierten Bleistiftzeichnungen; eingeklebte Postkarte vom University College und Erlaubnisschein vom Lord Great Chamberlain
Exponate aus dem Britischen Museum, Kommentare (in Englisch) zu National Gallery, Tate Gallery, New Gallery, Wallace Collection, Guild Hall, Soane Museum, Studien vom Dach des Parlamentsgebäudes, Colleges in Cambridge, Kathedrale von Ely

Inv. Nr. 160-904-003
Skizzen 1908
Mittelformat; 5 S. (teilweise beidseitig bearbeitet), größtenteils eingeklebte, kolorierte Zeichnungen (sieben fehlen); auf der ersten Seite signiert, datiert: „Ernst May. 08", monogramiert EM (ligniert)
Themen aus der Militärzeit, eingeklebt: Programm zu Kaisers Geburtstag

Inv. Nr. 160-904-004
Skizzen aus England, 1910
Mittelformat; 14 S. mit neun Federzeichnungen, vier Aquarellen und einer Bleistiftzeichnung
Camber Castle, Sussex; Bath, 8. Dez 10; Stonehenge; Lands End, Cornwall, 12. 12

Inv. Nr. 160-904-005
Skizzen aus England, 1910 (?)
Mittelformat; 33 S., davon 31 mit Tuschfederzeichnungen; fünf Architekturskizzen, Rest Aktstudien (eine beschnitten)

Inv. Nr. 160-904-006
Skizzen aus Berlin und der Mark Brandenburg, Sommer 1911
Großes Mittelformat; 50 S. mit Bleistift- und Federzeichnungen, teilweise aquarelliert; auf der ersten Seite bez.: „Ernst May. Sommer 11. Skizzen aus Berlin und der Mark Brandenburg."
Kloster Chorin, 2. April 1911; Altes Haus in Oderberg; Strausberg; Plessow, 30. April; Schloß Kemnitz; Alt Töplitz; Alt Berlin; Lehnin; Netzen, 21. V. 11; Prützke; Schmerzke; Berliner Zoo; Brandenburg, 29. 5.; Skizze der Mark Brandenburg mit den bereisten Orten

Inv. Nr. 160-904-007
Skizzen aus der Mark Brandenburg, Sommer 1911
Großes Mittelformat; 30 S. mit Bleistiftzeichnungen; auf der ersten Seite bez.: „Ernst May. Skizzen aus der Mark. Sommer 1911."
Jüterborg, 25. 6. 11; Brandenburg, Architekturdetails, Türen, Fenster, Gauben, Beschläge 2. Juli; Neu Ruppin, Stadtkirche, Haus von Schinkel, Putti „Vier Jahreszeiten", Gartenpavillon von Knobelsdorf, 9. 7.; Buch, Portal am Arminschen Schloß, 30. 7.; Bernau, Stadttor, Kirche, 30. 7.; Löhme, von 1792 Grabmäler, Dorfkirche, 30. 7.; Sans Souci, 4. 8.; Schloß Wiesenburg, Architekturdetails, 9. 9.; Belzig, Friedhof, Kirche, 10. 9.; St. Briccius Kapelle in Sand Berg, Fenstervergitterung an Schloß Eisenhart, 10. 9.

Inv. Nr. 160-904-008
Skizzen aus Frankfurt und Umgebung, 1912
Großformat; 28 S. mit Bleistiftzeichnungen (erste Seite lose)
Frankfurt, Blick auf den Dom, Juli 1912; Frankfurt Alte Brücke, Aug. 1912; Schloß Rumpenheim, Gartenhäuser, Herbst 1912; Alt Frankfurter Giebel; Tauberbischofsheim, Amtshaus, Marktplatz, Portale, Giebel, Fenstergitter, Kapelle, Schloßturm, Weihnachten 1912; Distelhausen, Schloß, Gartenbrunnen, Pfarrhaus; Gerlachsheim, Barockkirche, Alte Steinbrücke, Weihnachten 1912; Schloß zu Distelhausen; Rathaus Grünfeld; Grünfeldhausen, Kirche und Chor; Königshofen, Gebäude mit Erker, Eckhaus, Gasthauszeichen, Marktplatz, Mörikehaus mit interessanter Ecklösung, Haus am Markt, Amtsgericht, Schloßkirche, Krypta, Kapitell, Hauptturm am Schloß, 26. 12. 12; Weikersheim, Haus und Brunnen am Marktplatz, Schloß, Dorfzirkus, 29. 12. 12

Inv. Nr. 160-904-009
Skizzen von Grabmalen, Mark Brandenburg, Oberhessen, 1911/12
Kleinformat; 35 S., davon 30 Bleistiftzeichnungen, ein Aquarell, zwei Tuschfederzeichnungen
Dresden, 3. 6. 11: Grabmäler im Matthiaskirchhof, Portal am Kirchhof, Empire Gräber, Sarkophag (Tuschfeder); Vase im Park von Schwernitz, 9. 9. 11; Friedhof Belzig, 10. 9. 11; Denkmale in Quitzow, 17. 9. 11; Schloß und Schloßbrücke Rittergut Blümstedt, 17. 9. 11; Blümstedt, Kirche, Monument eines Quitzow, Barockorgel, Hütten; Schloß Wilsnack; Kleetzke, Wappen in der Kirche, Fenster und Gaube von der Mühle in Plettenburg (Aquarell), Stallgebäude; Homberg/Oberhessen, 9. 10. 12, Brunnen, Turm; Turm in Ober-Orleidam

Inv. Nr. 160-904-010
Skizzen aus Fulda, Wetzlar, Runkel/Lahn, Wertheim, 1911/12
Großes Mittelformat; 28 S., davon 25 mit Bleistiftskizzen (eine Seite herausgetrennt)
Fulda, Giebel Fenster, Balustrade, 30. 12. 11; Schloß Klingenberg; Röllfeld, Wirtshausschilder, 4. 3. 12; Schloß Heubach, Kleinheubach, Gartenhaus; Margaretenhof bei Wetzlar, 11. 3. 12; Braunfels, 10. 3. 12; Wetzlar, Dom, Empirehaus, 17. 3. 12; Runkel, Schloß, schmiedeeisernes Gitter, 30. 3. 12; Kloster Arnsburg in Oberhessen, 7. 7. 12; Wetheim, Engelsbrunnen, Kilianskapelle, 14. 7. 12; Kloster Bronnbach, Konsolen, Kapitele, Tür, Fenster, Kreuzgang, 14. 7. 12; Wertheim, Gärtnerhaus, Gartenbau, 15. 7.; Kloster Bronnbach, Tauberbrücke bei Bronnbach, 15. 7. 12

Inv. Nr. 160-904-011
Skizzen aus Friedberg / Hessen und Schlesien, Ostern 1912
Kleinformat; 37 S., davon 35 mit Bleistiftzeichnungen; auf der dritten Seite bez.: „Ostertour 1912. Nach Rußland und Galicien mit Blecken"
Friedberg, Schloß, Ostern 1912; Krakau, Skalka, Floriankirche, Marienkirche, Protale, Dom; Breslau, Universität, Ecklösung in Breslau, Giebel am Markt, Gitter im Dom; Görlitz, Kirchtürme, Gitter; Bautzen, Turm, Rathaus, Gasse, Schloß, Mühltor

Inv. Nr. 160-904-012
Skizzen aus Florenz und Rom; Frühjahr 1913
Kleinformat; 36 S. mit Bleistiftzeichnungen
Florenz, 23. 3. 13; S. Marco, 24. 3.; Fiesole, Dom, Kreuzgang, Badia; Florenz, S. Maria Novella, Ponte Vecchio, Mercato Nuovo, S. Marco, Ziehbrunnen, Torso von Michelangelo (Tonmodell) in der Accademia dell'Arte, S. Lorenzo, Blick auf Florenz aus dem Garten des Palazzo Pitti; Orvieto, Klosterhof mit Brunnen; Rom, Kuppel der Peterskirche, S. Prassede, Vatikan, Villa Borghese, Brunnen; Ostia, Antike Marmorgeländer, Kapitell und Säule mit Relief; Strand von Ostia, mit den Unterschriften der Mitreisenden Maria Elenna Lange, Arthur Lange, Heinrich Bleeken, 10. 4. 13

Inv. Nr. 160-904-013
Skizzen aus Florenz, Frühjahr 1913
Großformat; 30 S., davon 20 mit Bleistiftzeichnungen
Florenz, 23. 3., Ponte Vecchio, Palazzo del Antella, Postament am Eingang zu dem S. S. Annunziata, Via de Seragli, S. Trinita, Via Coverelli, Palazzo Pitti, Giardino Boboli; Fiesole, Klosterhof, S. Francesco, Loggia in der Badia, Palazzo Gondi, Spedale degli Innocenti; Bargello, Bacchus und David von Michelangelo; Palazzo Davazati, Bett mit Truhe aus dem 14. Jahrhundert; Garda 15. 4. 13

Inv. Nr. 160-904-014
Skizzen aus Schweden, 1913 (?)
Kleinformat; 15 S. Bleistiftzeichnungen, auf der ersten Seite handschriftl. Notiz: „Fr. Anna Lindhagen. Schwester des Bürgermeisters Stockholm. Florajalan 15, Stockholm. Observatoriumanlage Stockholm."
Mora, Grabmal; Jesunda, Schornsteine mit Malerei; Sjugarde; Lima bei Leksand, Bauernhaus; Leksand, Kirchturm, Glockenturm, Leuchter, Hölzerne Türgriffe, Kerzenständer, Bett, Tracht der jungen Mädchen, Tracht der alten Frauen; Tällberg, Hofeingang; Bergen Haus in Tibble, Brenäs, Türverdachung

Inv. Nr. 160-904-015
Skizzen aus Hessen und Westfalen, 1913
Kleinformat; 26 S. mit Bleistiftzeichnungen
Büdingen, Marktplatz, 15. 6. 13; Nordkirchen, 8. 7. 13; Münster, 9. 7. 13; Nordkirchen, westl. Zugangsbrücke, Schloß, 10. 7. 13

Inv. Nr. 160-904-016
Kriegsskizzen 2, Frankreich 1914/15
Kleinformat; 39 S. und zwei eingeklebte Seiten mit Bleistiftskizzen, ein eingeklebter Stadtplan auf dünnem Papier; bez. auf der ersten Seite: „Skizzenbuch II: Krieg 1914–15"
Fluquières, 17. Okt. 14; Ham, Notre Dame, Orgel, Seitenschiff, Pilaster, 23. Okt.; Nesle, Dachreiter, 14. Okt.; Esmert Hallon, Kirchturm; St. Quentin, Rathaus, Turm der Basilika; Fluquières, Pferdeappel, Lager, 1. 11. 14; St. Quentin, 2. Nov. 1914; Transport eines Pianos zum Konzert in Fluquières; Ganlancourt, Holz zum Bau von Unterständen wird verladen; Unterirdische Wohnung am Rande eines Schützengrabens am Westausgang von Boye; Unterirdische Wohnung, Unterstand und Schützengraben in Boye. In der Wohnung Holzwände, Fenster, Tür, Lampe usw.; Tadellose Einrichtung; Boye, 9. 11. 14; Esmery Hallon, Kirche, 10. 11.; Boye, Marktplatz, Kirche durch Beschießung ziemlich demoliert, Portal zum Park, 11. 11. 14; Campien, Zusammengeschossenes Haus, Zerschossene Grüfte auf dem Friedhof, Vollkommen zerstörte Kirche, Villa, 11. 11.; Französische Schützengräben bei Solenthe; Grab zweier deutscher Infantristen in Solenthe; Grab des Ulanen Müller zwischen Bracheu und Solenthe; Schützengraben bei Cremery mit französ. Gefallenen, 12. Nov. 14; Esmery Hallon, Glockenturm; eingeklebt: farbig angelegter Plan des Zentrums von Esmery Hallon; Languevoisin, das Haus in dem Rich. Krogmann starb, Okt.14

Inv. Nr. 160-904-017
Kriegsskizzen 3, Frankreich 1914/15
Kleinformat; 41 S. mit Bleistiftzeichnungen, auf der ersten Seite eingeklebt Zeitungsausschnitt mit Nachruf auf August Macke; bez. auf der ersten Seite: „Skizzenbuch 4 [sic]. Krieg 1914–15. Ernst May, Vizewachtm. d. Fuhrparkkol. 6, 18. A. 10, Frankfurt a. M., Holzhausenschlößchen"

Inv. Nr. 160-904-018
Kriegsskizzen 5, Frankreich 1915
Kleinformat; 43 S. mit 42 Bleistiftzeichnungen, eine Seite eingeklebt mit Notizen über Baudenkmäler des Kanton Nesle aus: Description Archéologique du Canton du Nesle

Inv. Nr. 160-904-019
Kriegsskizzen 6, Grabmale 1915 (?)
Kleinformat; 45 S. mit Bleistiftzeichnungen, teilweise koloriert, ein Blatt beschnitten

201

Inv. Nr. 160-904-020
Kriegsskizzen 7, Frankreich / Belgien 1915
Kleinformat; 45 S. mit 44 Bleistiftzeichnungen, ein Blatt „Bürgerhaus in Lille, 10. 4. 15" herausgetrennt (abgedruckt in Justus Buekschmitt: Ernst May, Bauten und Planungen, Bd. 1, Stuttgart 1962); bez. auf der ersten Seite: „Leutn. May, 115 Inf. Division von Kleist, 2. Fuhrparkkol., Frankfurt a. M., Holzhausenschlößchen"

Inv. Nr. 160-904-021
Kriegsskizzen 8, Frankreich 1915
Kleinformat; 35 S. mit 33 Bleistiftzeichnungen und einer Tuschezeichnung

Inv. Nr. 160-904-022
Kriegsskizzen 10, Frankreich / Polen 1915
Kleinformat; 40 S. mit 39 Bleistiftzeichnungen; bez. auf der ersten Seite: „Ernst May, Frankfurt a. M., Holzhausenschlößchen"

Inv. Nr. 160-904-023
Kriegsskizzen 11, Polen / Litauen 1915
Kleinformat; 37 S. mit 30 Bleistift- und zwei Federzeichnungen, ein Blatt „Polnischer Dorffriedhof, 14. 11. 15" herausgetrennt (abgedruckt in Justus Buekschmitt: Ernst May, Bauten und Planungen, Bd. 1, Stuttgart 1962); bez. auf der ersten Seite: „Ernst May, Frankfurt a. M., Holzhausenschlößchen"

Inv. Nr. 160-904-024
Kriegsskizzen 12, Polen / Grabmale 1915
Kleinformat; 21 S. mit zehn Bleistift-, acht Federzeichnungen und einem Aquarell; bez. auf der ersten Seite: „Blatt 1–9 Naturskizzen – Der Rest Ideen und Entwürfe, Lt. May, F.A.R. 229"

Inv. Nr. 160-904-025
Kriegsskizzen 13, Polen 1915/16
Kleinformat; 37 S. mit neun Bleistift- und sieben Federzeichnungen

Inv. Nr. 160-904-026
Kriegsskizzen 14, Grabmale 1916 (?)
Kleinformat; 27 S. mit Federzeichnungen, erste Seite herausgetrennt, drei Seiten durch Bücherwurm beschädigt

Inv. Nr. 160-904-027
Kriegsskizzen 15, Polen / Rumänien 1916
Kleinformat; 44 S. mit 39 Bleistiftzeichnnungen (zwei davon farbig angelegt), drei Aquarellen und zwei Federzeichnungen, eine Seite eingeklebt und bez.: „Rumänien 11. 16"

Inv. Nr. 160-904-028
Kriegsskizzen 16, Porträts 1916
Kleinformat; 27 S. mit neun Bleistift-, zwei Federzeichnungen und einem Aquarell; auf der ersten Seite bez.: „Portraitskizzen. 16. Ltn. May, Holzhausenschl. 115 ID. FK 2"

Inv. Nr. 160-904-029
Kriegsskizzen 17, Polen 1916
Kleinformat; 48 S. mit 20 Bleistiftzeichnungen; auf der ersten Seite bez.: „Architekturskizzen, 17. Ltn. may, Holzhausenschl., 115 ID. FK 2"

Inv. Nr. 160-904-030
Kriegsskizzen 18, Galizien 1916
Kleinformat; 27 S. mit 23 Bleistift- (fünf davon aquarelliert), drei Federzeichnungen und einer Temperazeichnung; auf der ersten Seite bez.: „Galizien. Kriegsskizzen 8 u. 9. 16"; auf der Umschlagrückseite bez.: „18. Ernst May, Leutn. F.K.2., Deutsches Detachement Melior"

Inv. Nr. 160-904-031
Kriegsskizzen 19, Galizien 1916
Kleinformat; 4 S. mit drei Bleistiftzeichnungen und einer Federzeichnung (Porträtskizzen); 46 dünne Seiten mit 45 Bleistiftzeichnungen; vier eingeklebte Seiten mit Bleistiftzeichnungen; auf der fünften Seite bez.: „Baumstudien und Architekturskizzen aus Galizien. 9 u. 10. 16., Lt. Ernst May, F.K.2. 115. Deutsches Detachement Melior"

Inv. Nr. 160-904-032
Kriegsskizzen 20, Rumänien 1917
Kleinformat; 60 S. mit 24 Bleistift-, drei Federzeichnungen, zwei Aquarellen und einer Temperazeichnung; auf der ersten Seite bez.: „Skizzen aus Straoani, Sept. 17., May Lt., 4 Bttr. F.A.R./229"

Inv. Nr. 160-904-033
Verschiedene Skizzen 1917–21
Kleinformat; 60 S. mit 38 Bleistiftskizzen Gasthaus in Leubus, 30. März 1917; Dahme, 30. März; Zobten; Am Ring, Liegnitz, 22. Mai 19; Rathausturm Hirschberg, Juni 19; Schmiedeeisernes Gitter in Hirschberg, Juni 19; Blick von Hain nach d. Ebene, Hochzeitsreise; Glaslustre in der Kirche v. Giersdorf, Hochzeitsreise; Stühle Kirche Hermsdorf, Hochzeitsreise; Bank in d. Kirche Hermsdorf, 7. 19.; Nische am Kloster in Löwenberg, 31. 8.; Grottkau, Herbst 19; Junge Obstbäume, 6. 2. 20; Alte Zwetschgenbäume, 6. 2. 20; Landeck 7. 2. 20; Seitenberg, 7. 2. 20; Bauernhaus in Wölfelsgrund, 7. 2. 20; Klein Silverwitz, 7. April 20; Patschkau, 21. 2. 21; Patschkau, 27. 2. 21; Kamitz, 27. 2.; Kirchturm der evangel. Kirche bei Reichenstein, 28. 2. 21"

Inv. Nr. 160-904-034
Reiseskizzen 1921
Kleinformat; 43 S. mit 39 Bleistiftzeichnungen (davon drei koloriert); ein Blatt „Kirche Unserer Lieben Frau in Bamberg" herausgetrennt (abgedruckt in Justus Buekschmitt: Ernst May, Bauten und Planungen, Bd. 1, Stuttgart 1962) Kuppel mit der Kaiserkrone in Kloster Neuburg; Rabengasse Krems, 15. 7.; Passauer Hof in Stein a. D., 17. 7.; Dürnstein a. d. D., 18. 7. 21; St. Michael a. d., 18. Juli 21; Linz, 21. 7. 21; Passau, 22. 7. 21; Geyerswört-Brücke in Bamberg, 30. 7. 21; Städtebaul. Gruppierung der St. Jakobskirche, Bamberg, 30. 7. 21; Kirche Unserer Lieben Frau, Bamberg, 30. 7. 21; Schloß Rathen

Inv. Nr. 160-904-035
Danzig, Stralsund, Lübeck, 1922
Mittelformat; 40 S. mit 27 Bleistift-, teilweise Kohlezeichnungen und neun Aquarellen; ein Blatt „Gotischer Giebel in Stralsund, 28. 7. 22" herausgetrennt (abgedruckt in Justus Buekschmitt: Ernst May, Bauten und Planungen, Bd. 1, Stuttgart 1962); auf der ersten Seite bez.: „Ernst May. Breslau-Lehrbeutel, Dahnstr. 8" Seitenschiff d. Marienkirche Danzig, 17. 7. 22; Rippenloses Sterngewölbe, Marienkirche Danzig, 17. 7.; Kloster Oliva, 18. 7.; Marienkirche Danzig, 18. 7. 22; Bauernhof in Jörshoft (Grundriß); Gehöft in Narmershagen, 23. 7. 22; Kirche in Rügenwalde; Kirchturm Schlawa; Giebel und Schornstein aus Stralsund, 27. 7.; Marienkirche Stralsund, 31. 7.; 2 Techniken von Schieferdächern (Text und Zeichung von Ilse May); Jakobikirche Lübeck; Rathaus Lübeck; Bauernhaus in Nienhagen in 2farbiger Bemalung, 3. 8. 22; Haus in Nienhagen; Rathaus Lübeck

Inv. Nr. 160-904-036
Holland 1924 (?)
Kleinformat; 19 S. mit Bleistiftzeichnungen, davon eine aquarelliert Verschiedene Beispiele des Neuen Bauens in Holland; Ecklösungen

Inv. Nr. 160-904-037
Notizheft, Vermessungskunde Moskau 1932

Inv. Nr. 160-904-038
Skizzenheft, Afrika (u. a.?), 1937–54 (?)

Inv. Nr. 160-904-039
Zehn gedruckte Skizzen aus Rumänien (davon vier aus Inv. Nr. 160-904-032), z. T. verkl., auf Karton kaschiert

Zeichnungen, Grafiken u. ä. (160-905)

Inv. Nr. 160-905-001
Westansicht der Frauenkirche in München, Holzschnitt von Ernst May, dat. u. beschr. u. „Originalschnitt. E. May 07", 21,2 × 15,5 cm

Inv. Nr. 160-905-002
Hütte im Schnee, Holzschnitt von Ernst May, dat. u. sign. u. r. „E. M. 07", 15,5, × 19,8 cm

Inv. Nr. 160-905-003
Elternhaus Ernst Mays in Frankfurt, aquarellierte Tuschezeichnung von Ernst May, o. D., sign. u. l. „E. M.", 21,2 × 20 cm, mit Passepartout

Inv. Nr. 160-905-004
Ernst May lesend an einem Tisch (West Meru Alp), aquarellierte Bleistiftzeichnung von Ilse May, o. D. [um 1935], 12,9 × 18,2 cm

Inv. Nr. 160-905-005
Familie May beim Vermessen bei Moskau, aquarellierte Bleistiftzeichnung von ?, dat. u. r. „12. 12. 33", 21,5 × 15,5 cm, gerahmt

Inv. Nr. 160-905-006
Gartenseite eines Wohnhauses (Elternhaus Ilse May?), aquarellierte Bleistiftzeichnung von Ilse May, sign. u. dat. u. „Ilse Hartmann. 7. Mai 1915", 17,2 × 11,8 cm

Inv. Nr. 160-905-007
Blick auf den Eingang eines afrikanischen Rundhauses, aquarellierte Bleistiftzeichnung von Ilse May (?), o. D., 25,3 × 17,4 cm, auf Karton kaschiert, mit Deckblatt versehen

Inv. Nr. 160-905-008
„Dem scheidenden Führer", Grafik zum Abschied aus Breslau, Tusche und Gouache von Hans Leistikow, sign. u. dat. u. „HaL. [19]25.", 37,2 × 27,5 cm, als erstes Blatt in das Fotoalbum Inv. Nr. 160-915-201 eingefügt

Presse (160-906)

Inv. Nr. 160-906-001
Gästebuch mit Presseberichten
52 S. Presseberichte zu Mays 75. Geburtstag, sechs

Fotos, sechs Seiten Unterschriften von Gratulanten, zweimal doppelseitiges Titelblatt der „Neue Heimat Hamburg", vorne eingeklebt: Einladungskarte

Inv. Nr. 160-906-002
Publikationen von Ernst May
„Friedhöfe im besetzten Ostgebiet" in Skizzen-Mappe der „Kownoer Zeitung", 23. 7. 1916

Inv. Nr. 160-906-003
Publikationen zu Projekten Ernst Mays
„Gruppe von 4 Einfamilienhäusern im Holzhausenpark" (Frankfurt), Broschüre 11,8 × 15,3 cm, 24. S., o. D. [um 1914]; „Wohnhaus Ernst May" (Haus May, Frankfurt), in „Bauwelt", Jg. 1926, H. 41, S. 17–21; „Kampala-of-the-9-hills" (Stadtplanung Kampala), in „East African Standard", o. D. [um 1946]; „A Uganda Letter" (Stadtplanung Kampala), in ?, o. D. [um 1946], „Hook-on slab – Reinforced Concrete System" (Typenhaus für Afrikaner aus Betonfertigteilen). Sonderdruck aus „The Architect's Journal", 13. 6. 1946; Broschüre zur Grundsteinlegung der Aga Khan-Geburtsklinik und Aga Khan-Mädchenschule, Kisumu, am 26. 2. 1951, 8 S. (Gestaltung der Broschüre von Ilse May); Einladung zur Eröffnung des ersten Bauabschnitts des K.N.C.U.-Gebäudes, Moshi, am 17. 3. 1952, 4 S. (zwei Exemplare, Gestaltung der Broschüre von Ilse May); Ernst May: „Bauen in Ostafrika", in „Bauwelt", Jg. 1953, H. 6, S. 104–111 (Kopie; Delamere Flats, Entwurf für das Lugard Hotel, Haus Samuel, Aga Khan-Schule, Aga Khan-Geburtsklinik, K.N.C.U.-Bauten, Residenz Aga Khan); Dr. Ramseger: „Wohnhaus des Architekten Prof. Ernst May" (Haus Ernst May, Hamburg). Sonderdruck aus „Architektur und Wohnform – Innendekoration", Jg. 1958, Nr. 3 (zehn Exemplare); „So legt man einen Garten an" (Haus Ernst May, Hamburg), in „Schöner Wohnen", o. D. [um 1958], S. 93–95; „Alvar Aalto baut nicht", in „Frankfurter Allgemeine Zeitung" (Darmstadt-Kranichstein), 1. 9. 1970

Inv. Nr. 160-906-004
Publikationen über Ernst May
„Foreign City Planners Here Today", in „The Evening Sun" (Baltimore, Ma.), 29. 4. 1925 (mit Abb. von Ilse May); „Ein Deutscher lebt in Ostafrika. Schwierigkeiten und Befriedigung", in „Frankfurter Zeitung", 1. 3. 1936; „Ein deutscher Städtebauer von Weltruf", in „Weser-Kurier", [12. 7. 1950, Kopie]; „Ein deutscher Architekt im Ausland", in „Tagesspiegel", [25. 7. 1950, Kopie]; „Städtebauer in Afrika", in ? [19. 7. 1950, Kopie]; „Ernst May Visits London", in „The Architect's Journal", 3. 8. 1950, S. 108]; „Ein deutscher Baumeister baut in Afrika", in „Frankfurter Allgemeine Zeitung", 4. 10. 1952, Kopie; G. Baumann: „Ist das Wochenende zu kurz?", in „Hamburger Abendblatt", o. D. [um 1953]; Kopie mit fünf Zeitungsausschnitten „Farmer und Architekt", in „Stuttgarter Zeitung", 10. 7. 1953, „Dr. May für die 'Neue Heimat'", in „Hamburger Echo", 22.9.1953, „Neuer Planer für 'Neue Heimat'", in ?, 22. 9. 1953, o. T., in ?, 23. 9. 1953, „Spuren in drei Erdteilen", in „Hamburger Abendblatt", 2. 1. 1954; „Lebensnotwendiges Grün", in „Die Welt", 13. 6. 1953; „Die Akademie für Städtebau tagt – Gedenkmünzen für Gründer", in ? [um den 10. 7. 1953]; „Für Bebauung der Ruinenflächen", in „Die Welt", 18. 1. 1954, Kopie; G. Baumann: „Städtebauer in drei Erdteilen", in „Hamburger Abendblatt", 20. 1. 1954, Kopie; „Wir brauchen ein großes Wohnzimmer", in „Die Welt", 15. 7. 1954; Mappe mit 75 Artikeln zum 70. Geburtstag; Mappe mit ca. 450 Artikeln zum 75. Geburtstag; „They Never Hit the Headlines", in „Indo-German Review", Jan. 1962; Mappe mit zwei Artikeln zum 80. Geburtstag; Mappe mit 22 Artikeln zum Tode Ernst Mays; „Die Seufzer der Erinnerung. Frankfurter Leben im Spiegel der Filme – Vom Fußball bis Kennedy", in „Frankfurter Neue Presse" 18. 1. 1971; „Rache an May?", in „Frankfurter Allgemeine Zeitung", 20. 10. 1972, Kopie; „Das Museum der letzten Menschen", in „Die Welt", 2. 11. 1972, S. 29, Kopie; Auschnitt mit Porträtzeichnung Ernst Mays von Karl Kluth, in „Die Welt", 12. 11. 1983, S. H19; Wilfried Ehrlich: „Die ersten Häuser stehen noch heute in der Burgstraße. 100 Jahre Aktienbaugesellschaft für kleine Wohnungen", in „Frankfurter Allgemeine Zeitung", 13. 1. 1990

Inv. Nr. 160-906-005
Publikationen zu Entwurfsthemen Mays
I. F. Haeuselmann: „Kriegerehrung in Bildender Kunst", o. D. [1916?]

Inv. Nr. 160-906-006
Publikationen zu Architektur und Architekten
„Oberbaudirektor Hebebrand. Morgen 65, heute Abschied vom Amt", in „Die Welt", [26. 3. 1965], S. 13; Karl-Heinz Rücke: „Sein Denkmal ist die City Nord. Werner Hebebrand ", in „Die Welt", Nr. 244 [um den 17. 10. 1966], S. 9; „Abschied von Schwagenscheidt", in „Frankfurter Allgemeine Zeitung" [18. 1. 1968]; „Walter Schwagenscheidt. Zu seinem Tode", in „Frankfurter Allgemeine Zeitung", [18. 1. 1968]; Walter Kiess: „Erst Vorbild, dann 'Schandfleck'. Fünfzig Jahre Weißenhofsiedlung Stuttgart", in „Frankfurter Allgemeine Zeitung", 29. 8. 1977, S. 21

Auszeichnungen und Ehrungen (160-907)

Inv. Nr. 160-907-001
Ehrengabe der Stadt Wiesbaden, 27. 7. 1966
Plakette, Urkunde

Inv. Nr. 160-907-002
Großes Verdienstkreuz des Verdienstordens der Bundesrepublik Deutschland, 11. 12. 1953
Plakette, Urkunde

Inv. Nr. 160-907-003
Cornelius-Gurlitt-Gedenkmünze der Deutschen Akademie für Städtebau und Landesplanung, 9. 7. 1953
Medaille, Urkunde

Inv. Nr. 160-907-004
Ehrenplakette der Stadt Frankfurt am Main, Juli 1966
Plakette, Urkunde

Inv. Nr. 160-907-005
Eisernes Kreuz, 1914

Inv. Nr. 160-907-006
Eisernes Kreuz, 1914

Inv. Nr. 160-907-007
Sojus Architektorow SSSR
Anstecknadel

Inv. Nr. 160-907-008
Heinrich-Plett-Preis, 9. 12. 1965
Urkunde, Anschreiben zur Preisverleihung (10. 12. 65), Durchschlag von Mays Dankesschreiben (13. 12. 65)

Inv. Nr. 160-907-009
Fritz-Schumacher-Preis, 4. 11. 1961
Urkunde, Einladung zur Preisverleihung, Brief von Werner Hebebrand bezüglich der Preisverleihung, Redetext von Bürgermeister Dr. Nevermann (19 S.)

Inv. Nr. 160-907-010
Ehrendoktorwürde der TH Hannover, 9. 2. 1951
Urkunde

Inv. Nr. 160-907-011
Ernennung zum Ehrenmitglied des Royal Institute of British Architects, London, 9. 5. 1961
Urkunde

Inv. Nr. 160-907-012
Ernennung zum Honorarprofessor der Fakultät für Architektur der TH Darmstadt, 29. 7. 1957
Urkunde

Inv. Nr. 160-907-013
Ehrendoktorwürde der Universität Freiburg, 16. 7. 1957
Zwei Urkunden, Ansprache des Dekans der Philosoph. Fakultät, Antwortschreiben Ernst Mays (24. 6. 57)

Inv. Nr. 160-907-014
Ernennung zum Ehrenmitglied der Deutschen Akademie für Städtebau und Landesplanung, 14. 10. 1966
Urkunde

Zeichengeräte (160-908)

Inv. Nr. 160-908-001
Großes Lineal

Inv. Nr. 160-908-002
Winkelmesser

Inv. Nr. 160-908-003
Karton mit Zeichenkohle

Inv. Nr. 160-908-004
Lineal

Inv. Nr. 160-908-005
Lineal

Inv. Nr. 160-908-006
Lineal

Inv. Nr. 160-908-007
Lineal

Inv. Nr. 160-908-008
Lineal

Inv. Nr. 160-908-009
Lineal in violettem Lederetui (mit russischer Beschriftung)

Inv. Nr. 160-908-010
Lineal in schwarzem Etui (mit Beschriftung: „Klaus May")

Inv. Nr. 160-908-011
Zeichengerät in rötlichem Etui

Inv. Nr. 160-908-012
Zirkelkasten

Inv. Nr. 160-908-013
Rotes Holzlineal (Werbeartikel der Bank of England)

Inv. Nr. 160-908-014
Rotes Holzlineal (Werbeartikel der Bank of England)

Inv. Nr. 160-908-015
Bleistift

Private Gegenstände (160-909)

Inv. Nr. 160-909-001
Kleine Kupferstichplatte von Ilse May

Inv. Nr. 160-909-002
Stereodiabetrachter

Inv. Nr. 160-909-003
Reisepaß von Ernst May, ausgestellt 7. 1. 1952

Inv. Nr. 160-909-004
Reisepaß von Ernst May, ausgestellt 12. 4. 1962

Inv. Nr. 160-909-005
Reisepaß von Ilse May, ausgestellt 11. 2. 1933

Inv. Nr. 160-909-006
Reisepaß von Ilse May (Hartmann), ausgestellt 11. 4. 1918

Inv. Nr. 160-909-007
Reisepaß von Ilse May, ausgestellt 28. 6. 1957

Inv. Nr. 160-909-008
Ausweis für Reise nach Maubeuge von Erna Unger, ausgestellt 11. 4. 1918

Inv. Nr. 160-909-009
Impfschein von Thomas May, 31. 5. 1924

Inv. Nr. 160-909-010
Sechs Tütchen mit Violinensaiten

Inv. Nr. 160-909-011
Stammbaum der Familie May, 59,2 × 80,4 cm

Inv. Nr. 160-909-012
Holzkiste mit Intarsien, 6,5 × 24, 11,5 cm

Inv. Nr. 160-909-013
Adreßbuch von Ernst May, nach 1957

Inv. Nr. 160-909-014
Federzeichnung (Druck?) zur Geburt Ernst Mays auf Karton, 13,8 × 4,6 cm (schief beschnitten)

Inv. Nr. 160-909-015
Zwei Briefbögen (beschr. „ERNST MAY") und zwei Briefumschläge mit Sichtfenster (beschr. „ERNST MAY · ARCHITEKT · BDA FRANKFURT AM MAIN · HOLZHAUSENSCHLOESSCHEN · AMT HANSA 3305")

Inv. Nr. 160-909-016
Tütchen mit 37 Briefmarken aus Kenia und der UdSSR

Inv. Nr. 160-909-017
Sieben Postkarten mit verschiedenen Motiven

Inv. Nr. 160-909-018
Zeichnung des Hauses May, Frankfurt, in Blei- und Buntstift von Klaus May, um 1929, 14 × 19,8 cm (beschr. a. d. R. „Dem lieben Papa")

Inv. Nr. 160-909-019
Einrichtung der Wohnung im Zickzackweg, Hamburg, Grundriß und zwei Ansichten, 1 : 50, Lichtpause, 52,9 × 38 cm

Inv. Nr. 160-909-020
Mappe mit sieben gestalteten Blättern, überreicht von den Mitarbeitern des Planungsstabes Bremerhaven im Juni 1962, 32 × 22 cm

Inv. Nr. 160-909-021
Album für Negativstreifen, ohne Inhalt, beschriftet, datiert 1952, 15 × 31,5 cm

Inv. Nr. 160-909-022
Rehe mit Tanne, Webstück, Baumwolle, von Ilse May, mit Monogramm IM, 33,5 × 27 cm

Inv. Nr. 160-909-023
Vielfarbige Komposition aus Streifen und Rechtecken, gewebter Wandbehang, Wolle, von Ilse May, 50 × 88 cm

Inv. Nr. 160-909-024
Farbige Bildstickerei mit Reitern, Kriegern, Fabeltieren, Baumwolle, 183,5 × 230 cm

Inv. Nr. 160-909-025
Fernglas Carl Zeiss Deltrintem, 8 × 30 cm, mit Ledertasche

Inv. Nr. 160-909-026
Siegelstempel „EM" mit Turm zu Babel, Bronze, 6,1 × 2 cm, mit Etui

Inv. Nr. 160-909-027
Trinkflasche, Glas mit Lederhülle, 9 × 15,2 cm, mit Schraubdeckel in Form eines Bechers, Messing verchromt, 4,1 × 4,5 cm

Inv. Nr. 160-909-028
Prägestempel „Ernst u. Ilse May" mit Vignette „Siedlerhaus", frühe 20er Jahre, Stahl mit Holzgriff, 5,4 (Br.) × 15,7 (Lä.) × 7,3 cm (Hö.)

Inv. Nr. 160-909-029
Holzkistchen mit Stoffbespannung, 19,5 × 23 × 7,3 cm

Inv. Nr. 160-909-030
Prägestempel zum Umzug des Architekturbüros Ernst May nach Hochrad 74, 14. Dezember 1963, Zinkplatte, 10,2 × 6 cm

Fotografien

Fotografien bis 1914 (160-910)

Inv. Nr. 160-910-200
Versch. Bilder der Familien Hartmann und May; Abzüge auf Papier, unterschiedliche Formate

Inv. Nr. 160-910-201
Mappe mit ca. 100 Negativen 8,5 × 10 cm, beschr. auf Frontispiz „Aufnahmen v. Ernst a. d. J. 1910."

Fotografien bis 1914–1918 (160-911)

Inv. Nr. 160-911-001
Unbekannter Friedhof (Rumänien?)
Abzüge, ein Abzug kaschiert auf Karton 38,4 × 26,5 cm

Inv. Nr. 160-911-002
Waldfriedhof Russalischki
Abzüge, Negative, zwei Glasplattennegative, zwei Abzüge kaschiert auf Karton 43 × 31,6 cm

Inv. Nr. 160-911-003
Friedhof Gulianca, Rumänien, 1917
Abzüge, Negative

Inv. Nr. 160-911-004
Friedhof Valcelele, Rumänien, 1917
Abzüge, Negative, zwei Abzüge kaschiert auf Karton 43 × 31,6 cm

Inv. Nr. 160-911-005
Friedhof B[oldul, Rumänien?]
ein Abzug

Inv. Nr. 160-911-006
Friedhof Ceorasti, Rumänien, 1917
Abzüge, Negative

Inv. Nr. 160-911-007
Szenen aus der Grabkreuzbrennerei St. Quentin, 1918
Abzüge, ein Negativ

Inv. Nr. 160-911-008
Diverse Grabzeichen der Brennerei St. Quentin, 1918
Abzüge, Negative

Inv. Nr. 160-911-009
Fotos von Schrifttafeln auf Friedhöfen um St. Quentin, 1918
Abzüge, Negative

Inv. Nr. 160-911-010
Friedhöfe aus dem Gebiet der 18. Armee vor Umgestaltung, Sommer 1918
Abzüge, Negative

Inv. Nr. 160-911-011
Gedenkstein „1151 D[ivision?]"
Zwei Abzüge, zwei Negative

Inv. Nr. 160-911-012
Friedhof Lopuze, Russisch-Polen
Ein Abzug kaschiert auf Karton 38,4 × 26,5 cm

Inv. Nr. 160-911-100
Aufnahmen vom kriegszerstörten St. Quentin, 1918
Abzüge

Inv. Nr. 160-911-200
Persönliches Umfeld
Abzüge, ein Foto mit Passepartout, ein Porträt in rundem Rahmen

Fotografien bis 1919–1924 (160-912)

Inv. Nr. 160-912-001
Haus May, Breslau
Abzüge, ein Glasdia (Mittelformat), drei Farbdias (Großformat)

Inv. Nr. 160-912-002
Versuchshaus in Lehmstampfbauweise, 1919
Drei Abzüge

Inv. Nr. 160-912-200
Persönliches Umfeld
Abzüge

Fotografien 1925–1930 (Frankfurt) (160-913)

Inv. Nr. 160-913-001
Wohnhaus May, Frankfurt, 1925/26
Abzüge, Farbstereodias

Inv. Nr. 160-913-002
Siedlung Römerstadt, Frankfurt, 1927/28
Ein Negativ

Inv. Nr. 160-913-100
Reisen nach Dalmatien und Italien
Stereodias

Inv. Nr. 160-913-200
Persönliches Umfeld
Abzüge, Negative, Stereodias, Farbstereodias

Fotografien 1930–1933 (UdSSR) (160-914)

Inv. Nr. 160-914-201
Persönliches Umfeld
Abzüge, Stereoabzüge

Inv. Nr. 160-914-202
Reise nach Stalingrad und Nowosibirsk, Januar 1931
Stereoabzüge

Inv. Nr. 160-914-203
Moskau, 1. Mai 1932
Stereoabzüge

Inv. Nr. 160-914-204
Moskau, Leningrand, Charkow
Stereoabzüge

Inv. Nr. 160-914-205
Georgien
Stereoabzüge

Inv. Nr. 160-914-206
Armenien, Maiparade in Moskau u. a.
Eine Kiste mit Stereodias

Inv. Nr. 160-914-207
Aufnahmen 1929–1932
Negative

Inv. Nr. 160-914-208
Aufnahmen 1930–1933
Drei Diakästen

Fotografien 1934–1953 (Afrika) (160-915)

Inv. Nr. 160-915-001
Unbekannte Projekte
Ein Abzug, Negative

Inv. Nr. 160-915-002
West Meru Alp, 1934/35
Abzüge, Stereoabzüge, ein Dia

Inv. Nr. 160-915-003
Haus Murray, 1936/37
Ein Abzug, ein Abzug 23 × 29 cm kaschiert auf Pappe

Inv. Nr. 160-915-004
Haus May, Karen, 1937/38 und 1944
Abzüge, Negative, ein Farbdia

Inv. Nr. 160-915-005
Ferienheim für Kinder, Nairobi, 1943/44
Abzüge

Inv. Nr. 160-915-006
Wohnhaus des Verwalters des Ferienheims, Nairobi, 1943/44
Abzüge

Inv. Nr. 160-915-007
Stadterweiterung Kampala, 1945–1947
Abzüge, Negative

Inv. Nr. 160-915-008
Delamere Flats, 1947–1951
Abzüge, Negative und Kontaktabzüge

Inv. Nr. 160-915-009
Aga Khan-Mädchenschule, Kisimu, 1949–1951
Negative und Kontaktabzüge

Inv. Nr. 160-915-010
K.N.C.U.-Bauten, Moshi, 1949–1952
Abzüge, Negative

Inv. Nr. 160-915-011
Aga Khan-Geburtenklinik, 1950/51
Ein Abzug, ein Großabzug 21,4 × 29,2 cm, Negative und Kontaktabzüge

Inv. Nr. 160-915-012
Haus Samuel bei Molo, 1951
Zwei Abzüge, Negative

Inv. Nr. 160-915-013
Residenz Aga Khan, Daressalam, 1951–1954
Abzüge, Negative

Inv. Nr. 160-915-014
Oceanic Hotel, Mombasa, 1951–1956
Zwei Abzüge, drei Farbpostkarten

Inv. Nr. 160-915-015
Wohnhaus, Limuru, 1952
Ein Abzug

Inv. Nr. 160-915-016
Haus Nubiggin, Gilgil, 1952/53
Ein Abzug, ein Negativ

Inv. Nr. 160-915-017
Wohnsiedlung Port Tudor, Mombasa, 1954–1956
Abzüge, ein Großabzug 19,3 × 24 cm

Inv. Nr. 160-915-018
Entwurf Lugard Hotel, Nairobi, 1951
Negative

Inv. Nr. 160-915-100
Landschaft und Menschen
Abzüge, Stereoabzüge, Stereodias, Negative, Stereonegative, Album mit Negativstreifen, beschriftet, 15 × 28 cm

Inv. Nr. 160-915-200
Persönliches Umfeld
Abzüge, Stereoabzüge, Negative, Stereonegative, eine Kiste mit Stereodias

Inv. Nr. 160-915-201
Fotoalbum mit Bildern aus Afrika, 84 S.; erstes Blatt „Dem scheidenden Führer", Graphik von Hans Leistikow, dat. u. r. „[19]25" (Inv. Nr. 160-905-008)

Inv. Nr. 160-915-202
Aufnahmen aus Ostafrika, 1948–1953
Elf Diakästen

Inv. Nr. 160-915-203
Reise nach Deutschland und in die Schweiz, 1948
Sechs Diakästen

Fotografien ab 1954 (Hamburg) (160-916)

Inv. Nr. 160-916-001
Unbekannte Projekte
Abzüge, Negative

Inv. Nr. 160-916-002
Siedlung Bremen an der Vahr, 1954/55
Negative

Inv. Nr. 160-916-003
Siedlung Neu-Altona, um 1955
Ein Negativ

Inv. Nr. 160-916-004
Wohnhaus May, Hamburg, 1956
Abzüge, Negative

Inv. Nr. 160-916-005
Wettbewerb Berlin-Fennpfuhl, 1957
Negative

Inv. Nr. 160-916-006
Wettbewerb Düsseldorf Süd, 1958
Negative

Inv. Nr. 160-916-007
Wettbewerb „Am Limes", Schwalbach, 1959
Negative

Inv. Nr. 160-916-008
Siedlung „Neue Vahr", Bremen, um 1960
Negative

Inv. Nr. 160-916-009
Plangutachten „Teure Heimat" Rahlstedt-Ost, 1960
Negative

Inv. Nr. 160-916-010
Wettbewerb Wulfen, 1960
Negative

Inv. Nr. 160-916-011
Wettbewerb Wiesbaden-Parkfeld, 1960
Negative

Inv. Nr. 160-916-012
Planung Bremerhaven, 1960–1962
Negative

Inv. Nr. 160-916-013
Wohnhaus Klaus Schaefer, Dreieichenhain, 1960–1962
Abzüge

Inv. Nr. 160-916-014
Projekt Sanierung Wiesbaden (Bergkirchenviertel), 1964
Negative

Inv. Nr. 160-916-015
Kleingartenanlage Mainz?
Negative

Inv. Nr. 160-916-016
Gartenstadt Hohnerkamp
Negative

Inv. Nr. 160-916-100
Architekturbeispiele aus Literatur
Negative

Inv. Nr. 160-916-101
Architekturfotos von diversen Reisen (u. a. Schweiz 1954, England 1955, Finnland 1958)
Negative, Kontaktabzüge

Inv. Nr. 160-916-102
Reise nach Afrika, 1968
Abzüge, ein Diakasten

Inv. Nr. 160-916-103
Reisen UdSSR 1957, Italien 1960, Griechenland, Türkei 1962, Italien 1965, Finnland, Jugoslawien, USA
Neun Diakästen

Inv. Nr. 160-916-200
Persönliches Umfeld
Abzüge, Negative, Farbdias

Inv. Nr. 160-916-201
Porträtkopf Ernst May und andere Werke von Bernhard Heiliger
Abzüge

Inv. Nr. 160-916-202
Porträtfoto Ernst May (von Olga Linckelmann, Hamburg)
Abzug kaschiert auf Karton 37,5 × 29,2 cm

Inv. Nr. 160-916-203
Porträtfoto Ernst May
Abzug kaschiert auf Karton sign. u. l. „Dr. h. c. E. May", 29,5 × 23,6 cm

Inv. Nr. 160-916-204
Porträtfoto Ernst May
Abzug gerahmt, 28,9 × 23,3 cm

Nicht zuzuordnende Aufnahmen (160-917)

Inv. Nr. 160-917-001
Nicht zuzuordnende Aufnahmen
Abzüge

Inv. Nr. 160-917-002
Fotoalbum mit Bildern vom Gardasee, Bayern, Österreich, Rußland (zum Teil 1933)

Inv. Nr. 160-917-003
12 Magazine mit Stereoglasdias (Haus Frankfurt, Italien, Dalmatien, Rußland, Südfrankreich, Armenien, Kenia) in Holzkiste (19,8 × 28 × 28 cm)

Gesellschaft der Freunde des Deutschen Architektur-Museums e. V.

Die Gesellschaft der Freunde des Deutschen Architektur-Museums wurde im Jahr 1985 als eingetragener Verein ins Leben gerufen.

Das Hauptanliegen dieser Gesellschaft ist, das Deutsche Architektur-Museum Frankfurt am Main (DAM) in der Verwirklichung seiner öffentlichen Aufgaben ideell und materiell zu unterstützen und zu fördern.

Zu den Aufgaben und Zielen des Vereins gehört:

- Vermittlung, Ankauf oder Überlassung von Plänen, Zeichnungen und Modellen sowohl deutscher als auch internationaler Architekturprojekte und von Architektennachlässen mit dem Ziel der wissenschaftlichen Bearbeitung und öffentlichkeitswirksamen Vermittlung der Arbeitsergebnisse durch das DAM.

- Unterstützung bei Anschaffungen und Veranstaltungen.

- Konstruktive Beratung und Anregung des DAM bei der Durchführung der anstehenden Aufgaben.

- Übernahme der Mittlerfunktion zwischen der Öffentlichkeit und dem DAM.

Mitglieder in diesem Verein sind Personen, Institutionen und Firmen, deren Anliegen es ist, einen Beitrag zur Förderung der Qualität der gebauten Umwelt zu leisten.

Der im Oktober 1996 neugewählte Vorstand wird von Persönlichkeiten aus den Bereichen Wirtschaft, Politik, Bildung, Bankwesen und Kultur vertreten. Dadurch ist gewährleistet, daß Informationen und Kontakte aus den unterschiedlichsten Bereichen der Gesellschaft genutzt werden können.

Um einen möglichst intensiven Kontakt mit den Mitgliedern sicherzustellen, wird jährlich mindestens eine Versammlung einberufen.

Alle Mitglieder der Gesellschaft der Freunde des Deutschen Architektur-Museums erhalten regelmäßig die Informationen über Veranstaltungen des Museums wie

- Ausstellungen

- Vorträge

- Symposien.

Der Besuch des Museums ist für alle Mitglieder kostenfrei. Außerdem gibt es besondere Vergünstigungen – z. B. können alle Publikationen des DAM mit einem Nachlaß von 10 % im Foyer des Museums erworben werden.

Personen, die bereit sind, sich für die Ziele der Gesellschaft der Freunde des Deutschen Architektur-Museums einzusetzen, wenden sich bitte an die Geschäftsstelle im Deutschen Architektur-Museum, Hedderichstr 108–110, 60596 Frankfurt am Main (Telefon 069 / 21 23 67 41). Dort sind auch Anmeldungsformulare für eine Mitgliedschaft erhältlich.

Vorstand: Rolf Toyka (Vorsitz), Dr. Evelyn Brockhoff (stellv. Vorsitzende), Prof. Helge Bofinger (Schatzmeister), Marietta Andreas, Dr. Heinrich Binder, Prof. Dr. Werner Meißner, Dr. Lutz Mellinger, Joachim Wagner, Dr. Martin Wentz.

© 2001
Deutsches Architektur-Museum
Der Autor und die Fotografen

Ernst Wasmuth Verlag Tübingen • Berlin
Reproduktionen: Medienzentrum Aichelberg
Druck und Bindung: Gulde Druck, Tübingen
Printed in Germany

ISBN 3 8030 1203 1